CIDADES EXCELENTES

RAIMUNDO GODOY
LEONARDO RISCHELE
RODRIGO NEVES

CIDADES EXCELENTES

Gestão que transforma a realidade dos municípios brasileiros

3ª EDIÇÃO

Belo Horizonte

AQUILA
ESCOLA DE GESTÃO

2024

Esta obra é fruto de fomento exclusivo da Escola de Gestão Aquila, que patrocinou e incentivou o seu desenvolvimento apoiando os autores em pesquisas e suporte técnico, sendo, inclusive, a detentora de 100% dos seus direitos patrimoniais.

Autores:
Raimundo Godoy, Leonardo Rischele, Rodrigo Neves

Preparação dos textos: Juliana Sousa, Natália Godoy Porto e Leida Reis (Capítulo 5)
Projeto gráfico, infográficos e capa: Victor Zschaber
Imagens e diagramas: Rodrigo Portugal
Revisão diagramação: Natália Godoy Porto
Revisão Final: Carlos Bottrel
Editoracão eletrônica: Walter Santos
Estatísticas e análises: Luiza Matheus
Coordenação dos trabalhos: Paulo Coimbra e Flavia Rocha

Catalogação na Publicação (CIP)

C589c Godoy, Raimundo
Cidades excelentes : gestão que transforma a realidade dos municípios brasileiros / Raimundo Godoy ; Leonardo Rischele ; Rodrigo Neves. – 3. ed. – Belo Horizonte : Escola de Gestão Aquila, 2024.
408 p. : il. color.

Inclui bibliografia.
ISBN 978-65-81787-02-8

1. Administração pública 2. Administração municipal 3. Inovação 4. Desenvolvimento social 5. Cidades e vilas – Brasil 6. Cidades inteligentes I. Rischele, Leonardo II. Neves, Rodrigo III. Título.

CDD: 352.16

Bibliotecária responsável: Cleide A. Fernandes CRB6/2334

SUMÁRIO

3 OS PILARES DO CICLO VIRTUOSO DE DESENVOLVIMENTO HUMANO

4 OS 8 PASSOS PARA UMA CIDADE EXCELENTE

5 CONECTANDO OS PODERES CONSTITUÍDOS

RECONHECIMENTOS

CONSIDERAÇÕES FINAIS

CARTAS DO EXTERIOR

CÁLCULOS DOS INDICADORES IGMA

SOBRE OS AUTORES

RAIMUNDO GODOY

Presidente Executivo e referência técnica do Aquila, é graduado em Engenharia Química pela UFMG. Foi executivo durante 20 anos em empresas do segmento automotor no Brasil, Itália, Espanha e Argentina. Em 2000, iniciou sua trajetória na consultoria como líder de projetos. Coordenou equipes em 25 países, desenvolvendo novas metodologias, práticas e abordagens de sucesso.

Parafraseando Guimarães Rosa, "a colheita é comum, mas o capinar é sozinho". Acredito que durante o percurso muitas pessoas nos motivam para que o nosso "capinar", mesmo difícil, seja frutífero. Contei sempre com o apoio da minha família e agradeço, quando estamos juntos, por todas as emoções que partilhamos.

Agradeço aos meus parceiros Leonardo Rischele e Rodrigo Neves, por aprendermos juntos e vislumbrarmos um futuro próspero.

Um agradecimento especial à Flavia Rocha e sua equipe, pelo auxílio em todas as análises e pelo suporte do núcleo de apoio a projetos do Aquila.

Ao Johnny Saad, meu conselheiro e grande incentivador, pela parceria de tantos anos. A missão que nos deu, aparentemente impossível, foi um grande desafio, e sua participação neste livro o enriquece significantemente.

Ao senador Rodrigo Pacheco, por nos emprestar sua competência e credibilidade para tornarmos "Cidades Excelentes" referência de conhecimento e pesquisa.

Ao Prof. José Martins de Godoy, que há mais de 20 anos, como presidente do INDG, decidiu, de forma estratégica, desenvolver a gestão no setor público. Essa decisão nos permitiu caminhar até aqui e construir uma história de sucesso, em vários projetos desenvolvidos nesse importante setor.

Um agradecimento especial ao Dr. Dimas Ramalho, pela sua liderança junto ao TCESP, incentivando o crescimento e a melhoria da gestão pública no estado de São Paulo e, consequentemente, em todo o Brasil.

A equipe técnica do TCESP, que, em conjunto com a nossa, realizou grandes debates, permitindo fortalecer o livro. Isso jamais seria possível não fosse a visão estratégica do Dr. Dimas.

Ao Prof. Carlos Alberto Bottrel, conselheiro e referência técnica do Aquila, meu parceiro de caminhada e amigo. Obrigado por suas orientações e apoio com a sua experiência e palavras sábias nos momentos mais importantes da nossa empresa.

Agradeço a todos do Aquila o auxílio na construção e realização desta obra. Juntos fazemos a diferença!

Por fim, agradeço a Deus, meu guia, pela vida, força, coragem e perseverança. Por não deixar que o desânimo, em tempos tão difíceis, faça sucumbir a vontade que me motiva de trabalhar duro, estudar, aprender e fazer sempre mais e melhor!

Nas duas primeiras edições deste livro foram impressos 10.000 exemplares, os quais foram distribuídos nos principais *marketplaces* do Brasil. Tivemos, em quatro anos, 50 mil usuários na plataforma IGMA, com um volume de 500 mil consultas.

Esta terceira edição do livro Cidades Excelentes vem enriquecida com as seguintes novidades:

- O IGMA passa de 62 para 72 indicadores, como consequência das adaptações necessárias para a aplicação de melhorias contínuas;
- Acordo de Cooperação Técnica com o TCERO;
- Após 4 anos, tudo o que é bom pode ser melhorado. Alteramos o 5º capítulo, reescrevendo-o totalmente. Tentando conectar o parlamento e os estados aos conceitos das cidades excelentes. Afinal, todos os brasileiros e brasileiras vivem em uma das nossas 5.570 cidades, assim, todas as ações precisam ir ao encontro dos seus anseios.

Chegamos até a terceira edição do livro com uma única certeza: é preciso continuar plantando. Afinal, esse é o único caminho para garantirmos a colheita e alcançarmos a excelência!

LEONARDO RISCHELE

Consultor Sócio do Aquila, Gerente de Projetos, graduado em Administração de empresas pela PUC/MG, MBA em Finanças pela Fundação Dom Cabral. Atua há 19 anos em consultoria de gestão para organizações de vários segmentos. São mais de 150 projetos entregues e 100 clientes atendidos. É especialista em Excelência Comercial e técnicas de negociação.

Este livro é dedicado a todos os cidadãos e gestores comprometidos com a construção de um país melhor, incansáveis na busca pela excelência.

Ao criar esta obra, nosso objetivo foi trazer uma contribuição metodológica, rica em exemplos bem-sucedidos, para a elaboração de programas que buscam melhorar a qualidade de vida das pessoas.

Foi uma grande satisfação trabalhar neste projeto com o meu orientador, Raimundo Godoy, e meu colega de jornada, Rodrigo Neves. Agradeço pelo constante apoio de Natália Godoy e Flávia Rocha.

Sou grato a Henrique Massa, por ser um parceiro nas missões mais desafiadoras; a Paulo Coimbra, por acreditar no potencial deste projeto. Para esta terceira edição, o comprometimento e a dedicação de Luiz Zanforlin foram cruciais na busca pelos melhores indicadores de excelência.

Agradeço aos meus pais, que são meu exemplo de vida; à minha constante companheira, Natália Horta, por seu carinho e amor; e a Duda, João Lucas e Letícia, que são a minha inspiração para todas as minhas ações. Criar Cidades Excelentes é pensar em um futuro melhor para vocês.

SOBRE OS AUTORES

RODRIGO NEVES

Consultor Sócio do Aquila, Gerente de projetos, graduado em Ciências Econômicas pela UFMG, com MBA em finanças pela PUC-MG e Big data aplicado ao Marketing pela ESPM. Atua há 15 anos em consultoria de gestão para organizações de vários segmentos. É especialista em Excelência Comercial, Gestão Pública e Inteligência Competitiva.

Cidades Excelentes é a concretização de um sonho e uma forma singela de contribuir com a sociedade brasileira.

Dedico esta obra a todos que de alguma maneira agregaram na minha formação pessoal e profissional, cada cliente, cada gestor público, cada consultor do Aquila, cada professor que me ajudou a construir essa jornada de conhecimento e aprendizado.

A construção desse projeto com o Raimundo Godoy e Leonardo Rischele, profissionais que admiro tanto, foi muito gratificante e enriquecedora.

Catarina, nosso trabalho em equipe e amizade foram fundamentais para chegarmos a esse momento.

Claudia, Roberto, Flávia, Paulo e Luiza, vocês me lembraram o verdadeiro sentido de trabalho em equipe, obrigado por trazerem um olhar minucioso na revisão.

Natália Godoy, obrigado pela parceria de tantos anos e cuidado na construção deste conteúdo.

Obrigado, Juliana Sousa, por me ajudar, mais uma vez, a traduzir pensamentos em palavras.

Em especial, um agradecimento a minha família, que sempre esteve ao meu lado me dando suporte nos momentos difíceis e celebrando as vitórias. Sâmara, Roberto, Izabella, amo todos vocês!

AGRADECIMENTOS

"Se quiser ir rápido, vá sozinho.
Mas se quiser ir longe, vá acompanhado."

(Provérbio Africano)

AGRADECIMENTO A TODOS OS CONSULTORES QUE COLABORARAM DIRETAMENTE NA CONFECÇÃO DESTA OBRA.

O desenvolvimento deste livro contou com o importante apoio da nossa equipe de consultores. Cada um deles contribuiu de forma particular nas pesquisas, análises, estatísticas e revisões, sempre utilizando os conceitos da máxima crítica para tudo o que foi produzido. Certamente, essas contribuições foram fundamentais para termos uma obra melhor e de fácil leitura para todos.

Relação de colaboradores:

Adriano Campos
Afonso Valle
Cláudia Bessas Juscelino
Dhandara Oliveira Queiroz
Flávia Mendes Rocha
Flávio Grimberg
Henrique Massa
Juliana Sousa
Luiz Henrique Zanforlin
Luiza do Carmo Matheus
Lucas Godoy
Natalia Martins de Morais Godoy Porto
Paulo Eduardo de Aguiar Coimbra
Roberto Heleno de Oliveira Júnior
Rogério Silva Nacif
Vladimir Soares

Em especial, agradecemos a toda equipe do Núcleo de Projetos do Aquila, que apoiou de forma contínua o desenvolvimento deste projeto.

Agradecemos também aos consultores que gentilmente escreveram as cartas do Exterior. Pequenos fragmentos de experiências vividas pela nossa equipe ao longo dos projetos internacionais, os quais ajudarão os leitores a entender melhor e de forma prática o conceito das Cidades Excelentes.

Ana Elisa Lima dos Santos

André Soares

Claudia Bessas

Fernando Moura

Marco Costa

Por fim, agradecemos ao Dr. Reinaldo Belli, nosso parceiro, pela revisão e pelas contribuições no 5º Capítulo deste livro.

Um sonho possível

Na obra, cuja leitura atenta não só pelos gestores, mas por todos aqueles que se interessam pelo que fazer da Administração Pública, traça ainda um paralelo entre os indicadores presentes na plataforma IGMA e os dezessete objetivos do desenvolvimento sustentável, iniciativa da ONU, incentivo para a promoção pública do desenvolvimento humano.

Com base em experiências trazidas do exterior, esta fonte de consulta apresenta seis pilares para a eficácia da administração municipal, que são: excelência fiscal e transparência, educação, saúde e bem-estar, infraestrutura e mobilidade urbana, sustentabilidade e desenvolvimento socioeconômico e ordem pública.

A abordagem meticulosa de cada um desses pilares da plataforma IGMA é aspecto a ser realçado, conceituando-os e especificando os trinta e nove indicadores disponíveis e citando análises e particularidades de cada município. Em cada pilar, verifica-se a cuidadosa tentativa de elucidação das informações disponíveis e a relevância de cada uma delas. Trazem estatísticas descritivas dos indicadores presentes no país, tais como: mortalidade infantil, nível de investimento e desigualdade, entre outros.

A plataforma gerencial virtual, lançada após estudos, pesquisas aprofundadas e consultoria internacional, propiciou, de forma inédita, uma análise progressiva e comparativa. Chegaram a 72 indicadores que contemplam todos os 5.570 municípios do Brasil, analisando individualmente o desempenho em cada um dos pilares do ciclo virtuoso de desenvolvimento. Os resultados permitiram o comparativo entre os analisados.

O compartilhamento das experiências vividas pelos consultores brasileiros em países onde se exerce a cidadania e os governos cumprem seu papel de utilizar os recursos públicos em prestação de serviços à população, enriquece o trabalho ora apresentado, posto que traz ricas dicas sobre como alcançar a excelência na gestão pública.

Uma gestão focada na coletividade tem o poder de agregar confiança entre lideranças e liderados, por meio de uma educação contundente, com a conscientização voltada aos setores prioritários na distribuição de recursos e renda. Essa compreensão torna a gestão participativa benéfica à administração, pois atrai investimentos privados, gerando riqueza local que movimenta a economia no ciclo de desenvolvimento, com mais empregos e maior potencial econômico.

Obra de inquestionável valor acadêmico e de importância pragmática singular, "Cidades Excelentes" apresenta também oito passos que levam o gestor público, o cidadão e o empreendedor a melhorarem continuamente a região onde vivem, por meio da excelência nas ações: *1. Ambição; 2. Governança; 3. Evidências; 4. Produtividade; 5. Qualidade técnica; 6. Disciplina; 7. Retorno; e, 8. Transparência*.

Nossos pesquisadores inspiraram-se em um conhecimento gerencial do Aquila e adaptaram para direcionamento da administração pública municipal rumo ao fim almejado que é a excelência. Em cada um dos critérios, apresentam o papel do gestor e dados reais de alguns municípios brasileiros já inseridos neste ciclo.

É o caminho natural para a eficiência da máquina pública em prol da prestação de serviços de qualidade ao povo, que espera por melhorias constantes na qualidade de suas vidas.

Definir um plano de trabalho é fundamental para elevação da produtividade da gestão municipal e a competitividade. Todos esses passos otimizam o retorno financeiro da administração municipal, aumentando a capacidade de investimento e a qualidade da prestação dos serviços públicos. Portanto, as pessoas, os processos e a tecnologia convergindo rumo aos resultados positivos são essenciais na promoção das melhorias esperadas pela população.

A obra ainda conceitua as cidades do futuro, aquelas que buscam a excelência na nobre missão de servir a sociedade, destacando a importância da conexão entre governantes e governados, a visão inovadora desenvolvimentista e o emprego da tecnologia, bem como o potencial empreendedor para benefício local.

Em conclusão, a obra consolida a visão de que as cidades ditas excelentes alcançaram esse objetivo com a adoção de um ambiente competitivo, atraindo capital humano e financeiro, condições essenciais para o funcionamento do ciclo virtuoso de desenvolvimento.

A oportunidade que me foi concedida para apresentação desta obra, cujas peculiaridades apontam solução inteligente para o constante progresso de nossas pequenas e grandes sociedades municipais, é merecedora de meu sincero agradecimento, pois, com ela, posso me tornar partícipe da construção de um mundo que precisa se tornar mais excelente.

Belo Horizonte, novembro de 2020.

Rodrigo Pacheco.
Senador da República.

INTRODUÇÃO

Imagine viver em uma região onde os serviços públicos atendem a população com excelência, um lugar no qual a educação promove a cidadania e a administração prioriza, com eficiência, quais áreas merecem investimentos. Um local que atrai a iniciativa privada, promove a geração de riquezas e onde todos contribuem para o progresso coletivo. Esses lugares existem: são as Cidades Excelentes! E, desde que as conhecemos, sonhamos em torná-las reais no Brasil.

Com a nossa internacionalização iniciada em 2003, tivemos a oportunidade de vivenciar a prestação de serviços públicos reconhecidos como referências mundiais, atuamos em cidades em que a esfera pública trabalha com eficiência para atender as necessidades da população. Foi a partir dessas experiências que nasceu, junto com a certeza de que a excelência é impulsionada pelo setor público, a metodologia das Cidades Excelentes.

Assim, apresentamos nesta obra a tradução desse conhecimento para a realidade brasileira e uma proposta de caminho para criar um ciclo virtuoso de desenvolvimento humano por meio do equilíbrio de 6 grandes pilares: Governança, Eficiência Fiscal e Transparência; Educação; Saúde e Bem-estar; Infraestrutura e Mobilidade Urbana; Sustentabilidade e Desenvolvimento Socioeconômico e Ordem Pública.

Foram anos de pesquisas e testes, com o uso de tecnologias como big data e ***machine learning***, para reunirmos dezenas de indicadores oficiais de todos os 5.570 municípios brasileiros e os distribuirmos nos pilares da metodologia, gerando um índice consolidado: o IGMA (Índice de Gestão Municipal Aquila).

Assim, demos origem à plataforma dinâmica e 100% digital, IGMA. Ela foi especialmente projetada para ser enriquecida constantemente, de acordo com a publicação de novos dados, sendo atualizada com as informações disponibilizadas por fontes públicas e oficiais. Por isso, ela tem a capacidade inteligente e valiosa de refletir a realidade dos municípios brasileiros.

Adicionalmente a essa plataforma, apresentamos a metodologia dos 8 Passos da Excelência, para que o gestor público, o cidadão e o empreendedor promovam a melhoria contínua da região onde vivem.

Toda gestão pública deve seguir os 8 passos. Esse caminho é primordial para impulsionar a melhoria da eficiência da máquina pública e a qualidade na prestação de serviços à população, essencial para que a cidade alcance o nível de excelência.

Nesta terceira edição do livro ***Cidades Excelentes*** trazemos algumas novidades para o leitor.

Primeiramente, vale destacar as evoluções da plataforma IGMA ao longo dos anos de 2023 e 2024 e do empenho do Aquila em investir na capacidade do índice de refletir, de uma forma progressiva, a realidade da gestão dos municípios do Brasil. Dessa forma, de acordo com a sua característica de dinamicidade, desde a sua última atualização, o IGMA evoluiu de 62 para 72 indicadores e ganhou, também, uma nova plataforma de dados, que foi totalmente reformulada com o objetivo de proporcionar mais agilidade na análise dos dados e aprimorar a usabilidade dos usuários.

A seguir, apresentamos as principais mudanças em relação aos pilares do IGMA e seus respectivos novos indicadores:

O pilar de Governança, Eficiência Fiscal e Transparência ganhou o indicador Despesas com Legislativo por Habitante, o qual evidencia a eficiência do gasto público com as Câmaras de Vereadores. Dessa forma, essa medição permite aos cidadãos comparar o custo dedicado à casa e cobrar ações efetivas de seus representantes responsáveis pela fiscalização do executivo e pela elaboração da legislação dos municípios.

Educação foi um eixo que recebeu dois novos indicadores: Adequação da Formação Docente e Custo da Ineficiência por Aluno. Ambos enriquecem o pilar, pois fortalecem o monitoramento de aspectos estruturais da educação e apontam oportunidades de aprimoramento da eficácia do ensino e da aprendizagem na rede pública de educação brasileira.

Já o eixo Saúde e Bem-estar, uma importante área para a qualidade de vida da população brasileira, foi consideravelmente reforçado nos anos de 2023 e 2024.

Em 2023, foram inseridos dois novos indicadores: Cobertura Vacinal, com o objetivo de monitorar o engajamento da população na prevenção de doenças, e Cobertura do Índice Sintético Final Previne Brasil, que abrange parâmetros estratégicos de atenção primária à saúde dos municípios.

Em 2024, por sua vez, ainda no pilar Saúde e Bem-estar, foram acrescentados mais 5 novos indicadores na plataforma IGMA. São eles: Taxa de Morbidade Hospitalar SUS, que mede a qualidade de vida da população, considerando no seu cálculo as internações hospitalares que têm como causas doenças; Taxa de Mortalidade, o qual complementa a "expectativa de vida" na avaliação da longevidade, trazendo para a plataforma uma métrica com dados mais frequentes de atualização; Taxa de Óbito por Causas Evitáveis, o qual avalia, entre os óbitos, quantos poderiam ter sido evitados com medidas de prevenção e promoção da saúde, principalmente com ações do âmbito municipal; Gasto por Habitante em Saúde por Expectativa de Vida, o qual mensura a eficiência da aplicação dos recursos financeiros na área da saúde, por meio da mensuração do gasto no setor por habitante por ano de expectativa de vida; e, por último, Desnutrição Infantil, o que reforça o alcance do Objetivo de Desenvolvimento Sustentável relacionado ao combate à fome.

A dimensão Infraestrutura e Mobilidade Urbana do IGMA ganhou dois novos importantes indicadores: Acesso à Rede de Esgoto e Coleta de Lixo Domiciliar. Ambos têm o poder de revelar o desempenho e a evolução dos municípios na prestação de serviços de saneamento básico para a população, tema que continua sendo uma prioridade e grande objetivo a ser superado no Brasil.

Por fim, o pilar Sustentabilidade, assunto de crescente relevância no Brasil e no mundo, impulsionado, principalmente, pelo conceito de ESG (***Environmental, Social e Governance***), ganhou três novos indicadores em 2023: Arborização Urbana, que revela o impacto direto sobre a qualidade do ar e a estabilidade climática; Consumo Médio de Água, focado no uso racional de recursos hídricos nas cidades; e Segurança Hídrica, o qual verifica a capacidade do município de oferecer a quantidade e a qualidade suficientes de água para suprir tanto as necessidades básicas dos cidadãos quanto as atividades produtivas.

Ainda no pilar Sustentabilidade, em 2024, após estudos e análises dos dados disponibilizados pela defesa civil brasileira, elaboramos o Índice ESG - Impactos Ambiental, Material e Humano, o qual mede os impactos das perdas econômicas-financeiras dos municípios brasileiros decorrentes de eventos climáticos ou danos causados por práticas inadequadas de empresas. Agora disponível para todos os municípios, poderá se tornar um importante instrumento de prevenção e mitigação de prejuízos econômicos e humanos para as cidades.

Além disso, apresentamos um olhar crítico sobre a importante conexão entre os poderes constituídos nas esferas LEGISLATIVA e ESTADUAL, com o intuito sempre de impulsionar o desenvolvimento dos municípios brasileiros.

E, por último, finalizando o conjunto de novidades acrescentadas nesta 3ª edição, destacamos os reconhecimentos do Grupo Bandeirantes de Comunicação com o Prêmio Band Cidades Excelentes, as premiações do BID (Banco Interamericano de Desenvolvimento) em iniciativas de gestão inovadoras e bem-sucedidas e o acordo de cooperação técnica com o Tribunal de Contas do Estado de Rondônia, concretizado em 2023 com foco no aprimoramento da avaliação das gestões municipais do estado para o prêmio Band Cidades Excelentes.

Convidamos você para conhecer em detalhes a metodologia que permite, em conjunto com a plataforma IGMA, que os caminhos para a melhor tomada de decisão da prefeitura em prol da sociedade sejam traçados de forma a promover a cidadania e contínuo desenvolvimento humano.

Boa leitura!

1

A origem

O Aquila

O Aquila é uma consultoria brasileira que contribui para o desenvolvimento do País por meio do aprimoramento da gestão das organizações públicas e privadas, a partir da criação e aplicação de metodologias de gestão com foco na excelência e em resultados. Nosso portfólio conta com cerca de 1.000 clientes em todos os segmentos, 2.800 projetos realizados, 25 países atendidos, mais de 500 profissionais consultores, 10 livros publicados e mais de 750 atestados de capacidade técnica por trabalhos desenvolvidos nas áreas pública e privada.

Ao longo de 23 anos de consultoria para o setor público, contribuímos com centenas de municípios do País. Iniciamos nossa atuação em prol de melhores resultados para a gestão pública municipal brasileira em 2001, quando colaboramos com a melhoria gerencial da cidade de Uberlândia (MG). A partir dessa iniciativa, foram desenvolvidas as primeiras teses da gestão moderna da área pública.

A internacionalização dos nossos projetos a partir de 2003 possibilitou uma nova percepção para o nosso olhar naturalmente analítico. Quando começamos a viver no exterior, inicialmente onde nossos clientes estavam estabelecidos, constatamos que aquelas localidades dispunham de toda a infraestrutura necessária para o desenvolvimento humano.

Nossos consultores moraram em cidades de países como Luxemburgo, França, Suíça, Hungria, Inglaterra. Na Espanha, viveram em pequenos municípios ou *pueblos* com pessoas aparentemente satisfeitas com seu município, pois aquelas regiões lhes ofereciam tudo o que precisavam para desfrutarem de uma vida com qualidade.

Essa experiência nos fez quebrar paradigmas ao percebermos que é possível existir um serviço público excelente em qualquer município, independentemente do seu tamanho. De fato, é um campo que pode ser mais bem analisado no Brasil, mas, no exterior, existem inúmeras cidades pequenas, médias e grandes que são excelentes.

Mas o nosso grande estímulo para desenvolvermos a metodologia do Aquila apresentada neste livro se deu em uma conversa aparentemente informal com Johnny Saad, presidente do Grupo Band. Ele nos desafiou a criar um método eficiente que tornasse possível avaliar o nível de desenvolvimento humano proporcionado pela gestão das prefeituras brasileiras. Em outras palavras, um recurso que permitisse avaliar os melhores exemplos de gestão municipal do País, ou seja, as nossas Cidades Excelentes.

Fomos além da teoria e sentimos na prática como a relação público-privada poderia influenciar o grau de excelência de uma cidade. Independentemente do porte da localidade ou da sua vocação econômica, buscamos compreender como o equilíbrio entre os setores público e privado era capaz de proporcionar qualidade de vida para a população.

Assim, realizamos uma ampla pesquisa avaliando contrapontos entre cidades internacionais e nacionais. Nós nos deparamos com um acentuado desnível em termos de excelência na prestação de serviços entre a realidade estrangeira e a nossa. Foi isso que nos instigou a ir além em um profundo trabalho de investigação e análises.

Aproveitamos para apresentar melhor o detalhamento desse percurso:

Figura 1: História do Aquila na Gestão Pública.

De 2001 a 2003, iniciamos a consultoria em gestão pública. No mesmo período, os consultores do Aquila deram os primeiros passos em trabalhos de desenvolvimento de gestão fora do País.

Entre 2003 e 2011, realizamos projetos em vários municípios do País e demos início às comparações entre as cidades nacionais e as internacionais. Inicialmente, fizemos estudos comparativos entre cidades com um total de 15 a 20 mil habitantes. Além disso, a partir de 2014, realizamos pesquisas em 360 municípios brasileiros e 90 no exterior.

Em 2016, após estudos, pesquisas e anos de experiência com trabalhos na área pública, foi consolidado o conceito de Cidades Excelentes. No entanto, era preciso traduzir esse significado para a realidade brasileira, o que começou a ser feito no ano de 2017.

Em 2018, criamos a plataforma digital IGMA, inovadora e fundamentada em *data science* e inteligência artificial, para consulta e análise dos dados compilados de todos os municípios brasileiros.

Por fim, em 2020, consolidamos a metodologia Cidades Excelentes aplicada à gestão dos municípios brasileiros.

Foi a partir dessa trajetória que chegamos às conclusões apresentadas ao longo deste livro e que inspiraram, em 2021, a realização da primeira edição do Prêmio Band Cidades Excelentes .

A premiação foi uma forma de reconhecer as boas práticas de gestão municipal e estimular a troca de experiências entre as cidades do Brasil, o que ainda acontece muito pouco entre os 5.570 municípios. Ao conhecerem e replicarem os bons exemplos em administração municipal, as prefeituras contribuem para acelerar o desenvolvimento humano de todo o país.

A fim de permitir uma troca mais justa e equilibrada das boas práticas, a premiação agrupou os municípios brasileiros por categorias baseadas em faixas populacionais, fator que impacta diretamente no nível de complexidade das soluções.

O Prêmio Band Cidades Excelentes seguiu toda a metodologia desenvolvida pelo Aquila e reconheceu municípios que se destacaram em cada eixo do Ciclo Virtuoso de Desenvolvimento Humano, além de entregar o prêmio geral de Cidade Excelente.

A premiação foi marcada por duas etapas: na primeira, estadual, foram reconhecidos os municípios de cada Estado brasileiro com as melhores pontuações dos indicadores. Na segunda etapa, de âmbito nacional, foram reconhecidos os três melhores municípios de cada categoria populacional do país.

Em 2022, foi lançada a 2ª edição do livro Cidades Excelentes e a plataforma IGMA foi reforçada com novos indicadores, passando de 39 para 62.

Já em 2024, a 3ª edição do livro será lançada com 72 indicadores, novos cases e um capítulo abrangendo a conexão entre os poderes constituídos.

A cada ano a metodologia evolui de forma a representar da melhor maneira a realidade e os desafios das cidades brasileiras.

Por que municípios?

Um dos primeiros debates que estabelecemos foi a reflexão do por quê município. Chegamos a pensar: *não seria melhor debater uma esfera mais ampla como os governos estaduais ou o federal?* No entanto, entendemos que é a partir do município que o indivíduo se constitui politicamente como um cidadão e se relaciona com os demais entes federados. É na municipalidade que o sujeito mais interage com o setor público.

Todo investimento e toda prestação de serviço pública acontece e/ou impacta diretamente a realidade de um município e dos seus respectivos munícipes.

Independentemente do tamanho do município ou da origem dos recursos públicos, é importante frisar que todo investimento bem direcionado promove a qualidade de vida da população de uma cidade. Por exemplo, ao se aplicar uma verba para a melhoria da infraestrutura de uma rodovia federal, os municípios que são ladeados por tal estrada também são positivamente impactados.

Imagine: as escolas frequentadas pelos jovens e crianças estão no município. Uma universidade, independentemente de sob qual gestão se encontra, está em um município. As vias de transporte, sejam elas ruas asfaltadas ou rodovias que cortam o País, também estão em algum município. Portanto, o município é o contato direto, é a relação mais próxima entre o cidadão e o poder público.

Sendo assim, o Brasil é a soma de 5.570 municípios, dos quais 26 são capitais estaduais. Estão computados nesse número o Distrito Federal, território autônomo composto por regiões administrativas e pela capital federal, e Fernando de Noronha[1].

Na tabela a seguir, apresentamos percentualmente a dimensão populacional dos municípios brasileiros:

Municípios brasileiros por faixa populacional

Tamanho Populacional	Nº de Municípios[1]	%
Até 50 mil	4.913	88,2%
De 50 a 100 mil	338	6,1%
De 100 a 200 mil	167	3,0%
De 200 a 400 mil	91	1,6%
De 400 a 700 mil	33	0,6%
De 700 a 1 milhão	13	0,2%
Acima de 1 milhão	15	0,3%
Total Geral	**5.570**	**100%**

1: Incluídos os distritos: estadual (Fernando de Noronha) e federal (Brasília).

Tabela 1: Munícipios por faixa. Fonte: IBGE: Censo Demográfico (2022), extraído da plataforma IGMA em fevereiro/2024.

O município é um território político com autonomia administrativa, que corresponde a uma divisão do Estado ou unidade federativa. A prefeitura é o órgão público responsável pela sua gestão. Geralmente, um município possui zonas rurais e outras urbanizadas,

[1] O Distrito Federal e Fernando de Noronha foram contemplados para a nossa contabilização geral de municípios brasileiros, totalizando o número de 5.570. Mas, para efeitos de comparação, esses territórios não são considerados nos cálculos do IGMA, devido às especificidades político-administrativas.

que chamamos de cidades ou distritos, os quais são delimitados por um perímetro urbano.

Assim, um município pode abranger várias cidades. Geralmente, o nome do município é o mesmo da cidade principal, onde a prefeitura é sediada. As outras áreas, rurais ou cidades menores, não possuem autonomia política suficiente para se emancipar e são administradas pela mesma gestão municipal.

O conceito de município diz respeito à ocupação social, ou seja, à extensão de pessoas impactadas pelas políticas públicas, enquanto o de cidade trata da delimitação territorial por meio de divisas.

Apesar das diferenças conceituais, para simplificar a narrativa da nossa metodologia neste livro, utilizaremos os termos cidade e município como sinônimos.

Desafios

Após as eleições, ao iniciar o mandato de gestão, frequentemente os novos prefeitos se deparam com três desafios em comum. O primeiro deles é relacionar as promessas e vontades do seu plano de governo às reais necessidades do município, cumprindo os limites mínimos de gastos orçamentários previstos constitucionalmente. O segundo é saber priorizar e aplicar os recursos disponíveis, sejam eles financeiros, orçamentários ou de equipe. E, por fim, os gestores municipais precisam de boas referências em administração pública, a fim de analisarem melhor seus próprios percursos e entenderem como podem melhorar nos pontos necessários.

Para ultrapassar essas adversidades, os prefeitos necessitam acessar informações ricas e precisas para a tomada de decisão correta. Essas informações, entretanto, nem sempre estão disponíveis a tempo e de forma adequada, causando atrasos e desperdícios.

Esse contexto impede que os gestores municipais desfrutem de uma visão sistêmica da realidade da maioria das cidades brasileiras, o que, por consequência, prejudica a priorização e a adoção de projetos e de políticas públicas de maior eficácia. O cenário também contribui para a falta de transparência no planejamento da administração municipal e na aplicação dos recursos disponíveis.

A gestão apoia o prefeito na análise dos dados, priorização das iniciativas e preparação dos projetos de melhoria do município. Quando iniciamos nossos trabalhos nas prefeituras do Brasil, percebemos que nossas equipes despendiam de 3 a 6 meses para realizar o diagnóstico da localidade. Isso acontecia porque as informações não estavam organizadas ou careciam de qualidade para análises mais ricas, o que nos tornou solidários aos gestores em suas dificuldades e nos instigou a buscar uma solução para a questão.

Assim, o nosso primeiro desafio foi: ORGANIZAR OS DADOS DA PREFEITURA E TRANSFORMÁ-LOS EM INFORMAÇÕES PARA A TOMADA DE DECISÕES.

Importante diferenciarmos aqui os termos *dados*, *informação* e *conhecimento*, muitas vezes empregados como se fossem sinônimos, apesar de não serem. Esclarecemos a seguir o conceito de cada um:

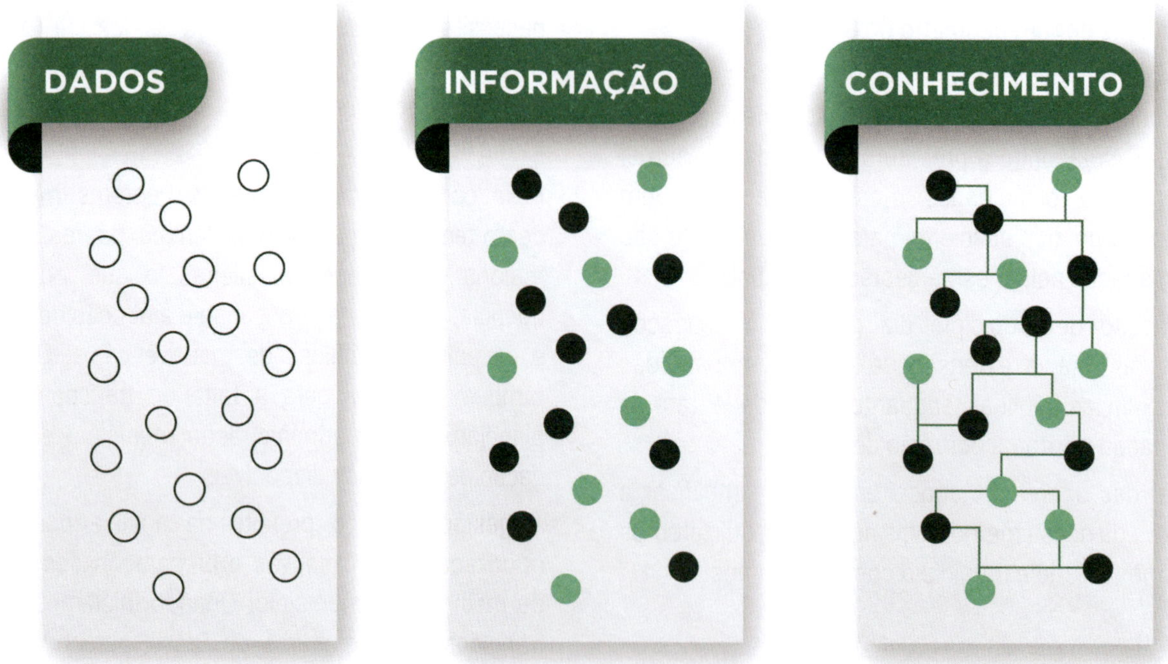

Figura 2: Diferença entre os termos *Dados, Informação e Conhecimento.*

Conforme *Cambridge International Examinations* (2015):

Dados: se referem, normalmente, ao dado "bruto" - uma coleção de textos, números e símbolos sem nenhum significado. Dado, portanto, para ter significado ou transmitir uma mensagem, deve ser processado, associado ou fornecido com um contexto.

Informação: Informação é o resultado do processamento e sistematização dos dados, possibilitando que eles possam ser usados em um contexto e tenham significado. Informação são dados que têm significado.

Conhecimento: é adquirir e lembrar um conjunto de fatos ou usar as informações para resolver problemas. É o resultado da reunião de informações que permite o alcance de outro nível de interpretação da realidade, favorecendo a elaboração do saber, de ideias e até de experiências que apenas a informação não seria capaz de gerar.

Outra situação característica do cenário brasileiro é a impossibilidade de comparar as gestões municipais e gerar referências de melhores práticas para as cidades com pontos a desenvolver. Isso significa que, apesar de 5.570 aparatos municipais públicos distintos, a troca de experiências, informações e políticas entre as cidades do país é extremamente baixa.

Imagine se os nossos gestores públicos pudessem comparar desempenho e indicadores entre municípios com o mesmo PIB *per capita*[2], tamanho populacional e renda? Mesmo com a existência de particularidades, essa simples possibilidade abriria um leque de opções, análises e reflexões acerca das políticas municipais adotadas.

Assim, a comparação correta permite que se possa conhecer projetos e políticas públicas municipais capazes de acelerar o processo de melhoria do desenvolvimento humano local.

Apesar das peculiaridades regionais, existem cidades com estruturas de educação e saúde, além de políticas e processos locais definidos, os quais podem ser compartilhados com as demais.

Então, como dito anteriormente, um dos grandes desafios foi: viabilizar a análise de cidades comparáveis e a consequente troca de experiências entre os municípios.

Ao levarmos os princípios técnicos de gestão para a esfera pública, disseminamos os conceitos de **aprendizado a partir dos erros** e da **importância do planejamento**.

O planejamento é essencial, pois verificamos que os órgãos públicos no Brasil sofrem com a perda de tempo – e consequente atraso no prazo de execução – para compreenderem e analisarem a situação municipal até tomarem decisões, inclusive de investimentos. Sempre que se inicia um novo mandato administrativo, os servidores despendem meses levantando os mesmos dados locais para elaborar um novo plano de gestão.

Adicionalmente, em função dessa alteração da gestão municipal, pode ocorrer descontinuidade nos planos de investimentos e reformulações estruturais. Com isso, a visão de longo prazo pode ser comprometida.

Quem não planeja é planejado! O Brasil tem a oportunidade de monitorar, de maneira mais efetiva, a gestão dos seus municípios e fazê-los trocar 5.570 experiências entre si. Existem muitos dados, mas pouca informação. São muitos gestores, mas pouca eficácia. Os recursos são escassos e não há espaço para o desperdício!

Desperdício: ação ou efeito de desperdiçar, de não aproveitar da maneira como deveria; falta de proveito; perda. Despesa exagerada; gasto excessivo. Tudo aquilo que não se aproveita ou não agrega valor.

---

[2] Produto Interno Bruto dividido pelo tamanho da população daquele local.

O que é excelência?

Diferentemente do que muitos pensam, excelência não significa perfeição e sim a busca pela melhoria nas pequenas coisas, diariamente. É descobrir e pôr em prática a resposta para a seguinte pergunta: *qual é o melhor resultado a ser alcançado ao menor custo e a partir dos recursos que possuo?*

"Somos o que repetidamente fazemos. A excelência, portanto, não é um feito, mas um hábito", disse Will Durant referindo-se a Aristóteles. Em japonês, a palavra *Kaizen* significa melhoria contínua. Conforme *Oxford Languages*[3], a etimologia do termo *excelência* nos leva a significados como "o que se eleva e sobressai; superior; distinto".

Assim, compreendemos a excelência não como um fim a ser alcançado, mas como um processo constante e que está ao alcance de todos. Nesse sentido, entendemos o quão fundamental seria que a metodologia Cidades Excelentes traduzisse a dinamicidade característica da melhoria contínua.

A excelência na gestão pública municipal acontece, portanto, quando a prefeitura entrega resultados de destaque a partir do menor custo e dos recursos disponíveis, servindo como uma referência de boas práticas para as demais cidades. No município, tais ações se refletem na eficácia e na eficiência dos serviços prestados e, consequentemente, na qualidade de vida da população.

[3] OXFORD UNIVERSITY PRESS. Oxford Languages, 2021. Disponível em: <https://languages.oup.com/>.

Quando a excelência vem do setor público, são criadas as condições necessárias para o desenvolvimento local e incentivo à iniciativa privada. Esta, por sua vez, precisa elevar muito o nível da prestação do seu serviço quando a população tem acesso a um gratuito e de qualidade. Imagine como seria a realidade das escolas e hospitais privados no Brasil, se o país apresentasse um acesso universal e de qualidade a todos os cidadãos. Isso exigiria que a iniciativa privada gerasse mais valor, a ponto de justificar que o cidadão cogite despender algum recurso para aquela prestação de serviço. Todo esse contexto gera uma melhoria contínua no município, impactando diretamente na qualidade de vida da população, que passa a ter acesso a mais opções de serviços e cada vez melhores.

Depois de entender o que seria a excelência no setor público, nosso passo seguinte foi descobrir e compreender essas Cidades Excelentes mundo afora.

A excelência vem do setor público

A partir de tudo o que vivenciamos e estudamos pelo mundo, nossa primeira constatação é de que **a excelência vem do setor público.** Tal afirmativa é sustentada pelos seguintes aspectos observados:

1. O poder público é o representante do povo e, por isso, em seu propósito de servir a sociedade, deve ser a referência de excelência, entendendo e atendendo os cidadãos em todas as suas necessidades, de forma a promover a qualidade de vida da população.

2. É papel da administração pública promover uma gestão eficiente dos recursos disponíveis, maximizando a sua capacidade de investimento, para financiar o avanço da estrutura dos pilares do ciclo virtuoso de desenvolvimento humano.
3. Cabe à gestão pública criar condições regulatórias, políticas de investimento e prover o setor privado de segurança pública e jurídica, a fim de fomentar um ambiente dinâmico, seguro e consistente para a atração de novos negócios e a consequente geração de riquezas.
4. Além desse papel legislativo, o poder público deve exercer a fiscalização dos serviços prestados e oferecidos à população em termos legais, de qualidade e de prazo de execução.

Essa é, portanto, a fundamentação do princípio de que a excelência vem do setor público.

A primeira ação para o progresso de uma gestão é conhecer os principais gargalos locais. De acordo com a teoria das restrições, não adianta melhorar o que já está bom. Deve-se desenvolver os pontos que estão em descompasso com os demais e nivelá-los para avançarem juntos e em harmonia rumo à excelência.

Em outras palavras, o gestor público não deve trabalhar apenas o que já funciona. Seus esforços devem ter foco na melhoria das áreas mais desafiadoras. Por isso, é importante entender que **o desenvolvimento humano acontece quando há equilíbrio na gestão**. Os pilares que apresentamos nessa metodologia são universais e seriam capazes de orientar a busca pela excelência em todos os municípios do Brasil.

Compreendemos melhor a importância desse conceito quando imaginamos, por exemplo, que um deputado federal cria uma emenda partidária para investimento em saúde em um determinado município. Mas, ao analisarmos a cidade, percebemos que a saúde pública está indo bem e o problema local é a infraestrutura.

Temos, aqui, um exemplo hipotético, mas que já vimos acontecer inúmeras vezes pelo País e que reforça a importância do direcionamento correto das verbas municipais e das políticas públicas. Afinal, os recursos são finitos e precisam ser priorizados para aquilo que trará mais resultado para a população. Esse é o conceito de excelência!

Acompanhamos a experiência de uma prefeitura no interior de Minas Gerais que havia planejado investir recursos para a realização de uma obra em uma escola. Conhecendo a metodologia Cidades Excelentes, a equipe administrativa levantou os dados do município e constatou que seus indicadores críticos estavam, na verdade, vinculados à mobilidade urbana.

A partir dessa informação, o gestor público fez uso da política de transparência e realizou uma audiência pública com a população local. Na oportunidade, a prefeitura apresentou a identificação do real problema e justificou que a principal necessidade pública seria em mobilidade urbana, propondo em votação a transferência do recurso para a construção de uma nova avenida com rotatória no centro da cidade, a qual foi aprovada pela maioria.

Nesse caso, o prefeito direcionou corretamente os recursos disponíveis para um investimento público e desenvolveu o pilar que apontava maior deficiência, promovendo o equilíbrio daquela gestão. Assim, por meio do conhecimento de um método, o qual orienta a gestão para o desenvolvimento humano, aliado a informações rápidas e de qualidade, a prefeitura tomou uma decisão estratégica adequada para a promoção de uma cidade excelente.

A busca pela cidade excelente

A partir da nossa vivência no exterior, nos perguntamos: *O que é uma cidade excelente?*

É uma cidade que atrai o que há de melhor. As pessoas querem viver nela. As empresas querem estar lá. Não importa a sua extensão geográfica ou onde ela esteja, é uma cidade que provê seus habitantes satisfatoriamente.

Uma cidade é excelente, principalmente, quando percebemos que tudo funciona adequadamente:

- a população é bem instruída, porque recebeu educação e conhecimento;
- é uma localidade onde se percebe a aplicação das riquezas que gera;
- pratica a governança ao promover a eficiência fiscal e o investimento adequado dos recursos;
- possui eficiência fiscal e investe os recursos adequadamente;
- o sistema de saúde atende os indivíduos nas suas necessidades;
- existe infraestrutura adequada e o desenvolvimento socioeconômico em crescimento contínuo;
- prioriza iniciativas sustentáveis de preservação do meio ambiente com ações que geram mais qualidade de vida para a população;
- a renda *per capita* é crescente e a cidade não é violenta.

Esse é o nosso conceito de cidade excelente. São municípios que podem ser comparados com cidades de referência, por possuírem características que lhes dão vanguarda e, quando combinadas, são capazes de gerar um alto nível de desenvolvimento humano e qualidade de vida para sua população.

Isso nos remete à fala do sociólogo Domenico De Masi[4], em uma palestra que realizou para consultores e convidados do Aquila, em 2015. Ele enfatizou o grande sucesso de cidades pequenas do Brasil que poderiam servir de exemplo para o mundo inteiro. Mesmo diante de um quadro de desigualdades, alguns municípios se diferenciavam em iniciativas sociais, como a oferta de escolas com alto nível de alfabetização, inclusive com brasileiros que são destaque em olimpíadas nacionais e internacionais.

Esse pensamento endossa a nossa ideia de que, no Brasil, habita um povo rico em potencial criativo, o qual, se estimulado e incentivado, pode construir um novo cenário de progresso econômico e desenvolvimento humano e social para além das grandes capitais. A metodologia Cidades Excelentes e a plataforma IGMA surgem como ferramentas práticas nesta jornada de transformação da gestão pública municipal brasileira.

---

[4] Sociólogo e professor italiano que se tornou famoso pela elaboração do conceito de ócio criativo. É também palestrante e autor de diversos livros. Em 2010, tornou-se cidadão honorário da cidade do Rio de Janeiro (RJ).

Ao longo desta obra, provamos como as Cidades Excelentes são possíveis e reais, inclusive com a descrição de casos nacionais.

Ao final do livro, trouxemos alguns relatos de consultores do Aquila que muito nos serviram para enriquecer a compreensão do que concebemos como excelência em diferentes cidades do mundo. São percepções subjetivas e sinceras, partindo do ponto de vista de brasileiros que puderam comparar o sistema e os serviços públicos de cidades do exterior com as nacionais, inclusive positivamente.

A importância do desenvolvimento humano

Se a excelência vem do setor público, podemos entender as Cidades Excelentes como as que proporcionam a melhor qualidade de vida para os seus cidadãos. Por isso, é tão relevante compreendermos o conceito de desenvolvimento humano, o qual está intimamente relacionado ao de cidade excelente.

O Programa das Nações Unidas para o Desenvolvimento (PNUD) é a agência líder da rede global de desenvolvimento da Organização das Nações Unidas (ONU), que combate principalmente a pobreza e trabalha em prol do desenvolvimento humano. Ou seja, se preocupa com as pessoas, suas oportunidades e suas capacidades.

É um foco de atuação diferente da ótica do crescimento econômico, pois considera que o bem-estar social é pautado pelos recursos ou pela renda que uma comunidade é capaz de gerar. O olhar do desenvolvimento humano transfere esse foco da receita (que passa a ser um meio) para o ser humano (que se torna um fim).

Esse é o princípio que gerou um dos indicadores mais conhecidos e aplicados no mundo, o IDH - Índice de Desenvolvimento Humano. Ele considera 3 dimensões básicas para medir o progresso a longo prazo: renda, educação e saúde.

A formulação do IDH teve o objetivo de complementar a mensuração do PIB *per capita*, que leva em consideração apenas a dimensão econômica do desenvolvimento. Esse contraponto permitiu ampliar a perspectiva sobre o conceito de desenvolvimento humano.

Na dimensão saúde, o cálculo do IDH elege a expectativa de vida como fator plausível para avaliar a longevidade saudável das populações. O índice de alfabetização de adultos e os níveis de escolarização da comunidade em geral são os aspectos considerados para a dimensão educação. Por fim, para analisar a renda, o índice observa o padrão de vida populacional, a partir do PIB *per capita*.

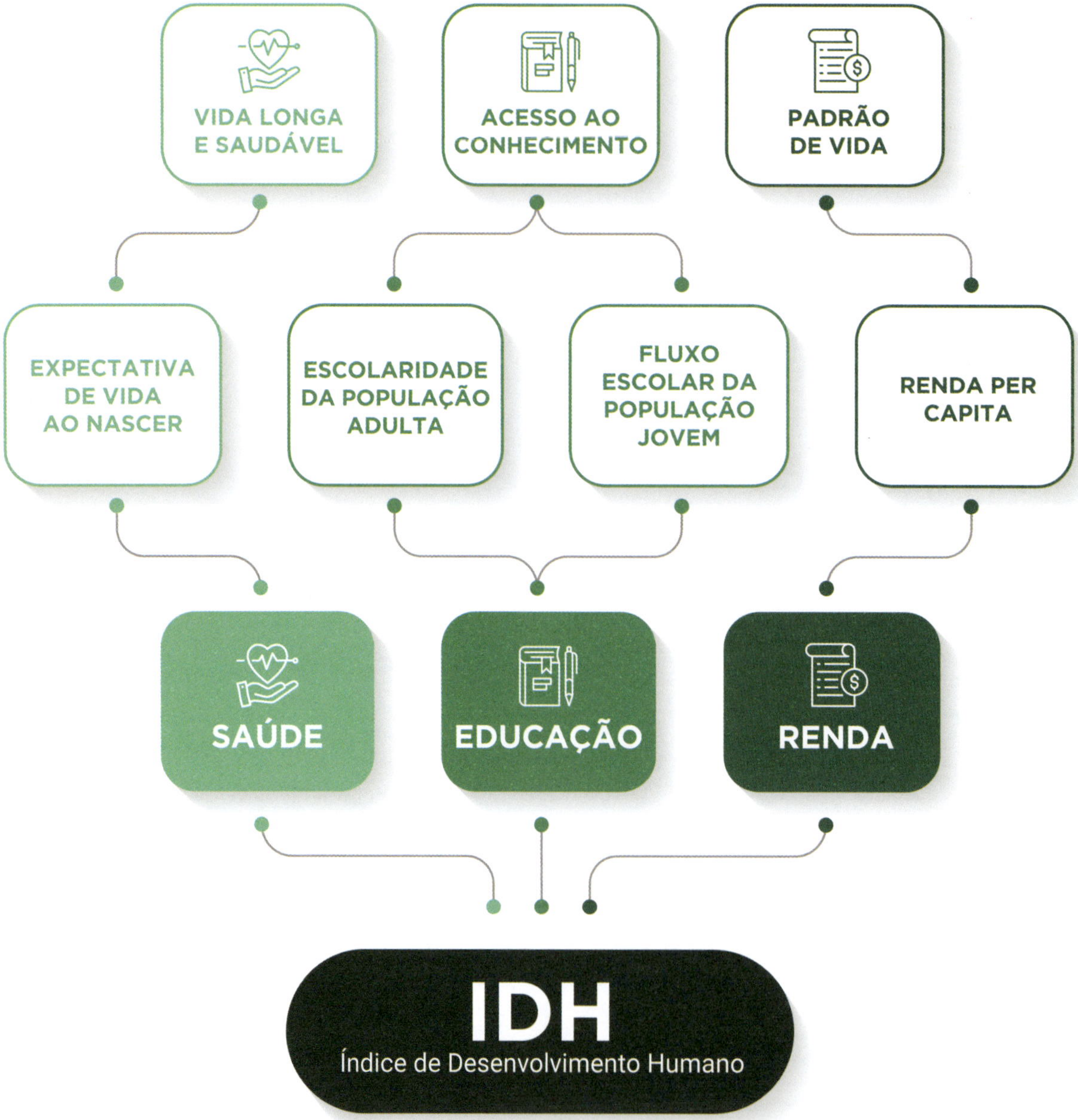

Figura 3: Composição do IDH.

A contagem do IDH pondera uma média entre essas 3 dimensões, que possuem o mesmo peso, e chega a resultados que variam de 0 a 1. Quanto mais próxima de 1 a nota chegar, maior é o desenvolvimento humano de uma localidade.

A ONU divide os países nas seguintes categorias, de acordo com os seus respectivos IDH, conforme tabela ao lado.

IDH	Nota
Muito Alto	Acima de 0,800
Alto	Entre 0,700 e 0,799
Médio	Entre 0,550 e 0,699
Baixo	Abaixo de 0,550

Tabela 2: Classificação do IDH de acordo com a ONU.

Confira no mapa abaixo a situação do IDH no mundo.

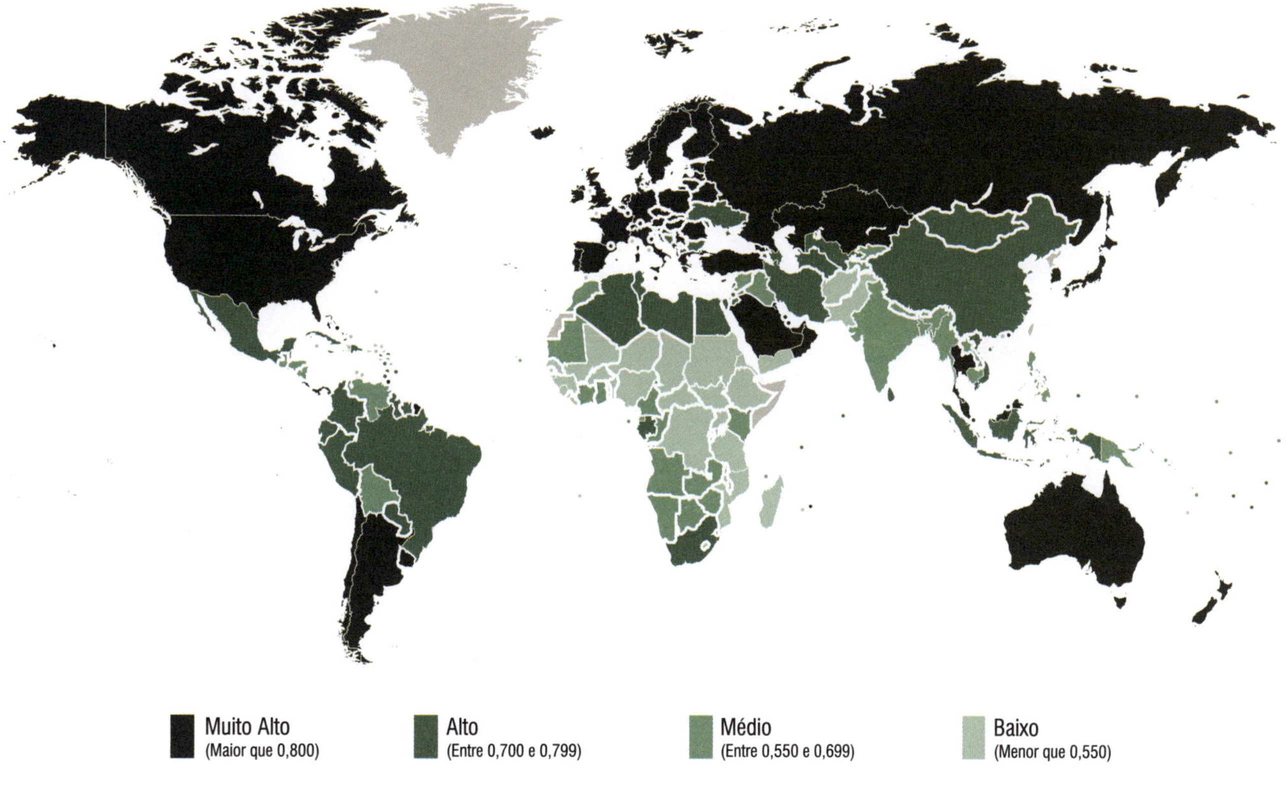

Figura 4: IDH 2022 de 193 países. Fonte: PNUD (Relatório de Desenvolvimento Humano 2023/2024).

A seguir, conheça a série histórica do Brasil:

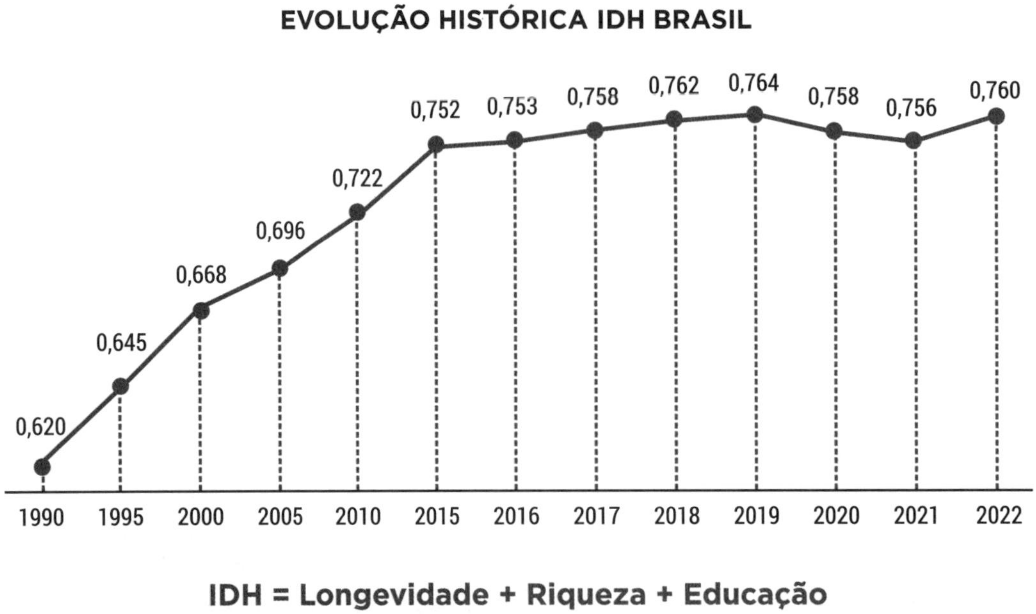

Figura 5: Série Histórica IDH do Brasil. Fonte: PNUD (Relatório de Desenvolvimento Humano 2023/2024 e Data Center).

O índice do Brasil, entre 1990 e 2015, avançou 23% impulsionado pela estabilização da nossa economia e o desenvolvimento social. Entretanto, a partir de 2015, o nosso IDH vem apresentando um crescimento tímido e, no último relatório de desenvolvimento Humano de 2021 (PNUD), o país subiu 1 posição.

O IDH é um índice reconhecido e adotado mundialmente e a sua metodologia funciona como a fotografia de um momento. Ou seja, seus números permitem identificar o nível de desenvolvimento humano do local na circunstância temporal de realização da pesquisa.

No entanto, esse dado, por si só, ainda não abrange todos os indicadores que um prefeito precisa conhecer e dominar para enfrentar os desafios com os quais se depara ao assumir a gestão municipal.

Nesse sentido, vale destacar que o IDH e o IGMA estão inter-relacionados, pois correspondem em algumas estatísticas que adotam. Apesar do IGMA ir além do que se calcula no IDH, a melhora daquele índice repercute, consequentemente, na deste.

Por tratarmos de desenvolvimento humano, seguimos firmes na identificação do que as Cidades Excelentes têm em comum para proporcionar um bom IDH aos seus cidadãos. É o que abordaremos a seguir.

A metodologia Cidades Excelentes

Ao traduzir esse conhecimento de forma estrutural, o Aquila compreendeu que uma cidade excelente deve estar em equilíbrio para promover serviços eficientes à sua população. É exatamente o que denominamos de **Ciclo Virtuoso de Desenvolvimento Humano**, o qual permite à gestão municipal analisar as condições adequadas e necessárias para melhorar a qualidade de vida regional a longo prazo.

Como vimos anteriormente, a excelência está na busca constante e nas conquistas contínuas de otimizações na prestação dos serviços público, seja na prática da governança, na geração e aplicação de recursos, na infraestrutura instalada, nas iniciativas sustentáveis, no desenvolvimento socioeconômico, nas condições de saúde ou na educação dos cidadãos.

Figura 6: Ciclo Virtuoso de Desenvolvimento Humano.

Uma cidade que pratica a excelência na gestão do desenvolvimento humano da sua população a longo prazo promove o equilíbrio desse ciclo virtuoso, o qual é caracterizado pela atuação interdependente dos seis pilares da metodologia Cidades Excelentes.

Nas Cidades Excelentes, todos os pilares funcionam e se retroalimentam. Se um deles não funcionar, a cidade não será excelente. Conheça-os:

Pilar 1 Governança, Eficiência Fiscal e Transparência

É o pilar essencial para essa engrenagem operar, pois, a partir dele, geram-se os recursos para transformar a cidade.

O bom gestor é aquele que cuida do seu município e, consequentemente, atrai pessoas para viver ali. Ele promove o interesse da população pela gestão da cidade, por meio de uma comunicação eficiente e transparente, estreitando o relacionamento entre os cidadãos e os órgãos públicos.

Primeiramente, uma cidade é excelente por conta da sua governança, eficiência fiscal e transparência. Quanto mais eficiente for a máquina pública, maior será a sua capacidade de promover investimentos e serviços de qualidade à população a um menor custo. Quanto melhor for a sua capacidade de medir seus resultados, mais sofisticado será o seu gerenciamento. Quanto maior for a autonomia fiscal de um município, mais ele estará em movimento e investindo no desenvolvimento local.

Esse fator tem relação direta com a capacidade municipal de gerar e administrar riquezas, ou seja, de transferi-las para a população e comunicar onde e por que os recursos públicos foram investidos. O cidadão deve perceber e acompanhar as melhorias contínuas da sua região. Esse é o ponto de partida do ciclo virtuoso, o qual sinaliza a capacidade da localidade de manter uma tendência positiva de melhoria nos seus índices de desenvolvimento humano.

Pilar 2 Educação

Legalmente, os municípios brasileiros devem destinar 25% dos seus recursos para esse pilar. Nas Cidades Excelentes, o sistema educacional funciona muito bem.

No Brasil, a Lei de Diretrizes e Bases (LDB 9394/96), que estabelece os princípios da educação e a responsabilidade dos governos em relação à educação escolar pública garantida pela Constituição Federal, afirma que:

> **Art. 2º** *A educação, dever da família e do Estado, inspirada nos princípios de liberdade e nos ideais de solidariedade humana, tem por finalidade o pleno desenvolvimento do educando, seu preparo para o exercício da cidadania e sua qualificação para o trabalho.*

Assim, a educação, como um direito fundamental de todos, promove o desenvolvimento da autonomia e do senso crítico, além de aprimorar habilidades e competências humanas. Ela também é o principal recurso para formar cidadãos comprometidos com as instituições das suas cidades e dos seus países, exercendo os valores democráticos que estabelecem a vida em sociedade. Dessa forma, uma administração pública municipal que investe em educação provê as oportunidades ideais para melhorar a qualidade de vida coletiva.

Pilar 3 Saúde e Bem-estar

A saúde é outro direito humano fundamental. É compreendida como o recurso mais importante para o desenvolvimento econômico, social e pessoal - assim como uma das mais relevantes dimensões para a qualidade de vida. Legalmente, hoje, os municípios brasileiros devem destinar, ao menos, 15% dos seus recursos para esse pilar.

É também dever do governo, por meio de políticas públicas, garantir o acesso igualitário da população aos serviços desse tema, promovendo o desenvolvimento saudável e harmonioso de cada cidadão.

Pilar 4 Infraestrutura e Mobilidade Urbana

Quanto melhor for a infraestrutura local de uma cidade, maiores serão as suas atividades econômicas e a consequente geração de riquezas. Uma realidade traduzida tanto como vantagem competitiva para quem já está ali, quanto como um excelente atrativo para investimentos privados provenientes de outras localidades. Logo, quanto mais atrativa for a cidade, maior será a arrecadação para a administração pública investir em melhorias sociais, retroalimentando o ciclo virtuoso de desenvolvimento humano.

Esse fato reforça o princípio de que a excelência vem do setor público, o responsável pela criação desse ambiente. Essa é a razão pela qual consideramos o primeiro pilar, Governança, Eficiência fiscal e Transparência, o essencial do ciclo virtuoso, enquanto os 5 demais pilares são os estruturais.

Pilar 5 Sustentabilidade

Uma sociedade socioeconomicamente desenvolvida avalia constantemente suas iniciativas ambientais e sustentáveis. Afinal, esse é um tema mundialmente pertinente e debatido atualmente pelos principais órgãos de governo.

Seu destaque ganhou relevância ao percebermos, na prática, como o tema sobressai em suas especificidades e relevância internacional.

A partir de um pilar exclusivo, é possível analisarmos os indicadores e compararmos o desempenho das cidades por meio de avaliações e interpretações mais detalhadas, facilitando o desenvolvimento de políticas e soluções sustentáveis e o seu consequente compartilhamento entre as cidades brasileiras.

Pilar 6 Desenvolvimento Socioeconômico e Ordem Pública

O último pilar proporciona a geração de riqueza local, uma vez que cria as condições para o desenvolvimento da iniciativa privada, atraindo mais empresas e mais empregos.

Somado a baixas taxas de violência e de desigualdade social, esse quadro completa o sistema harmônico de uma cidade excelente, impulsionando a capacidade de eficiência fiscal e de transparência da cidade com a aplicação dos recursos captados.

É importante mencionar que a vocação econômica dos municípios pode afetar a relevância de setores como a agropecuária ou o turismo na construção do ciclo virtuoso de desenvolvimento humano, assim como algumas outras iniciativas e atuações municipais que podem trazer à tona pilares secundários, como cultura.

Todavia, entendemos que os 6 pilares do método traduzem de maneira clara as questões que tendem à melhoria ou à piora na promoção de qualidade de vida para a população.

Dessa forma, nasce a metodologia Cidades Excelentes. Com a definição desses 6 grandes pilares, os quais, interagindo em equilíbrio, constituem um município capaz de promover o desenvolvimento humano local continuamente.

No próximo capítulo, vamos conhecer os fundamentos e as ações da ferramenta criada pelo Aquila para permitir, de forma inédita, a análise e a comparação do ciclo virtuoso de desenvolvimento em todos os municípios do Brasil: a plataforma IGMA.

Cooperação AQUILA e Tribunais de Conta

TCESP – TRIBUNAL DE CONTAS DO ESTADO DE SÃO PAULO

Para a edição do ano de 2022 do Prêmio Band Cidades Excelentes, o Aquila firmou um termo de cooperação com o Tribunal de Contas do Estado de São Paulo[5] (TCESP) com o objetivo de compartilharem conhecimento, tecnologia e acesso de dados. Ressalta-se que o termo de cooperação limitou-se ao compartilhamento de informações públicas, ficando vedadas transferências de dados de cunho estratégico e uso restrito.

O TCESP cumpre um importante papel de garantir a fiscalização financeira, contábil, orçamentária, operacional e patrimonial do estado de São Paulo e dos seus municípios, exceto da capital e, dessa forma, suas informações são de extrema relevância para a gestão pública e para a Sociedade.

O início dos trabalhos da cooperação técnica envolveu estudos entre as equipes do TCESP e o Aquila e suas respectivas correlações metodológicas de monitoramento dos municípios.

Dentre os diversos instrumentos fiscalizatórios do TCESP, destacamos o IEGM (Índice de Efetividade da Gestão Municipal). O IEGM tem como objetivo avaliar a efetividade de políticas públicas aplicadas nos municípios de São Paulo, por meio de um detalhado questionário aplicado anualmente. Composto por cerca de 730 perguntas divididas em 7 eixos: Educação, Saúde, Planejamento, Gestão Fiscal, Meio Ambiente, Defesa Civil e Governança de TI, o IEGM é um banco de dados sobre a situação de cada município paulista. O índice é traduzido em um único indicador que classifica os municípios em faixas de efetividade de gestão.

Essa plataforma foi a principal referência utilizada para incorporar ao IGMA indicadores chave que pudessem aprimorar a premiação das cidades paulistas no Prêmio Band Cidades Excelentes. Assim, o primeiro passo foi a análise desses indicadores do IEGM e parâmetros adotados pelo TCESP mais relevantes para inclusão imediata ao IGMA.

Neste ponto, é importante evidenciar a dedicação e o comprometimento dos profissionais de diferentes níveis de gestão que atuaram em regime de colaboração, o que possibilitou uma análise minuciosa dos painéis e metodologia utilizados pelo TCESP.

Ilustramos abaixo as imagens reais dos painéis usados pelo TCESP que nos subsidiaram com as principais fontes de dados:

---

[5] Apenas a capital do Estado de São Paulo não é contemplada pelas avaliações do TCESP porque sua fiscalização é realizada integralmente pelo Tribunal de Contas do Município de São Paulo.

Figura 7: Painel Observatório Fiscal.

Figura 8: Painel IEG-PREV.

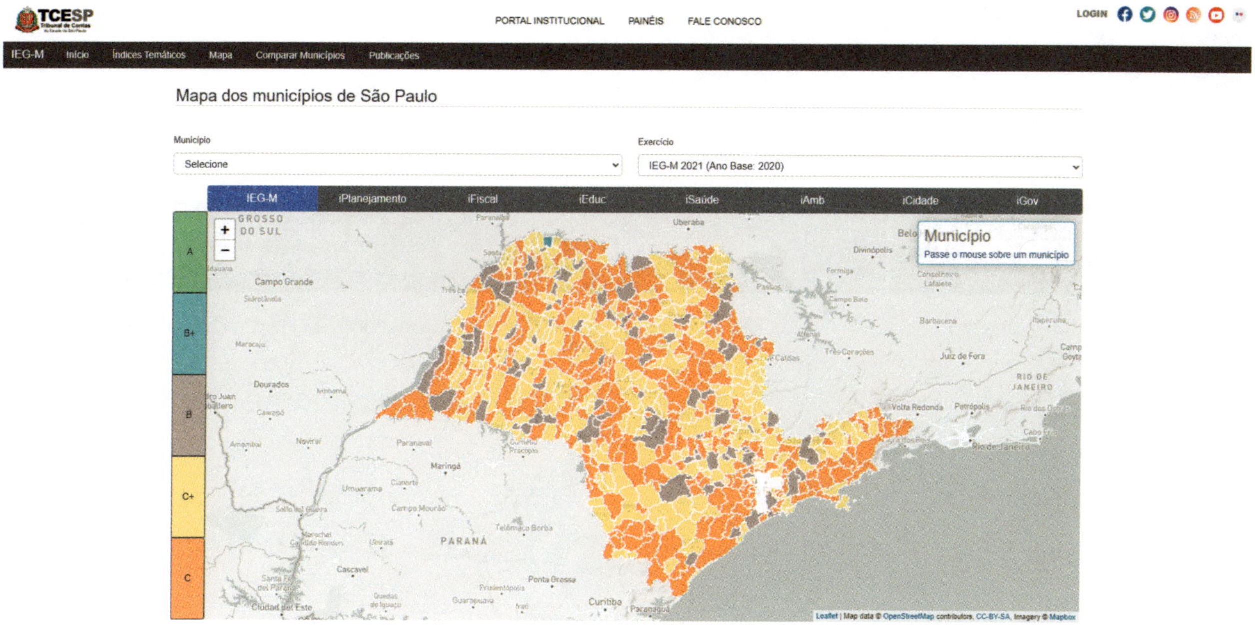

Figura 9: Painel IEGM.

A avaliação profunda dos dados dos painéis permitiu-nos averiguar a ocorrência de correlações diretas, indiretas, baixas correlações e não-correlações, o que nos possibilitou estabelecer priorizações para os casos dos indicadores classificados como potencialmente viáveis de serem inseridos no IGMA.

Assim, das 734 perguntas verificadas, 186 foram classificadas como de correlação direta com o Índice de Gestão Municipal Aquila. Inclusive, algumas já eram contempladas pela plataforma, a exemplo das métricas de apurações de resultado financeiro, quantidade de crianças que abandonaram a escola e percentual de internações por causas sensíveis à atenção básica.

Na sequência, foram identificadas 50 perguntas cujos temas, apesar de não estarem contemplados no IGMA, apresentavam alta correlação com ele e, dessa forma, tiveram 7 indicadores priorizados e absorvidos na plataforma. Esses indicadores, que representam os principais fundamentos de uma avaliação de contas do município, são considerados os "**7 pecados capitais da Gestão Municipal**".

Além desses 7 indicadores, a nota geral do IEGM, que considera o histórico de prestação de contas da cidade, também foi absorvida pelo IGMA como o oitavo novo indicador proveniente da análise de aderência entre os órgãos.

7 pecados capitais e 8 novos indicadores

PECADO CAPITAL	INDICADOR IGMA	PILAR DO CICLO VIRTUOSO DE DESENVOLVIMENTO HUMANO
Déficit orçamentário	Resultado fiscal [1]	Governança, Eficiência Fiscal e Transparência
Pagamento insuficiente de precatórios judiciais	Apuração dos pagamentos dos precatórios	Governança, Eficiência Fiscal e Transparência
Falta de repasse previdenciário	Pagamento no Prazo do Parcelamento com RPPS	Governança, Eficiência Fiscal e Transparência
Superação do limite de despesa com pessoal	Despesa com Pessoal Executivo sobre a Receita	Governança, Eficiência Fiscal e Transparência
Recorrência de nota baixa no IEGM	Score do IEGM e Variação da Faixa	Governança, Eficiência Fiscal e Transparência
Não aplicação do Mínimo Constitucional em Educação	Percentual de aplicação em Educação - Mínimo Constitucional | Percentual de aplicação FUNDEB | Percentual de aplicação FUNDEB Magistério	Educação
Não aplicação do Mínimo Constitucional em Saúde	Percentual de aplicação em Saúde - Mínimo Constitucional	Saúde e Bem-estar

[1] Já contido no IGMA.

Figura 10: Correlação dos Indicadores TCESP e IGMA.

Motivos Deflatores

Em acréscimo à visão fiscalizatória, de aplicação exclusiva para os municípios paulistas, foram elaborados em conjunto com o TCESP 3 deflatores da gestão municipal. De natureza transparente e classificatória, eles indicam que as cidades que apresentam tais características sofrem penalidades na pontuação geral do IGMA e, consequentemente, na premiação Band Cidades Excelentes. Conheça-os:

Reprovação de contas
Caso apresente parecer desfavorável (reprovação de contas), o município pode perder pontos em todos os pilares do IGMA;

Recorrências de nota baixa IEG-M
Se, nos quatro anos de gestão, a nota da cidade permanecer baixa (Faixa C), aplica-se a redução de pontos em todos os pilares do IGMA;

Alertas Recebidos
A depender da quantidade e dos tipos de alertas, o município perde de 0,3 a 1 ponto no pilar de Governança, Eficiência Fiscal e Transparência do IGMA.

Os dois primeiros fatores, monitorados respectivamente pelo Observatório Fiscal do TCESP e pelo painel IEGM, são "pecados capitais" da gestão municipal. O último fator diz respeito a advertências que, se não cumpridas, podem levar à perda de pontuação da cidade na premiação nacional. É acompanhado pelo Observatório Fiscal e pelo Visor Social de Relatório de Alertas do Tribunal de Contas do Estado de São Paulo.

Figura 11: Motivos deflatores.

Em função da **relevância**, **afinidade** e **disponibilidade de dados**, elaborado pelo TCESP por meio do IEGM, o Aquila decidiu expandir para todo o Brasil essa avaliação, com exceção dos indicadores parcelamento RPPS (pagamento no prazo) e apuração do pagamento de precatórios, os quais continuam restritos ao Estado de São Paulo. Para isso, foram levantadas as fontes públicas e oficiais com equanimidade de conceito dos 6 indicadores com abrangência nacional, tornando ainda mais relevante a cooperação do Tribunal de Contas do Estado de São Paulo.

Os novos indicadores ampliam a visão da gestão municipal quanto à eficiência das contas públicas das cidades. Essa é a sua principal contribuição para o IGMA, pois focam em regras básicas que o município deve seguir, a fim de ser mais eficaz quanto à arrecadação de verbas, investimentos em áreas críticas e controle de gastos.

Os princípios financeiros da gestão pública municipal pautam não apenas a capacidade de administrar seus recursos e oferecer qualidade de vida para a população, mas também de influenciar fortemente a busca pela sua autonomia econômica, uma qualidade desejada para qualquer cidade excelente.

A partir dessa nova lente, agora não apenas sabemos quais cidades cumprem a Lei de Responsabilidade Fiscal (LRF), mas podemos monitorar como a gestão sustentável dos recursos municipais e o seu processo de aplicação impacta o ciclo virtuoso de desenvolvimento humano das cidades brasileiras.

É nítido como a cooperação com o TCESP possibilitou o aprimoramento do IGMA, permitindo assim uma avaliação mais criteriosa e responsável, inicialmente dos municípios paulistas e, consequentemente, de todo o Brasil.

TCERO – TRIBUNAL DE CONTAS DO ESTADO DE RONDÔNIA

Seguindo o propósito de aprimorar cada vez mais a gestão dos municípios do seu estado, o Tribunal de Contas do Estado de Rondônia, na sua missão de atuar como órgão de controle externo e fiscalizatório das gestões municipais do seu estado, firmou um termo de acordo de cooperação técnica para execução de ações e medidas conjuntas com o Aquila, com vistas à premiação dos municípios de Rondônia no Prêmio Band Cidades Excelentes 2023. Dessa forma, foram elaborados, com base em cooperação técnica de ambas as instituições, deflatores específicos para auxiliar na melhor a avaliação das cidades vencedoras.

Portanto, o objetivo do acordo foi a implementação de indicadores deflatores para no IGMA – Índice de Gestão Municipal Aquila no escopo dos municípios sob jurisdição do TCE/RO.

Os deflatores ajustam o resultado do IGMA, assegurando que as avaliações de desempenho se alinhem com a realidade específica de cada cidade, proporcionando um suporte fidedigno para que os resultados estejam em consonância com os padrões de governança do Tribunal.

Deflatores de reprovação de contas:

Levam em consideração pareceres desfavoráveis e reprovações de contas do município.

O deflator é aplicado em cima de todos os pilares do IGMA.

Deflatores gestores sancionados:

São apurados com base em três componentes:

- Ano de aplicação da sanção
- Faixa de valor das sanções
- Tipo de Sanção: Multa PG-M ou Imputação de Débito

Esse deflator tem foco exclusivo no pilar de Governança, Eficiência Fiscal e Transparência. Ele é calculado a partir da soma da média dos fatores da multiplicação de ano e quadrante, multiplicado pelo fator da multiplicação de tipo.

2

A criação da plataforma IGMA

Aplicando no Brasil

Compreendemos o conceito de Cidades Excelentes, mas, ainda assim, tínhamos o desafio de materializar a teoria, em termos práticos, para a realidade dos municípios brasileiros, com a ambição de nortear a gestão pública em busca da excelência.

Para tanto, era necessário traduzir por meio de indicadores o que seria uma Cidade Excelente. Por isso, fizemos uma ampla pesquisa na busca de métricas, estatísticas e parâmetros que melhor representassem os 6 pilares do ciclo virtuoso de desenvolvimento humano.

Primeiramente, definimos algumas premissas para esse estudo. Deveríamos trabalhar com informações que traduzissem uma leitura qualitativa das cidades do Brasil, por meio de parâmetros mensuráveis. Assim, a fim de trazer confiabilidade e atualidade aos dados, decidimos adotar fontes públicas para consulta. Isso quer dizer que o Aquila reuniu e organizou dados existentes, não os criou. Além disso, os materiais coletados deveriam contemplar todos os 5.570 municípios brasileiros.

O período de pesquisa durou cerca de 1 ano. Após analisarmos milhões de dados de todo o Brasil e mais de 200 indicadores, selecionamos, inicialmente, os 39 que melhor representavam os requisitos de uma Cidade Excelente.

Ao longo dos anos, com intensas pesquisas e coleta de informações, o volume de indicadores cresceu e hoje contamos com 72 indicadores, conforme detalhado na figura a seguir.

Com isso, conseguimos consolidar e atribuir um índice para cada um dos 6 pilares do ciclo virtuoso de desenvolvimento humano, assim como traduzir em um único número o indicador que mede o nível de excelência de um município: o IGMA.

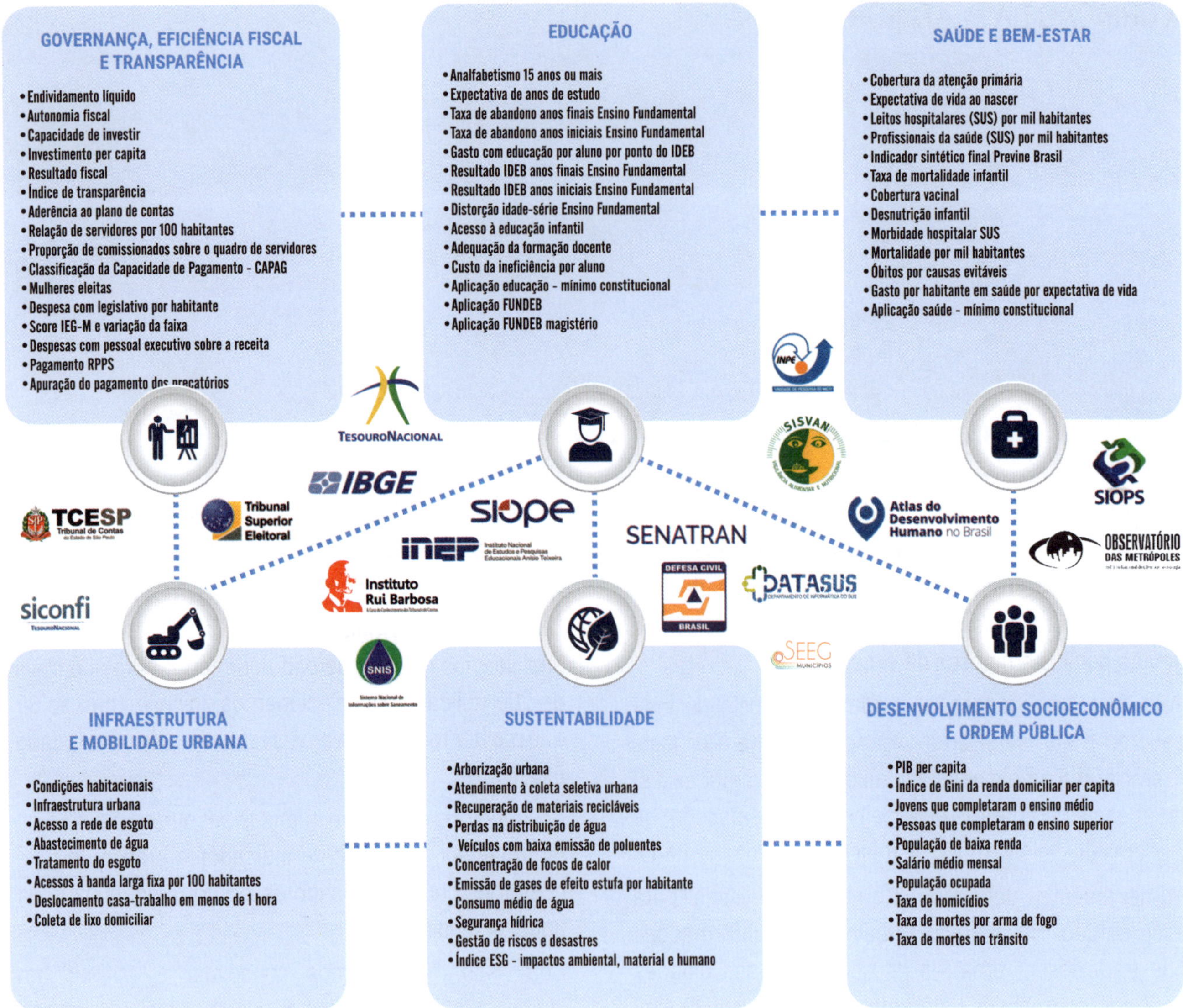

Figura 12: Indicadores distribuídos nos pilares do ciclo virtuoso de desenvolvimento humano e as suas fontes de dados.

Plataforma IGMA: uma bússola para a gestão municipal

Com o desafio de tratar os dados produzidos por diversas fontes e analisar as informações das populações dos municípios do Brasil, a fim de gerar e compartilhar conhecimento em gestão pública, foi preciso consolidar e relacionar uma quantidade considerável de dados.

Dessa forma, reafirmando que a excelência deveria nascer no setor público e motivados por fazer acontecer essa mudança na realidade brasileira por meio da nossa metodologia, demos origem a uma plataforma exclusiva para o desenvolvimento da gestão municipal no Brasil.

A plataforma conta com o índice consolidado por município (IGMA), com a pontuação por pilar e o detalhamento dos 72 indicadores selecionados. Ela é *online* e atualizada sistematicamente a partir das fontes de informação públicas, permitindo, assim, o acesso aos dados em tempo real. Ou seja, sempre que um novo dado oficial é publicado, a plataforma também é atualizada. Daí vem a sua natureza dinâmica e atual.

Permitindo o cruzamento de informações de governança, finanças, transparência, educação, saúde, infraestrutura e desenvolvimento socioeconômico dos municípios brasileiros, a plataforma possibilita correlações e conclusões mais específicas em prol do desenvolvimento das cidades do País.

Os dados sempre estiveram à disposição da sociedade, mas não havia se imaginado a possibilidade de combiná-los sob tal nível de complexidade e, ainda mais, pontuar e comparar cidades a partir dos indicadores oficiais de gestão pública. Esse é o grande diferencial disruptivo da plataforma IGMA.

Para além da disponibilização de dados e das análises estratégicas, foi possível propiciar para as prefeituras economia de tempo para o diagnóstico da cidade, bem como a facilidade de identificar boas práticas em termos de gestão municipal. Um prefeito saberá, então, em quais pilares da metodologia Cidades Excelentes deverá focar o seu plano gestor e, assim, assumir prioridades condizentes com as necessidades da população.

Proporcionar análises ricas e objetivas entre cidades comparáveis era uma questão fundamental para o nosso desafio, permitindo interpretações mais profundas e claras sobre o desempenho administrativo de um município frente à realidade de um país de proporção continental, como é o caso do Brasil.

Apesar de ser possível com a plataforma IGMA ordenar os melhores desempenhos em gestão pública das cidades, nosso objetivo não era criar um ranking estático. O foco era proporcionar uma visão sistêmica que pudesse ser detalhada e, ao mesmo tempo, apresentasse o registro atualizado do quão excelente é um município. Vale lembrar que esse resultado é consequência da gestão municipal atual e, também, das antecessoras, já que vários indicadores são estruturais e, para alcançarem melhores resultados, precisam de tempo e de políticas públicas adequadas às necessidades locais.

A ferramenta IGMA foi criada, portanto, com um olhar municipal, mas com a intenção de promover uma visão sistêmica das cidades do Brasil, permitindo que um gestor público ou privado, seja nos níveis municipal, estadual ou federal, acesse informações de qualidade e em tempo hábil para a tomada de decisão.

Assim, o Aquila busca engajar a população e os gestores municipais na busca pela melhoria do serviço público e o consequente ganho de qualidade de vida da população.

Para tornar isso possível, em uma única fonte de consulta, a transformação dos dados disponíveis em informações relevantes e geração de análises ricas para a tomada de decisão, utilizamos os conceitos de *big data*, *machine learning* e análises preditivas.

Figura 13: Plataforma IGMA.Fonte: igma.aquila.com.br

Big data

O *big data* é um conjunto de dados caracterizado por grande volume, geralmente não suportado em plataformas e bancos de dados tradicionais. Esse volume exige muita capacidade de processamento e é utilizado para obter análises e *insights* para problemas e oportunidades antes impossíveis de serem obtidos pelas empresas.[6]

Ele é um recurso importante utilizado na construção da plataforma IGMA, pois gera valor para a gestão ao favorecer a tomada de decisão, à medida que permite congregar informações, analisar e exibir comparações de forma rápida e completa.

É essa ferramenta que garante consistência e praticidade no processamento do número crescente de dados. Didaticamente, podemos compreender esse conceito ao observarmos os seus 5 Vs:

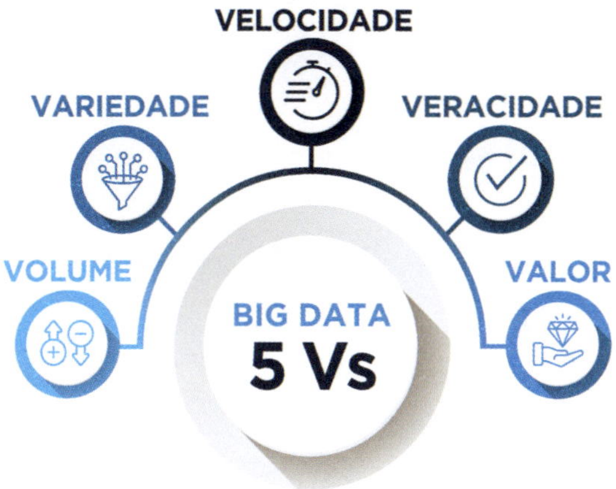

Figura 14: As 5 características do Big Data.

- **Volume**: quantidade de dados gerados por segundo, estruturados ou não, com os quais o *big data* lida;
- **Variedade**: complexidade originada pela quantidade de dados e de fontes, aparentemente sem relações, que oferece mais possibilidades para a produção de informação útil;
- **Velocidade**: agilidade no processamento dos dados para favorecer a tomada de decisão em tempo hábil;
- **Veracidade**: autenticidade; a confiabilidade dos dados é um fator imprescindível para a utilidade do *big data*;
- **Valor**: relevância; informação útil é aquela gerada para o contexto, necessidade e pessoas certas tomarem decisões que agregam valor.

Com isso, a plataforma consegue reunir as informações mais atuais dos 5.570 municípios brasileiros e, o mais importante, traduzir, com velocidade, qual é a situação de cada região de acordo com o conceito de Cidades Excelentes.

Ao mapear constantemente a realidade de cada município do país, conseguimos comparar, com segurança, qualquer dado nacional contemplado na plataforma.

6 https://www.oracle.com/br/big-data/what-is-big-data/

Machine learning

Uma tecnologia que adotamos juntamente com a de *big data* foi a de *machine learning*, a qual pode ser compreendida como "aprendizagem de máquina", em português. O cerne dessa ideia está na compreensão de que as máquinas, em decorrência do grande volume de dados que processam, têm a capacidade de desenvolver uma inteligência própria e de aprender a funcionar sozinhas, ou seja, a partir da experimentação, podem ser programadas para aprender com as iterações* realizadas.

Essa situação não nos é alheia. Basta percebermos as recomendações de conteúdo que plataformas de *streaming* de áudio ou vídeo nos sugerem, com base no histórico de títulos acessados. Isso é *machine learning*: algoritmos[7] realizam análises estatísticas e clusterizações, por meio da identificação de padrões de dados e conexões, a fim de oferecer respostas mais precisas.

Foi por isso que também empregamos essa tecnologia para a elaboração da plataforma IGMA. Existem diferenças de contexto socioeconômico e culturais entre as regiões do Brasil, dessa forma precisávamos demonstrar que, mesmo sob essas distinções, ao comparar municípios com aspectos em comum, tendemos a encontrar mais semelhanças do que diferenças.

Nosso algoritmo passou a considerar, então, características relevantes para a comparação dos municípios:

- PIB *per capita*,
- arrecadação das prefeituras;
- tamanho populacional;
- localização;

A partir da iteração desses dados, a plataforma indica quais municípios brasileiros são mais parecidos, bem como compara o seu desempenho em todos os seus indicadores, sugerindo quais são os seus pontos fortes (índices com melhor resultado) e quais são as suas restrições.

---

[7] Sequências de regras, raciocínios ou operações que, quando aplicadas a um número de dados, possibilita a solução de problemas.

* *Iteração*: processo de resolução de uma equação mediante operações em que sucessivamente o objeto de cada uma é o resultado da que a precede.

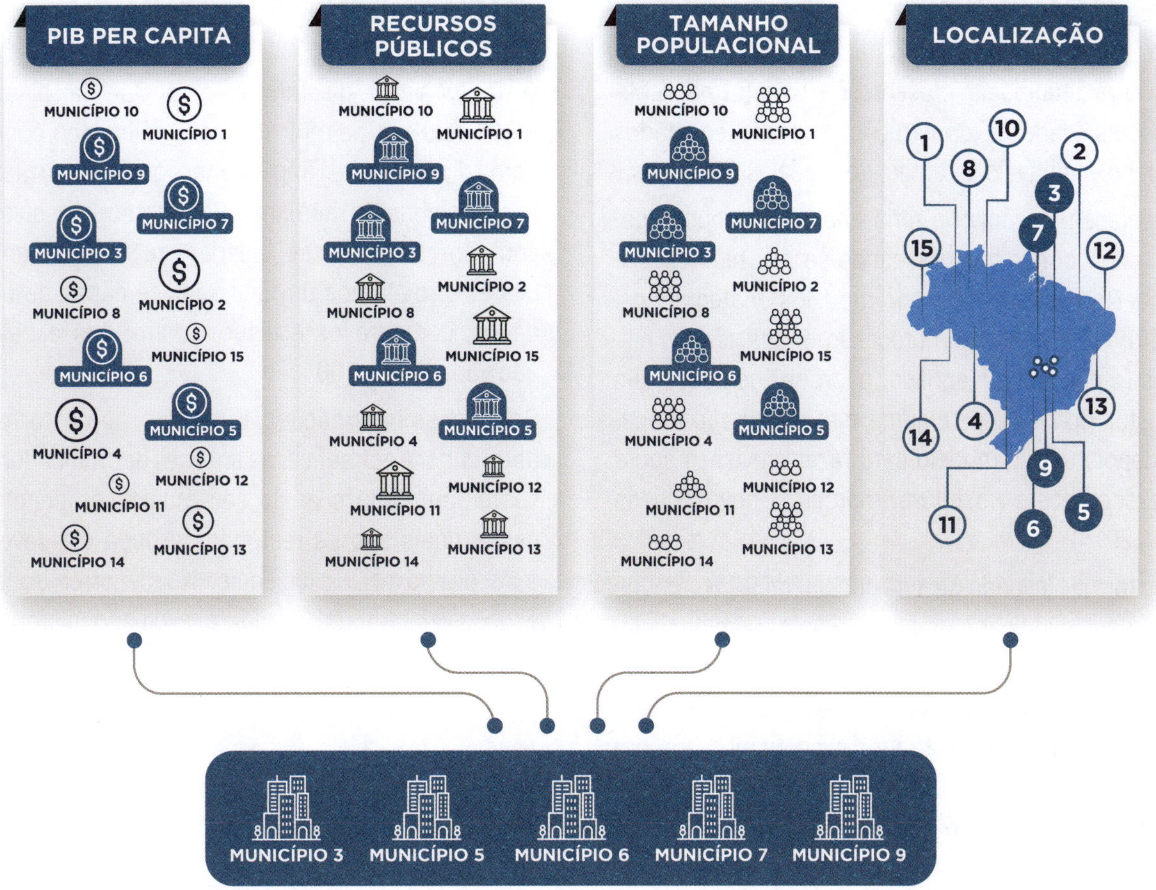

Figura 15: Inteligência do algoritmo para a sugestão de municípios comparáveis.

É assim que podemos aferir quais são os projetos, as políticas públicas e a infraestrutura disponíveis e necessários para promover as melhorias na região avaliada.

A plataforma IGMA permite que o município seja comparado com cidades próximas ou não. É nesse momento que rompe barreiras geográficas e consegue, de forma única, evidenciar as semelhanças e as diferenças que estão para além do que a percepção projetada apenas sob o ponto de vista local e unilateral oferece sobre os municípios.

O uso de *machine learning* somado ao fator velocidade, inerente ao conceito de *big data*, torna o IGMA uma a plataforma gerencial com informações municipais completas e atualizadas para todos os municípios do País.

Análises Preditivas

Uma outra tecnologia presente na plataforma IGMA é a possibilidade de construção, baseada em dados históricos e variáveis externas, de modelos preditivos.

A modelagem preditiva é uma análise que busca padrões não conhecidos, baseando-se em hipóteses e descobertas embasadas em modelos matemáticos. Como o nome indica, é o processo de tirar dados históricos (o passado), identificar padrões nos dados que são vistos por meio de alguma metodologia (o modelo) e depois usar o modelo para fazer previsões sobre o que acontecerá no futuro, marcando novos dados (*DEAN*, 2014).

Dessa forma, levando-se em consideração os dados históricos dos indicadores do município, além de variáveis externas, a análise preditiva permite a construção de um modelo que projeta cenários futuros, seja na educação, saúde, infraestrutura e segurança, e, com base nesses cenários, realizar planos diretores e planejamentos de longo prazo para os municípios.

O Índice IGMA

O fundamento da função gerencial da plataforma IGMA está em permitir realizar análises comparativas para direcionar e impulsionar o ciclo virtuoso de desenvolvimento humano. Para tornar possível essa comparação entre as cidades ou mesmo entre os pilares, projetamos um único índice capaz de traduzir dados, compará-los e dispô-los em uma escala final que varia de 0 a 100.

Com essas informações, é possível ao gestor público aprofundar e estratificar as análises dos indicadores que sustentam cada pilar do seu município, identificando assim quais são as restrições e onde ele deve atuar para promover a excelência. No decorrer do tempo, é possível também avaliar a evolução histórica dos índices.

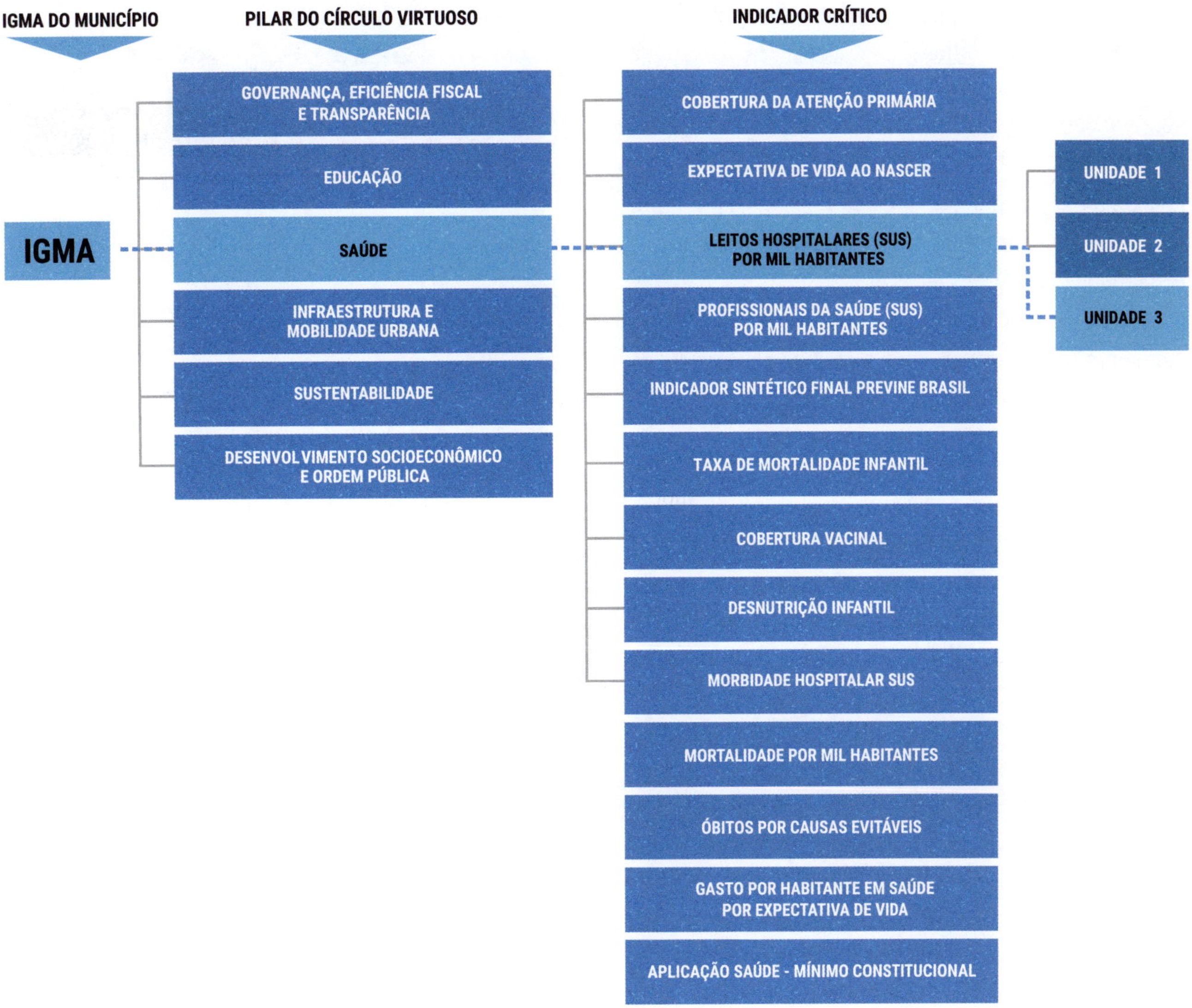

Figura 16: Exemplo de estratificação de um indicador.

Ao equiparar municípios, é possível identificar a existência de boas práticas e verificar em quais setores há o melhor desempenho, quais prioridades devem ser elencadas e quais áreas necessitam de mais investimentos ou transferência de recursos.

Idealmente, as comparações devem ser realizadas entre as cidades que possuem características estruturais semelhantes, para permitir uma análise mais equânime.

É importante salientar que, quando a plataforma apresenta um município com a **melhor pontuação do Brasil**, não significa que aquela cidade é a melhor de todas ou que possui a gestão mais perfeita do País. A classificação IGMA aponta que, em termos de ciclo virtuoso de desenvolvimento humano, aquela **é uma cidade com as melhores condições atuais para manter um equilíbrio gerencial a longo prazo, promovendo a melhoria contínua dos 6 pilares de uma cidade excelente e o desenvolvimento humano da população local**.

O parâmetro comparativo para a referência é a pontuação mais alta alcançada por uma cidade (do Brasil, no momento da consulta) dentro das margens do próprio indicador. Ou seja, para reproduzir os índices, o algoritmo parametriza os melhores desempenhos dos municípios brasileiros.

Então, o IGMA de uma cidade representa como ela está, em termos de ciclo virtuoso de desenvolvimento humano, em comparação aos demais municípios do Brasil. A escala que varia de 0 a 100 situa-se em uma das 4 categorias ou níveis desse ciclo:

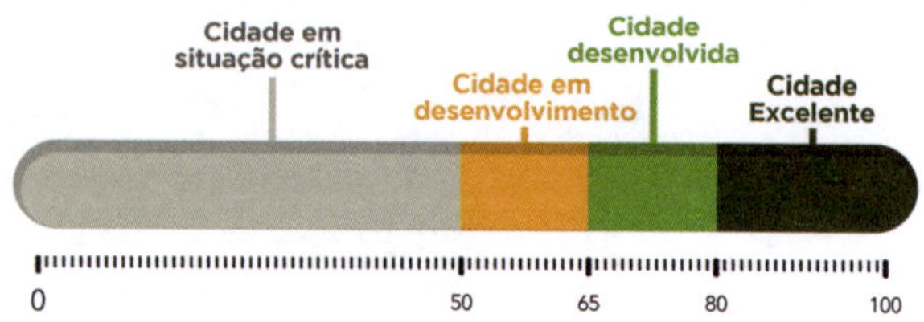

Figura 17: Níveis de classificação dos municípios segundo as notas de 0 a 100.

De acordo com a escala da metodologia, quanto mais próximo de 100 for o índice da cidade, mais excelente ela é, quanto mais próxima de 0, mais crítica ela é. O resultado considera a realidade do momento. Ou seja, o município está excelente ou está crítico. Isso porque o cenário da gestão municipal, não é estático e a pontuação da plataforma IGMA, apresenta a situação da cidade no momento da consulta.

Vejamos valores de referência do IGMA:

- Superior a 80: revela que os indicadores da cidade desempenham entre os melhores do País. Assim, ela é classificada como "excelente".
- Entre 65 e 80: para o padrão brasileiro, em geral essas são cidades possuem 1 ou 2 pilares críticos e os demais têm bom desempenho. São denominadas como "desenvolvidas".
- Entre 50 e 65: o município apresenta pilares com notas intermediárias ou estes possuem grandes variações entre si, apresentando pontuações muito boas e outras críticas. A sua classificação é "em desenvolvimento".

- Inferior a 50: municípios são qualificados como estando em "situação crítica". Eles apresentam baixo desempenho na maioria dos pilares e, geralmente, possuem menos capacidade de investimento e de prestação de serviço, não conseguindo promover o desenvolvimento humano na localidade de forma sustentável.

Você sabia que, para além dos gestores públicos, o IGMA também é uma plataforma gerencial fundamental para a sociedade civil e a iniciativa privada?

Entenda o porquê logo a seguir.

A quem interessa

Ao permitir uma visão sistêmica da região, a metodologia Cidades Excelentes, juntamente com a plataforma IGMA, colabora com os 3 principais *players* de desenvolvimento de uma cidade: a sociedade civil, principal impactada pela iniciativa pública; o poder público, que passa a dispor de uma fonte organizada de informações para gerenciar o município de forma eficaz; e a iniciativa privada, para a sua tomada de decisões.

Figura 18: 3 players beneficiados com a metodologia.

Sociedade civil: hoje, as informações disponibilizadas publicamente pelas prefeituras contribuem para que os cidadãos apenas percebam a realidade da sua cidade, o que não é suficiente para que eles averiguem criticamente a gestão municipal.

O Brasil tem avançado na divulgação das informações públicas, principalmente por meio dos portais da transparência. No entanto, ainda não está no patamar ideal, haja vista que esses dados divulgados estão descentralizados ou possuem uma compreensão complexa.

Assim, a plataforma IGMA beneficia a população, que passa a ter acesso aos dados de gestão da sua cidade de forma clara, simples, centralizada e organizada, facilitando o acompanhamento do desenvolvimento do seu município. A comunidade passa a compreender por qual motivo a sua região está pior ou melhor do que uma cidade vizinha comparável, por exemplo.

É uma prestação de serviço em prol do desenvolvimento da região. A população terá subsídios para fiscalizar e cobrar políticas públicas necessárias para o progresso da sua cidade.

Poder público: comparar cidades é um recurso da plataforma IGMA essencial para um município conhecer o que outro, com características equivalentes às suas, desempenha como boas práticas de gestão pública. Ou seja, permite a comparação e o compartilhamento das experiências, incluindo o aprendizado de como investir devidamente os recursos nas áreas sociais que mais necessitam de melhorias.

O gestor também pode realizar uma autoavaliação, por meio de referências do desempenho da sua própria gestão, já que os 72 indicadores detalham de forma específica onde estão os gargalos para o desenvolvimento do município.

A plataforma IGMA está alinhada com índices internacionais adotados por instituições como a Organização Mundial da Saúde (OMS) e a Organização das Nações Unidas (ONU).

Iniciativa privada: empresas buscam se instalar em cidades com infraestrutura adequada, que não sejam burocráticas ou lhes concedam benefícios fiscais e onde seus colaboradores possam contar com bons sistemas de saúde e de educação (o que impacta na mão-de-obra corporativa), baixos índices de violência e menos desigualdade social.

Os recursos da plataforma possibilitam à iniciativa privada tomar as melhores decisões de investimento: onde ela deseja se instalar e onde fomentará o seu produto ou serviço de acordo com as cidades que abraçam seu perfil de público consumidor.

A plataforma também é útil, inclusive, para empresas que estão alocadas em um município e desejam concretizar suas ações em responsabilidade social empresarial. Tendo o conhecimento de quais áreas da gestão municipal necessitam de mais recursos para desenvolvimento, a iniciativa privada pode ser primorosa nos seus resultados de sustentabilidade junto à comunidade.

Ao disseminar a metodologia Cidades Excelentes e a solução gerencial IGMA, esta obra se justifica como uma contribuição social para a educação cidadã, política e de gestão para a população e os *players* dos setores público e privado nacionais.

Retrato Brasileiro

A plataforma IGMA reúne de forma estruturada 72 indicadores dos 5.570 municípios brasileiros. O avanço e utilidade está em entender e detalhar as realidades de cada uma das cidades brasileiras, de forma a compreender os principais gargalos que as impedem de prestar um serviço de excelência a população. Ao mesmo tempo, a plataforma permite uma visão sistêmica e organizada de qual é a realidade do nosso país, por meio das suas cidades.

É nesse sentido que, antes de detalharmos os pilares do IGMA, vamos apresentar algumas perspectivas sistêmicas dos municípios brasileiros, as quais foram elaboradas a partir da plataforma e apoiadas pelas tecnologias do *big data* e *machine learning*.

Análise do município

Conforme explorado neste capítulo, a plataforma IGMA possibilita o diagnóstico completo do município. A seguir apresentamos um modelo, a fim de exemplificar essa análise. Os dados são reais, apesar de os nomes dos municípios terem sido substituídos.

A cidade exemplo selecionada está na região Sudeste.

População: 132 mil habitantes

PIB *per capita*: R$ 20 mil por habitante

Receita: R$ 380 Milhões

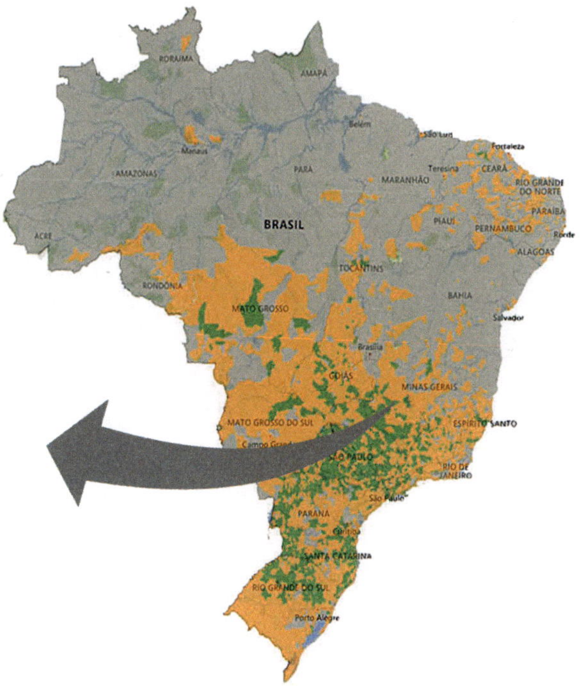

Figura 19: Características da cidade exemplo.

Analisando o IGMA, essa cidade está classificada como "em desenvolvimento", com um índice de 52,85. Como ponto de destaque positivo deve-se destacar o pilar educação, com um resultado de 69,16. Como pontos de atenção, destacamos os pilares de saúde e bem estar e infraestrutura e mobilidade urbana, os quais estão no nível "crítico", com pontuação abaixo de 50.

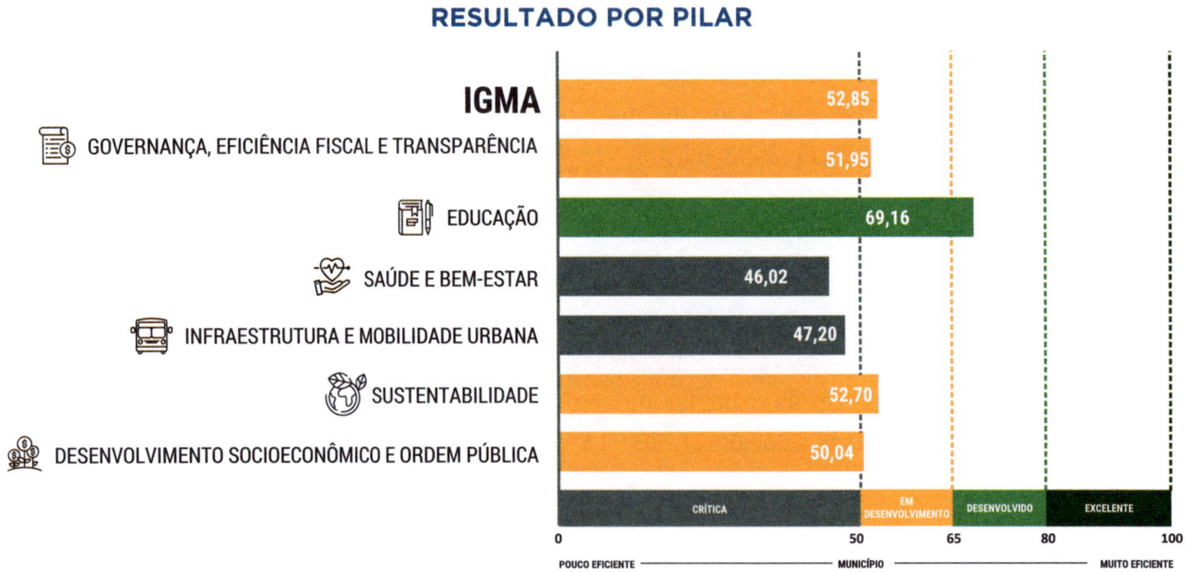

Figura 20: Resultado do IGMA da cidade exemplo por pilar.

Comparando com as demais cidades do Brasil, a cidade está na posição 1.973 de 5.570 municípios.

Figura 21: Posição da cidade exemplo em relação aos demais municípios do Brasil.

Para entender melhor as necessidades e oportunidades do município, o algoritmo o comparou com outras quatro cidades com características semelhantes, quais sejam: população, arrecadação e PIB *per capita*.

COMPARAÇÃO COM OUTROS MUNICÍPIOS

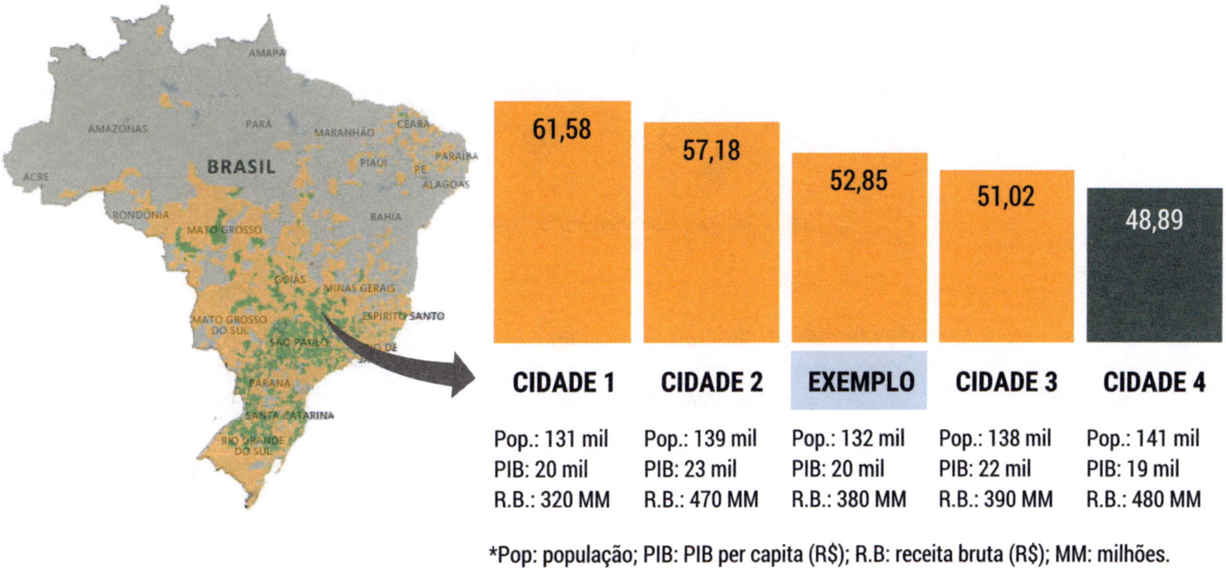

Figura 22: Comparativo com 4 cidades com características estruturais semelhantes.

A cidade exemplo está em 3º lugar em relação aos demais municípios selecionados para a comparação.

Ao desdobrar por pilar, nota-se que, além do foco em saúde e bem estar e infraestrutura e mobilidade urbana, pilares classificados como "críticos" na cidade exemplo, vemos que há também a oportunidade de trabalhar com o pilar de governança, eficiência fiscal e transparência.

A educação continua sendo o ponto de destaque positivo, podendo a cidade exemplo, inclusive, ser fonte de boas práticas para os demais municípios.

Cidade	IGMA	Fiscal	Educação	Saúde	Infra	Sustentabilidade	Desenvolvimento
Cidade 1	61,58	71,04	69,67	51,34	52,30	62,61	62,55
Cidade 2	57,18	54,23	65,30	71,84	50,88	58,13	42,69
Exemplo	52,85	51,95	69,16	46,02	47,20	52,70	50,04
Cidade 3	51,02	56,06	46,15	55,89	54,29	52,71	41,03
Cidade 4	48,89	53,25	54,60	40,04	45,99	48,07	51,37
Posição por pilar da cidade exemplo, comparada com as demais cidades	3	5	2	4	4	4	3

Figura 23: Comparativo por pilar com as 5 cidades.

A seguir, avaliaremos cada um dos pilares e seus respectivos indicadores.

Indicador	Cidade 1	Cidade 2	Cidade 3	Cidade 4	Exemplo	# Posição
Endividamento líquido (%) - ⇩	22,67	0,98	2,67	35,70	2,97	3
Autonomia fiscal (R$) - ⇧	0,26	0,35	0,56	0,23	0,13	5
Capacidade de investir (%) - ⇧	12,26	9,14	3,51	14,16	8,35	4
Investimento *per capita* (R$) - ⇧	152,89	47,99	133,89	89,78	42,74	5
Resultado fiscal (%) - ⇧	8,04	8,75	0,21	6,89	4,89	4
Índice de transparência (%) - ⇧	64,40	82,00	61,30	56,60	74,10	2
Aderência ao plano de contas (Sim=1, Não=0) - ⇧	1	0	1	0	1	1
Relação de servidores por 100 habitantes (Número) - ⇩	2,56	4,01	7,00	2,44	4,31	4
Proporção de comissionados sobre o quadro de servidores (%) - ⇩	7,73	18,71	14,88	12,67	5,01	1
Classificação da Capacidade de Pagamento - CAPAG (A=4, B=3, C=2, D=1) - ⇧	4	3	4	3	2	5
Percentual de mulheres eleitas (%) - ⇧	26,67	9,09	18,18	0,00	8,33	4
Despesa com legislativo por habitante (R$) - ⇩	142,98	155,95	146,34	157,03	159,20	5
Score IEG-M e variação da faixa (Score: A=20, B+=18, B= 14, C+=12 E C=10) - ⇧	10	12	12	14	10	4
Despesas com pessoal executivo sobre a receita (%) - ⇩	51,16	44,36	43,44	51,64	51,61	4
Pagamento RPPS (2=Sem parcelamento, 1=No prazo, 0=Fora do prazo) - ⇧	1	0	2	0	1	2
Apuração do pagamento dos precatórios (%) -⇩	6,32	4,35	1,67	0,00	8,95	5

Tabela 3: Comparativo dos indicadores do pilar governança, eficiência fiscal e transparência.

É possível observar que a cidade exemplo possui a pior autonomia fiscal nessa análise comparativa, ou seja, ela é a mais dependente de transferências intergovernamentais. Consequentemente, ela está na 4ª e 5ª posição nos indicadores capacidade de investir e investimento *per capita*. Vejamos.

A cidade exemplo tem baixa capacidade de investir, já que apenas 8,35% das receitas correntes sobram após a cobertura das despesas com pessoal e custeio da amortização e juros da dívida. Ao compará-la com os outros 4 municípios, vemos que ela está na 4ª posição nesse indicador em relação aos demais e que a melhor performance é quase o dobro do seu resultado.

Esse cenário pode ser uma das causas para o baixo investimento *per capita*. A cidade exemplo investe apenas R$ 42,74 por habitante, resultado distante do *benchmark* de R$ 152,89 (cidade 1).

Por outro lado, como ponto positivo, vale destacar os indicadores aderência ao plano de contas e índice de transparência. Além da cidade exemplo estar aderente ao plano de contas, as informações contábeis e fiscais foram apresentadas com qualidade e veracidade.

Indicador	Cidade 1	Cidade 2	Cidade 3	Cidade 4	Exemplo	# Posição
Analfabetismo 15 Anos ou mais (%) - ⇩	6,32	15,30	8,94	21,89	7,79	2
Expectativa de anos de estudo (Anos) - ⇧	9,31	9,53	9,21	11,25	9,41	3
Taxa de abandono anos finais Ensino Fundamental (%) - ⇩	1,00	1,20	1,80	1,50	1,30	3
Taxa de abandono anos iniciais Ensino Fundamental (%) - ⇩	0,20	0,00	1,10	0,20	0,20	2
Gasto com educação por aluno por ponto do IDEB (R$) - ⇩	915,88	1.122,98	1.092,60	1.316,90	1.355,90	5
Resultado IDEB anos finais Ensino Fundamental (Nota) - ⇧	4,60	5,20	4,80	5,90	5,10	3
Resultado IDEB anos iniciais Ensino Fundamental (Nota) - ⇧	6,30	5,80	5,10	5,10	6,40	1
Distorção idade-série Ensino Fundamental (%) - ⇩	5,10	9,20	28,90	15,70	7,50	2
Acesso à educação infantil (%) - ⇧	50,10	41,78	34,67	30,55	36,78	3
Adequação da formação docente (%) - ⇧	73,80	71,70	66,30	70,30	72,60	2
Custo da ineficiência por aluno (R$) - ⇩	485,42	581,92	687,31	650,34	501,72	2
Aplicação educação - mínimo constitucional (%) - ⇧	26,09	27,22	25,67	25,59	29,87	1
Aplicação Fundeb (%) - ⇧	97,13	92,22	98,44	97,79	99,62	1
Aplicação Fundeb magistério (%) - ⇧	71,67	81,37	75,27	70,04	70,10	4

Tabela 4: Comparativo dos indicadores do pilar educação.

Na educação, a cidade exemplo apresenta um desempenho consistente na maioria dos indicadores. O indicador que apresenta maior oportunidade de melhoria, comparado com os demais municípios, é o gasto com educação por aluno por ponto do IDEB, cujo valor é de R$ 1.355,90, enquanto o *benchmark* do grupo é de R$ 915,88.

Indicador	Cidade 1	Cidade 2	Cidade 3	Cidade 4	Exemplo	# Posição
Cobertura da atenção primária (%) - ⇧	92,30	68,15	74,26	28,54	60,89	4
Expectativa de vida ao nascer (Anos) - ⇧	76,88	73,48	76,14	74,30	72,69	5
Leitos hospitalares (SUS) por mil habitantes (Número) - ⇧	0,34	1,95	0,48	2,04	3,13	1
Profissionais da saúde (SUS) por mil habitantes (Número) - ⇧	11,79	15,03	9,84	12,09	17,78	1
Indicador sintético final Previne Brasil (Número) - ⇧	7,68	8,34	7,78	6,34	7,51	4
Taxa de mortalidade infantil (Número por mil nascidos vivos) - ⇩	7,45	8,77	12,52	10,25	16,75	5
Cobertura vacinal (%) - ⇧	74,45	88,14	78,12	81,23	73,78	5
Desnutrição infantil (%) - ⇩	2,21	2,20	2,18	2,36	2,24	4
Morbidade hospitalar SUS (Internações por mil habitantes) - ⇩	49,74	46,67	45,30	48,31	49,90	5
Mortalidade por mil habitantes (Número) - ⇩	7,75	8,02	8,03	8,14	7,98	2
Óbitos por causas evitáveis (%) - ⇩	70,23	65,34	67,56	70,37	69,71	3
Gasto por habitante em saúde por expectativa de vida (R$) - ⇩	15,65	17,54	16,72	18,57	19,43	5
Aplicação saúde - mínimo constitucional (%) - ⇧	28,07	21,80	29,10	18,05	19,10	4

Tabela 5: Comparativo dos indicadores do pilar saúde e bem-estar.

Verificando os indicadores de saúde e bem-estar da cidade exemplo, são identificadas as seguintes oportunidades de melhoria:

- Aumento da expectativa de vida ao nascer;
- Redução da taxa de mortalidade infantil;
- Aumento da cobertura vacinal;
- Aumento da Cobertura da atenção primária.

O número de leitos por habitante e o número de profissionais da saúde (SUS) por mil habitantes são os melhores indicadores da cidade exemplo, sendo *benchmarks* nessa comparação.

Indicador	Cidade 1	Cidade 2	Cidade 3	Cidade 4	Exemplo	# Posição
Condições habitacionais (%) - ⇧	84,30	87,26	86,64	84,67	89,37	1
Infraestrutura urbana (%) - ⇧	63,02	56,91	53,92	46,85	51,65	4
Acesso a rede de esgoto (%) - ⇧	60,75	58,12	59,76	57,86	58,34	3
Abastecimento de água (%) - ⇧	81,91	86,18	94,84	96,00	92,66	3
Tratamento do esgoto (%) - ⇧	47,57	15,91	73,60	0,00	69,28	2
Acessos à banda larga fixa por 100 habitantes (Número) - ⇧	22,30	25,70	19,90	18,74	15,87	5
Deslocamento casa-trabalho em menos de 1 hora (%) - ⇧	95,55	98,32	76,16	91,60	93,94	3
Coleta de lixo domiciliar (%) - ⇧	80,75	79,34	80,94	80,45	75,90	5

Tabela 6: Comparativo dos indicadores do pilar infraestrutura e mobilidade urbana.

No pilar infraestrutura e mobilidade urbana, os indicadores mais críticos são: acesso da população à banda larga e coleta de lixo domiciliar. Além disso, o indicador infraestrutura urbana também possui oportunidades de melhoria em relação às cidades comparadas.

Os destaques desse pilar são: condições habitacionais e tratamento do esgoto.

Indicador	Cidade 1	Cidade 2	Cidade 3	Cidade 4	Exemplo	# Posição
Arborização urbana (%) - ⇧	73,12	74,64	69,12	72,78	70,34	4
Atendimento à coleta seletiva urbana (%) - ⇧	46,53	100,00	35,60	91,78	25,67	5
Recuperação de materiais recicláveis (%) - ⇧	4,53	7,29	7,72	3,47	2,67	5
Perdas na distribuição de água (%) - ⇩	32,71	46,00	41,34	59,14	44,68	3
Veículos com baixa emissão de poluentes (%) - ⇧	0,05	0,04	0,03	0,02	0,05	2
Concentração de focos de calor (%) - ⇩	0,0543	0,0261	0,0196	0,1054	0,0152	1
Emissão de gases de efeito estufa por habitante (Número) - ⇩	21,93	50,69	17,45	122,22	103,91	4
Consumo médio de água (L/hab./dia) - ⇩	135,35	140,18	138,41	145,54	150,12	5
Segurança hídrica (Índice de 0 a 4) - ⇧	4	3	3	2	3	2
Gestão de riscos e desastres (Sim = 1, Não = 0) - ⇧	1	1	1	1	0	5
Índice ESG - impactos ambiental, material e humano (Nota) - ⇧	78,50	80,00	75,25	70,00	68,75	5

Tabela 7: Comparativo dos indicadores do pilar sustentabilidade.

No pilar sustentabilidade, os indicadores, nessa análise comparativa, que merecem mais atenção são: consumo médio de água, atendimento à coleta seletiva urbana, recuperação de materiais recicláveis e Índice ESG – impactos ambiental, material e humano.

Em contrapartida, os indicadores da cidade exemplo concentração de focos de calor e impacto ambiental são os melhores em relação aos municípios comparados.

Indicador	Cidade 1	Cidade 2	Cidade 3	Cidade 4	Exemplo	# Posição
PIB *per capita* (R$) - ⇧	15.877,87	15.780,45	16.862,90	19.916,47	17.337,94	2
Índice de Gini da renda domiciliar *per capita* (Número) - ⇩	0,49	0,55	0,57	0,57	0,42	1
Jovens que completaram o ensino médio (%) - ⇧	50,35	34,67	26,73	48,90	36,94	3
Pessoas que completaram o ensino superior (%) - ⇧	8,89	4,97	9,09	12,31	5,05	4
População de baixa renda (%) - ⇩	8,08	24,55	25,65	12,40	7,09	1
Salário médio mensal (R$) - ⇧	1.851,38	2.149,20	2.522,10	1.772,60	2.445,27	2
População ocupada (%) - ⇧	19,60	21,74	16,32	22,12	16,46	4
Taxa de homicídios (Número por 100 mil hab.) - ⇩	19,50	17,74	37,08	29,36	49,08	5
Taxa de mortes por arma de fogo (Número por 100 mil hab.) - ⇩	17,65	11,83	29,53	15,93	36,41	5
Taxa de mortes no trânsito (Número por 100 mil hab.) - ⇩	5,57	25,62	15,11	28,52	11,88	2

Tabela 8: Comparativo dos indicadores do pilar desenvolvimento socioeconômico e ordem pública.

Analisando o pilar desenvolvimento socioeconômico e ordem pública, destacamos como ponto positivo o menor índice de GINI da cidade exemplo em relação às demais. Isso demonstra que ela possui uma menor desigualdade na distribuição de renda domiciliar *per capita*.

Ademais, outro destaque é o % de população de baixa renda,o qual possui um resultado de 7%, abaixo das outras cidades da comparação. Paralelamente, o PIB *per capita* e o salário médio mensal estão em 2º na comparação.

Quando olhamos o % de pessoas com 25 anos ou mais que completaram o ensino superior e também o ensino médio, pode haver um questionamento se a população está sendo preparada para o mercado de trabalho, já que no primeiro o indicador está abaixo da média em relação aos demais municípios comparados e, no segundo, está na média.

Como principais pontos negativos, estão os indicadores relacionados à ordem pública, quais sejam: taxa de homicídios e taxa de homicídios por arma de fogo.

Em resumo, verificamos que o município exemplo apresenta como maior ponto de atenção, nesse momento, os resultados do pilar governança, eficiência fiscal e transparência, já que a cidade está com baixa autonomia fiscal, ou seja, geração de recursos próprios, e, por isso, não consegue gerar maiores investimentos para a população. Em segundo plano, também há oportunidades nos demais pilares. Na educação, o município é destaque positivo e apresenta bons resultados, sendo sua principal restrição o gasto com educação por ponto no IDEB, na ordem de R$ 1.355,90. A saúde chama atenção pela baixa cobertura da atenção primária, que possivelmente pode estar impactando nos resultados negativos de mortalidade infantil e expectativa de vida ao nascer. Quanto ao pilar de infraestrutura, o foco deve estar em melhorar a qualidade da infraestrutura urbana e a coleta de lixo domiciliar. E, por fim, quanto ao desenvolvimento socioeconômico, o grande desafio está na redução das taxas de homicídio.

As análises apresentadas exemplificam a importância de o município olhar internamente para os seus próprios parâmetros e entender quais indicadores e, consequentemente, aspectos do ciclo virtuoso possuem mais oportunidades de melhoria para alcance da excelência.

Além disso, conforme demonstrado no exemplo apresentado, é importante também agregar à análise o comparativo com outros municípios, a fim de identificar valores de referência. Ao compararmos as cidades sugeridas pelo algoritmo, conseguimos mensurar os problemas comuns, gargalos e boas práticas.

É, portanto, por meio de análises como essas que o município consegue saber onde ele se encontra e o quão distante ele está da excelência. E, a partir disso, traçar o caminho para o alcance de melhores resultados.

Análise de uma região

Além de possibilitar o diagnóstico completo do município, a plataforma IGMA permite que sejam realizadas avaliações por região. Dependendo do objetivo e do que se quer extrair, devemos partir para a análise levando em consideração as questões regionais e geográficas.

Como exemplo, fenômenos ambientais regionais podem exercer grande influência em relação ao desenvolvimento econômico local, como a formação geológica, que propicia o desenvolvimento de atividades extrativistas, ou à fauna, a flora e o clima, que favorecem o agronegócio.

Neste item, exploraremos uma análise por mesorregião[8]

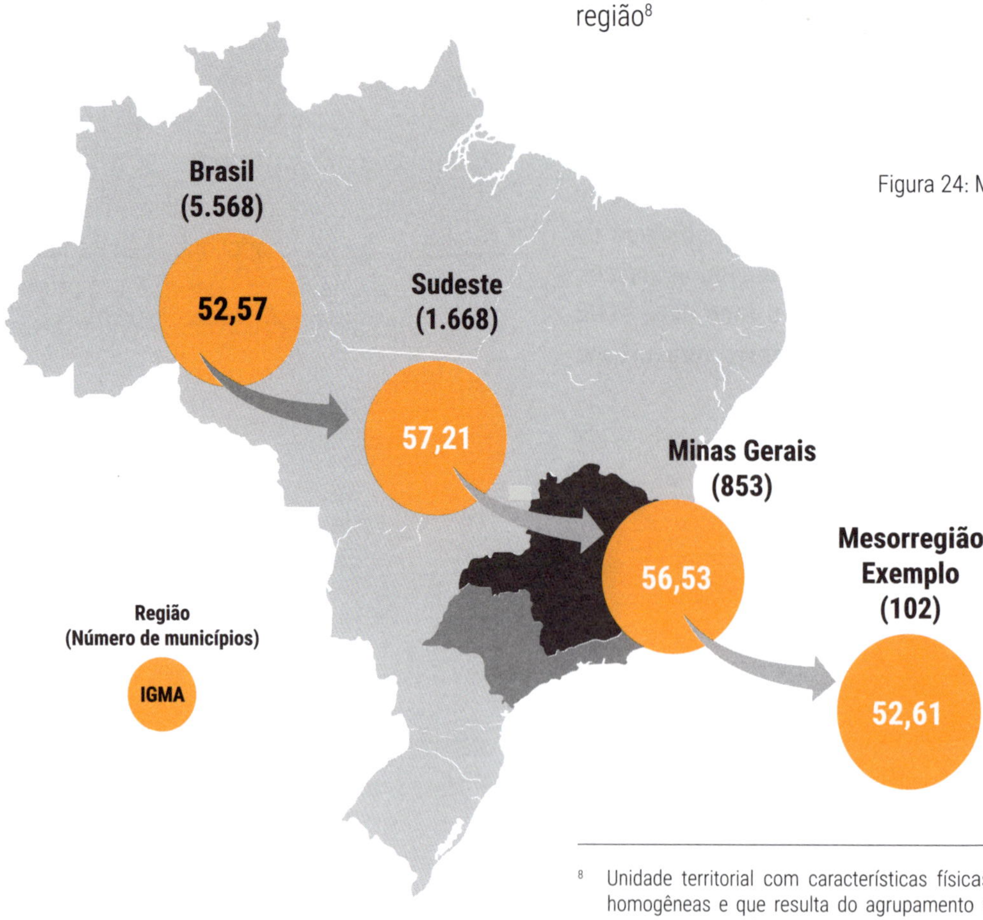

Figura 24: Mesorregião analisada.

[8] Unidade territorial com características físicas, econômicas e sociais homogêneas e que resulta do agrupamento de microrregiões, mas é menor que o estado ou macrorregião.

A mesorregião exemplo possui 102 municípios, os quais apresentam, em média, um IGMA de 52,61.

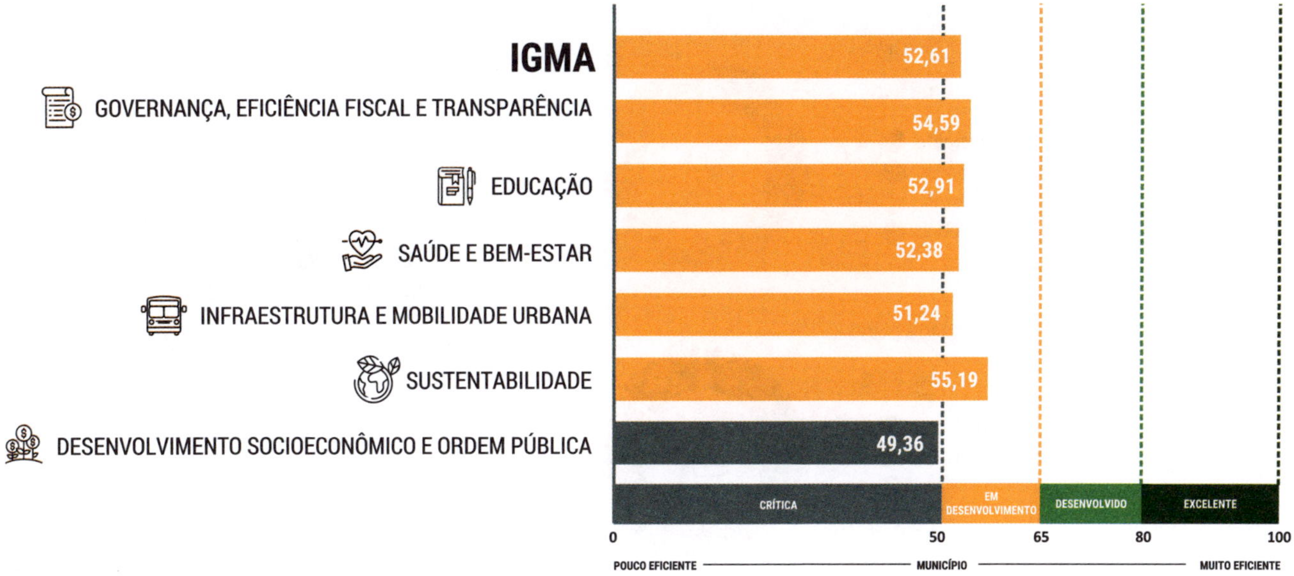

Figura 25: Resultado do IGMA da mesorregião exemplo por pilar.

Ao desdobrar o IGMA em seus pilares, observa-se que os municípios dessa região estão com os pilares "em desenvolvimento", com exceção do pilar desenvolvimento socioeconômico e ordem pública, o qual está "crítico".

Segue, abaixo, um cenário geral da situação dos municípios dessa mesorregião em relação ao IGMA em cada um dos Pilares.

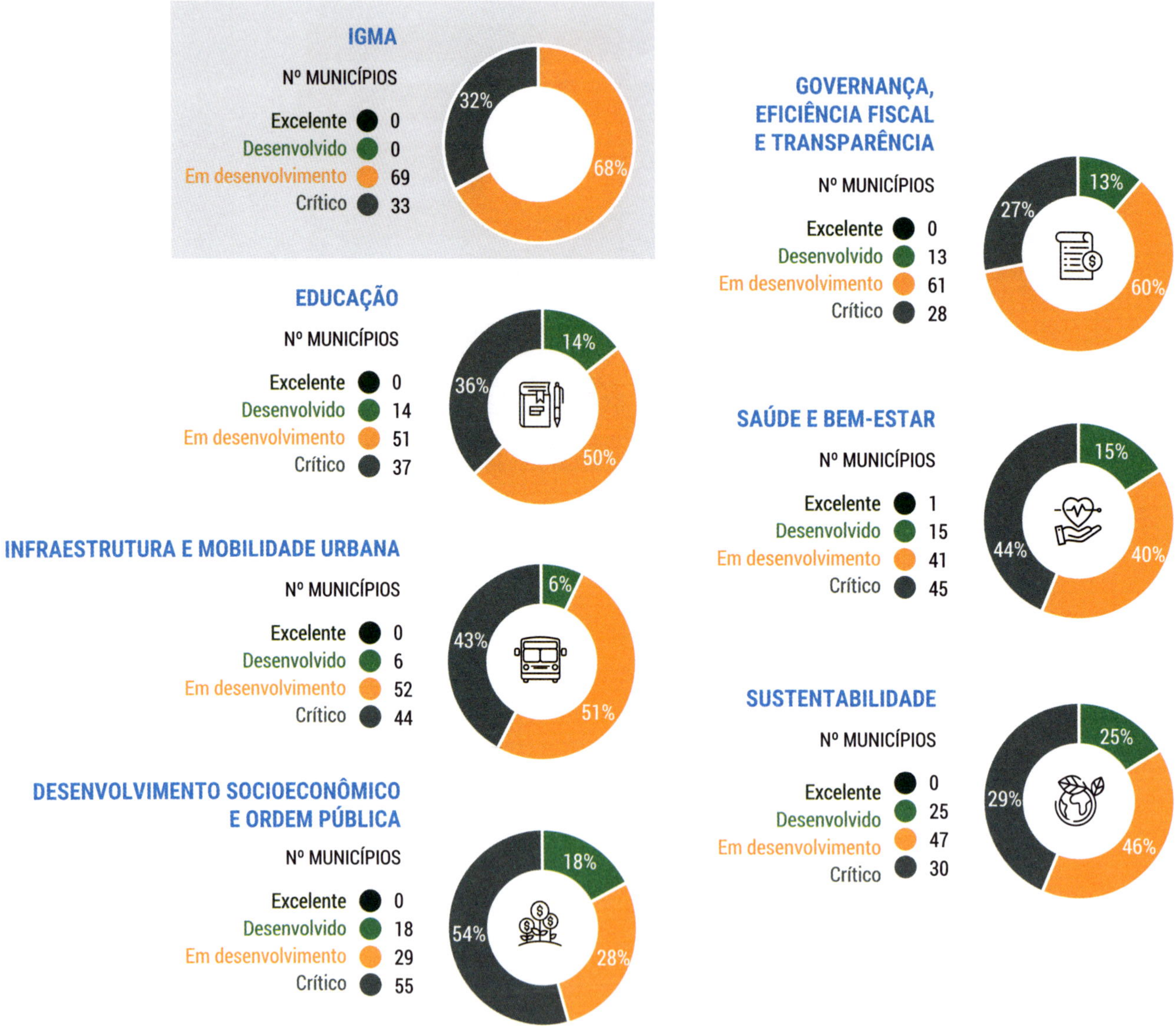

Figura 26: Situação dos municípios da mesorregião exemplo em cada um dos pilares.

Os pilares sustentabilidade e governança, eficiência fiscal e transparência, com as melhores notas da região, apresentam o menor percentual de municípios em situação crítica, em torno, apenas, de 30% das administrações.

E, evidenciando o pilar com a performance mais baixa, desenvolvimento socioeconômico e ordem pública, este apresenta mais da metade dos municípios da região em situação crítica.

Depois de todas as análises, é possível elaborar um plano estruturado e mais eficaz para atuação na região.

- 9 cidades não precisam de maiores intervenções.
- 47 cidades possuem um ou dois pilares em situação crítica e, por isso, poderiam ser contempladas em um projeto ou política específicos do governo.
- Há 46 municípios com mais de 3 pilares críticos e precisam de maior apoio, investimentos diretos e até um plano de melhoria estrutural dos serviços e vocação econômica local.

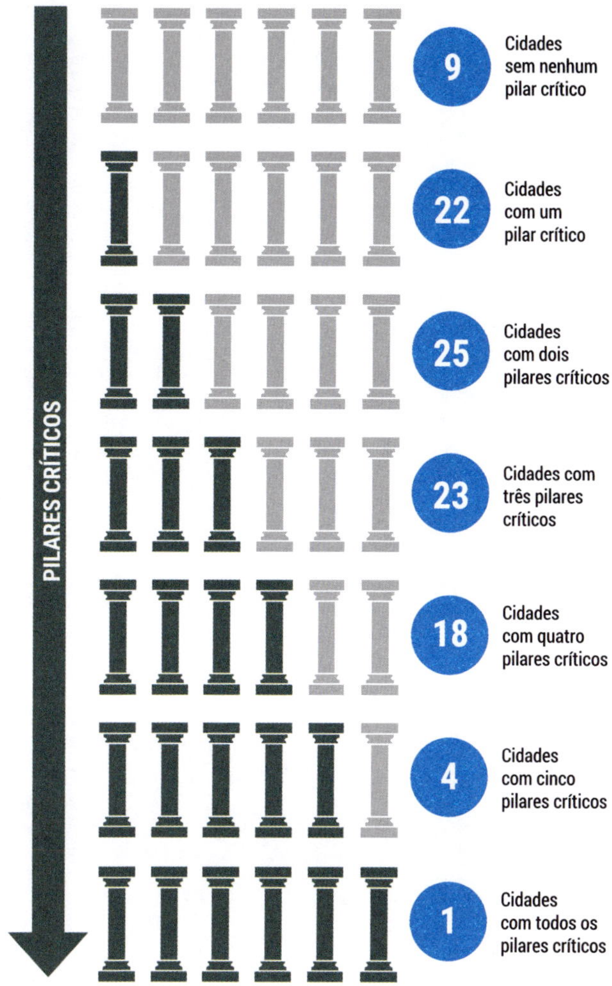

Figura 27: Situação dos municípios da mesorregião exemplo.

3

Os pilares do ciclo virtuoso de desenvolvimento humano

OS PILARES DO CICLO VIRTUOSO DE DESENVOLVIMENTO HUMANO

Conforme debatemos anteriormente, o caminho para chegarmos até a metodologia das Cidades Excelentes foi longo e cheio de desafios. Selecionar, organizar e correlacionar, de forma sistêmica, indicadores críticos para os municípios, e que traduzissem a engrenagem do ciclo virtuoso de desenvolvimento humano, foi um desses enormes desafios. Tudo isso foi concretizado formalmente com a construção da Plataforma IGMA.

Neste capítulo iremos nos dedicar à tradução dos pilares do ciclo para a realidade brasileira, a partir de uma reflexão sobre cada um dos 72 indicadores que os sustentam. Debateremos, dessa forma, os seus conceitos, a importância e a conexão com o próprio ciclo, buscando compreender como cada um deles pode nos direcionar na busca das cidades excelentes. Adicionalmente, também apresentaremos alguns resultados desses mesmos indicadores na realidade brasileira.

Figura 28: Pilares do Ciclo Virtuoso de Desenvolvimento Humano.

Como a própria representação gráfica do ciclo virtuoso busca demonstrar, apresentaremos como os pilares são interdependentes e estão estrategicamente ordenados para fazerem girar essa engrenagem, de forma harmônica, rumo ao desenvolvimento humano.

Veremos o motivo de governança, eficiência fiscal e transparência ser compreendida como o pilar essencial do ciclo, capaz de retirar da inércia toda essa engrenagem, impulsionando-a positivamente. Além disso, entenderemos como os demais pilares, que são estruturais, podem se beneficiar da ruptura promovida por intermédio do primeiro pilar. E, por fim, como o pilar 6 exercerá a função de retroalimentar a força motriz do ciclo, promovendo o desenvolvimento contínuo das cidades e dos seus cidadãos.

Dessa forma, também se tornará clara a visão de que a plataforma IGMA seja, nesse processo, a grande bússola para os gestores públicos, capaz de nortear suas decisões e ações rumo às cidades excelentes.

Vamos explorar, agora, os 72 indicadores contemplados na plataforma, os quais estão distribuídos entre os 6 pilares monitorados pela plataforma IGMA.

Pilar 1 Governança, Eficiência Fiscal e Transparência

Enquanto os demais pilares IGMA são considerados estruturais, governança, eficiência fiscal e transparência é reconhecido como o pilar essencial para o ciclo virtuoso de desenvolvimento humano de uma cidade excelente. Isso porque ele representa a força motora inicial que faz girar, de maneira equilibrada e interdependente, a engrenagem cíclica de prosperidade composta por todos os pilares.

A interpretação desse pilar pode assumir duas vertentes. A primeira diz respeito à capacidade de monitoramento de ações e resultados, bem como à qualidade dos gastos públicos, ou seja, à prestação do melhor serviço de acordo com os recursos disponíveis. A segunda está relacionada à maximização dos interesses dos *cidadãos*. E, da junção dessas duas vertentes, depreende-se a missão dos agentes públicos: a de satisfazer as necessidades ditadas pela sociedade, prezando sempre pela racionalização máxima no uso do recurso público.

Sabemos que os gestores públicos se deparam, diariamente, com o desafio de atender demandas variadas e quase infinitas, contando, porém, com recursos bastante restritivos. E*ntão, como entregar os resultados esperados, mesmo diante desse contexto de tamanhas restrições?*

É imprescindível promover a ampliação da capacidade da gestão pública municipal de gerar e administrar, com governança e transparência, recursos financeiros, a fim de atender às necessidades locais.

Dessa forma, é preciso, primeiramente, que as prefeituras tenham uma governança forte, respeitando os princípios da integridade, responsabilidade, prestação de contas e confiabilidade. De acordo com o Decreto 9.203/17, em seu artigo 2º, governança pública é o conjunto de mecanismos de liderança, estratégia e controle postos em prática para avaliar, direcionar e monitorar a gestão, com vistas à condução de políticas públicas e à prestação de serviços de interesse da sociedade.

Logo, a governança é imprescindível para gestão pública, pois é ela que garante o direcionamento de ações para a busca de resultados para a sociedade, o monitoramento do desempenho das políticas públicas e projetos, a implementação de controles internos e a comunicação aberta e transparente com os cidadãos.

Além disso, um dos movimentos rumo à melhoria desse pilar seria a busca de uma arrecadação tributária eficiente, evitando a evasão fiscal e aumentando o montante recebido, sem, necessariamente, elevar os impostos.

Deve haver também a preocupação constante com a gestão dos recursos disponíveis, principalmente de repasses advindos das esferas estadual e federal.

Do ponto de vista fiscal, é dever da prefeitura gerir bem os recursos, administrando receitas e despesas, promovendo a capacidade de investimento no próprio município. Gestores públicos devem, portanto, otimizar as despesas correntes (as que fazem a administração pública girar), de maneira a fomentar os investimentos em projetos que melhoram a estrutura disponível para atender a população.

Dessa forma, o principal desafio de eficiência fiscal é eliminar os potenciais desperdícios existentes na prefeitura, a fim de possibilitar a liberação de mais recursos para aplicação nos processos que geram mais valor ao cidadão. Esses investimentos estão normalmente ligados aos demais pilares.

Nesse processo de melhoria da gestão dos recursos financeiros da prefeitura, duas premissas devem ser observadas:

1) Redução dos desperdícios, sem a diminuição do nível de serviço prestado à população;

2) Aumento da arrecadação sem, necessariamente, aumento dos impostos.

Por fim, a transparência diz respeito à necessidade e à qualidade da comunicação entre a sociedade civil e os gestores públicos, no trato da coisa pública.

O processo democrático pressupõe que haja clareza e acesso amplo e irrestrito por parte da sociedade sobre as decisões e ações dos gestores públicos. Os cidadãos devem e precisam exercer esse tipo de controle, a fim de garantir:

- alinhamento entre as decisões e as ações dos gestores públicos e as demandas reais da sociedade;
- qualidade e eficiência dessas mesmas decisões, representadas tanto pelos serviços públicos ofertados quanto pelos resultados das próprias contas públicas.

A transparência se materializa por meio da clareza e da frequência com a qual uma gestão municipal apresenta seus números, ações, resultados e indicadores para a população.

Mecanismos concretos como um portal de transparência, audiências públicas, informativos ou, ainda, reuniões com grupos de representantes da sociedade civil, são formas de tornar este processo efetivo.

Adicionalmente, a percepção de que o município siga um bom caminho, com contas saudáveis, aderindo a projetos de longo prazo e vislumbrando um planejamento regional de melhorias potencializa tanto a percepção de valor em viver naquela localidade, por parte do cidadão, quanto a confiança, por parte da iniciativa privada, para investir.

As cidades que não promovem a melhoria do ciclo de desenvolvimento podem até mesmo sofrer redução do tamanho de sua população, ao longo do tempo, bem como do número de empresas instaladas. O desafio de fazer o ciclo acontecer passa a ser, dessa forma, a garantia da própria existência do município.

Esses são, portanto, os motivos pelos quais Governança, Eficiência Fiscal e Transparência nomeiam o primeiro e essencial pilar, o ponto de partida para o ciclo virtuoso de desenvolvimento humano.

Os indicadores que compõem atualmente esse pilar são:

Figura 29: Indicadores que compõem o pilar da Governança, Eficiência Fiscal e Transparência.

Vamos conhecê-los agora?

Indicador
Endividamento Líquido

O Percentual de endividamento líquido corresponde à dívida consolidada líquida do município sobre a sua receita corrente anual líquida. Sendo que a primeira corresponde ao total de dívidas do município, subtraídas as suas disponibilidades de caixa e demais haveres financeiros (como restos a pagar processados). Em outras palavras, o indicador avalia o grau de comprometimento da receita anual líquida frente a esses compromissos financeiros.

Por exemplo, quando o indicador é de 50%, indica que o município precisaria poupar metade da sua receita anual para quitar seu endividamento líquido, o que já corresponde a um cenário extremamente desafiador. Da mesma forma, quando esse número atinge patamares superiores a 100%, indica a necessidade de poupança superior a um período fiscal completo.

Vale mencionar que, pela lei de responsabilidade fiscal, fica limitado o comprometimento com endividamento líquido a um patamar máximo de 120% da receita líquida anual.

O endividamento líquido pode ser positivo, dentro dos limites já mencionados, quando utilizado para promover melhorias estruturais de longo prazo: infraestrutura de mobilidade urbana, saneamento básico, unidades de ensino e de saúde. Por outro lado, o endividamento líquido pode ser um sinal de má gestão dos recursos públicos quando se faz necessário para atender às necessidades de despesas correntes do município: folha de pessoal, pagamentos previdenciários, entre outros compromissos fiscais do dia a dia.

Atualmente, 2.151 municípios (39%) possuem endividamento líquido, ou seja, as dívidas superam o seu próprio caixa, já subtraídos os haveres financeiros.

Desses municípios com endividamento líquido, a grande maioria deles, 1.879, possui endividamento até 50%. Entre 50% e 100%, temos 231 municípios. Por fim, há uma pequena parcela de 41 municípios com um comprometimento superior a um ano fiscal completo. E apenas 20 não cumpriram o limite de 120% da Lei de Responsabilidade Fiscal.

PERCENTUAL DE CIDADES COM ENDIVIDAMENTO LÍQUIDO

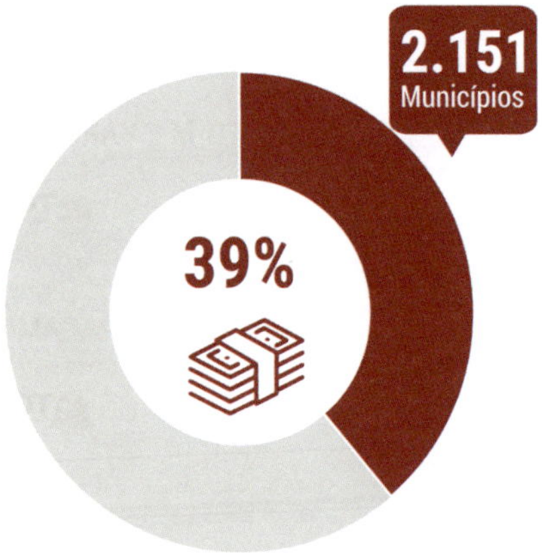

Figura 30: Nível de endividamento líquido dos municípios brasileiros (excluindo 77 municípios sem dados). Fonte: SICONFI (2022), extraído da plataforma IGMA em fevereiro/2024.

Indicador
Autonomia Fiscal

A autonomia fiscal mede a relação do total de receitas próprias do município sobre o total de receitas provenientes de transferências intergovernamentais.

A primeira é aquela proveniente dos tributos locais, como IPTU (Imposto sobre a Propriedade Predial e Territorial Urbana), ISS (Imposto sobre Serviços de Qualquer Natureza) e ITBI (Imposto sobre Transmissão de Bens e Imóveis). Uma característica importante desse tipo de receita para o município é o fato de que a sua destinação é de livre decisão da administração pública local. Por isso, a utilização do termo autonomia.

Já as receitas de transferências intergovernamentais, em geral, são carimbadas, tendo destino público previamente especificado, como o FUNDEB (Fundo de Manutenção e Desenvolvimento da Educação Básica e de Valorização dos Profissionais da Educação) para a educação. E, quando não aplicadas em sua totalidade, são devolvidas à sua respectiva fonte de origem.

Portanto, esse indicador mede quantos reais de receitas próprias o município é capaz de gerar para cada um real (R$ 1,00) de transferências intergovernamentais recebidas.

Um município com autonomia fiscal R$ 0,20, por exemplo, indica que, para cada R$ 1,00 de receita de transferências recebidas, ele gera R$ 0,20 centavos de receita própria. Nesse caso, o município exerce poder de decisão sobre apenas 16,7% da sua receita total.

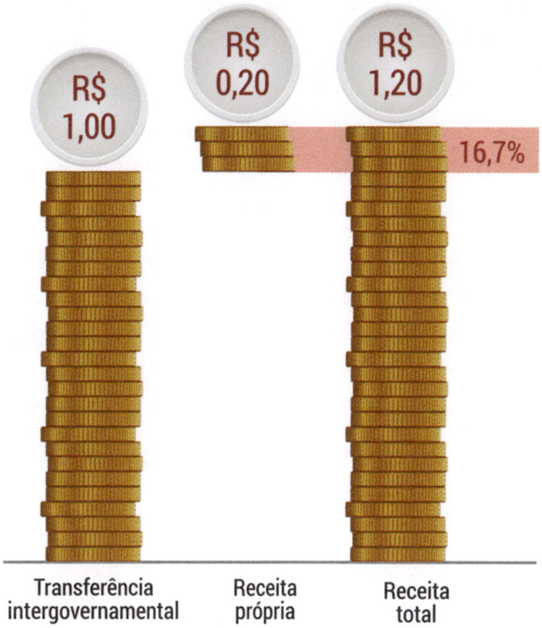

Figura 31: Exemplo de uma relação entre receitas de transferências governamentais e próprias.

Quanto mais dependente for o município dos demais entes federados, maior será a sua dificuldade de tomar decisões locais para atender às demandas dos cidadãos. Na contramão, quanto maior a autonomia, mais liberdade o gestor público terá, do ponto de vista orçamentário, para aplicar os recursos disponíveis no atendimento dessas necessidades.

Adicionalmente, é possível afirmar que uma maior autonomia fiscal pode implicar diretamente a capacidade da cidade em fazer girar o ciclo virtuoso de desenvolvimento humano, pois significa elevar a capacidade de direcionamento dos recursos, de maneira precisa, para atender às demandas da sociedade, tendo em vista que a gestão municipal é quem está mais próxima do cidadão.

Como veremos adiante, o pilar de desenvolvimento socioeconômico do município é peça chave para o aumento da capacidade de geração de riqueza local e, consequentemente, da autonomia.

No Brasil, a média de autonomia fiscal dos municípios é de R$ 0,16, ou seja, para cada R$1,00 de transferências governamentais, os municípios brasileiros, em média, geram R$ 0,16 de receitas próprias. Isso representa uma relação de 1:6, demonstrando o tamanho da dependência orçamentária dos municípios brasileiros.

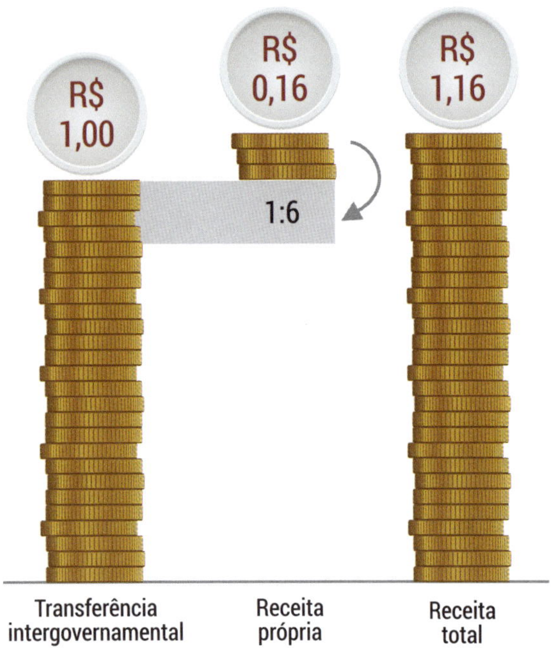

Figura 32: Relação entre receitas de transferências governamentais e próprias. Fonte: SICONFI (2022), extraído da plataforma IGMA em fevereiro/2024.

Indicador **Capacidade de Investir**

Capacidade de investir mede a parcela disponível da receita corrente após o pagamento das despesas correntes (custeio da máquina pública). Essa diferença corresponde ao montante que sobra para realizar investimentos e/ou gerar poupança.

Entende-se por investimento os gastos relacionados a melhoria da estrutura ofertada à população, como reformas, pavimentação de vias, modernização de equipamentos e construção de infraestrutura.

Investir é aplicar capital com a expectativa de recolher benefícios futuros. Quando pensamos em cidades, essa possibilidade se traduz na geração de valor para a população local, a partir da oferta de serviços e da construção de estruturas voltados para os aspectos de desenvolvimento humano.

Quanto maior a capacidade de investimento público do município, mais eficiente é a sua administração, pois esta utiliza, proporcionalmente, uma menor parcela das verbas disponíveis para seu funcionamento, liberando mais recursos para aplicação na estrutura instalada do município.

A elevada capacidade de investimento, no longo prazo, tem impactos diretos e indiretos para a população, uma vez que, além dos benefícios já citados, esse cenário atrai a iniciativa privada que acelera esse processo com novos investimentos e geração de empregos.

No sentido contrário, um município sem capacidade de investir utiliza todos os recursos públicos disponíveis para custear apenas seu funcionamento, sem promover melhorias estruturais à população. No longo prazo, não promove uma melhoria contínua do IDH, premissa fundamental da metodologia cidades excelentes.

Das 5.568 cidades do Brasil, 92% (5.103) possuem capacidade de investir positiva, ou seja, conseguem direcionar alguma quantidade de recursos para investimentos. A maioria das administrações municipais brasileiras investem entre 10% e 20%. Em contrapartida, temos 422 municípios (8%) que não conseguem investir nada do orçamento, ou seja, todos os recursos são utilizados com despesas correntes para manutenção do dia a dia.

MUNICÍPIOS POR FAIXA DE CAPACIDADE DE INVESTIR

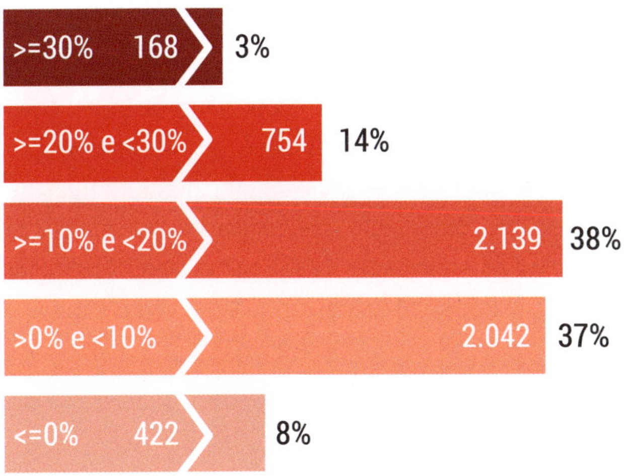

* 43 municípios sem dados (1%).

Figura 33: Capacidade de investir dos municípios. Fonte: SICONFI (2022), extraído da plataforma IGMA em fevereiro/2024.

Indicador
Investimento *Per Capita*

O indicador de investimento *per capita* calcula o total de recursos empregados em investimentos municipais, dividido pelo total de habitantes da localidade. Ele ajuda a avaliar a efetiva atuação do município na promoção do desenvolvimento humano para a sua população. Como já falamos anteriormente, investimento corresponde aos gastos aplicados em melhorias estruturais e de longo prazo e, quanto mais alto for o seu nível por habitante, potencialmente, melhores serão os resultados observados.

Imagine, por exemplo, um orçamento familiar de R$1.000 para investir em educação para duas pessoas e o mesmo valor para 4 pessoas. *Em qual cenário você acredita que a família conseguirá produzir melhores resultados para cada pessoa?*

No primeiro, são R$ 500 por pessoa, no segundo, R$ 250. Parece claro que o primeiro cenário apresenta melhores condições para promoção da educação dessas pessoas. Assim também acontece com os investimentos. Por isso, é importante monitorarmos simultaneamente a capacidade de investir e seu respectivo valor *per capita*.

Utilizando um exemplo prático, sem citar nominalmente os municípios, podemos avaliar dois cenários onde as capacidades nominais de investimento são muito semelhantes, mas com populações e, consequentemente, investimentos *per capita* muito distintos.

INVESTIMENTO *PER CAPITA*

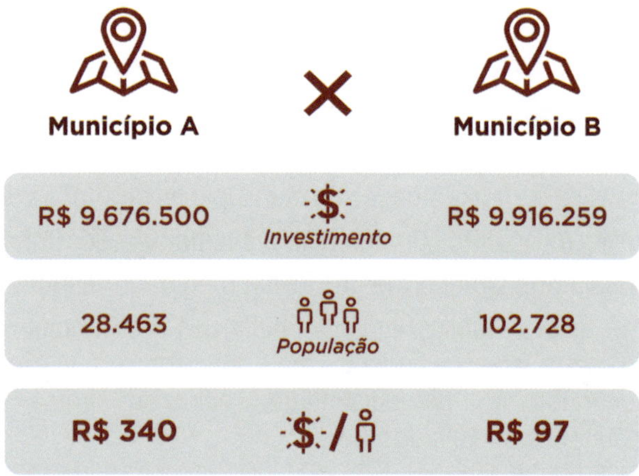

Figura 34: Exemplo comparativo do investimento *per capita* de dois municípios.

Metade dos municípios brasileiros investe menos de R$ 448,73 / habitante. Existe um grupo de 1.427 municípios que investe mais de R$ 750 por cidadão e estão entre as melhores performances do país. De modo geral, a variação de investimento *per capita* no país fica entre R$ 8,63 até R$ 8.094,46, considerando apenas os municípios que apresentam algum nível de investimento.

INVESTIMENTO *PER CAPITA*

Até R$ 250	Entre R$ 250 e R$750	R$ 750 ou mais
1.254 cidades	2.847 cidades	1.427 cidades

*40 municípios sem dados.

Figura 35: Investimento *per capita* no Brasil. Fonte: SICONFI (2022), extraído da plataforma IGMA em fevereiro/2024.

Apresentamos, a seguir, o *status* dos municípios brasileiros de acordo com a sua capacidade de investir (%) e o investimento *per capita*:

Em média, quanto maior a capacidade de investir (%) do município brasileiro, maior é o investimento *per capita* realizado. Os municípios que investem mais de 30% do seu orçamento, chegam a incrível marca de R$ 1.014,54/ habitante, 112% acima daqueles municípios que investem menos de 10% do orçamento.

INVESTIMENTO *PER CAPITA* MÉDIO POR FAXA DE CAPACIDADE DE INVESTIR

Figura 36: Capacidade de investir x Investimento *per capita*. Fonte: SICONFI (2022), extraído da plataforma IGMA em fevereiro/2024.

Indicador
Resultado Fiscal

O resultado fiscal avalia a capacidade do município de poupar, frente ao cumprimento de todas as suas obrigações. Esse indicador mede, percentualmente, o quanto da receita total do município é economizada após o pagamento de todos os gastos: despesas correntes e investimentos.

De forma simples, o indicador evidencia se o município gasta mais do que arrecada.

Diferentemente da capacidade de investir, que mede o percentual de recursos aplicado em investimentos, nesse caso, o objetivo é avaliar, de fato, o que sobra após todos os compromissos assumidos pelo município.

Quanto maior o seu resultado, mais dinheiro sobra para a administração pública. Esses recursos podem ser utilizados para a quitação de dívidas, investimentos em exercícios futuros ou simplesmente para compor o caixa da administração local.

Por outro lado, quanto menor for seu resultado, inclusive, se ele for negativo, indica que o município assumiu mais compromissos, sem a contrapartida da receita. O que implicaria a utilização do saldo em caixa ou possível endividamento.

A saúde fiscal do município é fator preponderante para um governo eficiente e eficaz no cumprimento da sua missão de servir o cidadão. O equilíbrio das contas públicas possibilita a aplicação planejada dos recursos nos demais pilares do ciclo virtuoso de desenvolvimento humano, promovendo a melhoria contínua da vida da população.

No Brasil, cerca de 45% dos municípios brasileiros (2.524) apresentam um resultado fiscal entre 0% a 10%. Do outro lado, existem 1.524 municípios (27%) com resultado fiscal negativo, ou seja, que gastaram mais do que receberam. Por isso, encontram-se em desequilíbrio fiscal, já que não conseguiram fechar as suas contas do último ano. Você sabe o resultado fiscal da sua cidade?

RESULTADO FISCAL

Negativo	Entre 0% e 10%	10% ou mais
1.524 cidades	2.524 cidades	1.477 cidades

*43 municípios sem dados.

Figura 37 : Indicador resultado fiscal no Brasil. Fonte: SICONFI (2022), extraído da plataforma IGMA em fevereiro/2024.

Indicador
Índice de Transparência

A Secretaria do Tesouro Nacional (STN) avalia a consistência da informação recebida por meio do Sistema de Informações Contábeis e Fiscais do Setor Público Brasileiro, SICONFI, e divulga anualmente o Ranking da Qualidade da Informação Contábil e Fiscal. Essa colocação avalia o percentual de acertos dos entes nas verificações realizadas a partir de quatro dimensões:

Dimensão I – Gestão da Informação: reúne as verificações que analisam o comportamento do ente federativo no envio e manutenção das informações no Siconfi. Ex.: envio de todas as declarações, envios no prazo, quantidade de retificações, entre outras.

Dimensão II – Informações Contábeis: compreende as verificações que avaliam os dados contábeis recebidos em relação à adequação às regras do Manual de Contabilidade Aplicada ao Setor Público - MCASP, consistência entre os demonstrativos etc.

Dimensão III – Informações Fiscais: agrupa as verificações pertinentes à análise dos dados fiscais contidos nas declarações. Ex.: Adequação às disposições do Manual de Demonstrativos Fiscais - MDF, consistência entre demonstrativos, entre outras.

Dimensão IV – Informações Contábeis x Informa ções Fiscais: efetua o cruzamento entre os dados contábeis e fiscais, avaliando principalmente a igualdade de valores entre demonstrativos diferentes.

Fonte: Secretaria do Tesouro Nacional (STN).

Quanto maior for o percentual de acertos que o ente obtiver, melhor será a sua classificação no Ranking e, consequentemente, melhor será a qualidade e a consistência dos dados fiscais e contábeis enviados ao SICONFI.

Essa avaliação é de suma importância, porque busca padronizar e estruturar a qualidade das informações financeiras dos municípios do Brasil, insumo básico para a maioria dos órgãos reguladores e portais de transparência.

Não obstante, é também inerente ao conceito de transparência que a sociedade civil, pagadora de impostos, tenha acesso à informação de como os recursos públicos estão sendo aplicados.

NÚMERO DE CIDADES POR FAIXA DE PERCENTUAL DE ACERTOS

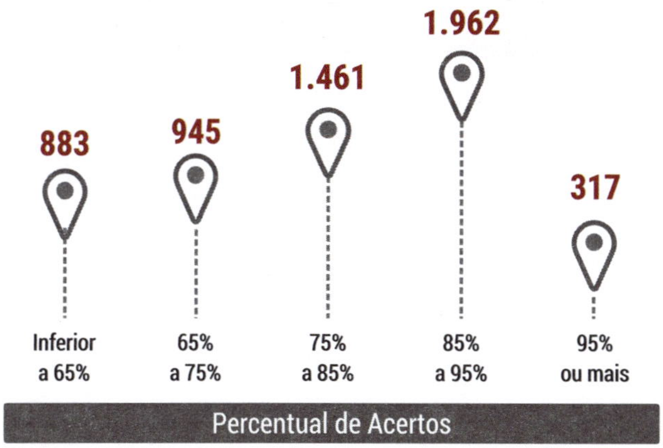

Figura 38: Índice de transparência nos municípios do Brasil. Fonte: Secretaria do Tesouro Nacional - STN (2022), extraído da plataforma IGMA em fevereiro/2024.

Apenas 317 (6%) dos municípios apresentaram percentual de acertos nas verificações das contas de 2022 acima de 95%. A grande parte, 1.962 (35%), encontra-se na faixa de 85% a 95% de acertos nas verificações realizadas pelo Tesouro Nacional, em relação às contas enviadas pelos municípios ao SICONFI.

Indicador
Aderência ao Plano de Contas

A Secretaria do Tesouro Nacional – STN – avalia a aderência municipal ao plano de contas homologado, apontando, simplesmente, quais municípios ATENDEM ou NÃO ATENDEM as recomendações dentro do prazo.

O Plano de Contas aplicado ao Setor Público (PCASP), editado pela Secretaria do Tesouro Nacional, promove a compreensão e a transparência dos registros contábeis brasileiros, tornando a contabilidade pública uma fonte confiável com informações completas, claras e atualizadas para a população.

Ao padronizar registros, detalhar contas públicas e estruturar o controle orçamentário, financeiro e patrimonial, o PCASP favorece a cidadania participativa, aumenta o grau de confiança pública no governo e facilita o seu próprio planejamento de gestão.

Esse indicador é complementar ao índice de transparência.

No Brasil, 4.222 (76%) municípios brasileiros encontram-se aderentes ao plano de contas recomendado pela Secretaria do Tesouro Nacional. Observa-se que a aderência dos municípios quanto à homologação das contas no prazo vem apresentando crescimento nos últimos exercícios.

CIDADES ADERENTES AO PLANO DE CONTAS

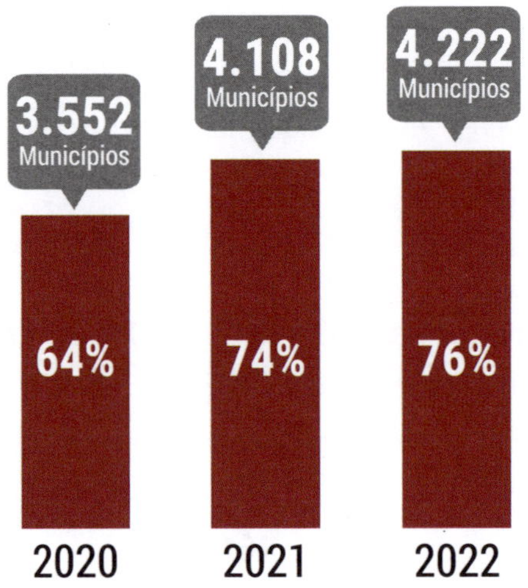

Figura 39 : Aderência ao plano de contas pelos municípios brasileiros. Fonte: SICONFI (2020, 2021 e 2022), extraído da plataforma IGMA em fevereiro/2024. Municípios sem a informação no relatório do SICONFI: 2020 (7), 2021 (13), 2022 (35).

Indicador

Relação de servidores por 100 habitantes

Este indicador mede a relação entre o número de servidores públicos municipais e o total de habitantes da cidade.

Em qualquer esfera de atividade da sociedade civil, indivíduos e organizações desejam receber bom atendimento e acompanhar resultados efetivos por parte daqueles que prestam serviços das mais variadas naturezas.

Tratando-se do setor público, é provável que essa expectativa seja amplificada, pois, além de serem responsáveis pelo bom e efetivo funcionamento dessa esfera, há também a concreta percepção de que os funcionários e servidores públicos sejam mantidos com base no recolhimento de impostos oriundos, principalmente, das atividades econômicas da sociedade.

Esta é a pretensão deste indicador: estabelecer uma referência que conjugue eficiência dos gastos e eficácia dos serviços prestados pela administração pública municipal. Por um lado, busca-se a garantia do atendimento das necessidades sociais e, por outro, a responsabilidade com os recursos públicos.

No Brasil, observa-se maior concentração dos municípios na faixa de 4 a 6 servidores por 100 habitantes, que representam 37% das cidades, um total de 2.058. Em contraponto, temos 240 municípios (4%) com uma relação acima de 10 servidores por 100 habitantes.

NÚMERO DE CIDADES POR FAIXA DE RELAÇÃO DE SERVIDORES POR 100 HABITANTES

* 21 municípios sem dados.

Figura 40: Relação de servidores por 100 habitantes. Fonte: IBGE - Pesquisa de Informações Municipais (2021), extraído da plataforma IGMA em fevereiro/2024.

Se, por um lado, não existem referências consagradas pela bibliografia sobre os resultados deste indicador que nos possibilitem cravar as melhores práticas a serem perseguidas, por outro lado, e com o auxílio do algoritmo IGMA, conseguimos estabelecer comparações devidamente parametrizadas, que nos permitam apontar para oportunidades de melhorias a serem absorvidas.

Assim, é possível encontrarmos municípios com baixo nível de resultados em serviços ofertados à sociedade, mesmo que com os maiores níveis gastos com servidores públicos, indicando forte desperdício de recursos. No sentido oposto, também é possível conectarmos um determinado nível insuficiente na prestação de serviços públicos a uma potencial condição de insuficiência no número de servidores.

Dessa forma, a pretensão desse indicador deve ser compreendida como a de ser um balizador para análises mais completas de oportunidades.

Indicador

Proporção de Comissionados Sobre o Quadro de Servidores

Este índice avalia a proporção de cargos comissionados de uma prefeitura em relação à sua quantidade total de servidores públicos.

Contemplada pela Constituição Federal, a existência de cargos comissionados é compreendida como uma possibilidade de colaboração para o serviço público, com o ingresso do profissional no setor por meio de outra forma além da principal, que é o concurso público.

Na maioria dos casos, os servidores comissionados ocupam posições de direção, chefia ou assessoramento, com a função principal de multiplicar e difundir as ordens e as intenções dos seus superiores diretos, que podem ser os secretários municipais ou o próprio prefeito. Sua posição exige um critério de confiança ímpar, uma vez que os pareceres e os relatórios que produzem embasam a tomada de decisão dos agentes políticos municipais.

Uma alta proporção de cargos comissionados pode prejudicar a evolução dos serviços prestados pela prefeitura, pois confere elevado poder ao chefe do executivo, que pode substituir e alocar novos profissionais sem a realização de concurso público. Além disso, pode favorecer a perda da continuidade administrativa entre os sucessivos mandatos municipais, já que boa parte dos cargos de confiança são ocupados por pessoas alinhadas ao grupo eleito para assumir a gestão da localidade.

Tratando-se da proporção de comissionados sobre o quadro de servidores, 1.182 municípios (21%) possuem uma representatividade dos comissionados em até 5% do quadro. Entretanto, a maior proporção de municípios (35%, ou seja, 1.943 cidades) está concentrada na faixa de 5% a 10% de comissionados no quadro de servidores da administração direta e indireta. Como ponto de atenção, vale destacar que 12% dos municípios possuem mais de 20% do quadro de pessoal com comissionados.

PROPORÇÃO DE COMISSIONADOS SOBRE O QUADRO DE SERVIDORES

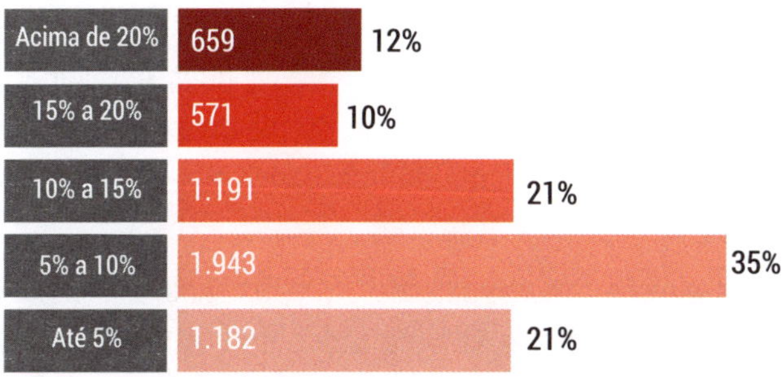

*22 municípios sem dados (0,4%)

Figura 41: Proporção de comissionados dos municípios. Fonte: IBGE - Pesquisa de Informações Municipais (2021), extraído da plataforma IGMA em fevereiro/2024.

Indicador

Classificação da Capacidade de Pagamento - CAPAG

De forma simples e transparente, a Capacidade de Pagamento (CAPAG) mensura o risco de crédito para o Tesouro Nacional, a fim de apurar a situação fiscal dos entes subnacionais e identificar quais deles são capazes de honrar os seus compromissos decorrentes de empréstimos com garantia da União. A metodologia de cálculo é composta por três indicadores: endividamento, poupança corrente e índice de liquidez.

A avaliação define quais entes federativos são elegíveis para contrair empréstimos com garantias da União. Assim, as unidades bem avaliadas podem acessar financiamentos com condições mais favoráveis de juros por contar com a União como seu garantidor.

Na mensuração CAPAG, os municípios são classificados em quatro categorias decrescentes em seu nível de avaliação: A, B, C e D. A classificação A indica que a cidade tem boa situação fiscal e baixo risco, enquanto a nota D representa uma cidade com situação fiscal ruim e, consequentemente, de alto risco de inadimplência. Apenas as categorias A e B atestam que o ente está elegível para obtenção de garantia.

No cenário brasileiro, observa-se que cerca de 2.579 cidades (46%) se encontram com boa situação fiscal e baixo nível de risco de crédito (conceitos A e B).

CLASSIFICAÇÃO CAPAG

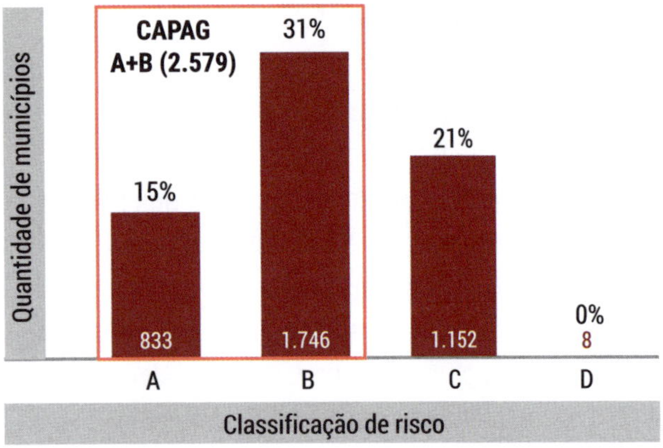

* 1.829 municípios sem dados (33%).

Figura 42: Municípios por classificação CAPAG. Fonte: Secretaria do Tesouro Nacional-STN (CAPAG Municípios 2023), extraído da plataforma IGMA em fevereiro/2024.

Indicador
Mulheres Eleitas

Este indicador revela, percentualmente, do total de gestores eleitos, entre prefeitos, vice-prefeitos e vereadores, quantos cargos foram ocupados por mulheres. Conhecer quantas mulheres estão sendo eleitas para assumirem cargos públicos municipais é uma informação importante para indicar a representatividade de gênero na política e, consequentemente, a defesa de seus interesses sociais.

No Brasil, o registro de candidaturas femininas para a ocupação de cargos públicos é crescente. Mas, ainda assim, as mulheres representam apenas 12% dos prefeitos eleitos no 1º turno das eleições municipais de 2020, a mesma proporção do pleito de 2016. Já o número de vereadoras eleitas aumentou em 16% na comparação entre essas duas eleições.

Nas eleições municipais de 2020, as mulheres representaram cerca de 16% de todos os eleitos do Brasil para os cargos de vereadora, prefeita ou vice-prefeita. A maior parcela das cidades (41% ou 2.281) elegeram no máximo 10% de mulheres para assumirem esses cargos da gestão municipal.

Destaque para 20 cidades que elegeram mais da metade dos seus representantes do sexo feminino.

MUNICÍPIOS POR FAIXA DE PROPORÇÃO DE MULHERES ELEITAS

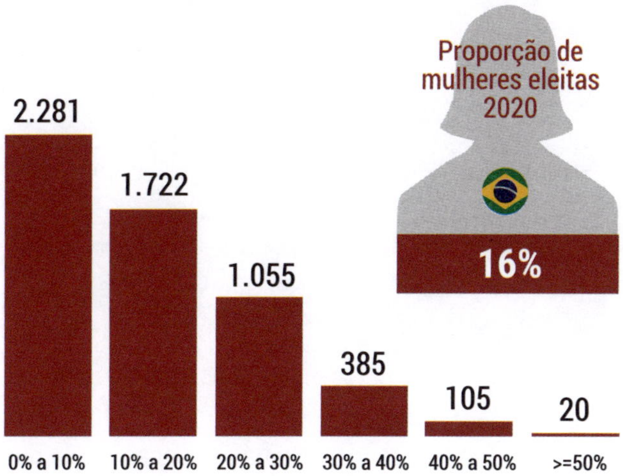

Figura 43: Proporção de mulheres eleitas. Fonte: Tribunal Superior Eleitoral-TSE (2020), extraído da plataforma IGMA em fevereiro/2024.

Indicador

Despesa com Legislativo por Habitante

Este indicador mensura a relação entre as despesas totais com o Legislativo por habitante do município. Trata-se de uma interessante inferência que permite às autoridades municipais comparar e avaliar as cidades brasileiras.

De acordo com a Constituição Brasileira e a Lei de Responsabilidade Fiscal - LRF , os municípios podem gastar até 60% da sua receita líquida corrente com as despesas com pessoal, sendo 54% para o Executivo e 6% para o Legislativo (incluído o Tribunal de Contas do Município, quando houver).

O artigo 29, inciso IV, da nossa Constituição rege que o número de vereadores deve ser proporcional à população do município, podendo variar de 9 vereadores nas cidades de até 15 mil habitantes e um máximo de 55 representantes do legislativo municipal nas cidades com mais de 8 milhões de habitantes, conforme tabela demonstrada a seguir.

FAIXAS DE NÚMERO MÁXIMO DE VEREADORES DE ACORDO COM A POPULAÇÃO

Faixa	Faixa de População	Número máximo de vereadores	Nº de cidades da faixa[1]
1	Até 15 mil habitantes	9	3.366
2	Mais de 15 mil e até 30 mil habitantes	11	1.069
3	Mais de 30 mil e até 50 mil habitantes	13	477
4	Mais de 50 mil e até 80 mil habitantes	15	252
5	Mais de 80 mil e até 120 mil habitantes	17	153
6	Mais de 120 mil e até 160 mil habitantes	19	68
7	Mais de 160 mil e até 300 mil habitantes	21	91
8	Mais de 300 mil e até 450 mil habitantes	23	43
9	Mais de 450 mil e até 600 mil habitantes	25	14
10	Mais de 600 mil e até 750 mil habitantes	27	12
11	Mais de 750 mil e até 900 mil habitantes	29	8
12	Mais de 900 mil e até 1,05 milhão de habitantes	31	2
13	Mais de 1,05 milhão e até 1,2 milhão de habitantes	33	1
14	Mais de 1,2 milhão e até 1,35 milhão de habitantes	35	3
15	Mais de 1,35 milhão e até 1,5 milhão de habitantes	37	2
16	Mais de 1,5 milhão e até 1,8 milhão de habitantes	39	1
17	Mais de 1,8 milhão e até 2,4 milhões de habitantes	41	2
18	Mais de 2,4 milhões e até 3 milhões de habitantes	43	2
19	Mais de 3 milhões e até 4 milhões de habitantes	45	0
20	Mais de 4 milhões e até 5 milhões de habitantes	47	0
21	Mais de 5 milhões e até 6 milhões de habitantes	49	0
22	Mais de 6 milhões e até 7 milhões de habitantes	51	1
23	Mais de 7 milhões e até 8 milhões de habitantes	53	0
24	Mais de 8 milhões de habitantes	55	1

[1]Considerando a população do Censo 2022. Não inclui os distritos de Fernando de Noronha e Brasília.

Tabela 9: Faixas de número máximo de vereadores de acordo com a população dos municípios. Fonte: Agência Câmara de Notícias e IBGE (Censo 2022).

Ainda assim, a lei orgânica municipal é que define o número de cadeiras nos municípios, devendo respeitar os limites constitucionais para cada faixa populacional.

As despesas com o legislativo municipal podem variar dependendo do orçamento e da estrutura política de cada localidade. Portanto, ao analisar o indicador, devem-se considerar todos os fatores envolvidos, como o tamanho do município, a população, a complexidade do sistema político e a qualidade dos serviços prestados.

Em 2022, foram gastos cerca de R$ 20,9 bilhões com as casas legislativas dos 5.251 municípios brasileiros (94% do total) que reportaram suas despesas. As despesas totais liquidadas com o legislativo municipal brasileiro em 2022 foram 22% maior que as declaradas pelos municípios em 2020.

DESPESAS LIQUIDADAS COM A FUNÇÃO LEGISLATIVA (EM BILHÕES R$)

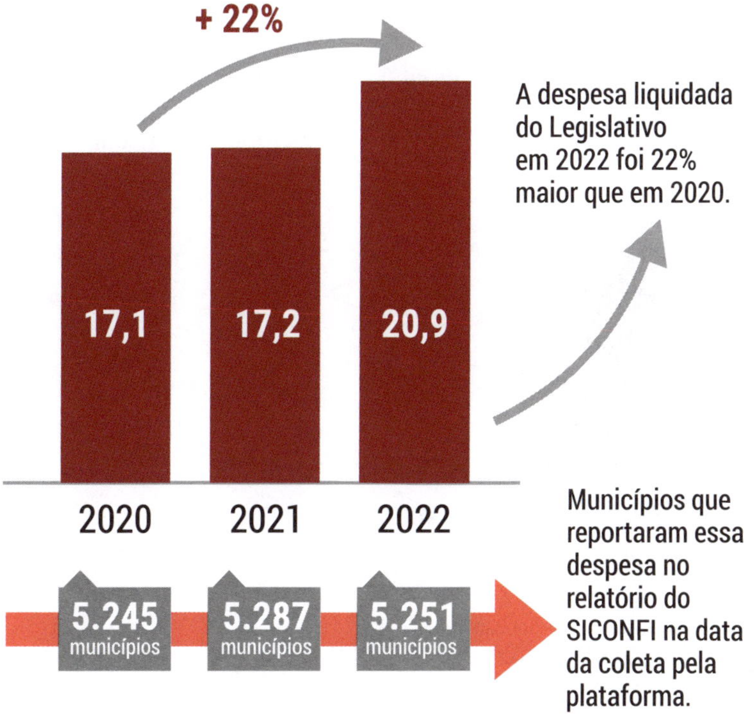

Figura 44 : Despesa total liquidada com a função legislativa nos municípios brasileiros. Fonte: SICONFI (2020, 2021 e 2022), extraído da plataforma IGMA em fevereiro/2024.

A maior parte das cidades brasileiras, mais precisamente 3.366 (60%), está concentrada na menor faixa populacional de cidades, ou seja, com até 15 mil habitantes. Ao compararmos a média da despesa com legislativo dessas cidades com a das demais, percebemos que elas gastam, em média, o dobro por habitante do que as cidades com mais de 15 mil habitantes.

MÉDIA DE DESPESA COM LEGISLATIVO POR HABITANTE (R$) POR FAIXA POPULACIONAL

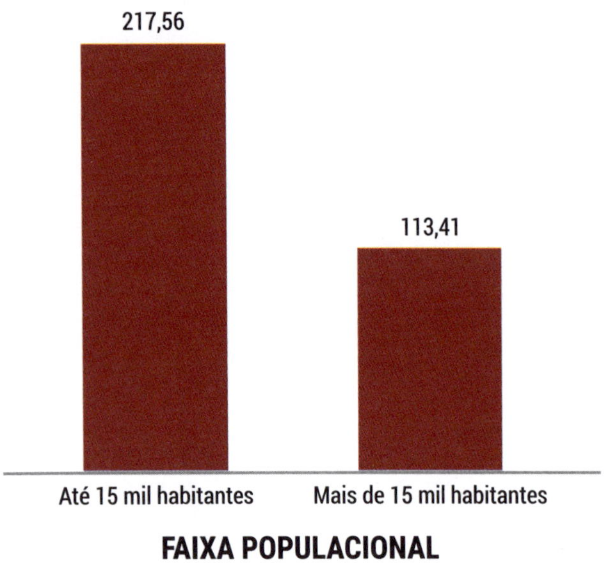

Figura 45: Média da despesa com legislativo por habitante das cidades por faixa populacional. Fonte: SICONFI (2022) e IBGE (2022), extraído da plataforma IGMA em fevereiro/2024.

Indicador

Score IEG-M e Variação da Faixa

Este dado informa o avanço dos municípios no IEGM comparando o resultado anual mais recente ao resultado do ano imediatamente anterior.

Criado em 2015 pelo Tribunal de Contas do Estado de São Paulo, o IEGM é um indicador com foco em infraestrutura e processo que avalia a eficiência da gestão municipal em 7 setores da administração: educação, saúde, gestão fiscal, planejamento, meio ambiente, defesa civil e governança em tecnologia da informação.

O grau de eficiência dos processos e controles é informado por meio de questionários respondidos pelos municípios e medido a partir de pontuações atribuídas pelo Tribunal. Ao final, o IEGM categoriza o município em uma das 5 faixas de classificação, definidas a partir das notas alcançadas contemplando todos os setores: altamente efetiva (A); muito efetiva (B+), efetiva (B), em fase de adequação (C+) e baixo nível de adequação (C).

Para o cálculo da melhoria no indicador, considera-se tanto a faixa atual na qual o município está classificado quanto ao seu avanço para outra faixa de modo que, por exemplo, uma cidade que avança da faixa B+ para A possui pontuação superior àquela que avança da faixa C para a faixa C+.

Entre os exercícios de 2020 e 2021, das cidades do Brasil acompanhadas pelo IEG-M dos Tribunais de Contas, 2.093 (38%) mantiveram suas faixas de resultado. Existe um grupo de 623 municípios (11%) que apresentou melhoria de faixa e há uma parcela de 435 municípios (8%) que regrediu de faixa.

* 2.417 municípios sem dados suficientes para análise.

Figura 46: Melhoria IEGM. Fonte: TCESP e Instituto Rio Branco, extraído da plataforma IGMA em fevereiro/2024.

Indicador

Despesas com Pessoal Executivo sobre a Receita

Conforme previsto na Constituição Federal de 1988, a Lei de Responsabilidade Fiscal determinou regras de fiscalização e controle do uso de recursos públicos, incluindo o teto relativo ao gasto com servidores públicos executivos municipais. Foi estipulado o limite de uso de no máximo 54% da receita corrente líquida (RCL) para esse fim.

Este indicador mensura exatamente o cumprimento desse limite, pois, na maioria dos municípios brasileiros, a despesa com pessoal representa a maior parcela de gastos no orçamento. Quando um município aplica mais que o teto legal para esse fim, o ajuste dessa distorção pode ser realizado em até 8 meses em ações recomendadas, como redução de carga horária e da quantidade de funções e cargos.

A maioria das cidades (84%), representada por um total de 4.659 municípios brasileiros, apresenta um percentual de despesa entre 34% a 54%, ou seja, abaixo do teto previsto para gasto com pessoal por receita corrente líquida. Porém, 631 municípios encontram-se acima desse teto.

MUNICÍPIOS POR FAIXA DE % DE DESPESA COM PESSOAL/RCL

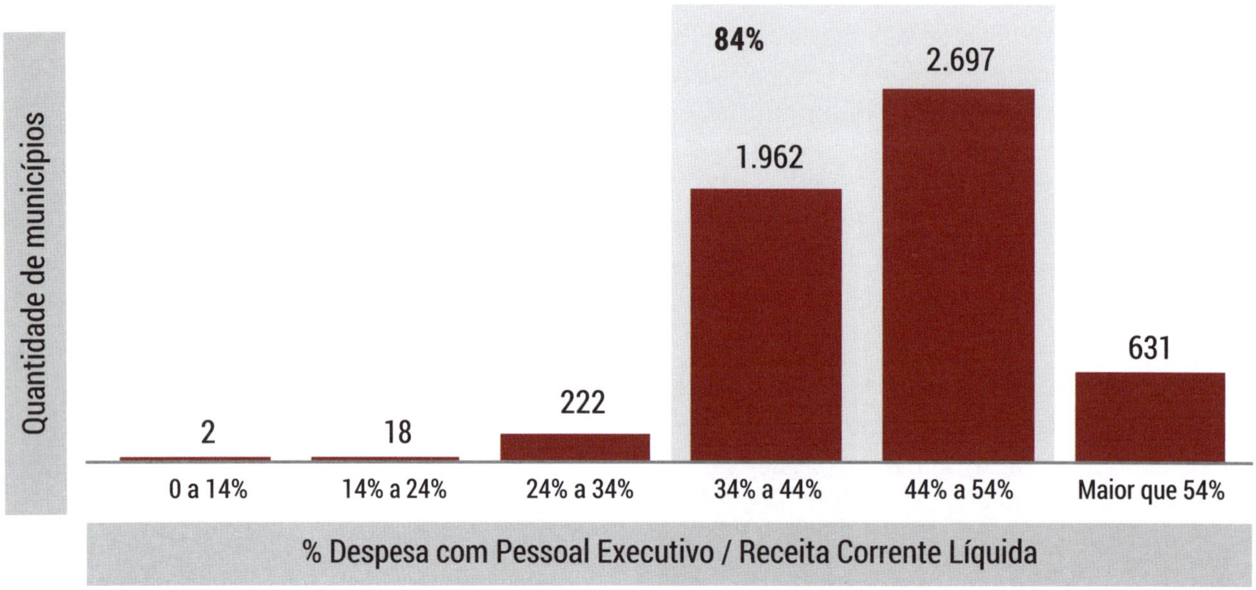

* 36 municípios sem dados.

Figura 47 : Municípios por faixa de percentual de despesa com pessoal/RCL. Fonte: SICONFI (2022), extraído da plataforma IGMA em fevereiro/2024.

Indicador
Pagamento RPPS

A previdência dos servidores públicos é chamada de RPPS (Regime Próprio de Previdência Social), modalidade instituída por todas as capitais, Estados e a União. Ainda assim, diversos municípios brasileiros optaram por não instituir regimes próprios de previdência e estão atrelados ao Regime Geral da Previdência Social gerido pelo Instituto Nacional do Seguro Social (INSS).

As cidades que optaram por aderir ao RPPS são responsáveis pela gestão e custeio da previdência de seus servidores. Desta forma, a manutenção do equilíbrio fiscal no regime próprio é ponto estrutural para garantir o funcionamento da previdência dos municípios.

Por isso, acompanhar o cumprimento de compromissos de parcelamentos de débitos é estratégico para a avaliação de sustentabilidade previdenciária. Daí a relevância deste indicador que avalia se os parcelamentos de obrigações devidas do RPPS do município estão sendo pagos de acordo com o prazo determinado.

Considerando apenas os municípios do estado de São Paulo que adotaram o Regime Próprio de Previdência Social (RPPS), temos que 168 cidades realizaram parcelamento de débitos. E dos 168, 87% (146) efetuaram o pagamento no prazo.

PERCENTUAL DE MUNICÍPIOS QUE PAGARAM O PARCELAMENTO RPPS NO PRAZO

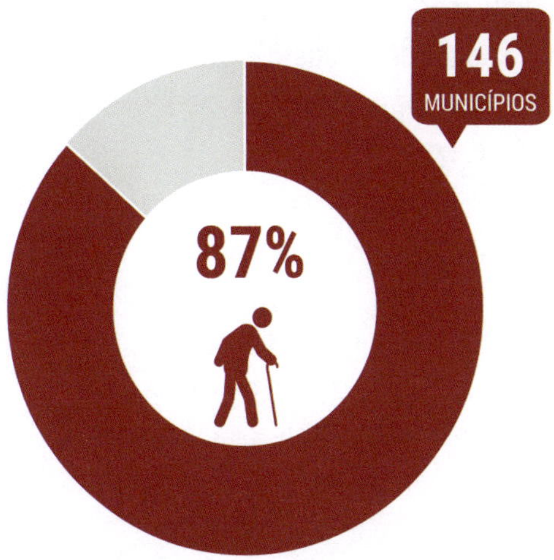

*Municípios do estado de São Paulo.

Figura 48 : Percentual de municípios que pagaram no prazo o parcelamento RPPS. Fonte: TCESP IEG-Prev 2022 (ano-base 2021).

Indicador

Apuração do pagamento dos precatórios

Segundo o CNJ (Conselho Regional de Justiça), precatórios são requisições de pagamento expedidas pelo Judiciário para cobrar de municípios, estados ou da União, assim como de autarquias e fundações, valores devidos após condenação judicial definitiva.

Este índice mede a razão entre o estoque final e o estoque inicial de precatórios, demonstrando se o município está reduzindo ou não o seu saldo em determinado exercício.

A Emenda Constitucional nº 109/2021 definiu um novo regime de pagamento de precatórios, no qual os entes federativos poderão quitá-los até 31 de dezembro de 2029, o que vale tanto para os débitos vencidos quanto para os que vencerão dentro desse período.

Vale mencionar que, existe a possibilidade de novos precatórios surgirem a todo momento. Desta forma, o grande desafio do ponto de vista fiscal é a redução do saldo de precatórios ao longo dos anos.

De acordo com os dados do IEG-M 2022 (ano-base 2021), 37% dos munícipios do estado de São Paulo (238 cidades) apresentaram diminuição no saldo dos precatórios. Em contrapartida, existem 314 cidades (49%) que apresentaram aumento, demonstrando um desequilíbrio fiscal no pagamento dos seus estoques de precatórios.

$ Diminuição no Saldo	($) Baixa variação no Saldo	$$ Aumento no Saldo
238 cidades	**92** cidades	**314** cidades

*Municípios do estado de São Paulo.

Figura 49: Apuração do pagamento dos precatórios. Fonte: TCESP IEG-M 2022 (ano-base 2021).

ESTUDO DE CASO

A importância da autonomia fiscal e financeira dos municípios brasileiros

O indicador autonomia fiscal, contemplado pelo pilar eficiência fiscal e transparência, divide as receitas próprias do município pelas suas receitas de transferência. Quanto menor for esse número, mais dependente de verbas externas será o município. Neste estudo de caso, entenderemos um pouco mais qual a importância desse indicador no desenvolvimento local, bem como qual é a realidade do Brasil.

Relembrando, receitas próprias são aquelas provenientes dos tributos locais, como IPTU (Imposto sobre a Propriedade Predial e Territorial Urbana), ISS (Imposto sobre Serviços de Qualquer Natureza) e ITBI (Imposto sobre Transmissão de Bens e Imóveis), cuja destinação é de livre decisão da administração pública local.

Já as receitas de transferências intergovernamentais, em geral, são carimbadas, tendo destino público previamente especificado, como o FUNDEB (Fundo de Manutenção e Desenvolvimento da Educação Básica e de Valorização dos Profissionais da Educação) para a educação. E, quando não aplicadas em sua totalidade, são devolvidas à sua respectiva fonte de origem.

Em média, a autonomia fiscal dos municípios brasileiros, hoje, é de 0,16. Ou seja, a cada R$1,00 que recebem de transferências, as cidades só conseguem gerar R$0,16 de receita própria. É uma dependência de elevada proporção, ou seja, de quase 1 para 6.

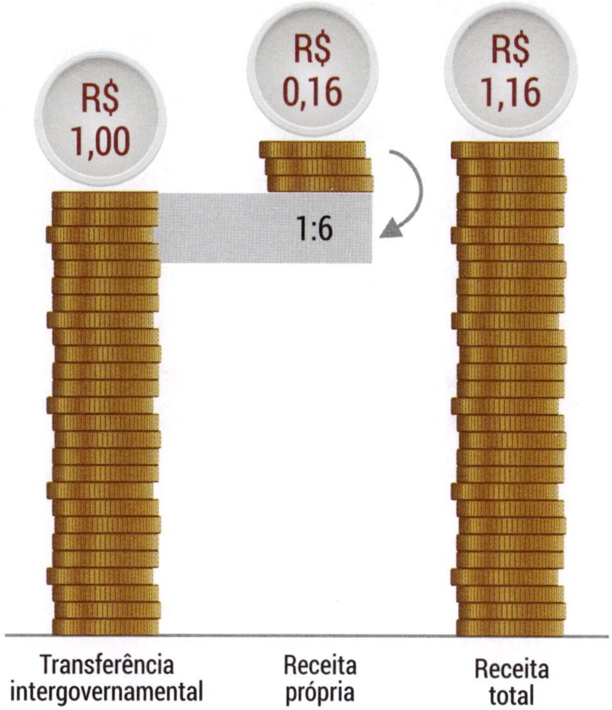

Figura 50: Relação entre receitas de transferências governamentais e próprias. Fonte: SICONFI (2022), extraído da plataforma IGMA em fevereiro/2024.

Até aqui, já havíamos explicado anteriormente. Agora, entenderemos um pouco mais acerca dessa realidade entre os municípios brasileiros.

FAIXAS DE AUTONOMIA

Atualmente, a grande maioria dos municípios brasileiros está com uma autonomia inferior a R$ 0,10, corroborando com a baixa média nacional. Por outro lado, há um seleto grupo de 551 municípios com independência financeira de R$ 0,30 ou mais, o que representaria ao menos 23% da receita total do município.

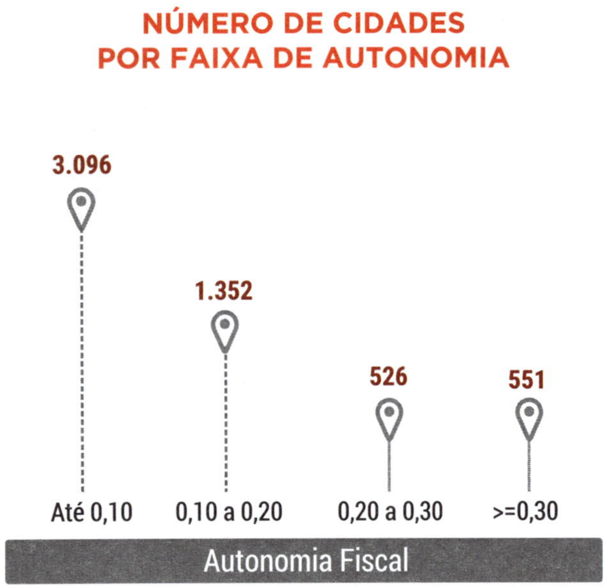

*43 municípios sem dados.

Figura 51: Autonomia fiscal nos municípios do Brasil. Fonte: SICONFI (2022), extraído da plataforma IGMA em fevereiro/2024.

O que esses 551 municípios têm em comum? Quando analisamos pela plataforma IGMA, eles apresentam um elevado resultado do pilar de desenvolvimento socioeconômico, o 6º pilar do nosso ciclo virtuoso de desenvolvimento. Enquanto eles apresentam uma nota média do pilar de 64,86, a média nacional é de 51,65.

Mais à frente, entenderemos os indicadores por trás desse pilar, mas desde já fica uma forte evidência da força do ciclo virtuoso, em que a evolução do último pilar retroalimenta a geração de receitas no município.

ESTADOS

Quando observamos essa dependência dos municípios nos limites estaduais, tentamos enxergar em quais estados os municípios têm maior independência para prover à sua população.

Nesse sentido, utilizamos uma medida estatística denominada mediana. Ela indica em qual patamar metade dos municípios se encontra abaixo. Ela é uma boa medida para evitar que casos extremos atrapalhem a interpretação do número consolidado.

MEDIANA DA AUTONOMIA FISCAL DOS MUNICIPIOS POR ESTADO

Estados	Mediana* da autonomia fiscal dos municípios do estado	Relação de dependência**
SP	0,17	1:6
MS	0,17	1:6
MT	0,17	1:6
SC	0,16	1:6
RJ	0,13	1:8
PR	0,13	1:8
GO	0,12	1:8
RS	0,11	1:9
RO	0,11	1:9
ES	0,10	1:10
AP	0,08	1:12
SE	0,08	1:13
MG	0,08	1:13
TO	0,07	1:14
RR	0,07	1:14
AC	0,07	1:14
PA	0,07	1:15
BA	0,06	1:17
CE	0,06	1:17
PE	0,06	1:17
RN	0,05	1:19
AL	0,04	1:22
PI	0,04	1:22
MA	0,04	1:23
AM	0,04	1:26
PB	0,04	1:26

* Metade dos municípios do estado apresentam autonomia fiscal inferior a esse patamar.

** A relação de dependência indica qual é a proporção entre receitas próprias e de transferências. Quanto maior essa relação, mais dependente de recursos de terceiros é o município.

Tabela 10: Mediana da autonomia fiscal dos municípios por estado. Fonte: SICONFI (2022), extraído da plataforma IGMA em fevereiro/2024.

Em geral, as cidades mais dependentes encontram-se no estado da Paraíba. A cada R$ 1,00 que recebem, 50% delas são capazes de gerar, no máximo, R$ 0,04 de receita própria. Ou seja, mais da metade dos municípios paraibanos geram menos de 4% de receitas próprias. É uma proporção de dependência de até 1 para 26! Os municípios do estado de São Paulo são os mais independentes do país. Metade das cidades do estado possui uma autonomia de até R$ 0,17. A cada R$ 1,00 que recebem, elas conseguem gerar até R$ 0,17 de receita própria. Trata-se de uma proporção média aproximada de 1 para 6.

Os governos estaduais não possuem interferência direta nesses resultados, afinal a política tributária do País passa pelo próprio pacto federativo. Todavia, essa tabela ajuda a mostrar em quais regiões do País as administrações locais têm mais força para trilhar o caminho das cidades excelentes.

SITUAÇÃO IGMA

Por fim, quando analisamos a performance de autonomia fiscal pela situação geral do IGMA, encontramos uma surpreendente realidade.

Primeiro, é importante separarmos o País em dois grandes grupos: IGMA em situação crítica (abaixo de 50) e demais.

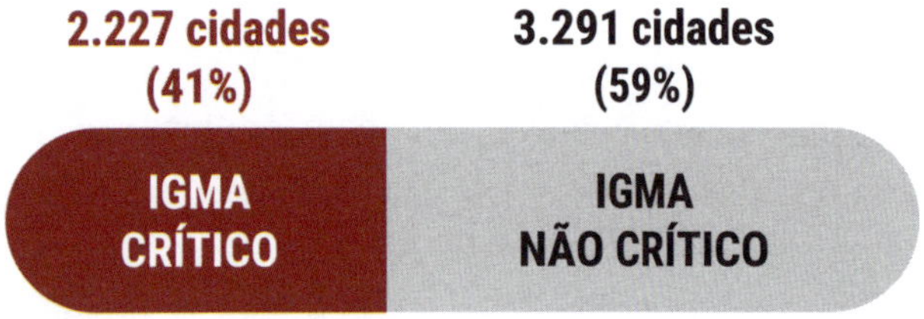

Figura 52: Classificação dos municípios com IGMA crítico e não crítico. Fonte: Plataforma IGMA extraído em fevereiro/2024.

Observe que há, nesse momento, 2.277 municípios com nota IGMA inferior a 50 e, portanto, têm dificuldades em prover serviços de excelência e investimentos a sua população local. Essas localidades geram preocupação e nós vamos entender o porquê.

Quando examinamos a autonomia fiscal, os considerados críticos apresentam uma média de autonomia fiscal pelo menos 1,8 vezes menor do que os não críticos. Atualmente, os primeiros geram apenas R$ 0,11 para cada R$ 1,00 de transferência intergovernamental, enquanto um município não crítico gera R$ 0,19 de receita própria.

Figura 53: Relação entre receitas de transferências governamentais e próprias. Fonte: SICONFI (2022), extraído da plataforma IGMA em fevereiro/2024.

Os municípios críticos são muito mais dependentes das transferências. A longo prazo, isso implica um distanciamento cada vez maior entre essas cidades, ou seja, entre as realidades brasileiras.

Os municípios com menor autonomia fiscal enfrentam desafios administrativos na missão de servir os cidadãos, pois possuem menos capacidade de investimento, são mais endividados e lidam com dificuldades para fechar as contas com *superávit* fiscal. *Vamos ver como?*

Falando em investimento, a média* nacional de investimento dos municípios brasileiros no ano de 2022 foi de apenas 11,7% da receita corrente. Esse número, por si só, já merece atenção, pois o nível de investimento das cidades contribui para a avaliação da qualidade das suas contas, ao evidenciar a sua capacidade de honrar os compromissos correntes e ainda de poupar para investir.

Quando diferenciamos os municípios críticos dos que não são, os primeiros apresentam a média de 8,4%, enquanto os segundos, de 14,0%. De tudo que eles gastam no ano, os municípios críticos só são capazes de investir em melhorias, como reformas e obras, cerca de 8%.

Observe que a capacidade de investimento dos municípios não críticos é maior que o dos demais, acentuando o distanciamento entre eles. O cenário indica que estamos diante de um país dividido, com realidades distintas e que tende a se agravar ao longo do tempo.

Dessa forma, as administrações municipais acabam não conseguindo assumir iniciativas locais, pois grande parte dos seus orçamentos, quando suficientes, já estão engessados com verbas de transferência, haja vista que, conforme citado anteriormente, esses recursos têm destino certo, são fiscalizados e, quando não usados, têm que ser devolvidos. O produto final são cidades que enfrentam elevada dificuldade financeira e oferecem baixa prestação de serviços aos cidadãos, principalmente as que já se encontram em situação mais crítica que o restante do país.

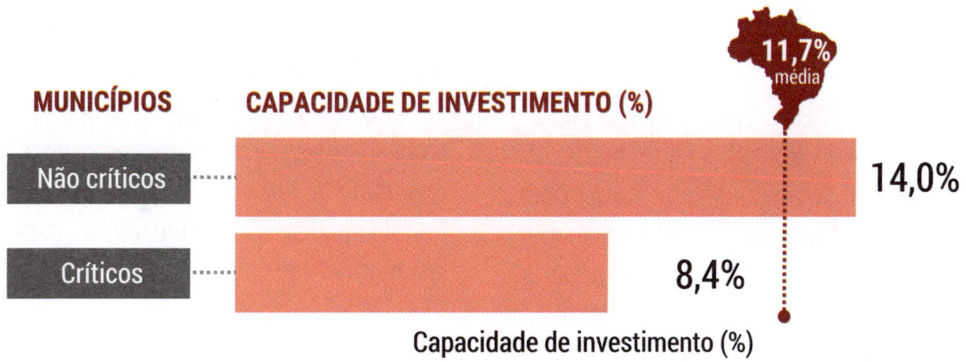

* Médias calculadas considerando a base de dados de 5.389 cidades. Foram desconsideradas as 43 cidades sem dados e as 136 cidades *outliers*[9] no indicador de capacidade de investir.

Figura 54: Capacidade de investimento dos municípios críticos e não críticos. Fonte: SICONFI (2022), extraído da plataforma IGMA em fevereiro/2024.

---

[9] *Outliers* são valores discrepantes do restante da massa de dados, atipicamente grandes ou pequenos, e são identificados por meio do cálculo dos limites inferior e superior de detecção de outliers:
Limite inferior = 1º quartil - (1,5 x Intervalo Interquartílico)
Limite superior = 3º quartil + (1,5 x Intervalo Interquartílico), em que o Intervalo Interquartílico é a diferença entre o 3º quartil e o 1º quartil.
Os valores da massa de dados abaixo do limite inferior ou acima do limite superior calculados, são classificados como outliers.

Pilar 2 Educação

Todos os seres humanos têm direito à educação. *A educação será gratuita, pelo menos nos graus elementares e fundamentais... A educação será orientada no sentido do pleno desenvolvimento da personalidade humana e do fortalecimento do respeito pelos direitos humanos e pelas liberdades fundamentais. A educação promoverá a compreensão, a tolerância e a amizade entre todas as nações e grupos raciais ou religiosos, e coadjuvará as atividades das Nações Unidas em prol da manutenção da paz. (Trecho Art. 26 da Declaração Universal de Direitos Humanos)*

Formalmente descrita no Artigo 26 da Declaração Universal de Direitos Humanos, a educação é uma garantia fundamental que implica diretamente o desenvolvimento de uma nação, além da promoção da capacidade das populações no exercício completo de suas cidadanias.

O pilar educação, quando bem trabalhado, cria condições favoráveis para que os demais direitos humanos da Declaração Universal também sejam cumpridos, fomentando aspectos essenciais da vida em sociedade, como o combate à pobreza, a promoção da saúde, a redução da violência e a proteção ao meio ambiente.

O acesso ao conhecimento é vital, portanto, para o desenvolvimento humano, individual e em sociedade. Sem dúvidas, para ser excelente, uma cidade deve oferecer educação de qualidade aos seus cidadãos, a fim de que estes contribuam ativamente para o avanço do município.

No Brasil, a gestão municipal é responsável por oferecer serviços de ensino da educação infantil à fundamental. Esse é *o ponto de partida do processo educacional do cidadão, permitindo a criação de bases sólidas para o progresso das pessoas e, consequentemente, da cidade.*

Dessa forma, esse eixo busca mensurar a capacidade do município em exercer esse papel de garantir, de forma eficiente, a todas as crianças e jovens, uma educação básica de qualidade.

A própria Constituição brasileira prevê que 25% da receita municipal, resultantes de impostos e transferências, sejam aplicados para a manutenção e o desenvolvimento da Educação:

"Título VIII

Da Ordem Social

Capítulo III

Da Educação, da Cultura e do Desporto

Seção I **Da Educação**

Art. 212. *A União aplicará, anualmente, nunca menos de dezoito, e os Estados, o Distrito Federal e os Municípios vinte e cinco por cento, no mínimo, da receita resultante de impostos, compreendida a proveniente de transferências, na manutenção e desenvolvimento do ensino."*

Contudo, um dos maiores desafios dos gestores municipais é melhorar os resultados do ensino frente aos recursos disponíveis. A grande questão não é somente o quanto investir, mas a maximização dos resultados esperados. Em geral, não faltam projetos de investimento no setor, por outro lado, ainda há pouca evidência de debates em torno da eficiência desses mesmos gastos.

Sabemos que os municípios têm a responsabilidade de gerir a qualidade do ensino, dos materiais didáticos e do aprendizado dos alunos. Porém, o que não encontramos ainda, de uma forma estruturada e sistêmica, são debates em torno de comparações de resultados que sejam capazes, por exemplo, de estender a todos os municípios as boas práticas e os métodos de sucesso. Ou, por outro lado, evitar os erros comuns.

Teremos a oportunidade de aprofundar essa discussão quando fizermos avaliação de cada um dos indicadores do pilar. E veremos como a solução gerencial IGMA faz a diferença para esse debate.

Nas próximas páginas, vamos abordar detalhadamente cada um dos indicadores que compõem esse pilar.

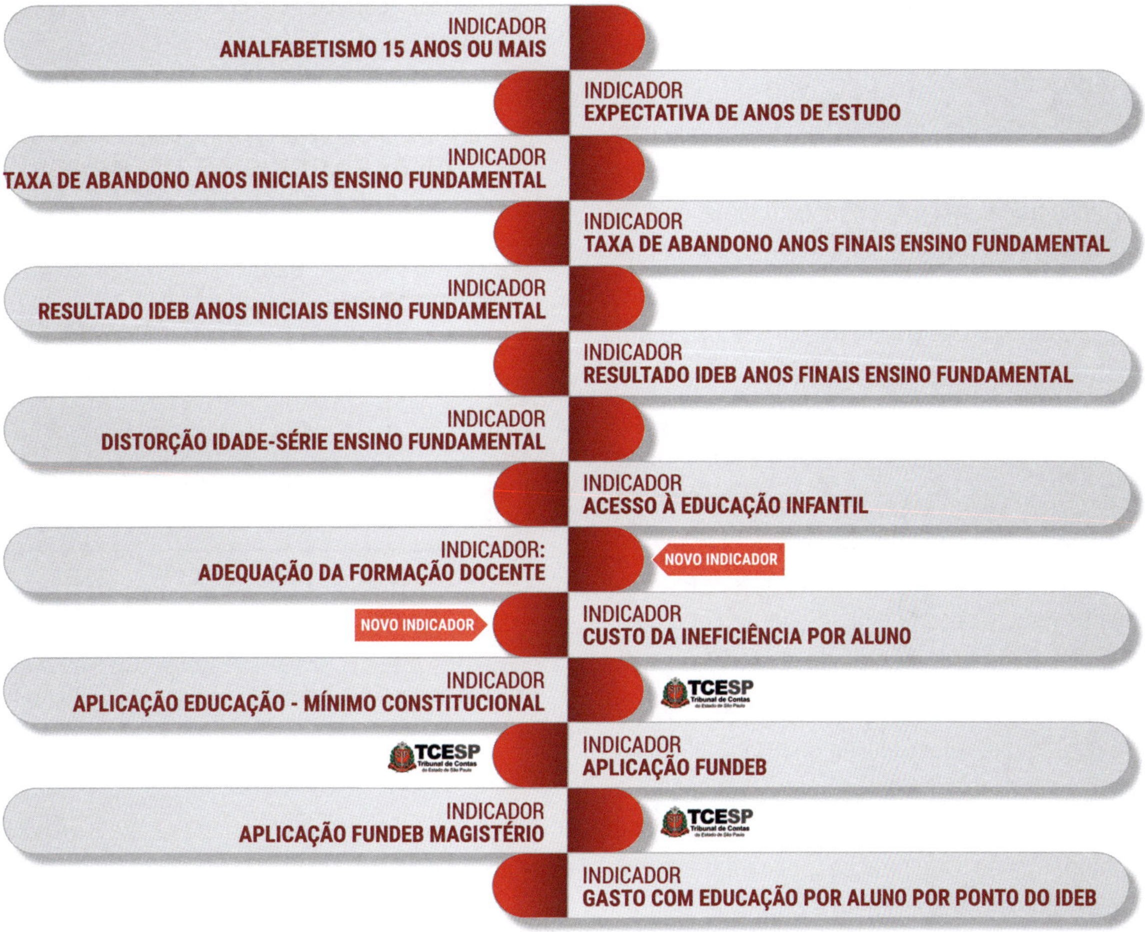

Figura 55: Indicadores que compõem o Pilar Educação.

Vamos conhecê-los agora?

Indicador

Analfabetismo 15 anos ou mais

O indicador mede o percentual de analfabetos com 15 anos ou mais em relação à população dessa mesma faixa etária do município.

É considerado analfabeto, pelo IBGE, "aqueles que não são capazes de ler ou escrever nem ao menos um bilhete simples no idioma que conhecem; aqueles que sabiam ler e escrever, mas esqueceram; os que apenas assinam o próprio nome; e aqueles que se declaram *sem instrução* ou que declaram possuir menos de um ano de instrução".

O analfabetismo em jovens e adultos impacta, individualmente, na aprendizagem, na educação, nas chances de empregabilidade e nas oportunidades de inclusão social. Coletivamente, os efeitos repercutem na produtividade e na competitividade local. Em geral, a iniciativa privada necessita e busca por regiões com uma maior disponibilidade de mão de obra instruída.

Por fim, o terceiro relatório global sobre Aprendizagem e Educação de Adultos - GRALE III, lançado pela UNESCO (Organização das Nações Unidas para a Educação, a Ciência e a Cultura), informou que dois terços dos Estados-membros da Organização concordaram que iniciativas de alfabetização ajudam a promover valores democráticos, coexistência pacífica e solidariedade.

Embora a taxa de analfabetismo no Brasil venha apresentando queda nos últimos anos (2016 a 2023), ainda existem no Brasil cerca de 9,3 milhões (5,4%) de pessoas com 15 anos ou mais que são analfabetas, ou seja, não são capazes de ler e escrever nem ao menos um bilhete simples.

EVOLUÇÃO ANUAL DA TAXA DE ANALFABETISMO DO BRASIL

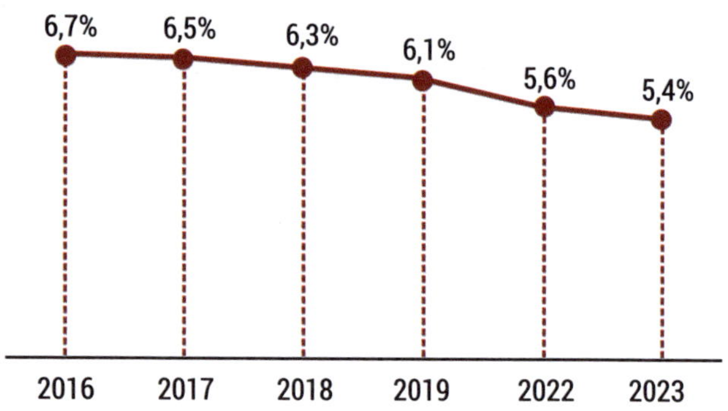

Figura 56: Evolução da taxa de analfabetismo no Brasil. Fonte: IBGE, Pesquisa Nacional por Amostra de Domicílios (PNAD) Anual (2023).

Indicador
Expectativa de anos de estudo

A expectativa de anos de estudo é o número médio de anos de estudo que uma geração de crianças que ingressa na escola deverá completar ao atingir 18 anos de idade, se os padrões atuais se mantiverem ao longo de sua vida escolar.

Quanto maior o resultado, em média, mais escolarizado é aquele grupo de cidadãos.

Do ponto de vista do ciclo virtuoso de desenvolvimento humano, para o indivíduo ou para a localidade, segundo estudo da UNESCO, "um ano extra de escolaridade aumenta a renda individual em até 10%. Cada ano adicional de escolaridade aumenta a média anual do PIB em 0,37%".

Ainda, segundo estudo do IPEA, a educação tem impacto direto na redução dos homicídios. Para cada

1% a mais de jovens entre 15 e 17 anos nas escolas, há uma diminuição de 2% na taxa de assassinatos nos municípios.

Por fim, vale pontuar que as estatísticas disponíveis sobre anos de estudo são aplicáveis para diversos grupos etários, a serem definidos de acordo com o objetivo da análise. A seguir, traremos um breve retrato da média de anos de estudo entre jovens de 15 a 17 anos, uma vez que eles já superaram a fase para completarem o ensino fundamental, cuja responsabilidade é do município.

O número médio de anos de estudo das pessoas do grupo de idade de 15 a 17 anos, no Brasil, passou de 9,0 anos, em 2016, para 9,3 anos, em 2023. A região Sudeste apresenta a maior média nacional, atualmente em 9,4 anos, e a região Norte a menor média de 8,9 anos, uma diferença de 5,6%.

MÉDIA DE ANOS DE ESTUDO
(GRUPO DE IDADE DE 15 A 17 ANOS)

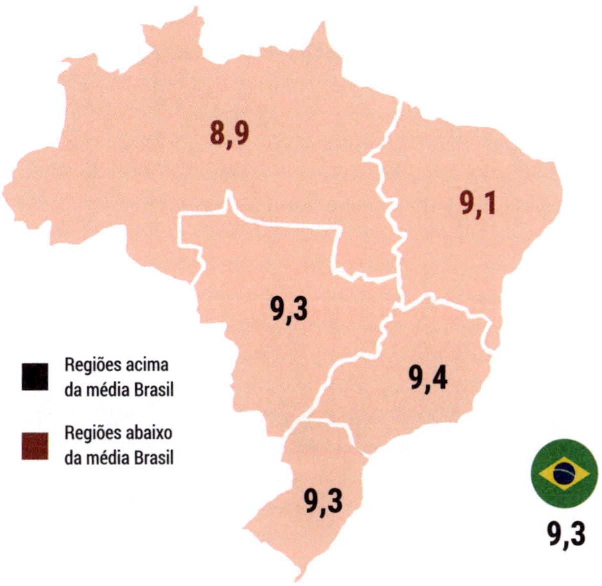

Figura 57: Média de anos de estudo no Brasil por região. Fonte: IBGE, Pesquisa Nacional por Amostra de Domicílios Contínua Anual (2023)

Indicador

Taxa de abandono Anos Iniciais Ensino Fundamental

Ao final do ano letivo, a rede de ensino é avaliada sob as seguintes perspectivas:

-Taxa de aprovação e reprovação;

-Taxa de abandono;

A taxa de abandono monitora um tipo crítico de movimentação escolar, qual seja, a porcentagem de alunos que deixam de frequentar a escola após a data de referência do censo escolar. O indicador é calculado a partir do número de alunos do 1º ao 5º ano que abandonaram a escola, dividido pelo total de alunos da matrícula final da mesma etapa escolar.

Uma taxa de abandono de 1% significaria que, por exemplo, de cada 100 alunos matriculados nos anos iniciais da rede, 1 abandonou a escola ao longo do ano letivo.

Alguns estudos realizados pela ONU apontam, entre as causas para o abandono escolar, a desnutrição de crianças, a necessidade de trabalho por conta da precariedade econômica local, a exclusão social e a oferta de escolas com capacidade reduzida.

No Brasil, 0,6% dos alunos matriculados nos anos iniciais do ensino fundamental, das redes municipais abandonaram a escola em 2022. Se desdobrarmos esse olhar, a região Sul apresenta um desempenho 3x melhor que a média nacional e cerca de 7x melhor que a região Norte, atualmente com o desempenho mais crítico.

TAXA DE ABANDONO DOS ANOS INICIAIS DO ENSINO FUNDAMENTAL (REDE MUNICIPAL)

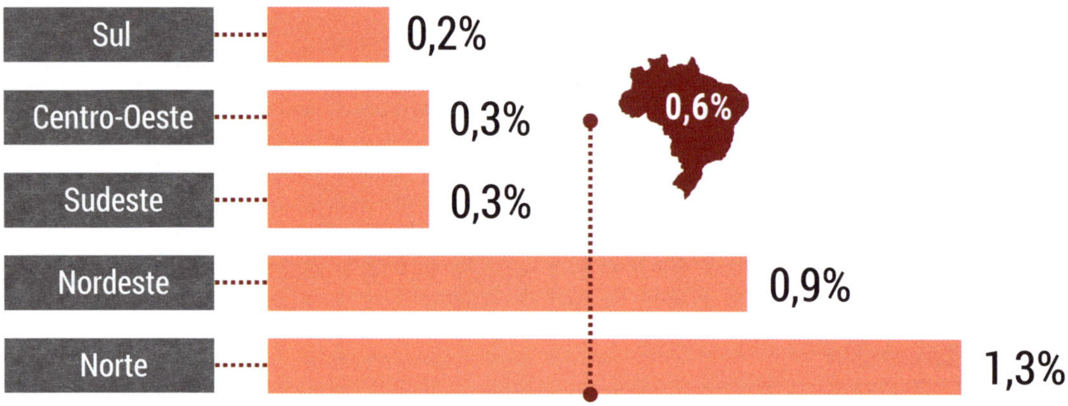

Figura 58: Taxa de abandono dos anos iniciais do ensino fundamental por região. Fonte: INEP (2022), extraído da plataforma IGMA em fevereiro/2024.

Indicador

Taxa de abandono Anos Finais Ensino Fundamental

No indicador anterior compreendemos a forma de medição e a importância da taxa de abandono na gestão das redes de ensino. O presente indicador é focado nos anos finais do ensino fundamental, 6º ao 9º.

O indicador é calculado a partir do número de alunos do 6º ao 9º ano que abandonaram a escola, dividido pelo total de alunos da matrícula final da mesma etapa escolar.

São graves as consequências apontadas por esse indicador. Jovens com educação incompleta têm menos chances de ingressar no mercado profissional e, quando trabalham, sua renda mensal é inferior à de quem concluiu os estudos. Eles também se tornam mais propensos a demandarem políticas de inclusão social.

Em geral, motivam o abandono escolar nos anos finais: dificuldade de acesso às escolas, gravidez na adolescência e contato com atividades ilegais, muitas vezes acompanhadas do uso de drogas e violência.

Esse quadro acaba se refletindo em prejuízos para a atividade econômica do município, assim como para a área da saúde e de controle da violência e da criminalidade.

Em geral, observa-se que as taxas de abandono nos anos finais são superiores àquelas nos anos iniciais.

Cerca de 3 a cada 100 alunos dos anos finais do ensino fundamental das redes municipais brasileiras não completam o ano letivo devido ao abandono escolar. Ao analisarmos por regiões, percebemos disparidades: as regiões Norte e Nordeste apresentam taxas de abandono superiores ao dobro das observadas nas demais regiões: Sul, Centro-Oeste e Sudeste.

TAXA DE ABANDONO DOS ANOS FINAIS DO ENSINO FUNDAMENTAL (REDE MUNICIPAL)

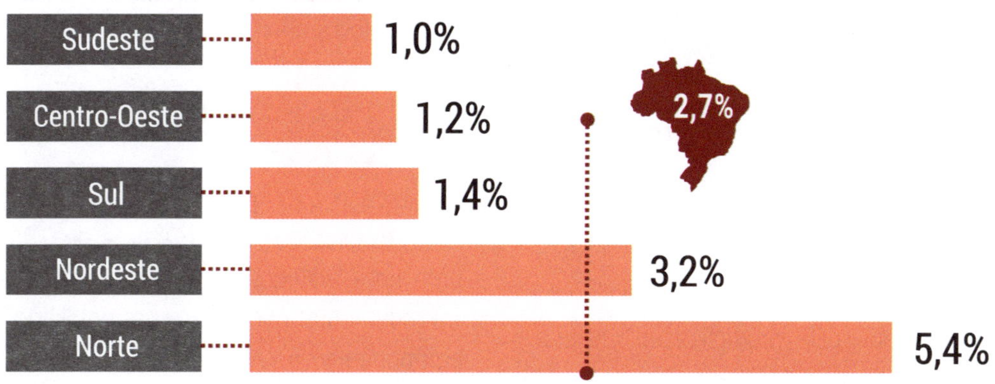

Figura 59: Taxa de abandono dos anos finais do ensino fundamental por região. Fonte: INEP (2022), extraído da plataforma IGMA em fevereiro/2024.

Indicador

Resultado IDEB Anos Iniciais Ensino Fundamental

O IDEB – Índice de Desenvolvimento da Educação Básica – é o principal indicador para medir a qualidade do ensino nacional. Desenvolvido pelo INEP (Instituto Nacional de Estudos e Pesquisas Educacionais Anísio Teixeira), ele avalia, bianualmente, dois eixos igualmente importantes:

- Qualidade do ensino: desempenho dos alunos na avaliação do SAEB – Sistema de Avaliação da Educação Básica.

- Indicador de Rendimento: taxas de aprovação dos alunos na rede.

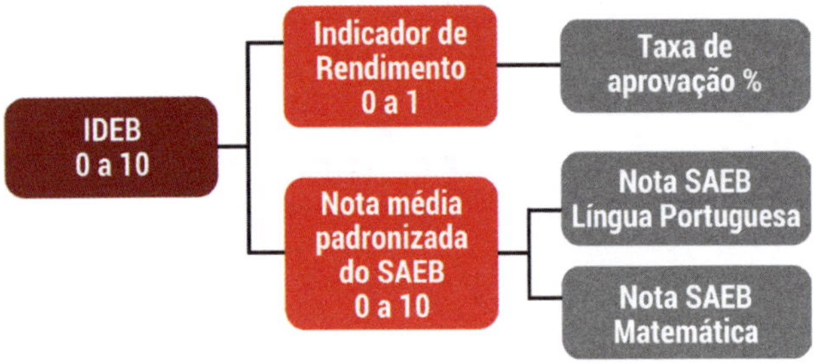

Figura 60: IDEB e seus componentes. Fonte: INEP/MEC.

A nota do IDEB varia de 0 a 10. Quanto maior a nota, melhor o resultado do município nos anos iniciais.

O indicador é calculado pela multiplicação entre a nota média padronizada do SAEB e o indicador de rendimento:

Figura 61: Fórmula do IDEB. Fonte: INEP/MEC.

Imagine um município cuja nota do IDEB anos iniciais seja de 5,1 e que essa nota seja resultante da seguinte situação:

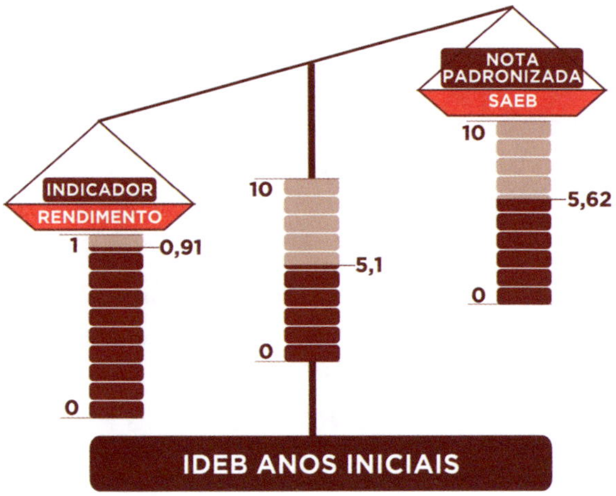

Figura 62: Equilíbrio dos componentes do IDEB.

Nesse caso, o município alcançou melhor performance no fluxo escolar, com uma nota de 0,91. Porém, com uma nota mediana na qualidade do ensino, de 5,62. É fundamental que ocorra um equilíbrio entre os dois componentes.

Esse resultado indicaria uma maior necessidade de evolução na qualidade do ensino, gerando melhores desempenhos dos alunos nas provas.

Bons resultados no IDEB indicam que a educação está cumprindo o seu papel de acesso ao conhecimento e formação de crianças bem preparadas para exercerem, no presente, a sua cidadania e, no futuro, a sua profissão.

No Brasil, em 2021, 4.754 redes municipais apresentaram resultados para o IDEB dos anos iniciais. Segundo classificação do próprio INEP, a maior concentração de municípios na faixa de IDEB "6 ou mais" concentra-se nas regiões Sudeste e Sul. No entanto, aparecem como destaques também os municípios do Ceará na região Nordeste e de Goiás no Centro-Oeste

RESULTADO DO IDEB

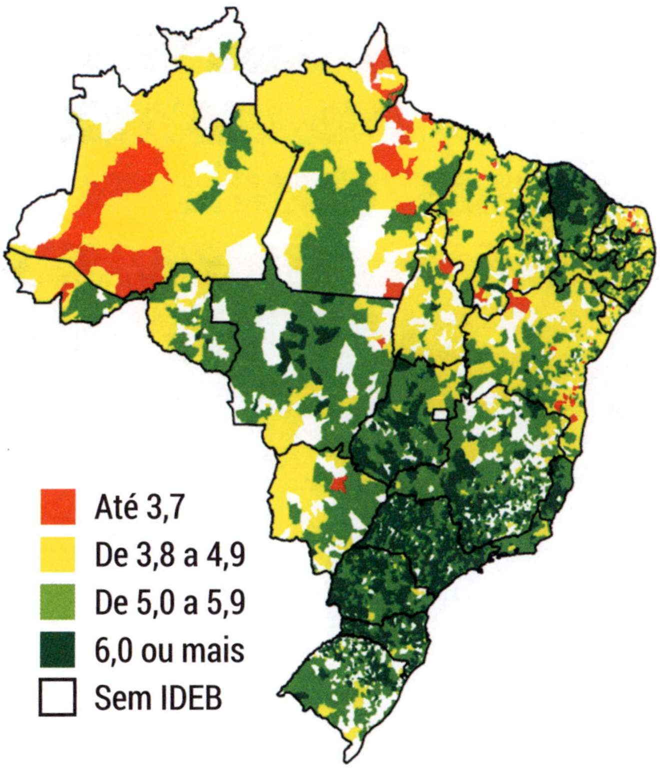

Figura 63: Mapa para o IDEB anos iniciais (redes municipais). Fonte: MEC/INEP (2021).

No Brasil, 1.560 municípios apresentaram um IDEB 6 ou mais em 2021, representando cerca de 33% do total de municípios com nota no país. Apenas 4 redes municipais da região Norte têm IDEB igual ou superior a 6,0. Na região Nordeste, há 183, sendo 98 no Ceará (54%). Na região Centro-Oeste, destaca-se Goiás, que soma 91 das 106 redes municipais da região com nota igual ou superior a 6,0. No Sul, Paraná representa 38% das redes nessa faixa de resultado e, no Sudeste, destacam-se Minas Gerais e São Paulo, os quais, em conjunto, somam 653 dos 703 municípios da região com nota igual ou superior a 6,0.

DISTRIBUIÇÃO DAS REDES MUNICIPAIS POR FAIXA DE IDEB ANOS INICIAIS

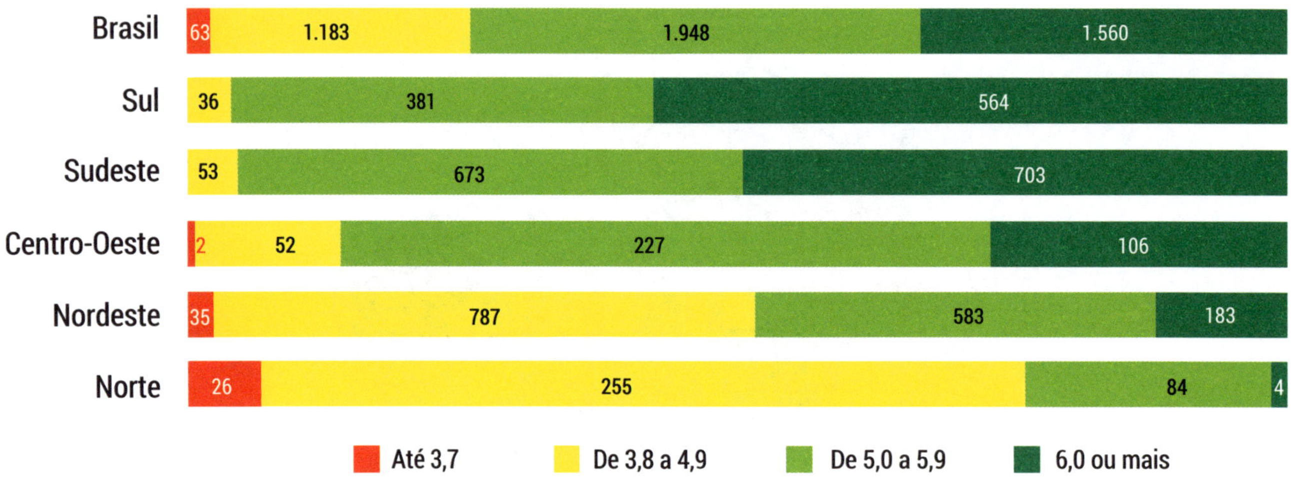

*Em 2021, 4.754 redes municipais tiveram IDEB calculado para os anos iniciais.

Figura 64: Distribuição do IDEB anos iniciais (redes municipais) por faixas. Fonte: MEC/INEP (2021).

Indicador

Resultado IDEB Anos Finais Ensino Fundamental

Vimos a importância do IDEB na avaliação das redes de ensino do País. Assim como é feito nos anos iniciais, esse indicador também mede o resultado para os anos finais do ensino fundamental.

Em uma escala de 0 a 10, o indicador sintetiza os conceitos de fluxo e de aprendizado.

Em geral, observa-se que o IDEB anos finais apresenta um resultado inferior ao dos anos iniciais.

No Brasil, 415 municípios alcançaram IDEB anos finais igual ou superior a 5,5, representando apenas 15,8% do total de municípios com nota no país.

DISTRIBUIÇÃO DAS REDES MUNICIPAIS POR FAIXA DE IDEB ANOS FINAIS

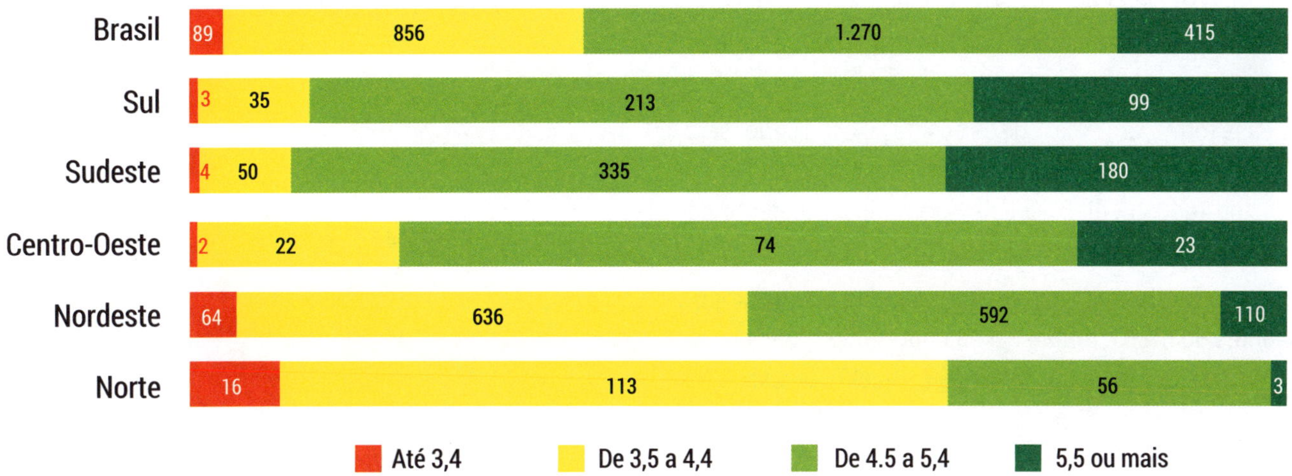

* Em 2021, 2.630 redes municipais tiveram IDEB calculado para os anos finais.

Figura 65: Distribuição do IDEB anos finais (redes municipais) por faixas. Fonte: MEC/INEP (2021).

Indicador

Distorção idade-série Ensino Fundamental

Distorção idade-série mede a proporção de alunos em defasagem do ensino fundamental, dividido pelo total de alunos matriculados na mesma etapa escolar.

É considerado em situação de distorção ou defasagem idade-série o aluno cuja diferença entre a sua idade e a idade prevista para a série seja de 2 anos ou mais. Por exemplo, um aluno no 9º ano, em condições normais, deveria ter 14 anos de idade. Caso o mesmo esteja nesse ano escolar com 16 anos ou mais, ele é considerado em defasagem idade-série.

Dessa forma, em uma rede de ensino cujo indicador seja de 15%, indica que de cada 100 alunos matriculados no ensino fundamental, 15 estão com idade diferente da prevista para aquele ano letivo.

Esse indicador é impactado diretamente pelos componentes do IDEB e torna-se uma importante evidência do nível de excelência das redes de ensino municipal.

O Brasil apresenta uma distorção idade-série do ensino fundamental das redes municipais de 13,7%. Ou seja, cerca de 14 de cada 100 alunos do ensino fundamental das redes municipais do país está com atraso escolar de 2 anos ou mais. A maior parte dos municípios brasileiros, 2.962 (53%), apresenta uma taxa de distorção de até 10%. Dentro desse número, vale destacar 80 cidades em que todos os alunos das redes municipais cursam o ano letivo correspondente para a idade.

NÚMERO DE CIDADES POR FAIXA DE DISTORÇÃO IDADE-SÉRIE

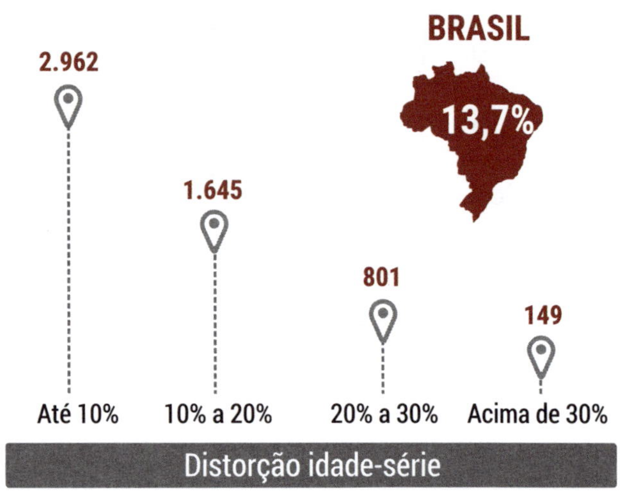

Figura 66: Percentual de distorção idade-série no Brasil. Fonte: INEP (2022), extraído da plataforma IGMA em fevereiro/2024, excluindo 11 municípios sem dados.

Indicador
Acesso à educação infantil

O acesso à educação infantil mede a proporção de crianças de 0 a 5 anos de idade cadastradas em creches e pré-escolas, considerando as unidades públicas e privadas.

Um resultado de 50% aponta que, de cada 100 crianças, metade tem acesso a esse tipo de serviço.

Uma das metas do plano nacional de educação (PNE) era universalizar, até 2016, a educação infantil na préescola para as crianças de 4 a 5 anos de idade e ampliar a oferta de educação infantil em creches de forma a atender, no mínimo, 50% das crianças de até 3 anos. E, como veremos nos dados apontados abaixo, o país ainda não atingiu esse patamar esperado.

Adicionalmente, o UNICEF (Fundo das Nações Unidas para a Infância) afirma que as crianças que frequentam a educação infantil aumentam, de forma relevante, suas performances no aprendizado das habilidades iniciais de letramento e matemática.

Outro aspecto relevante do ponto de vista socioeconômico é o impacto trazido à liberdade do exercício profissional dos pais dessas crianças, em especial mães, que encontram na educação infantil um suporte no cuidado aos seus filhos.

Assim, a formação na primeira infância é de extrema relevância para um município, que traçou como ambição tornar-se uma cidade excelente e servir à sua população com qualidade e eficiência.

No Brasil, percebe-se um gargalo no acesso à educação da primeira infância. Apesar de ter havido um acréscimo de 8,4 pontos percentuais desde 2016, apenas cerca de 4 a cada 10 crianças, de 0 a 3 anos de idade, frequentam creche. Esse acesso melhora quando observamos crianças na faixa de 4 a 5 anos, em que 92,9% delas cursam a pré-escola.

ACESSO À EDUCAÇÃO INFANTIL

	2016	2017	2018	2019	2022	2023
0 a 3 anos	30,3%	32,7%	34,1%	35,5%	36,0%	**38,7%**
4 a 5 anos	90,0%	91,5%	92,2%	92,7%	91,5%	**92,9%**

Figura 67: Acesso à educação infantil no Brasil. Fonte: IBGE: Pesquisa Nacional por Amostra de Domicílios Contínua Anual (2016 a 2023).

Indicador
Adequação da Formação Docente

A adequação da formação docente avalia o grau de alinhamento entre a formação superior dos professores e suas respectivas disciplinas lecionadas, medindo o percentual de docentes do ensino fundamental da rede municipal com formação superior na mesma área da disciplina em que leciona. O principal objetivo dessa mensuração é fazer com que os currículos de formação dos docentes estejam coerentes com a sua área de ensino, mitigando a possibilidade de que a entrega das aulas esteja aquém do desejado para um ensino de qualidade.

Investir em educação de qualidade é contribuir para um futuro melhor. Por isso, trouxemos para este pilar um indicador com foco na adequação da formação dos professores do ensino fundamental. Esse é um desafio para os gestores municipais que precisam estar atentos à qualificação desejada do seu quadro de docentes, a fim de que as cidades possam entregar resultados significativos em educação.

No país, 32% dos municípios apresentam uma taxa de adequação da formação docente no ensino fundamental inferior a 60%. Em outras palavras, em cada 10 professores, 6 não possuem formação adequada para o cargo que ocupam na rede.

MUNICÍPIOS POR FAIXA DE ADEQUAÇÃO DA FORMAÇÃO DE DOCENTE
ENSINO FUNDAMENTAL

Abaixo de 60%	Entre 60% e 80%	80% ou mais
1.792 32%	**2.064** 37%	**1.697** 31%

Figura 68 : Municípios por faixa de adequação da formação docente. Fonte: INEP (2022), extraído da plataforma IGMA em fevereiro/2024, excluindo 15 municípios sem dados.

Em 2014, o Brasil criou o Plano Nacional de Educação (PNE), com vigência até 2024. Essa política estabelece metas e estratégias para o desenvolvimento da educação em âmbito nacional. Uma dessas metas é justamente garantir, em colaboração entre União, Estados, Distrito Federal e municípios, a implementação de uma política nacional de formação dos profissionais da educação.

O que se pretende no Brasil é assegurar que todos os professores da rede básica de ensino possuam formação específica de nível superior compatível com a área de conhecimento que lecionam. No entanto, em 2022, 67,7% dos professores do ensino fundamental das redes municipais do Brasil apresentavam formação adequada. Resultado ainda distante da meta estabelecida de 100% de adequação dos professores da educação básica até 2024.

Mais uma vez, a diferença entre as regiões do Brasil é acentuada: as regiões Centro-Oeste, Sul e Sudeste apresentam mais de 78% de docentes das redes municipais com formação adequada no ensino fundamental, enquanto as regiões Norte e Nordeste apresentam índice abaixo de 60%.

ADEQUAÇÃO DA FORMAÇÃO DOCENTE POR REGIÃO (%)

(ENSINO FUNDAMENTAL/REDES MUNICIPAIS)

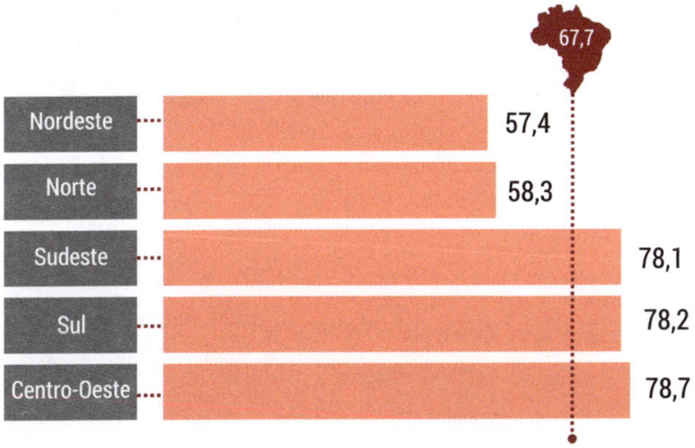

Figura 69: Adequação da formação docente por região. Fonte: INEP (2022).

Indicador

Custo da ineficiência por aluno

O custo da ineficiência por aluno traduz o quanto o governo municipal gastou com o atraso escolar dos seus estudantes, seja por abandono ou reprovação. O indicador reflete, portanto, o custo financeiro que o sistema educacional municipal apresenta ao não conseguir reter os alunos na escola e prover uma educação de qualidade, e, consequentemente, evitar a reprovação.

Seu cálculo é realizado pela multiplicação do valor gasto por aluno no ano letivo pela taxa de insucesso, que corresponde ao abandono somado à reprovação.

Imagine um aluno que frequenta a escola durante todo o ano letivo, mas, ao final, é reprovado ou abandona os estudos ao longo do processo. Esse estudante recebeu o investimento público, ocupou uma vaga na sala, porém não gerou aprendizagem, ou seja, para avançar no desenvolvimento do seu conhecimento, ele necessitará passar pelo mesmo processo novamente.

Na prática, esse aluno vai receber duas vezes o mesmo investimento para obter o mesmo resultado. Por isso, esse tipo de situação representa uma ineficiência escolar. A rede vai gastar mais tempo, mais recursos humanos e financeiros para buscar o mesmo resultado esperado, que poderia ter sido alcançado durante o primeiro ano.

De acordo com estudo publicado pela UNICEF[10], vários elementos podem contribuir para a eficiência

---

[10] Fonte: https://www.unicef.org/brazil/media/12566/file/enfrentamento-da-cultura-do-fracasso-escolar.pdf

ou ineficiência escolar, como, por exemplo, a gestão democrática com participação da comunidade escolar, existência de infraestrutura, espaços físicos e equipamentos adequados, trabalho coletivo docente voltado às didáticas relacionadas ao contexto da comunidade escolar e combate às discriminações, entre outros.

Em 2022, os efeitos do insucesso escolar alcançaram cerca de 1 milhão de estudantes das redes municipais de ensino fundamental no Brasil: dos cerca de 15 milhões de alunos matriculados, 5,6% foram reprovados no ano letivo e 1,3% abandonaram a escola, o que somados representam 6,9% de ineficiência escolar.

Figura 70: Ineficiência escolar das redes municipais de ensino fundamental do Brasil em 2022. Fonte: INEP: Sinopse Estatística da Educação Básica e Taxas de Rendimento (2022).

A título ilustrativo, para demonstração do cálculo, se considerarmos que o gasto por aluno da educação básica no Brasil nas redes municipais foi de R$ 8.187,00, em 2021, e a taxa de insucesso escolar de 6,9%, teremos uma estimativa para o custo da ineficiência por aluno das redes municipais de ensino no Brasil de R$ 565,00.

Figura 71: Estimativa do custo da ineficiência escolar por aluno. Fonte: INEP e SICONFI (2021 e 2022).

Isso significa que, do investimento total por aluno (R$ 8.187,00), temos que R$ 565,00 (6,9%) foram de investimento perdido para o insucesso ou ineficiência escolar, visto que, se o estudante não evadir (o que seria o pior dos cenários), ele terá que repetir o mesmo ano e a rede terá que arcar financeiramente com mais esse ano para que o aluno cumpra devidamente a sua formação na educação básica. Esse investimento por aluno perdido com a ineficiência escolar poderia ter sido utilizado em melhorias para a rede de ensino.

Para se ter uma ideia do quão relevante é o tema, os 1.060.774 alunos evadidos ou reprovados em 2022 teriam representado R$ 599 milhões de reais aos cofres públicos brasileiros (considerando valores do investimento de 2021).

Indicador

Aplicação Educação - Mínimo Constitucional

Este indicador mede se o município está seguindo o piso obrigatório de destinação de recursos para o setor educacional.

Conforme orienta a Constituição Federal, 25% da receita do município (advinda de arrecadação tributária e transferências) devem ser aplicados para a manutenção e o desenvolvimento da educação.

Os gestores devem alimentar a informação sobre estes gastos no próprio Sistema de Informações sobre Orçamentos Públicos em Educação (SIOPE), a partir do qual é calculado o percentual final, sempre em relação ao exercício anterior.

O SIOPE é mantido pelo Fundo Nacional de Desenvolvimento da Educação (FNDE).

No Brasil, em 2022, 98% das cidades (5.460 municípios) cumpriram o indicador de aplicação do mínimo constitucional em educação.

% MUNICÍPIOS QUE CUMPREM O MÍNIMO CONSTITUCIONAL EM EDUCAÇÃO

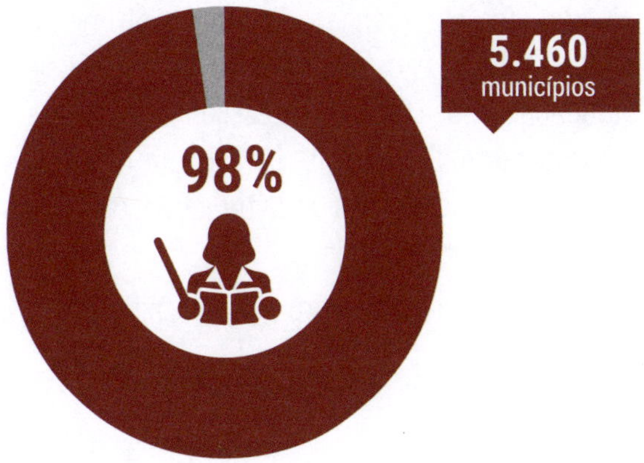

Figura 72: Percentual de municípios que cumprem o mínimo constitucional. Fonte: SIOPE, extraído da plataforma IGMA em fevereiro/2024.

Indicador
Aplicação FUNDEB

O Fundo de Manutenção e Desenvolvimento da Educação Básica e de Valorização dos Profissionais da Educação (FUNDEB) é um conjunto de 27 fundos (26 estaduais e 1 do Distrito Federal) que serve como mecanismo para a redistribuição de recursos destinados à Educação Básica.

Publicada em 25 de dezembro de 2020, a Lei nº 14.113 afirma que:

> "§ 3º Até 10% (dez por cento) dos recursos recebidos à conta dos Fundos, inclusive relativos à complementação da União, nos termos do § 2º do art. 16 desta Lei, poderão ser utilizados no primeiro quadrimestre do exercício imediatamente subsequente, mediante abertura de crédito adicional."

Esta é a análise que o presente indicador faz ao demonstrar se pelo menos 90% dos recursos do FUNDEB estão sendo aplicados na manutenção e no desenvolvimento da educação básica durante o exercício vigente. Dessa forma, uma despesa anual abaixo de 90% leva necessariamente ao descumprimento da lei e ao parecer desfavorável das contas do município.

No exercício de 2022, 98% das cidades brasileiras (5.426 municípios) aplicaram ao menos 90% dos recursos do FUNDEB na manutenção da educação básica.

% DE MUNICÍPIOS ATENDENDO A APLICAÇÃO DO FUNDEB NA MANUTENÇÃO DA EDUCAÇÃO BÁSICA POR ESTADO

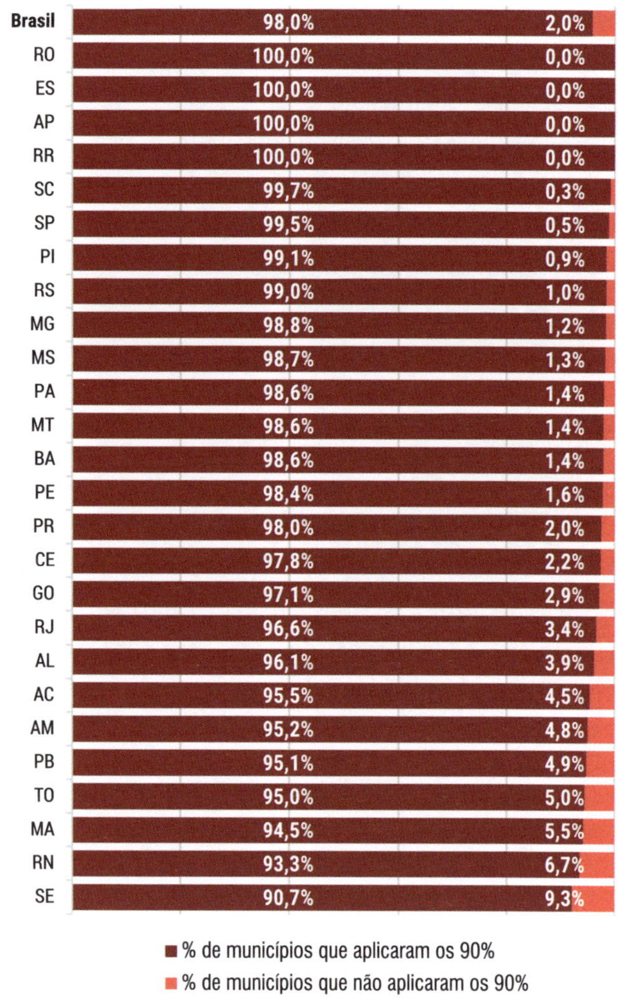

* Desconsiderando os 29 municípios sem dados.

Figura 73: Percentual de municípios atendendo a aplicação mínima do FUNDEB. Fonte: SIOPE, extraído da plataforma IGMA em fevereiro/2024.

Indicador
Aplicação FUNDEB Magistério

Este indicador mede se pelo menos 70%, percentual legal mínimo de aplicação, dos recursos anuais totais do FUNDEB estão sendo dedicados ao pagamento dos profissionais do magistério da educação básica em exercício efetivo.

Além dos docentes, são considerados profissionais do magistério os profissionais que oferecem suporte pedagógico direto ao exercício da docência, como as atividades de direção ou administração escolar, planejamento, inspeção, supervisão, orientação educacional e coordenação pedagógica.

Em 2022, 98% das cidades brasileiras (5.450 municípios) aplicaram ao menos 70% dos recursos do FUNDEB Magistério. Vale ressaltar que, em 5 estados, todos os municípios aplicaram o mínimo exigido pela Lei que regulamenta o FUNDEB, quais sejam: Ceará, Pernambuco, Espírito Santo, Mato Grosso do Sul e Rondônia.

% DE MUNICÍPIOS ATENDENDO A APLICAÇÃO MÍNIMA DO FUNDEB MAGISTÉRIO

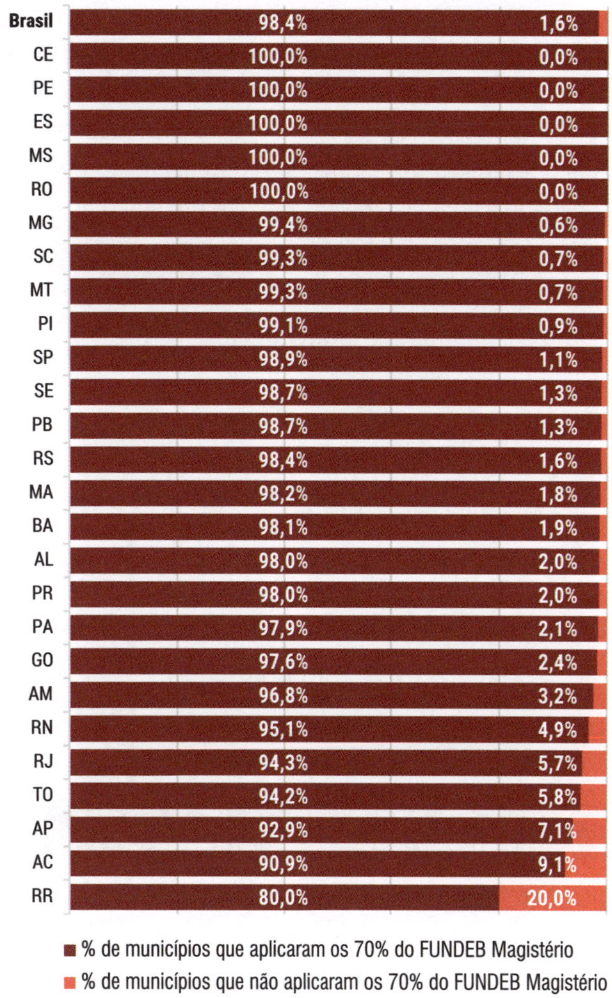

* Desconsiderando os 29 municípios sem dados.

Figura 74: Percentual de municípios atendendo a aplicação mínima do FUNDEB Magistério. Fonte: SIOPE, extraído da plataforma IGMA em fevereiro/2024.

Indicador

Gasto com Educação por Aluno por Ponto do IDEB

Criado pelo Aquila, exclusivamente para a plataforma IGMA, esse indicador busca relacionar duas informações oficiais, atualmente analisadas apenas separadamente, quais sejam: o investimento em educação com a qualidade e o serviço de ensino fundamental ofertado.

No orçamento da gestão pública municipal, esse indicador aponta o investimento em educação dividido pelo resultado do IDEB. Uma importante medida para avaliar a eficiência das ações e políticas públicas educacionais na cidade.

Imagine dois municípios cujas redes de ensino possuam cerca 90 mil alunos cada.

No caso A, o município gastou R$ 967 Milhões/ano com a educação fundamental. Já o município B gastou R$ 522 Milhões/ano. Num primeiro momento, é possível que se conclua que a rede A esteja melhor do que a B, em função do seu maior nível de investimento em educação. Ao olharmos os gastos por aluno das redes, o município A gasta R$ 10.689/ aluno, enquanto o B gasta R$ 5.786/ aluno, volume 46% menor.

	MUNICÍPIO A	MUNICÍPIO B
Gasto total com educação	R$ 967.586.277	R$ 521.750.925
Alunos	90.525	90.174
Gasto com educação por aluno	**R$ 10.689**	**R$ 5.786**

Figura 75: Detalhamento Gasto com Educação por aluno.

Contudo, ao levantarmos os números do IDEB, identificamos resultados que nos sinalizam para outra direção, pois o município B, mesmo com investimento *per capita* 46% menor, consegue atingir notas superiores. Ele alcança um resultado do IDEB consolidado de 1,9 ponto superior ao do município A.

	MUNICÍPIO A	MUNICÍPIO B
IDEB Anos Iniciais	5,2	7,4
IDEB Anos Finais	4,7	6,3
IDEB médio consolidado	4,95	6,85

Figura 76: Detalhamento IDEB médio consolidado.

Instigado por situações como essa, o Aquila foi a fundo e estabeleceu uma relação entre o investimento por aluno e os resultados de qualidade auferidos.

Nesse exemplo, o município A precisou investir R$ 2.159/aluno para gerar cada ponto do IDEB, enquanto o município B precisou aplicar apenas R$ 845/aluno/ponto IDEB.

	MUNICÍPIO A	MUNICÍPIO B
Gasto com educação por aluno	R$ 10.689	R$ 5.786
IDEB médio consolidado	4,95	6,85
Gasto por aluno por IDEB	R$ 2.159	R$ 845

Figura 77: Detalhamento Gasto por aluno por ponto do IDEB.

O objetivo desse indicador é promover o debate em torno da eficiência da aplicação dos recursos em educação. *Seria factível esperarmos do município A, mantendo o seu patamar de investimento educacional, uma performance muito superior no IDEB?*

Assim surgiu o indicador *Gasto com Educação por Aluno por Ponto do IDEB*. Com ele, deixamos de valorizar somente o volume de recursos empregados e passamos a avaliar quanto cada real aplicado na educação foi capaz de gerar melhores resultados.

Vale ressalvar que existem outras variáveis externas que impactam diretamente nos resultados desse indicador. Características socioeconômicas locais, estrutura física da rede e facilidade de acesso às unidades de ensino precisam ser levadas em conta na hora de promover o debate e definir as referências do município.

Apresentamos, a seguir, um estudo inédito que avalia o desempenho dos municípios brasileiros por meio desse indicador.

O Brasil apresenta cerca de 23 milhões de alunos, segundo o INEP, nas redes públicas municipais. No ano de 2021, em todos os municípios brasileiros, gastou-se com educação básica R$ 189,4 bilhões. Isso implica em um gasto por aluno de R$ 8.187. Se o país alcançasse nota 10 no IDEB, isso indicaria uma máxima eficiência de R$ 819 por ponto do IDEB por aluno. Por outro lado, se fosse 1, todo o investimento de R$ 8.187 teria resultado em apenas 1 ponto por aluno. O patamar médio atual é de R$ 1.590 por aluno por ponto do IDEB.

Figura 78 : Média nacional para o indicador gasto com educação por aluno por ponto do IDEB. Fonte: INEP (2021) e SICONFI (2021), extraído da plataforma IGMA em fevereiro/2024.

ESTUDO DE CASO

Educação: o Brasil monitora a qualidade, mas gerencia a eficiência?

Apesar dos avanços em termos de legislação e do montante de recursos do FUNDEB disponível, a educação básica brasileira (Ensino fundamental) permanece nas últimas posições dos rankings internacionais de qualidade de ensino público.

O Programa Internacional de Avaliação de Estudantes (PISA), lançado pela Organização para a Cooperação e Desenvolvimento Econômico (OCDE), avalia até que ponto os alunos de 15 anos de idade adquiriram conhecimentos e habilidades essenciais para plena participação na vida social e econômica, fornecendo uma avaliação da qualidade da educação internacional.

Segundo dados da última edição da avaliação, realizada em 2022, com a participação de 81 países/economias, as médias brasileiras foram praticamente as mesmas de 2018, se mantendo estáveis desde 2009 nas três disciplinas .

MATEMÁTICA	Ano	Média de proficiência do Brasil	Média da OCDE	Posição do Brasil no ranking
	2022	379	472	entre 62º e 69º
	2018	384	489	entre 69º e 72º

* O país pode assumir posições nesse intervalo em função da margem de erro do estudo

LEITURA	Ano	Média de proficiência do Brasil	Média da OCDE	Posição do Brasil no ranking
	2022	410	476	entre 44º e 57º
	2018	413	487	entre 55º e 59º

* O país pode assumir posições nesse intervalo em função da margem de erro do estudo

CIÊNCIAS	Ano	Média de proficiência do Brasil	Média da OCDE	Posição do Brasil no ranking
	2022	403	485	entre 53 e 64º
	2018	404	489	entre 64º e 67º

* O país pode assumir posições nesse intervalo em função da margem de erro do estudo

Figura 79: Resultados do Brasil no PISA 2022. Fonte: INEP, com base em OCDE.

Por que isso acontece? Por que não melhoramos mais rápido? Na busca por respostas, descobrimos que considerar apenas o IDEB talvez não seja o suficiente para ajudar o ensino público do Brasil a caminhar a passos largos e vamos explicar o porquê.

Nesse sentido, vamos explorar o indicador que apresentamos anteriormente de R$/ aluno/ ponto do IDEB. Conforme explicado anteriormente, esse indicador foi criado exclusivamente pelo Aquila para a plataforma IGMA e relaciona o investimento em educação com a qualidade do serviço de ensino fundamental ofertado.

Primeiramente, precisamos conhecer melhor o IDEB nacional. Para isso, separamos os municípios brasileiros em quatro grandes grupos, de acordo com a performance do IDEB das escolas municipais.

MÉDIA DO IDEB (ANOS INICIAIS E ANOS FINAIS)

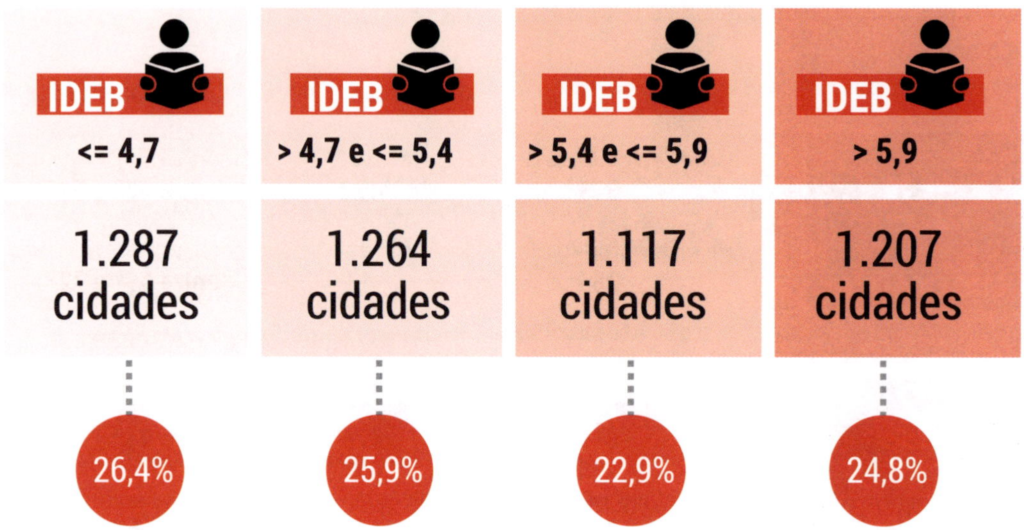

*693 municípios sem dados de IDEB.

Figura 80: Municípios por faixa da média do IDEB de 2021. Fonte: INEP (2021), extraído da plataforma IGMA em fevereiro/2024.

A média nacional do IDEB, da rede municipal, é de 5,15: média entre o resultado dos anos iniciais (5,5) e anos finais (4,8). No país, 26% dos municípios apresentam média do IDEB inferior ou igual a 4,7. Por outro lado, há outros 1.207 municípios com nota média acima de 5,9, ou seja, 25% superior. Sob o ponto de vista dos resultados, os números indicam que essas seriam as melhores performances do país, no quesito avaliado. *Mas, e sob o ponto de vista da eficiência? Será que também são?*

Vamos pensar juntos: os municípios brasileiros possuem meta de IDEB e devem gastar 25% dos seus orçamentos com educação. Em 2021, eles gastaram juntos R$189,4 bilhões nessa pasta. Ao considerarmos apenas as escolas públicas municipais, estamos falando de 23 milhões de alunos. Isso significa que as 5.570 cidades brasileiras investiram, em média, R$ 8.187 por aluno, como ilustrado na figura a seguir:

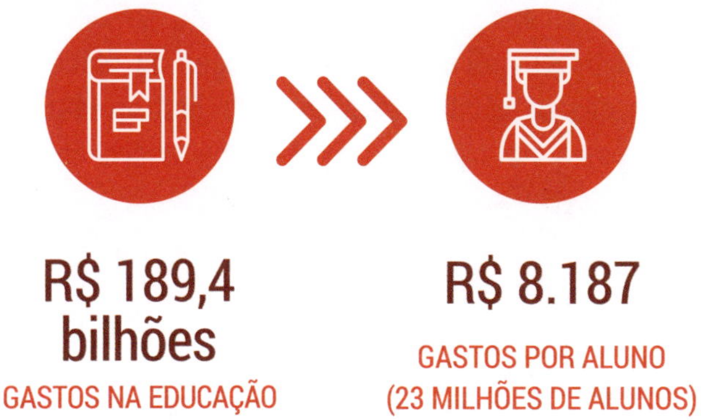

Figura 81: Investimento médio por aluno.
Fonte: INEP (2021) e SICONFI (2021), extraído da plataforma IGMA em fevereiro/2024.

E se também separássemos os municípios brasileiros em quatro grandes grupos por investimento por aluno em educação? Qual a realidade do nosso país?

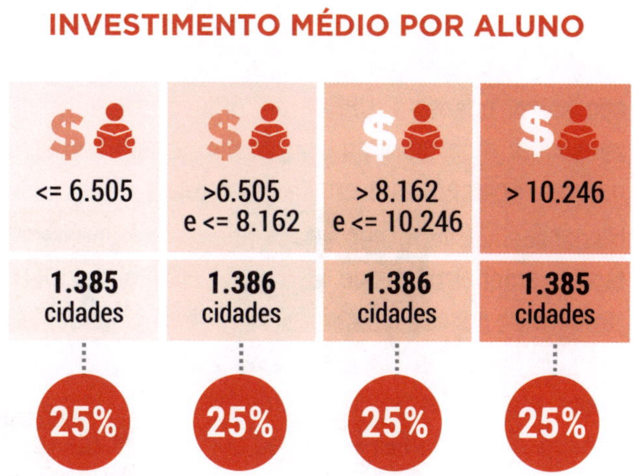

*26 municípios sem dados.

Figura 82: Municípios por faixa de investimento médio por aluno. Fonte: INEP (2021) e SICONFI (2021), extraído da plataforma IGMA em fevereiro/2024.

A primeira constatação é de que os nossos municípios investem quantias muito distintas por aluno. A média nacional de investimento de educação por aluno é de R$ 8.187, sendo que os 25% municípios que mais gastam por aluno investem, no mínimo, 58% a mais que os que menos gastam. Essa simples variabilidade poderia ser um dos fatores para a disparidade das performances de IDEB pelo País. Então, façamos a pergunta mais importante: *será que os que mais gastam também são as melhores notas?*

Se cruzarmos o valor gasto por aluno com a nota final do IDEB, chegamos a informações muito interessantes:

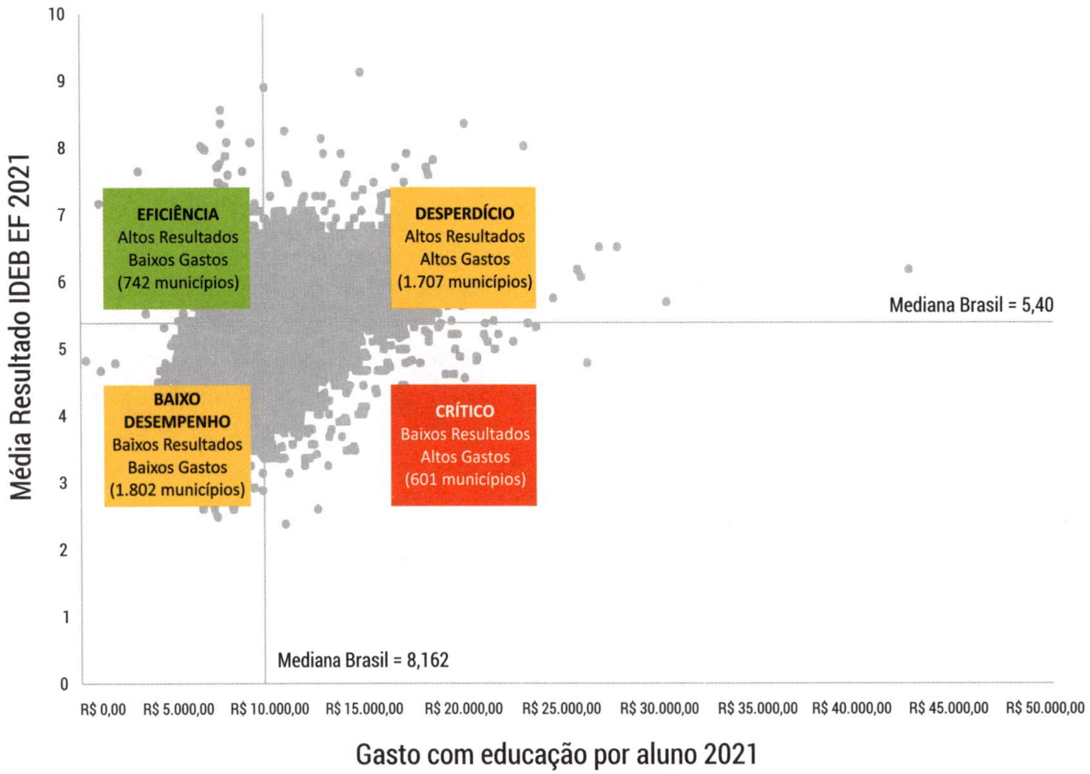

4.852 municípios com média de IDEB (anos iniciais e/ou finais) e investimento por aluno.

Figura 83: Relação entre a média de IDEB e o investimento médio em educação por aluno. Fonte: INEP (2021) e SICONFI (2021), extraído da plataforma IGMA em fevereiro/2024.

A partir desse gráfico, conseguimos identificar 4 perfis de desempenho de municípios:

- Perfil **BAIXO DESEMPENHO**: são municípios com baixo investimento *per capita* por aluno e baixo resultado geral do IDEB.
- Perfil **EFICIÊNCIA**: são municípios com as melhores notas de IDEB do país e que gastam menos da mediana nacional por aluno.
- Perfil **DESPERDÍCIO**: são municípios que gastam mais do que a mediana nacional por aluno e o resultado do IDEB é bom.
- Perfil **CRÍTICO**: são municípios que gastam mais do que a mediana nacional e tem resultados baixos do IDEB.

Sob essa ótica, podemos começar a entender quais as realidades desses municípios e quais políticas e investimentos são necessários para cada um desses grupos. Ressaltamos que o objetivo desse indicador não é, de forma alguma, sugerir a redução dos gastos com educação, mas provocar a investigação e o compartilhamento de boas práticas que chegam a melhores resultados, com menores investimentos. Adicionalmente, entendemos que as realidades dos municípios são muito distintas e que exigem investimentos e planejamentos diferentes. Todavia, não podemos fechar os olhos para tamanha oportunidade de eficiência da gestão educacional brasileira. O mais importante é alcançar maiores níveis do IDEB, a partir de um mesmo custo por aluno. Lembre-se: a qualidade total indica o melhor resultado ao menor custo possível!

O Ceará é destaque positivo na concentração de municípios eficientes, com 68% das cidades do estado (dentre as avaliadas) com altos resultados no IDEB e baixos gastos (acima da mediana no IDEB médio e abaixo da mediana no investimento em educação por aluno).

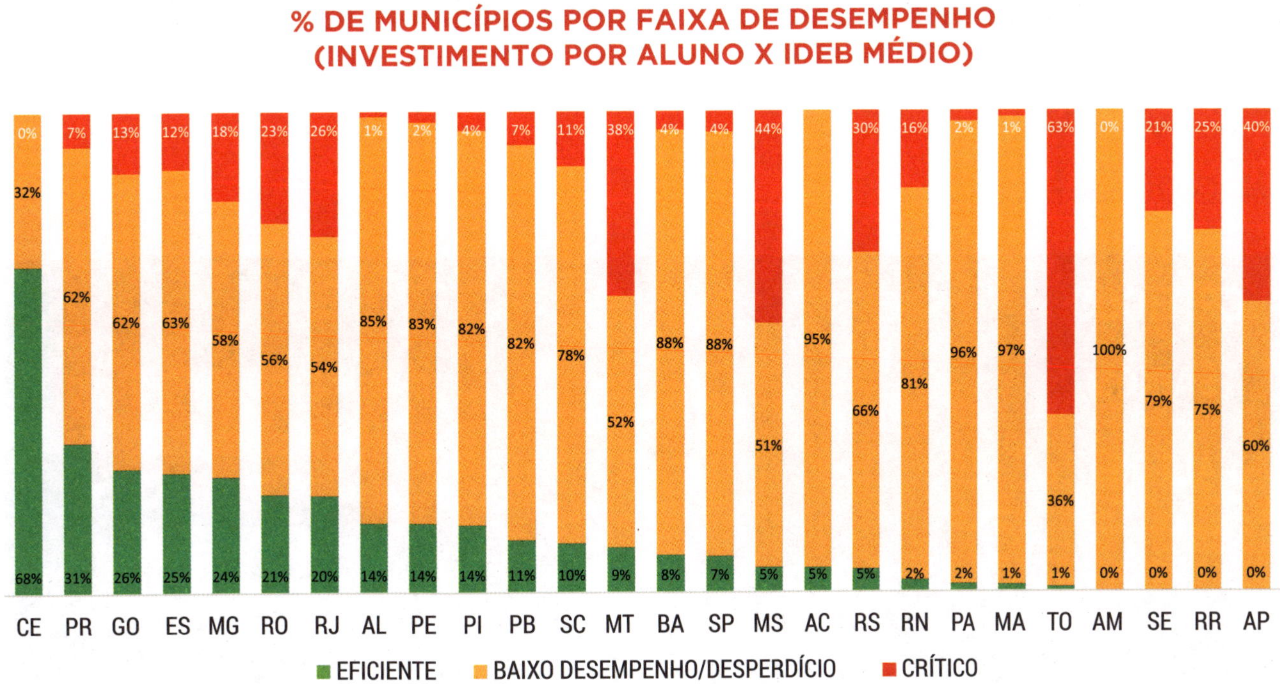

Figura 84: Municípios por faixa de desempenho (gasto por aluno x IDEB). Fonte: INEP (2021) e SICONFI (2021), extraído da plataforma IGMA em fevereiro/2024.

Quais são os municípios mais eficientes do Brasil?

Figura 85 : Características dos municípios Eficientes. Fonte: INEP (2021) e SICONFI (2021), extraído da plataforma IGMA em fevereiro/2024.

E quais são os mais críticos?

Figura 86: Características dos municípios Críticos. Fonte: INEP (2021) e SICONFI (2021), extraído da plataforma IGMA em fevereiro/2024.

No momento em que analisamos o indicador de eficiência de gastos com educação *versus* o retorno para a sociedade em termos de qualidade é que entendemos que poderíamos monitorar o valor investido para cada ponto do IDEB por aluno.

Figura 87: Características dos municípios por faixa de desempenho. Fonte: INEP (2021) e SICONFI (2021), extraído da plataforma IGMA em fevereiro/2024.

Esses resultados não são conclusões, mas nos instigam a iniciar um profundo debate de eficiência e qualidade da educação básica brasileira, afinal uma constatação é unânime: se queremos tornar nossas cidades excelentes e melhorar o desenvolvimento humano do nosso país, não podemos conviver com as posições atuais no ranking internacional de educação.

Pilar 3 Saúde e Bem-estar

Art. 196. A saúde é direito de todos e dever do Estado, garantido mediante políticas sociais e econômicas que visem à redução do risco de doença e de outros agravos e ao acesso universal e igualitário às ações e serviços para sua promoção, proteção e recuperação.

(Constituição da República Federativa do Brasil de 1988)

É muito objetiva a importância do tema saúde para o desenvolvimento humano.

Primeiro, e de forma simples, porque a falta de saúde consiste em potencial ameaça direta à vida do indivíduo. Segundo, porque, não dispondo dessa plenitude, o indivíduo torna-se parcial ou totalmente incapaz de exercer seu trabalho, ter lazer e conviver com amigos e familiares.

Assim, é evidente a relevância do pilar para as ambições da população e, consequentemente, da própria cidade.

Boas condições de serviços de saúde não somente atraem indivíduos, como também acabam por proporcionar mão de obra com capacidade de produzir e gerar valor.

No Brasil, o acesso gratuito a serviços de saúde é um direito universal, garantido pela Constituição Federal de 1988. O tamanho desse desafio pode ser traduzido em alguns números:

- são mais de 200 milhões de habitantes;
- distribuídos por mais de 8,5 milhões de quilômetros quadrados.

Ainda que com grande concentração demográfica nas capitais dos Estados, encontramos ocupações urbanas, rurais e indígenas por todo esse imenso território nacional.

Compreendida, de forma elementar, a dimensão desse desafio, torna-se importante avançar para os papéis e responsabilidades dos diferentes entes da Federação quanto à prestação dos serviços de saúde.

Podemos indicar, assim, as seguintes responsabilidades:

- União: coordena e fornece recursos;
- Estados: planejam, distribuem e atendem aos casos de média e alta complexidade, como especialidades médicas e cirurgias;
- Municípios: fornecem a atenção básica, por meio das UBS (unidades básicas de saúde) e UPA (unidades de pronto atendimento). O Brasil conta com um dos sistemas públicos de atenção básica à saúde mais robustos do mundo, sendo ele de responsabilidade direta dos municípios.

Esse pilar procura avaliar exatamente o quanto cada município é capaz de promover a atenção básica à saúde, assim como o bem-estar da população, papel fundamental no ciclo virtuoso de desenvolvimento humano.

A gestão pública municipal, por intermédio da atenção básica, contribui, tanto para aumentar a capacidade de prevenção de doenças crônicas, quanto para bloquear casos de internações, por vezes desnecessários.

A Cobertura da atenção primária, com a proximidade no acompanhamento da população e o esclarecimento sobre riscos, doenças e sintomas diversos é importante pela mitigação da quantidade de internações e de tratamento de casos emergenciais, os quais poderiam ter sido solucionados na rede de atendimento básico.

Como podemos perceber, as decisões tomadas no âmbito municipal, na gestão pública de saúde, podem produzir impactos diversos. Algumas vezes, diretos, sobre a qualidade de vida da população, quando se trata dos serviços prestados e da estrutura de atenção básica disponível localmente. Em outras circunstâncias, indiretos, quando aliviam ou sobrecarregam os demais pontos do sistema público de saúde, no atendimento de média e alta complexidade.

Nesse ponto o debate nos traz para a importância de que tais decisões e formulações de políticas e estratégias devam estar embasadas por informação e por análises bem qualificadas. As necessidades de saúde são distintas entre bairros da mesma cidade, porque o perfil do público é diferente, porque a qualidade do saneamento básico pode ser distinta, ou, por último, porque a condição socioeconômica das populações também é bastante desigual. Isso muda todo o perfil de atendimento a ser prestado, o tipo de especialidade médica mais requerida, entre outras variáveis.

Quando a gestão municipal adota a mesma regra para a localidade inteira ou não trabalha os dados disponíveis de maneira científica, pode gerar ineficiências críticas no sistema. Gerenciar os serviços de saúde oferecidos para a população de um município é lidar diretamente com informações ricas, estatísticas e inteligência para a adoção de políticas específicas e estratégias precisas.

Para o ciclo virtuoso de desenvolvimento humano, esse é um dos pilares mais críticos. Na metodologia Cidades Excelentes, o pilar saúde e bem-estar contempla indicadores que medem a disponibilidade, a qualidade e o investimento em saúde do município.

A seguir, a lista de indicadores que compõem o pilar:

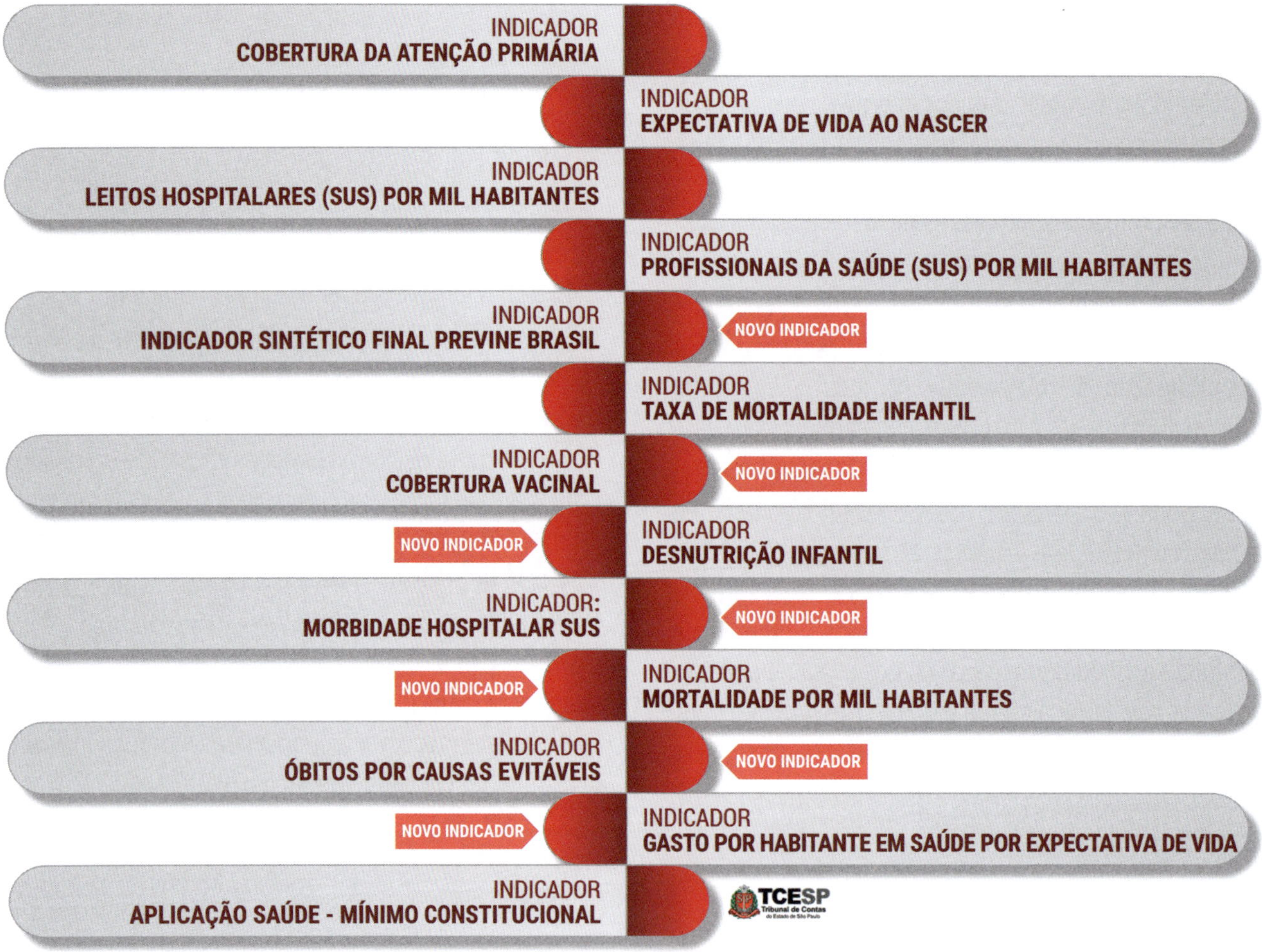

Figura 88: Indicadores que compõem o Pilar Saúde e Bem-Estar.

Vamos conhecê-los agora?

Indicador
Cobertura da Atenção Primária

Este indicador avalia a abrangência de atendimento das Equipes de Saúde da Família (ESF) e das Equipes de Atenção Primária (EAP), ambas coordenadas pelo Ministério da Saúde. Ele calcula a população coberta pela Atenção Primária dividida pelo total da população do município.

Tais equipes representam o maior grau de capilaridade desse serviço no país, que funciona como a porta de entrada do SUS (Sistema Único de Saúde) e de toda a sua rede de comunicação em saúde pública.

As EAP são o primeiro nível de cuidados em proteção à saúde recebido pelo cidadão ou população local. Elas promovem ações de prevenção, diagnóstico, tratamento, reabilitação e diminuição de anomalias, a fim de proporcionar o bem-estar em nível integral e a longo prazo.

Uma comunidade bem assistida desde os primeiros níveis de cuidados em saúde está mais apta a gerar impactos sociais positivos, contribuindo para o ciclo virtuoso de desenvolvimento da sua região.

No Brasil, 4.317 (78%) municípios apresentam cobertura da atenção primária acima ou igual a 90%, sendo que em 3.256 dessas cidades todos os seus habitantes são contemplados pelo sistema público de saúde de atenção primária. Portanto, 100% de cobertura. Ainda assim, existem 110 (2%) municípios em que a cobertura é menor que 50%, sendo que em 3 deles nenhuma pessoa recebe tal assistência.

CIDADES POR FAIXA DE COBERTURA DA ATENÇÃO PRIMÁRIA A SAÚDE

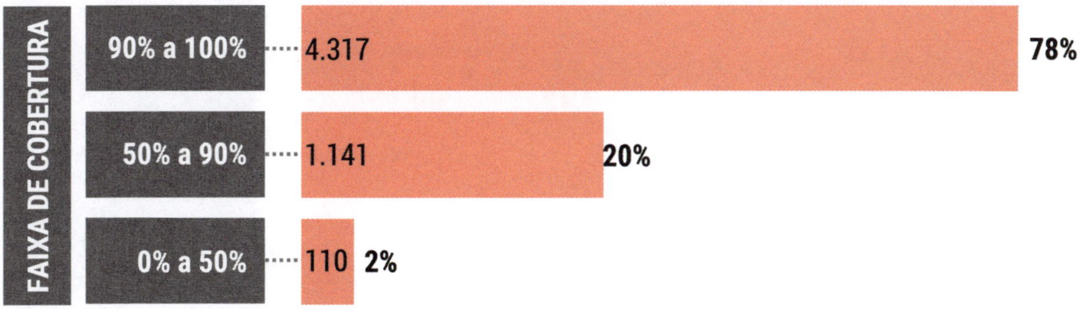

Figura 89: Cidades por faixa de cobertura da atenção primária. Fonte: Ministério da Saúde (novembro/2023), extraído da plataforma IGMA em fevereiro/2024.

Indicador

Expectativa de vida ao nascer

A expectativa de vida ao nascer é uma medida demográfica, também conhecida como esperança de vida ao nascer. Ela consiste na estimativa do número médio de anos esperados que um recém-nascido possa viver em determinada região.

Uma expectativa de vida ao nascer de 80 anos indica que, dadas as condições atuais daquela região, espera-se que um recém-nascido viverá, em média, esse tempo.

Trata-se de uma das variáveis utilizadas para calcular o IDH (Índice de Desenvolvimento Humano da ONU) e, entre os fatores que a influenciam, estão os serviços de saneamento, os índices de violência, os serviços de saúde e as condições socioeconômicas.

A expectativa de vida ao nascer impacta diretamente no ciclo virtuoso de desenvolvimento humano do município. Do ponto de vista do indivíduo, ela indica melhores condições gerais de vida recebidas por aqueles que vivem naquela localidade. Sob a ótica do coletivo, indivíduos que carregam consigo uma maior expectativa de vida, potencialmente, ampliam também a sua vida economicamente ativa.

Dessa forma, maior a contribuição para a sociedade, inclusive financeira.

Um habitante brasileiro, nascido em 2022, tinha uma expectativa de viver, em média, até os 75,5 anos. A diferença na esperança de vida entre os sexos é de 7 anos, as mulheres com 79,0 e os homens com 72,0, o que representa 9,7% de benefício para elas.

EXPECTATIVA DE VIDA AO NASCER EM 2022

Figura 90: Média de expectativa de vida ao nascer.
Fonte: IBGE: Tábua Completa de Mortalidade para o Brasil (2022).

Indicador

Leitos Hospitalares (SUS) por Mil Habitantes

Essa medida averigua a capacidade do setor público de atendimento em internação, de acordo com a população de uma região. Ela mensura o número total de leitos hospitalares conveniados ou contratados pelo SUS para cada mil habitantes residentes.

Quanto maior for o número final do indicador, maior é a disponibilidade de leitos para aquela localidade, consequentemente melhores são as condições da estrutura de atendimento local.

Compreendendo, de forma geral, as responsabilidades dos entes da federação, temos:

- União: coordena e fornece recursos;
- Estados: planejam, distribuem e atendem aos casos de média e alta complexidade, como especialidades médicas e cirurgias;
- Municípios: fornecem a atenção básica, por meio das UBS (unidades básicas de saúde) e UPA (unidades de pronto atendimento);

Não sendo responsabilidade direta da administração municipal a disponibilidade de leitos, esse indicador torna-se um relevante orientador para o planejamento de políticas locais, direcionamento de pacientes e participação de consórcios de saúde, bem como o direcionamento dos esforços políticos no atendimento das necessidades de saúde da sociedade local.

Cabe ressaltar novamente o papel fundamental das questões de saúde na promoção do ciclo virtuoso de desenvolvimento humano, já que estão intimamente ligadas à qualidade de vida local e, por conseguinte, na atração de pessoas e empresas, promovendo avanços socioeconômicos.

A média de leitos por mil habitantes dos municípios brasileiros é de 1,3. Existem 1.405 (25,2%) cidades que apresentam mais que 2 leitos a cada mil habitantes. Do outro lado, há 2.030 (36,5%) cidades que não possuem nenhum leito disponível, ou seja, é preciso que a população se desloque para outra cidade para ter acesso.

Nenhum leito por mil habitante	**Entre 0 e 2** leitos por mil habitante	**Mais que 2** leitos por mil habitante
2.030 cidades	2.133 cidades	1.405 cidades
36,5%	38,3%	25,2%

Figura 91: Número de leitos hospitalares (SUS) por mil habitantes. Fonte: DataSUS (dezembro/2023) e IBGE (2022), extraído da plataforma IGMA em fevereiro/2024.

LEITOS SUS x LEITOS PRIVADOS

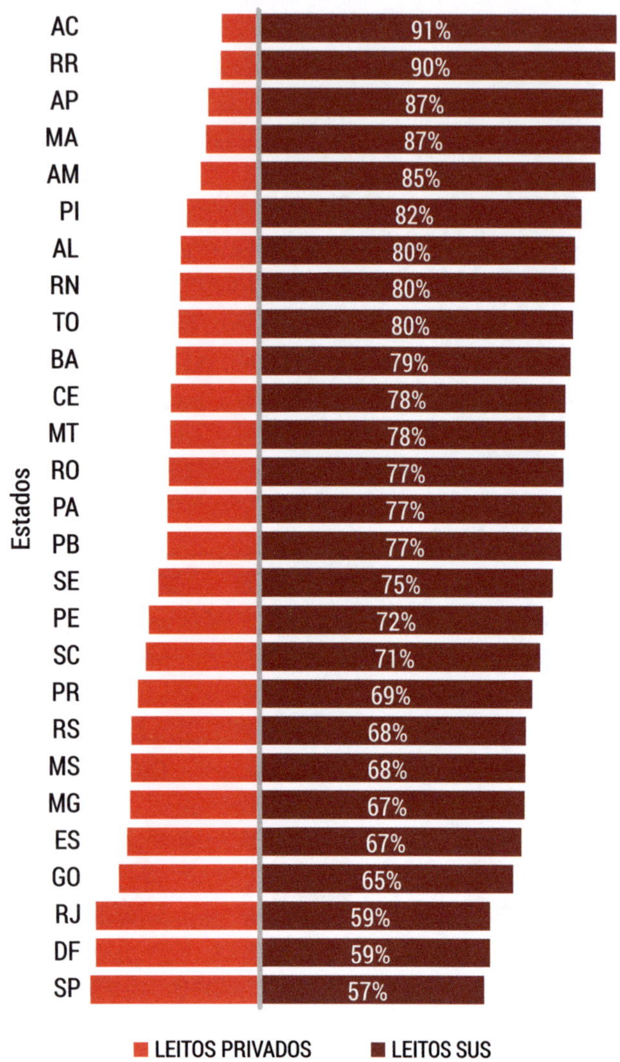

Figura 92: Percentual de leitos do SUS x leitos privados. Fonte: DataSUS (janeiro/2024).

A disponibilidade de leitos à população é composta pela oferta pública e pela iniciativa privada. No país há uma grande variabilidade na representatividade dos leitos privados, quando comparados aos do SUS. No estado do Acre percebe-se a maior concentração relativa do país de leitos fornecidos pela esfera pública. Esta é responsável por cerca de 91% do atendimento hospitalar, enquanto no estado de São Paulo, a iniciativa privada representa 43% dos leitos disponíveis.

Esse é um acompanhamento interessante, pois pode ser um importante sinalizador de planejamento público, na medida em que evidencia onde há maior pressão por demanda do serviço público de internações.

Indicador

Profissionais da Saúde (SUS) por mil habitantes

O indicador mensura o número de profissionais da saúde em atividade para cada mil habitantes.

Ele é considerado um importante insumo para o direcionamento de esforços políticos, nas demais esferas públicas, para a adoção de medidas estruturais conjuntas, já que não se trata de uma competência exclusiva e direta da gestão municipal.

A demografia médica pode ser um bom indicativo da necessidade de estratégias que promovam a distribuição de profissionais qualificados da saúde entre as cidades brasileiras. Há estudos que indicam que a distribuição da mão-de-obra de saúde no Brasil esteja condicionada ao grau de desenvolvimento econômico e social das regiões. Adicionalmente, a não permanência dos profissionais de saúde em localidades com maiores carências estruturais pode também estar associada à dificuldade de manutenção dos programas municipais de saúde.

Dessa forma, ao reconhecer e mensurar essa necessidade, por intermédio desse indicador, a gestão pública local deve concentrar seus esforços em procurar soluções que objetivem a melhoria da oferta de serviços de saúde.

Em geral, os municípios brasileiros apresentam, em média, 18,92 profissionais da saúde pública para cada mil habitantes. A maioria (62%) das cidades possui entre 10 e 20 profissionais da saúde para cada mil habitantes.

NÚMERO DE CIDADES POR FAIXA DE PROFISSIONAIS DE SAÚDE (SUS) POR MIL HABITANTES

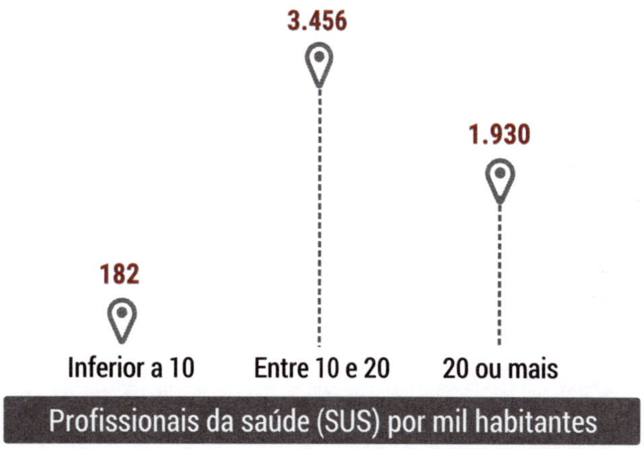

Figura 93: Número de cidades por faixa de profissionais da saúde (SUS) por mil habitantes. Fonte: DataSUS (dezembro/2023) e IBGE (2022), extraído da plataforma IGMA em fevereiro/2024.

Indicador

Indicador Sintético Final Previne Brasil

O Indicador Sintético Final Previne Brasil (ISF) é uma importante ferramenta de monitoramento e incentivo de captação dos recursos de saúde dos nossos municípios. Isso deve-se ao fato de que o programa Previne Brasil, do Ministério da Saúde, instituído pela Portaria nº 2.979, de 12 de novembro de 2019, estabeleceu um novo modelo de financiamento de custeio da Atenção Primária à Saúde no âmbito do SUS. Foi alterada a forma dos repasses das transferências para os municípios com base em alguns critérios, sendo que um deles foi o pagamento por desempenho.

O ISF sintetiza 7 indicadores da atenção primária à saúde em um índice de 0 a 10. Esse resultado tem o objetivo de traduzir a qualidade, o cumprimento de metas dessa atenção básica e, consequentemente, definir o valor a ser pago por desempenho do programa.

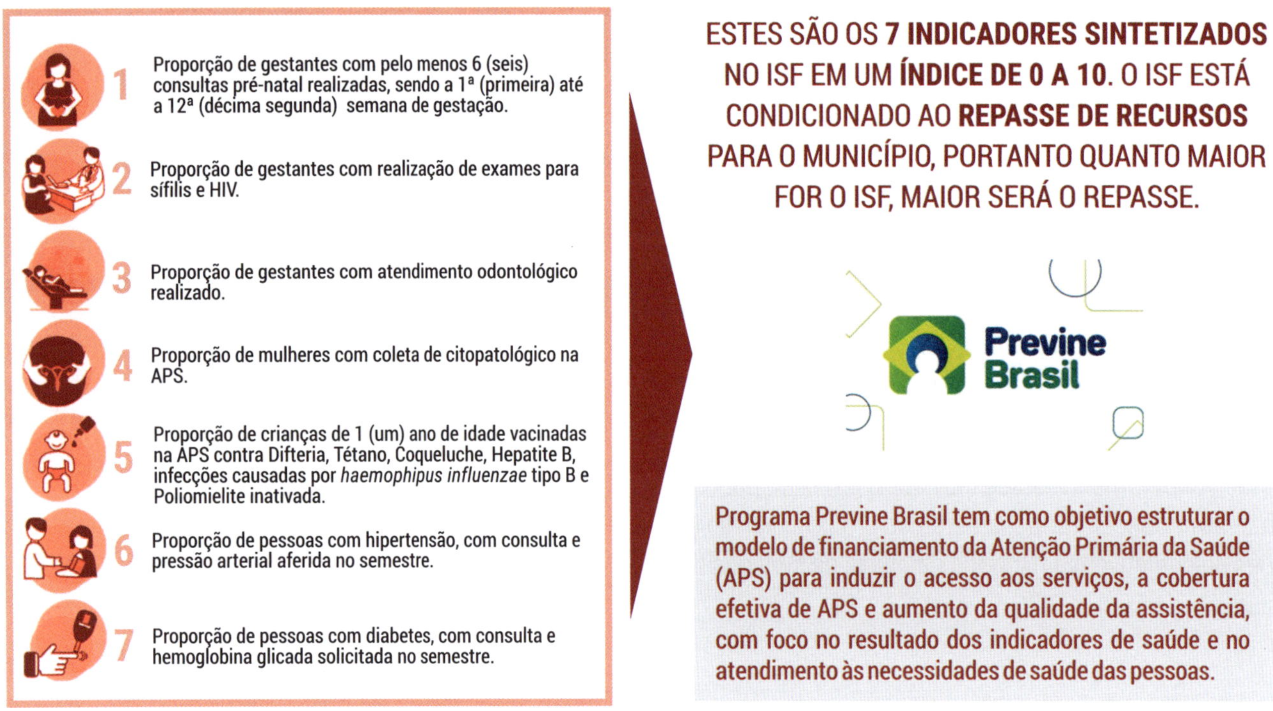

Figura 94: Indicadores do Previne Brasil para o ano de 2022. Fonte: Ministério da Saúde.

Em 2023, dados referentes ao 3º quadrimestre, 2.243 (40%) municípios encontravam-se com nota 9 ou mais no Índice Sintético Final do Previne Brasil, sendo que destes, 388 (7%) alcançaram a nota máxima (10).

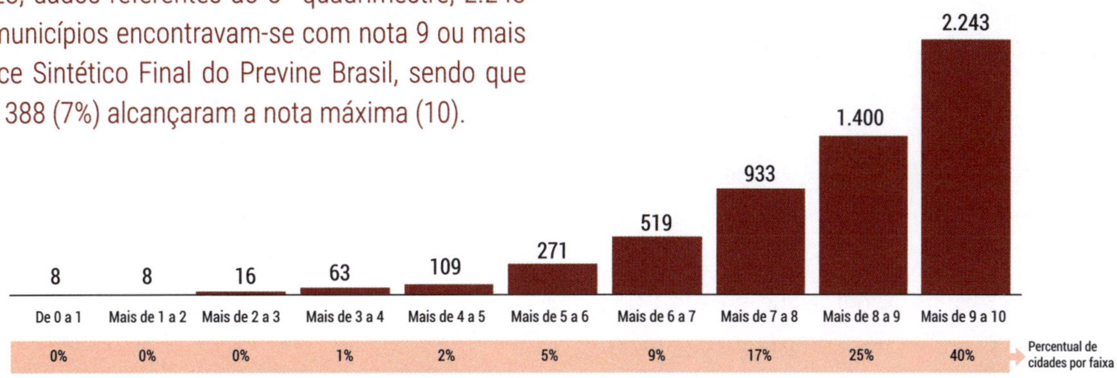

Figura 95: Histograma do índice sintético final do Previne Brasil. Fonte: Ministério da Saúde (3º quadrimestre/2023).

O valor do incentivo financeiro por desempenho do Previne Brasil é calculado conforme o percentual do ISF obtido pelo município e o quantitativo de equipes de saúde da família e da atenção primária. Ele é obtido pela multiplicação entre o percentual do ISF, o quantitativo de equipes por tipo e o valor de cada tipo de equipe (equipe de saúde da família, equipe de atenção primária modalidade de 30h e equipe de atenção primária modalidade de 20h).

O valor por tipo de equipe considerado pelo Ministério da Saúde, conforme disposto pelo art. 3° da Portaria GM/MS nº 2.713, de 6 de outubro de 2020, é de:

I. R$ 3.225,00 (três mil duzentos e vinte e cinco reais) para equipe de Saúde da Família;
II. R$ 2.418,75 (dois mil quatrocentos e dezoito reais e setenta e cinco centavos) para equipe de Atenção Primária Modalidade II 30h;
III. R$ 1.612,50 (um mil seiscentos e doze reais e cinquenta centavos) para equipe de Atenção Primária Modalidade I 20h.

Exemplificando, uma cidade com nota no ISF de 7,6 (76% do ISF) e com 10 equipes de saúde da família, 5 equipes de atenção primária 30h e nenhuma equipe de atenção primária de 20h, homologadas e pagas (equipes em funcionamento há mais de dois quadrimestres), terá o valor do repasse calculado da seguinte forma:

R$ Municipal = 7,6/10x [(R$ (3.225,00) x 10 eSF) + (R$ (2.418,75 x 5 eAP)]

R$ Municipal = 0,76 x [(R$ (32.250,00 + R$ 12.093,75]

R$ Municipal = 0,76 x R$ 44.343,75

R$ Municipal = R$ 33.701,25

Dessa forma, na busca por uma excelência na prestação de serviços de saúde à população, há um incentivo pela melhor performance dos indicadores básicos da atenção primária, além de um retrato detalhado do nível de serviço da atenção básica por município brasileiro.

Indicador
Taxa de mortalidade infantil

A taxa de mortalidade infantil é um indicador representado pelo número de crianças que morrem antes de completar um ano de vida, a cada mil bebês nascidos vivos.

Por exemplo, uma taxa de 5 aponta que, a cada 1.000 nascidos vivos, cinco bebês não completam o primeiro ano de vida.

Alguns dos motivos para a mortalidade infantil são:

- falta de assistência e de instrução às gestantes;
- condições socioeconômicas;
- ausência de acompanhamento médico;
- deficiência na assistência hospitalar;
- desnutrição;
- defasagem nos serviços de saneamento.

São situações e medidas relevantes em outros pilares do ciclo virtuoso de desenvolvimento humano, mas que apresentam impacto direto na melhoria desse indicador. Por isso, a necessidade de se trabalhar, de maneira equilibrada, todos os eixos da cidade excelente, que, em última instância, busca promover uma melhoria contínua da qualidade de vida da população.

Posteriormente, apresentaremos um estudo de caso sobre a distribuição da mortalidade infantil pelo país, o qual revela que 21% (1.174) dos municípios brasileiros concentram 80% (25.801) dos óbitos infantis.

Indicador
Cobertura Vacinal

Este indicador avalia a cobertura vacinal dos municípios a partir do planejamento de determinados imunobiológicos e doses por população alvo, de acordo com os cálculos divulgados pelo Ministério da Saúde. A fórmula utilizada considera o número de doses administradas da quantidade recomendada (primeira, segunda, terceira dose ou dose única, conforme a vacina) dividido pela população alvo.

Todos os brasileiros têm acesso gratuito a todas as vacinas recomendadas pela OMS – Organização Mundial da Saúde, incluindo as doses direcionadas para crianças, adolescentes, adultos e idosos. No total, há mais de 20 vacinas com diretrizes e orientações específicas para todos os grupos.

Há quase três décadas, a Lei nº 8.069, que estabelece o Estatuto da Criança e do Adolescente, torna obrigatória a vacinação das crianças nos casos recomendados pelas autoridades sanitárias. O Ministério da Saúde estipula um objetivo ideal de 95%, cujo resultado não tem sido atingido desde 2015. Em 2022, a cobertura vacinal no Brasil foi de cerca de 67,9% da população.

Atualmente, mais de 50% dos municípios (2.819) apresentam uma taxa de imunização abaixo da mediana nacional (80%), e apenas 19% deles atingem a taxa ideal (95%) estabelecida pelo Ministério da Saúde. Vale observar que nenhuma das capitais atingiu 95%.

MUNICÍPIOS POR FAIXA DE COBERTURA VACINAL

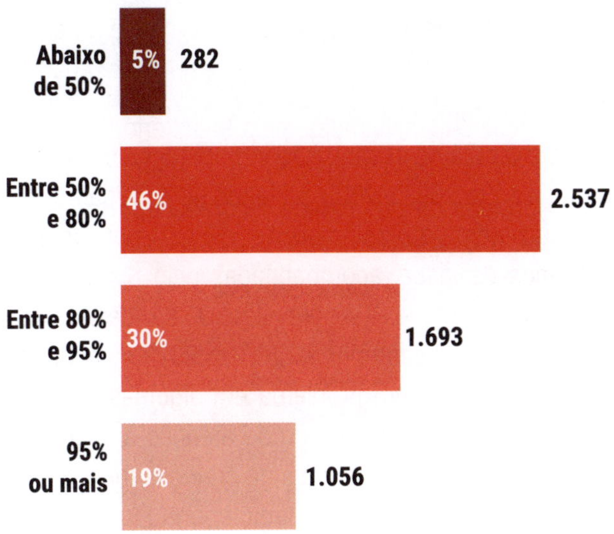

Figura 96: Municípios por faixa de cobertura vacinal.
Fonte: DataSUS (2022), extraído da plataforma IGMA em fevereiro/2024.

Segundo os Objetivos de Desenvolvimentos Sustentáveis da ONU, um dos objetivos do Brasil na meta 3, referente à Saúde e Bem Estar, é "assegurar, por meio do Sistema Único de Saúde (SUS), a cobertura universal de saúde. Portanto, acesso a serviços essenciais de saúde de qualidade em todos os níveis de atenção e o acesso a medicamentos e vacinas essenciais seguros, eficazes e de qualidade que estejam incorporados ao rol de produtos oferecidos pelo SUS.".

A UNICEF publicou o relatório **"Situação Mundial da Infância 2023: Para cada criança, vacinação"**[11], revelando como a pandemia da COVID-19 representou um retrocesso na imunização global. Estima-se que 67 milhões de crianças perderam parcial ou completamente a rotina de imunização entre 2019 e 2021. Segundo dados do SUS, no Brasil, a queda geral da população com cobertura vacinal foi de 73,4%, em 2019, para 61,5%, em 2021, embora tenha aumentado para 67,9%, em 2022.

HISTÓRICO DA COBERTURA VACINAL NO BRASIL

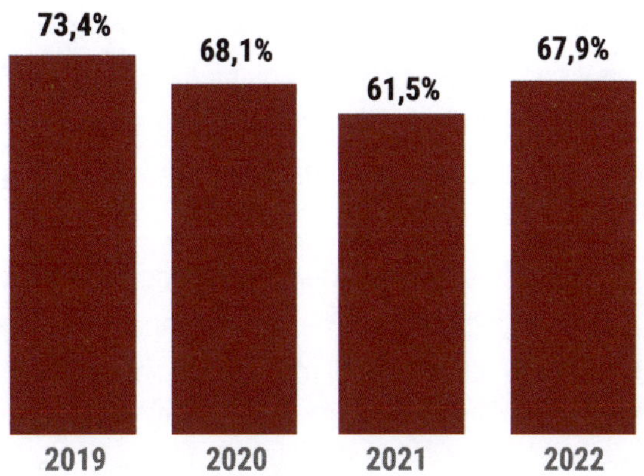

Figura 97: Histórico da cobertura vacinal no Brasil. Fonte: DataSUS (2019 a 2022).

De acordo com a Organização Pan Americana da Saúde, esse desafio não é exclusivo do Brasil, já que entre 2019 e 2021 a cobertura vacinal diminuiu em 112 países.

---

[11] Fonte: https://www.unicef.org/media/108161/file/SOWC-2023-full-report-English.pdf

Indicador
Desnutrição Infantil

A desnutrição infantil acontece quando há deficiência de nutrientes no organismo de uma criança de até 5 anos de idade. Pode ocorrer por conta de uma alimentação incorreta, privação de alimentos ou alterações intestinais que prejudiquem a absorção de vitaminas e minerais.

A desnutrição é um problema de saúde pública, porque "a alimentação é um direito social reconhecido na Constituição Brasileira"[12]. Uma criança desnutrida sofre mais com doenças infecciosas, prejuízos no desenvolvimento psicomotor, menor aproveitamento escolar e menor capacidade produtiva na idade adulta. Quando alcança um estado grave, a desnutrição pode comprometer a função de alguns órgãos e até colocar a vida da criança em risco.

O indicador de desnutrição infantil mede o percentual de crianças menores de 5 anos, acompanhados pelo Sistema de Vigilância Alimentar e Nutricional - SISVAN, com desnutrição aguda, ou seja, com Índice de Massa Corporal (IMC) para a idade classificado como "magreza acentuada" (percentil menor que 0,10).

No Brasil, os relatórios do Sistema de Vigilância Alimentar e Nutricional (Sisvan) e do Sistema de Gestão do Programa Bolsa Família na Saúde ou no e-SUS Atenção Primária revelam a situação alimentar e nutricional da população atendida e permitem a orientação de ações, políticas e estratégias para a atenção integral à saúde.

Embora a taxa de desnutrição infantil tenha caído pela metade entre 2008 e 2023, saltando de 4,5% para 2,2%, ainda existem no Brasil mais de 150 mil crianças de 0 a 5 anos de idade, acompanhadas pelo Sisvan, com magreza acentuada. A prevalência de desnutrição infantil, apesar de inferior a 2,5% em 2023 no contexto nacional, ainda é um problema em algumas cidades, devendo permanecer no foco da atenção à saúde: há 34 cidades com 10% ou mais de crianças menores de 5 anos com magreza acentuada, sobretudo na região Nordeste (17 das 34 cidades).

[12] Fonte: https://bvsms.saude.gov.br/bvs/publicacoes/plano_nacional_saude_2020_2023.pdf

HISTÓRICO DE DESNUTRIÇÃO INFANTIL

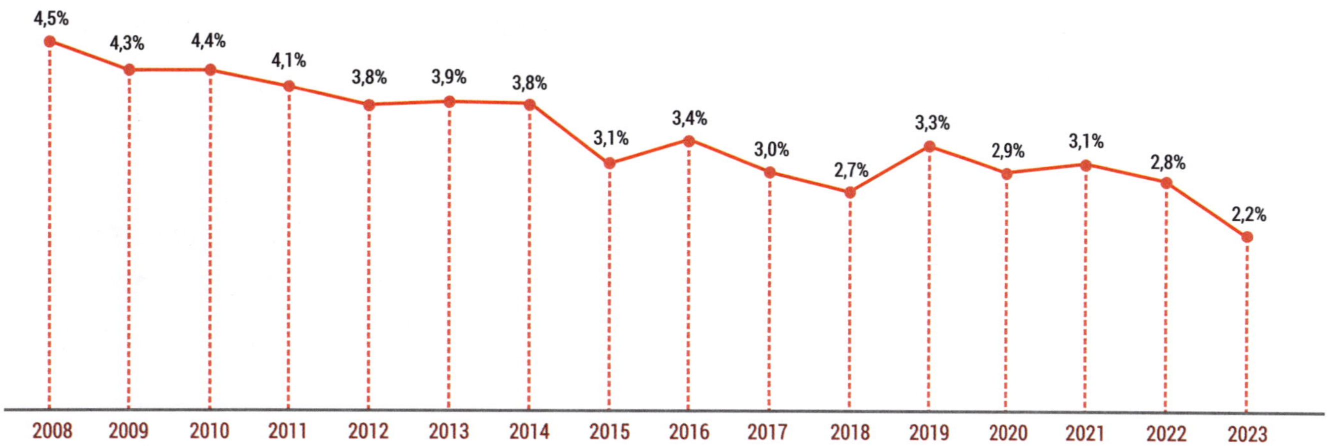

Figura 98: Histórico de desnutrição infantil no Brasil. Fonte: Ministério da Saúde - Secretaria de Atenção Primária à Saúde (2008 a 2023).

Assim, as secretarias de saúde devem monitorar os casos de desnutrição infantil e garantir a oferta de cuidados adequados para recuperação das crianças desnutridas. A intenção é alcançar as metas dos ODS acordadas internacionalmente, as quais estipulam acabar com todas as formas de desnutrição até 2030.

Indicador

Morbidade Hospitalar SUS

De acordo com a Padronização da Nomenclatura do Censo Hospitalar, criada pelo Ministério da Saúde, a internação hospitalar se caracteriza quando um paciente ocupa um leito do hospital por período igual ou maior que um dia, ou seja, 24 horas. Ela é importante para que a equipe médica possa acompanhar o paciente mais de perto e, assim, evitar possíveis riscos à sua saúde já afetada.

O indicador morbidade hospitalar avalia, então, a quantidade de internações na rede SUS geradas por doenças a cada mil habitantes. São desconsideradas as internações motivadas por causas externas, lesões, envenenamento, gravidez e parto. Por isso, esse indicador colabora para medir a qualidade de vida do cidadão.

As gestões municipais podem fazer uso desse índice como uma ferramenta para avaliar, principalmente, o acesso, a cobertura e a qualidade do desempenho da atenção primária em saúde na sua cidade. Isso porque taxas elevadas de internações podem indicar deficiências no acesso ou ineficiência dos serviços de atenção primária à saúde.

Assim, diante das diferenças regionais e municipais, cada cidade precisa entender as suas principais causas de internação para atuar preventivamente com medidas específicas.

Em 2023, cerca de 75% das internações analisadas têm como causas 6 grupos de doenças do capítulo CID-10, sendo que as mais representativas foram as doenças do aparelho digestivo com 16% das internações.

MORBIDADE HOSPITALAR SUS POR CAPÍTULO CID-10

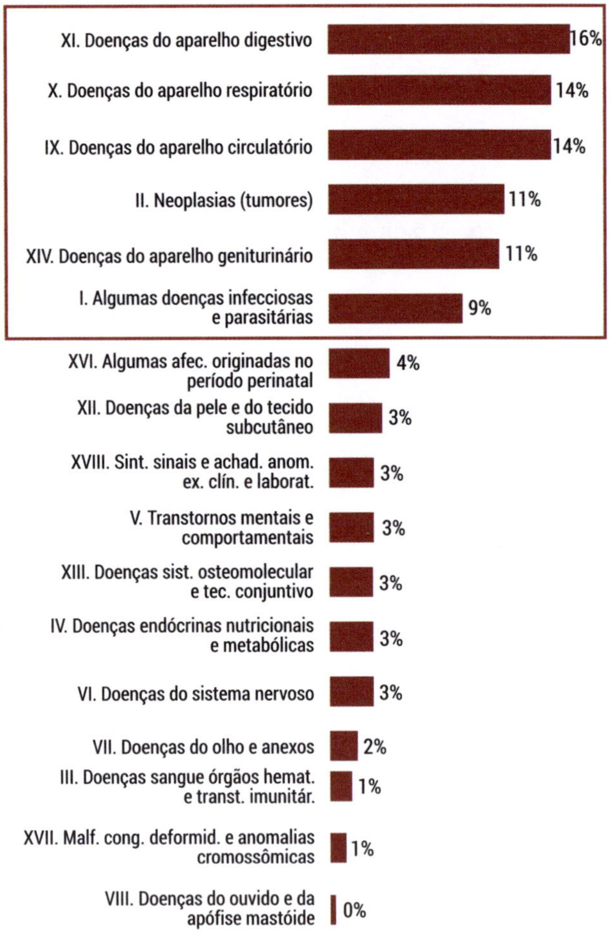

Figura 99: Morbidade hospitalar SUS por capítulo CID-10. Fonte: Ministério da Saúde - Sistema de Informações Hospitalares dos SUS (SIH/SUS) (Jan/2023 a Dez/2023).

Analisando por região, são observadas diferenças, como, por exemplo, as doenças infecciosas e parasitárias, que, na região Norte chegaram a ter 12% das internações contra 7% do Sudeste.

MORBIDADE HOSPITALAR SUS POR CAPÍTULO CID-10 E REGIÃO

Capítulo CID-10	Norte	Nordeste	Sudeste	Sul	Centro-Oeste
XI. Doenças do aparelho digestivo	16%	16%	15%	15%	16%
X. Doenças do aparelho respiratório	17%	15%	13%	15%	15%
IX. Doenças do aparelho circulatório	12%	12%	15%	15%	13%
II. Neoplasias (tumores)	7%	11%	11%	13%	10%
XIV. Doenças do aparelho geniturinário	12%	10%	11%	10%	11%
I. Algumas doenças infecciosas e parasitárias	12%	10%	7%	8%	8%
XVI. Algumas afec originadas no período perinatal	5%	4%	3%	3%	6%
XII. Doenças da pele e do tecido subcutâneo	4%	5%	3%	3%	3%
XVIII. Sint sinais e achad anorm ex clín e laborat	2%	3%	3%	3%	3%
V. Transtornos mentais e comportamentais	2%	2%	3%	5%	3%
XIII. Doenças sist osteomuscular e tec conjuntivo	2%	2%	3%	3%	3%
IV. Doenças endócrinas nutricionais e metabólicas	3%	3%	3%	2%	2%
VI. Doenças do sistema nervoso	2%	2%	3%	3%	3%
VII. Doenças do olho e anexos	1%	1%	2%	1%	2%
III. Doenças sangue órgãos hemat e transt imunitár	2%	1%	2%	1%	1%
XVII. Malf cong deformid e anomalias cromossômicas	1%	1%	1%	1%	1%
VIII. Doenças do ouvido e da apófise mastóide	0%	0%	0%	0%	0%

Tabela 11: Morbidade hospitalar SUS por capítulo CID-10 e região. Fonte: Ministério da Saúde - Sistema de Informações Hospitalares dos SUS (SIH/SUS) (Jan/2023 a Dez/2023).

Indicador
Mortalidade por Mil Habitantes

A taxa de mortalidade expressa a intensidade do número de óbitos de uma determinada localidade. Seu resultado é influenciado pela estrutura populacional relativa à idade e ao sexo. Ele mensura o número total de óbitos na cidade a cada mil habitantes residentes.

É como se o indicador avaliasse o quanto determinada população pode "viver mais". Um índice de mortalidade alto pode, também, estar associado ao fato de a região possuir pessoas mais idosas ou às condições socioeconômicas baixas.

Por meio dos dados revelados por esse indicador, as prefeituras municipais podem conhecer com mais profundidade o que tem levado seus habitantes ao óbito e, assim, agir no que lhe cabe. Afinal, a atenção e a qualidade dedicadas pela saúde pública aos seus cidadãos são elementos importantes para a preservação da longevidade da população. Além disso, uma cidade onde as pessoas vivem por mais tempo pode ser um sinônimo de um bom lugar para morar.

Em 2022, ocorreram 1.544.266 óbitos no Brasil, o que equivale a uma mortalidade de cerca de 8 óbitos a cada mil habitantes. Os principais grupos de causas da mortalidade, que juntas corresponderam a 78% de todos esses óbitos, foram: doenças do aparelho circulatório (25,9%); neoplasias (15,8%); doenças do aparelho respiratório (11,4%); causas externas de morbidade e mortalidade (9,9%); algumas doenças infecciosas e parasitárias (8,5%) e doenças endócrinas nutricionais e metabólicas (6,1%).

ÓBITOS POR PRINCIPAIS GRUPOS DE CAUSAS

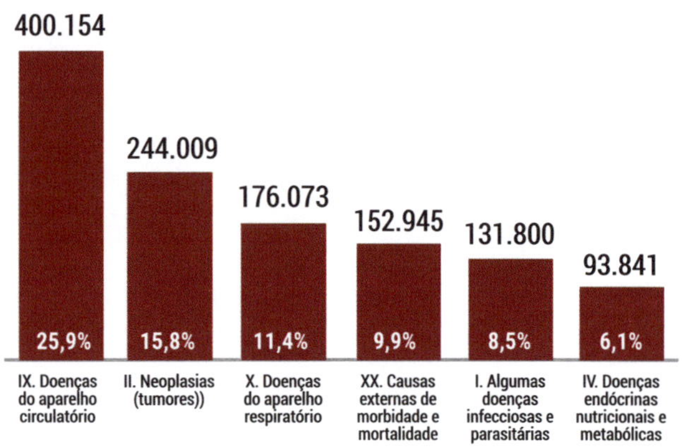

Figura 100: Óbitos das principais causas de mortalidade 2022. Fonte: DataSUS (2022).

Indicador
Óbitos por Causas Evitáveis

O indicador óbitos por causas evitáveis diz respeito ao número de vidas que poderiam ter sido salvas em decorrência da prestação de serviços de saúde efetivos em determinados locais e épocas. A consolidação desse indicador vem ganhando notoriedade no país, sendo reconhecido pelo Ministério da Saúde do Brasil como instrumento de monitoramento e avaliação das ações implementadas pelo Sistema Único de Saúde.

Hoje, o país mensura esses dados a partir de duas listas de óbitos evitáveis: uma para menores de cinco anos de idade e outra para pessoas com faixa etária entre cinco e setenta e quatro anos de idade.

Alguns exemplos de doenças consideradas evitáveis:

1.1) Reduzíveis por ações de imunoprevenção: tuberculose miliar e tuberculose do sistema nervoso, por serem evitáveis pela vacina BCG; Tétano; Difteria; Coqueluche; Poliomielite aguda; Sarampo; Rubéola; Hepatite aguda B.

1.2) Reduzíveis por ações adequadas de promoção à saúde, prevenção, controle e atenção às doenças de causas infecciosas: tuberculose respiratória; febre hemorrágica pelo vírus da dengue e doença de chagas; doenças sexualmente transmissíveis; infecções respiratórias.

1.3) Reduzíveis por ações adequadas de promoção à saúde, prevenção, controle e atenção às doenças não transmissíveis: diversas neoplasias; transtornos relativos ao uso do álcool, como, por exemplo, a pancreatite crônica induzida pelo álcool e doença alcoólica do fígado.

1.4) Reduzíveis por ações adequadas de prevenção, controle e atenção às causas de morte materna: complicações da gravidez, parto e puerpério.

1.5) Reduzíveis por ações intersetoriais adequadas de promoção à saúde, prevenção e atenção às causas externas (acidentais e violências): acidentes de trânsito/transporte; homicídios; incêndio; afogamento.

Lembramos que ambas as listas não são estáticas. Elas necessitam de revisões periódicas por conta de possíveis mudanças nas práticas e nas tecnologias do SUS. Elas também não indicam que todos os eventos incluídos sejam evitáveis em sua totalidade, sendo importante a realização de estudos de validação.

Assim, a mensuração da quantidade e dos tipos de mortes por causas evitáveis contribui como subsídio para a avaliação municipal mais efetiva dos atendimentos prestados no setor, assim como para a pesquisa sobre a prática da atenção à saúde.

Avaliando os dados do DataSUS de 2022, observa-se que 69% dos 830 mil óbitos na faixa etária de 5 a 74 anos seriam evitáveis .

ÓBITOS POR CAUSAS EVITÁVEIS

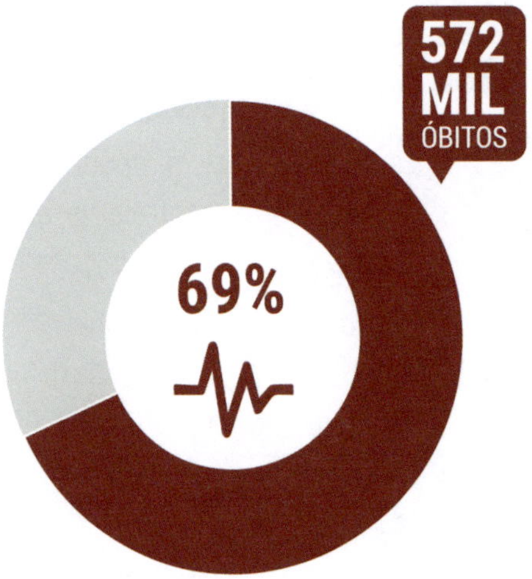

Figura 101: Óbitos por causas evitáveis. Fonte: MS/SVS/CGIAE - Sistema de Informações sobre Mortalidade - SIM (2022)

No país, a maior parte dos óbitos constatados poderiam ter sido evitados por ações adequadas de promoção à saúde, prevenção, controle e atenção às doenças não transmissíveis. Mas, ao avaliar por Estado, fica claro que cada um e suas respectivas cidades possuem seus próprios desafios.

Observa-se que alguns tiveram até 77% dos óbitos considerados evitáveis. No ano de 2022, o Estado com menor mortalidade evitável foi Minas Gerais, que atingiu 65%.

ÓBITOS POR CAUSAS EVITÁVEIS

PERCENTUAL DE ÓBITOS POR CAUSAS EVITÁVEIS

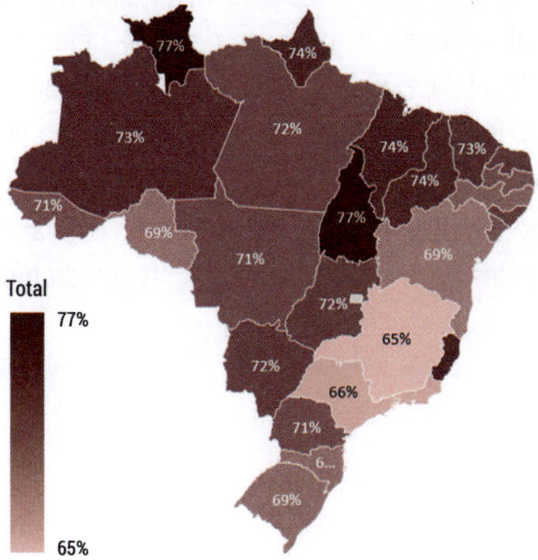

PERCENTUAL DE ÓBITOS POR TIPO DE PREVENÇÃO

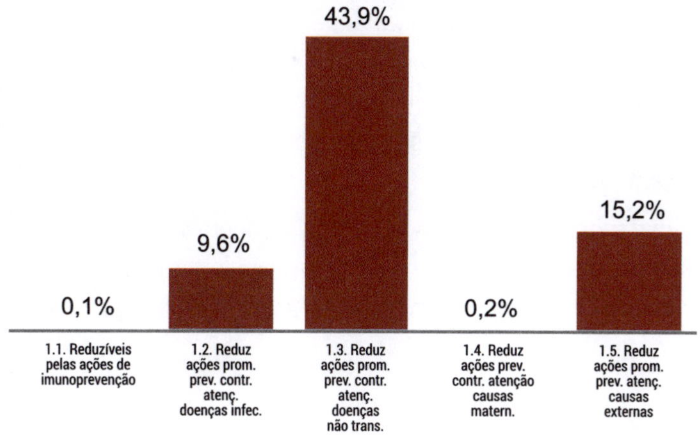

1.2. Reduzíveis por ações adequadas de promoção à saude, prevenção, controle e atenção às doenças de causas infecciosas

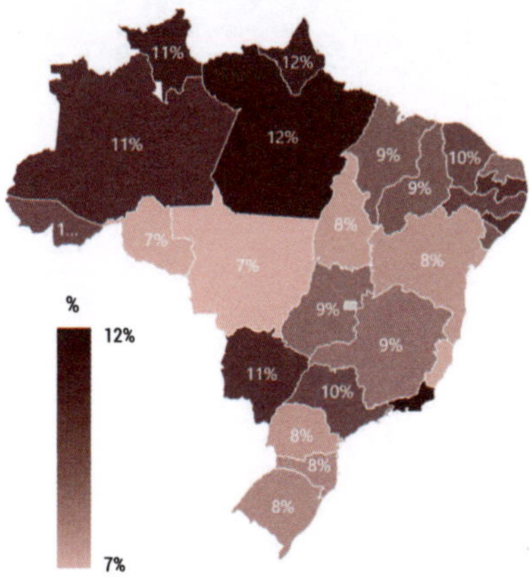

1.3. Reduzíveis por ações adequadas de promoção à saúde, prevenção, controle e atenção às doenças não transmissíveis

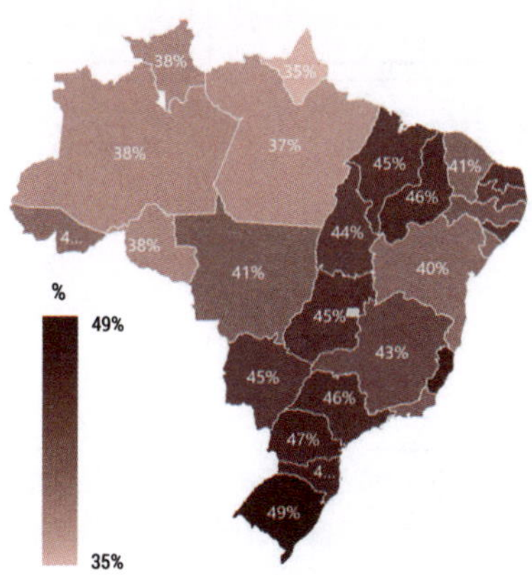

1.5. Reduzíveis por ações intersetoriais e de promoção à saúde, prevenção e atenção adequada às causas externas (acidentais e violências)

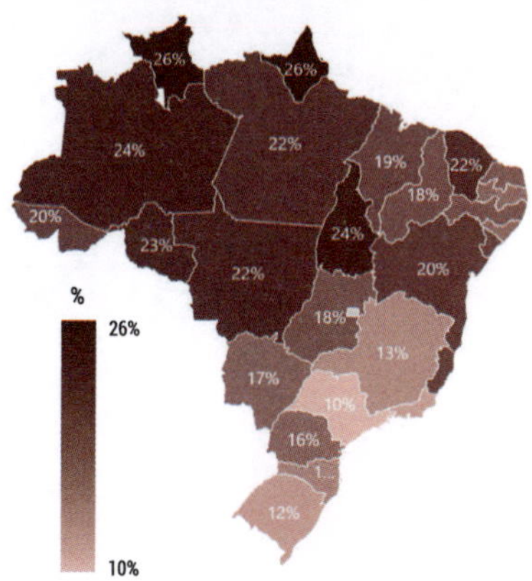

Figura 102: Estatísticas dos óbitos por causas evitáveis por estado. Fonte: MS/SVS/CGIAE - Sistema de Informações sobre Mortalidade - SIM (2022)

Indicador

Gasto por habitante em saúde por expectativa de vida

Criado pelo Aquila exclusivamente para a plataforma IGMA, este indicador avalia a eficiência da aplicação dos recursos financeiros na área da saúde por meio da mensuração do gasto no setor por habitante por ano de expectativa de vida.

A partir dele, as gestões municipais podem inferir o quanto a sua aplicação financeira em saúde tem dado retorno em termos de qualidade de vida dos cidadãos.

Dessa forma, a mensuração se apresenta como uma fonte de dados importante para a avaliar a eficiência do gasto com saúde na cidade.

Em 2022, conforme dados da Secretaria do Tesouro Nacional (Siconfi), o gasto com saúde pelas gestões municipais foi de R$ 237 bilhões. Considerando a população do Brasil de 203 milhões de cidadãos no período, a média de gasto é R$ 1.168,00 por habitante.

Logo, podemos classificar tais despesas por habitantes nas cidades de acordo com o seguinte quadrante:

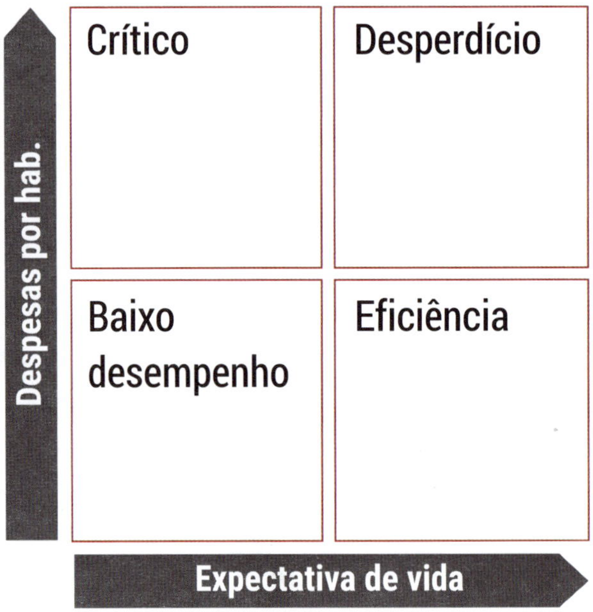

Figura 103: Quadrante de classificação dos municípios conforme o nível de gasto por habitante em saúde e a expectativa de vida.

Por exemplo, se uma cidade apresenta um gasto com saúde anual inferior à média do ano (R$ 1.168,00 em 2022) e uma expectativa de vida superior à mediana do país (73,47, conforme o CENSO 2010), ela pode ser considerada eficiente em relação ao indicador.

Por outro lado, se um município possui alto gasto com saúde por habitante e baixa expectativa de vida, será considerado crítico.

Para exemplificar o cálculo e facilitar a interpretação do indicador, selecionamos 4 cidades de um mesmo estado e com população semelhante:

Cidade	Despesa em Saúde	População	Despesa por habitante	Expectativa de vida	Indicador	Status
Cidade A	R$ 34.941.926	25.525	R$ 1.368,93	76,82	R$ 17,82	Desperdício
Cidade B	R$ 37.499.184	26.535	R$ 1.413,20	73,16	R$ 19,32	Crítico
Cidade C	R$ 24.024.939	27.635	R$ 869,37	74,30	R$ 11,70	Eficiência
Cidade D	R$ 27.520.463	28.271	R$ 973,45	72,85	R$ 13,36	Baixo desempenho

Tabela 12: Cidades exemplos para a análise do indicador Gasto por habitante em saúde por expectativa de vida Fonte: Tesouro Nacional/Siconfi e IBGE (dados de Despesas em Saúde e População de 2022 e dados da Expectativa de Vida de 2010).

A partir da leitura da tabela acima, percebemos que a Cidade A está relacionada ao quadrante de desperdício no gasto com saúde por habitante, pois apresenta um custo elevado no setor, apesar da alta expectativa de vida de seus cidadãos.

A Cidade B é considerada crítica ao evidenciar alto gasto e baixa expectativa de vida.

A Cidade C estaria no quadrante de eficiência, pois demonstra uma boa expectativa de vida e baixo gasto com saúde por habitante.

Por fim, a Cidade D pode ser considerada como de baixo desempenho, pois gasta pouco com saúde por cidadão e apresenta baixa expectativa de vida populacional.

Indicador

Aplicação Saúde - Mínimo Constitucional

Este índice avalia se o município está cumprindo ou não a aplicação mínima de recursos destinados à área da saúde, conforme definição constitucional. Afinal, a Carta Magna definiu a saúde como uma obrigação do Estado e de direito de toda a população.

No entanto, em seu texto original, não foram explicitados os percentuais mínimos ou limites de gastos destinados especificamente para esse fim. A aplicação do mínimo constitucional foi regulamentada pela Lei Complementar Nº141, em 13 de janeiro de 2012. Ela informa que os municípios e o Distrito Federal devem aplicar anualmente o mínimo de 15% em ações e serviços públicos dedicados à área de saúde.

No Brasil, em 2022, 99,6% das cidades (5.547 municípios) cumpriram o mínimo constitucional de gasto com saúde. Apenas 16 Municípios não atenderam a obrigatoriedade constitucional.

% MUNICÍPIOS QUE CUMPREM O MÍNIMO CONSTITUCIONAL EM SAÚDE

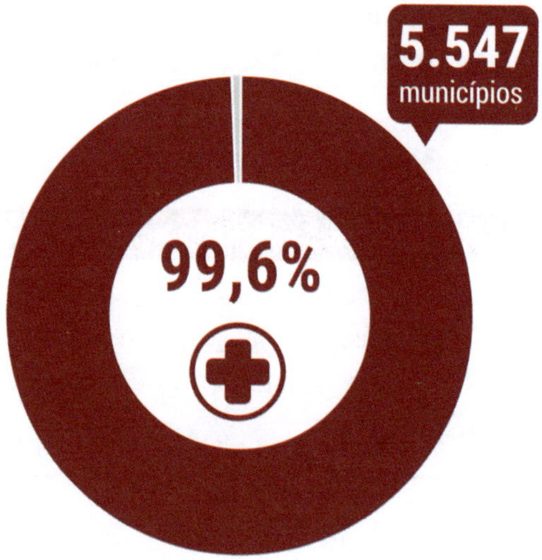

Figura 104: Percentual de municípios que cumprem o mínimo constitucional em saúde. Fonte: SIOPS (2022), extraído da plataforma IGMA em fevereiro/2024.

Mortalidade Infantil

A taxa de mortalidade infantil é um dos principais indicadores da saúde de um município. É um dos indicativos do desenvolvimento humano das cidades, acompanhado por órgãos internacionais, como o Grupo Interinstitucional para Estimativas sobre a Mortalidade Infantil (UN IGME) composto por UNICEF, OMS, ONU e Banco Mundial.

Conforme estatísticas da UN IGME[13], os países com alta renda *per capita* apresentaram taxa média de mortalidade infantil de 4,13 mortes para cada 1.000 nascidos vivos.

No Brasil, em 2022, 29% das cidades (1.588) estavam com um índice abaixo dessa referência.

% MUNICÍPIOS COM TAXA DE MORTALIDADE INFANTIL NO PATAMAR DOS PAÍSES COM ALTA RENDA (< 4,13)

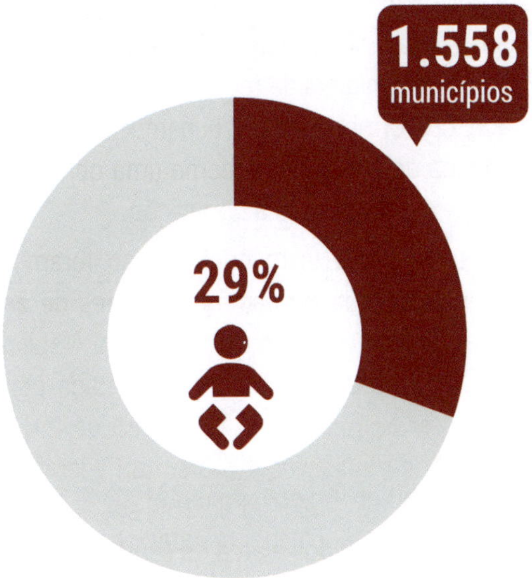

Figura 105: Percentual de municípios brasileiros de acordo com a taxa de mortalidade infantil média dos países com alta renda. Fonte: DataSUS (2022), extraído da plataforma IGMA em fevereiro/2024 e UN IGME.

A taxa de mortalidade infantil no Brasil veio caindo consistentemente desde 1996: algo em torno de 51% ao longo desse período. Todavia, em 2022, o Brasil apresentou um aumento na taxa em comparação com o ano anterior, saindo de 11,9 para 12,6 mortes a cada 1.000 nascimentos. Ou seja, atualmente, a cada 1.000 nascimentos, cerca de 12,6 bebês vêm a óbito antes de completarem 1 ano de vida.

13 Fonte: https://childmortality.org/analysis - Acessado em 11/08/2022.

TAXA DE MORTALIDADE INFANTIL HISTÓRICO

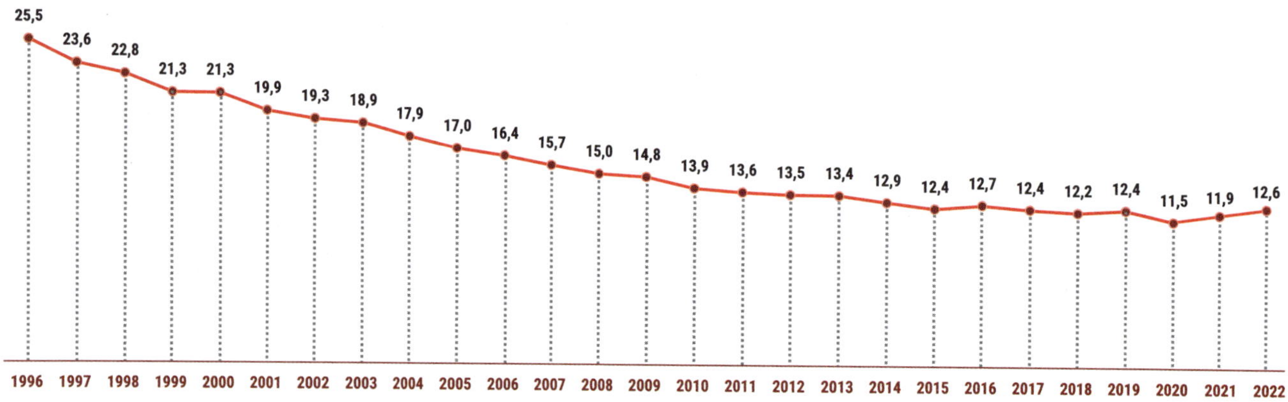

Figura 106: Histórico de mortalidade infantil no Brasil. Fonte: DataSUS (1996 a 2022).

Quando analisamos as cinco grandes regiões brasileiras, há uma variação na taxa de mortalidade infantil na ordem de 48%. O Sul apresenta o menor resultado com 10,2 óbitos para cada 1.000 nascidos vivos, enquanto o Norte apresenta cerca de 15 óbitos.

TAXA DE MORTALIDADE INFANTIL POR REGIÃO DO BRASIL

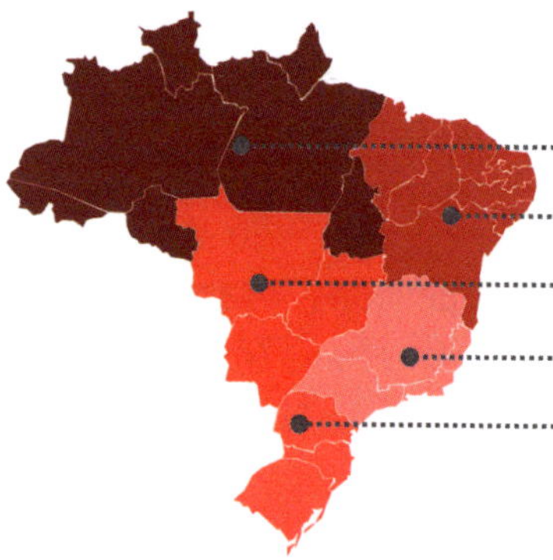

REGIÃO	MORTALIDADE INFANTIL
NORTE	15,1
NORDESTE	14,1
CENTRO-OESTE	12,6
SUDESTE	11,6
SUL	10,2
BRASIL	12,6

Figura 107: Taxa de mortalidade infantil de acordo com as regiões do Brasil. Fonte: DataSUS (2022).

Ao avaliarmos os números absolutos de óbitos de todos os municípios do Brasil, é possível observar que 80% dos óbitos estão concentrados em 21% (1.174) dos municípios.

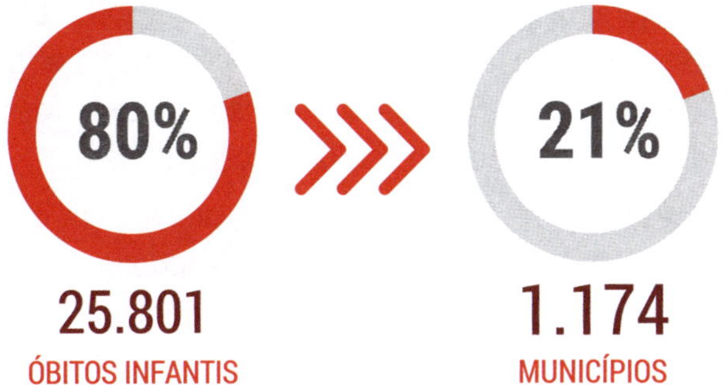

Figura 108: Concentração dos óbitos infantis. Fonte: DataSUS (2022).

Esses mesmos municípios que concentram os casos absolutos, como podemos avaliar a seguir, têm também uma taxa de mortalidade acima da performance verificada em países de alta renda, o que, potencialmente, indica um caminho crítico para a conquista de resultados mais expressivos nesse relevante índice.

10 MUNICÍPIOS COM MAIOR NÚMERO DE ÓBITOS INFANTIS

POSIÇÃO	MUNICÍPIO	ÓBITOS INFANTIS	TAXA DE MORTALIDADE
1ª	Município A	1437	10,9
2ª	Município B	767	11,8
3ª	Município C	472	13,6
4ª	Município D	466	17,2
5ª	Município E	362	10,1
6ª	Município F	348	11,7
7ª	Município G	240	17,5
8ª	Município H	235	14,8
9ª	Município I	234	13,3
10ª	Município J	227	9,6

Tabela 13: Municípios com maior número de óbitos infantis. Fonte: DataSUS (2022).

Dessa forma, não obstante os esforços gerais e individuais de cada município brasileiro em torno desse índice tão crítico, podemos depreender que, em um esforço direcionado e como parte de uma política nacional, o enfrentamento desse tema, nessas cidades, poderia auferir grandes conquistas para o País.

Pilar 4 Infraestrutura e Mobilidade Urbana

Na tese sobre o ciclo virtuoso de desenvolvimento humano estabelecemos a distinção entre o pilar essencial e os demais estruturais. Foram discutidas, nos indicadores do pilar 1, por exemplo, formas pelas quais a gestão pública municipal pode dar partida ao processo desse ciclo, gerando capacidade de poupança e investimento para o município. A capacidade de investir de um município, por sua vez, pode converter-se na ampliação do conjunto de condições e recursos físicos locais disponíveis, os quais são a base para o desenvolvimento de atividades econômicas.

O pilar 4 analisa, portanto, as condições de infraestrutura, assim como os serviços coletivos urbanos disponíveis em um município.

Em termos gerais, podemos citar, como exemplos desses recursos estruturais, as rodovias, as usinas hidrelétricas, os portos, aeroportos, rodoviárias, sistemas de telecomunicações, ferrovias, redes de distribuição de água e tratamento de esgoto, coleta de águas pluviais, gás canalizado, sistemas de transmissão de energia, entre outros. Mesmo que parte importante dessas infraestruturas não seja da responsabilidade direta do município, produzirão, ainda assim, impactos locais. O maior ou o menor conjunto desses recursos, presentes em cada localidade, pode promover impactos positivos diretos para a vida dos cidadãos e também na atração de empresas geradoras de empregos e impostos.

A infraestrutura permeia também os demais pilares do ciclo virtuoso: educação, saúde, desenvolvimento socioeconômico. Por isso, o seu fortalecimento é tão importante, inclusive para o processo de retroalimentação da força motora do ciclo virtuoso.

Infraestrutura e mobilidade urbana, porém, é um pilar cujas mudanças acontecem no médio e no longo prazo. Seus indicadores contam, via de regra, com atualizações para além de um único ano. Portanto, a falta de bons diagnósticos e planejamentos sobre as necessidades locais podem trazer igualmente impactos de longo prazo. A descontinuidade de projetos de infraestrutura, por disputas políticas, também pode produzir efeitos severos para o ciclo.

Portanto, gestores públicos locais devem dedicar boa parte de sua energia à formulação de estratégias consistentes que permitam ações locais de investimento, como também à atuação política, junto aos demais entes da Federação, para o direcionamento de recursos que tragam impactos positivos para a estrutura dos seus respectivos municípios.

A seguir, apresentamos todos os indicadores que compõem atualmente esse pilar:

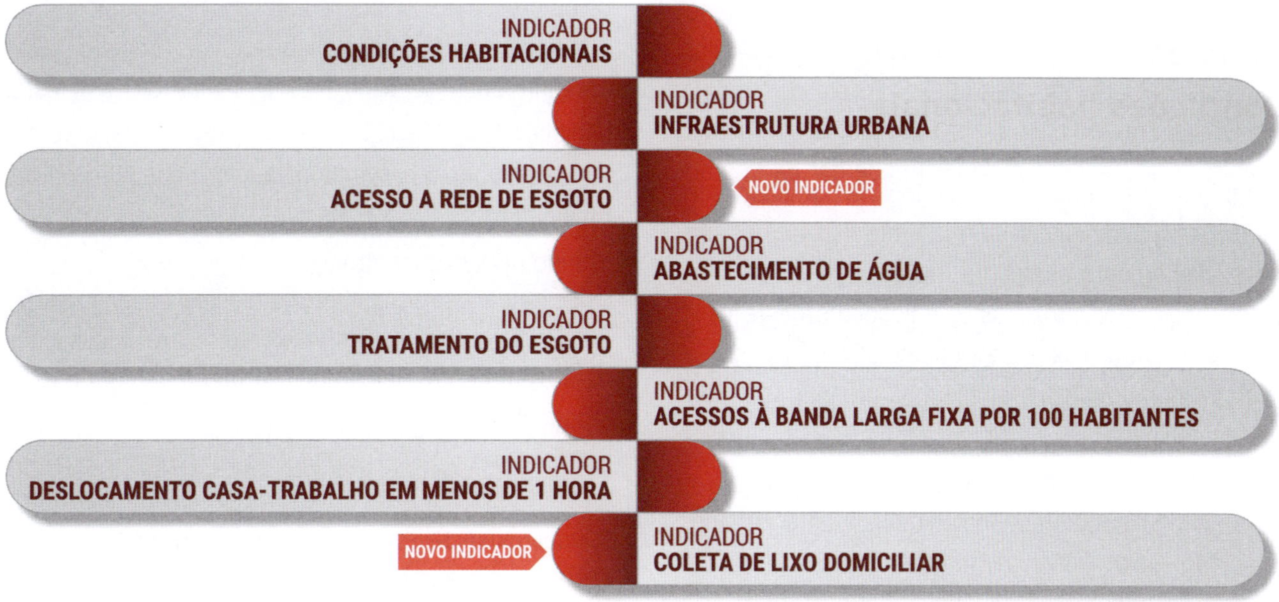

Figura 109: Indicadores do pilar Infraestrutura e Mobilidade Urbana.

Vamos conhecê-los agora?

Indicador
Condições habitacionais

Antes de entrarmos nos detalhes do indicador de condições habitacionais, é importante realizarmos um breve alinhamento acerca da metodologia e fonte de dados deste, dos próximos 2 indicadores deste pilar (Infraestrutura urbana e Serviços coletivos urbanos) e do indicador Condições ambientais urbanas (do pilar Sustentabilidade).

A Plataforma IGMA, nesses casos, utiliza um levantamento denominado IBEU - Índice de Bem Estar Urbano, calculado pelo Observatório das Metrópoles para apontar as principais questões de infraestrutura nos municípios brasileiros. Todos os dados são extraídos a partir do IBGE (Instituto Brasileiro de Geografia e Estatística) e do PNAD (Pesquisa Nacional por Amostra de Domicílios).

Esses indicadores são, na verdade, calculados a partir da consolidação de índices que avaliam quesitos específicos em cada município brasileiro, resultando numa nota final, em que, quanto maior, melhor. Os resultados servem como um norte orientador para a elaboração de políticas e planos de investimento das administrações municipais.

Vale mencionar que o monitoramento da infraestrutura, em geral, envolve questões mais estruturais e complexas, que, por sua vez, são de longo prazo e, por isso, apresentam transformações mais lentas.

O indicador de condições habitacionais, como descrito anteriormente, segue o IBEU – Índice de Bem Estar Urbano.

Ele é calculado a partir da média dos seguintes índices municipais:

1) Aglomerado subnormal;

2) Densidade domiciliar;

3) Densidade morador/banheiro;

4) Material nas paredes do domicílio;

5) Espécie do domicílio.

A habitabilidade é o conjunto de requisitos que uma habitação, seja para moradia ou para fins profissionais, necessita para garantir condições de receber moradores humanos.

A gestão municipal promove a evolução desse indicador por meio de:

- Políticas de moradia direcionadas às populações economicamente vulneráveis;
- Fomento ao crescimento econômico local, gerando mais oportunidades de trabalho e geração de renda.

Dessa forma, no que tange à promoção do ciclo virtuoso de desenvolvimento humano, há uma forte correlação entre os investimentos nos diversos quesitos de infraestrutura, bem como na evolução do nível dos pilares como um todo. Afinal, indiretamente, todas essas políticas repercutem em qualidade de vida para os indivíduos e em mais chances de progresso social.

Em relação às condições habitacionais, 84% dos municípios brasileiros apresentam níveis considerados "alto" ou "muito alto", sendo, respectivamente, 53% (2.926 municípios) e 31% (1.701 municípios). Na contramão, há apenas 2 municípios com classificação "muito baixa".

MUNICÍPIOS POR FAIXA-DIMENSÃO DE CONDIÇÕES HABITACIONAIS URBANAS

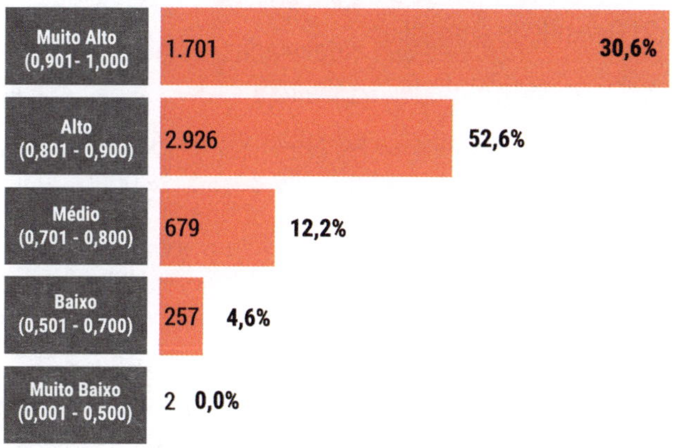

Figura 110: Municípios por faixa - dimensão condições habitacionais. Fonte: INCT Observatório das Metrópoles (2010), extraído da plataforma IGMA em fevereiro/2024.

Indicador
Infraestrutura urbana

A infraestrutura urbana também segue o IBEU – Índice de Bem Estar Urbano.

Entende-se como infraestrutura urbana a rede de energia elétrica e telefônica, escoamento de águas pluviais, pavimentação e conservação das ruas. A qualidade desse sistema viário impacta diretamente a dinâmica da cidade, uma vez que abraça os principais meios de locomoção de pessoas, mercadorias e serviços.

Dessa forma, o indicador é calculado a partir da média dos seguintes índices municipais:

1) Iluminação Pública;

2) Pavimentação;

3) Vias com calçada;

4) Vias com meio-fio/guia;

5) Bueiros ou bocas-de-lobo;

6) Rampas para cadeirantes;

7) Identificação de logradouros.

A gestão municipal tem atuação direta na promoção desses avanços estruturais. À medida que há uma melhoria da eficiência fiscal da máquina pública, é preciso construir um robusto plano de investimentos, direcionado à evolução da infraestrutura urbana, principalmente nas regiões economicamente mais vulneráveis do município.

Dos indicadores de bem-estar urbano, o índice de infraestrutura apresenta a situação mais crítica. No Brasil, 91,5% dos municípios apresentaram resultados em níveis "baixo" e "muito baixo", ou seja, 5.095 cidades. Apenas 28 municípios apresentam condições "altas" e 1 "muito alta".

MUNICÍPIOS POR FAIXA-DIMENSÃO INFRAESTRUTURA URBANA

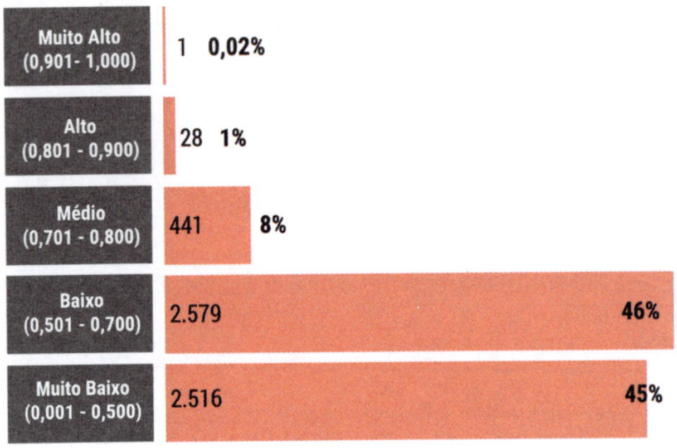

Figura 111: Municípios por faixa. Dimensão infraestrutura urbana. Fonte: INCT Observatório das Metrópoles (2010), extraído da plataforma IGMA em fevereiro/2024.

Indicador

Acesso a Rede de esgoto

O acesso à rede de esgoto sanitário é uma das medidas que definem as condições de saúde proporcionadas pela cidade aos seus moradores. Quando um município não atende a população com o esgoto devidamente tratado, o sistema de atendimento à saúde sofre pressão, porque cresce o risco de surgimento de doenças decorrentes da água poluída e dos resíduos.

Entre as consequências indesejadas, estão o aumento de investimentos em tratamentos de saúde, envolvendo a aquisição de remédios e investimentos em rede hospitalar e na contratação de profissionais qualificados.

É por isso que trazemos ao Cidades Excelentes este indicador tão essencial para medir a qualidade de vida de uma população. O indicador acesso à rede de esgoto refere-se ao índice de atendimento ao esgoto total, que é calculado dividindo-se a população atendida pelo sistema de esgotamento sanitário pela população residente nos municípios de referência com abastecimento de água. A informação é divulgada pelo Sistema Nacional de Informações, o SNIS.

Mensurar o nível de saneamento básico ofertado por uma cidade a partir do acesso à rede de esgoto ainda é um desafio no Brasil, especialmente nas regiões Norte e Nordeste. Tomando o total de municípios (2.898) que informaram esses dados ao SNIS, temos 40% deles com menos de 50% da população atendida pela rede de esgoto. Esse dado mostra claramente como o país está longe de proporcionar integralmente à população esse recurso básico. Há necessidade de investimentos e ações efetivas para transformar a realidade ao ampliar a cobertura do sistema de esgotamento sanitário no país.

MUNICÍPIOS POR FAIXA DE ACESSO À REDE DE ESGOTO

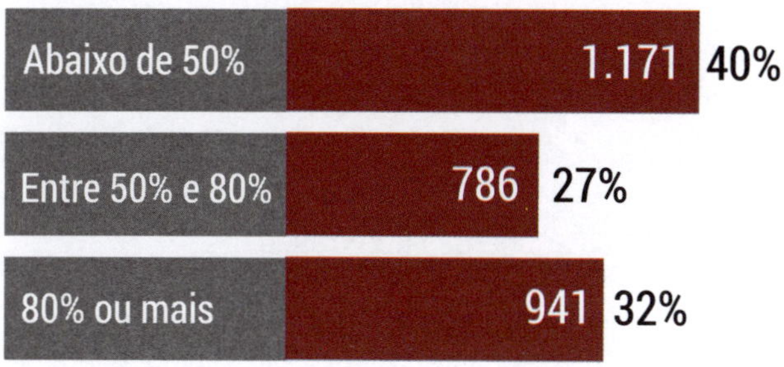

Figura 112: Municípios por faixa de acesso à rede de esgoto. Fonte: SNIS (2022), extraído da plataforma IGMA em fevereiro/2024.

Os dados disponíveis mostram a diferença entre as regiões do Brasil, no que diz respeito ao índice de atendimento total de esgoto. Os gráficos a seguir comprovam o quanto ela é gritante, configurando um grande desafio para os governantes locais. Temos o Sudeste com a maior cobertura, liderando o ranking com 80,9% da população atendida. Esse número representa, aproximadamente, cinco vezes o acesso à rede de esgoto do Norte, região com maior carência no serviço, onde a cobertura não passa de 15%.

ACESSO À REDE DE ESGOTO POR REGIÃO

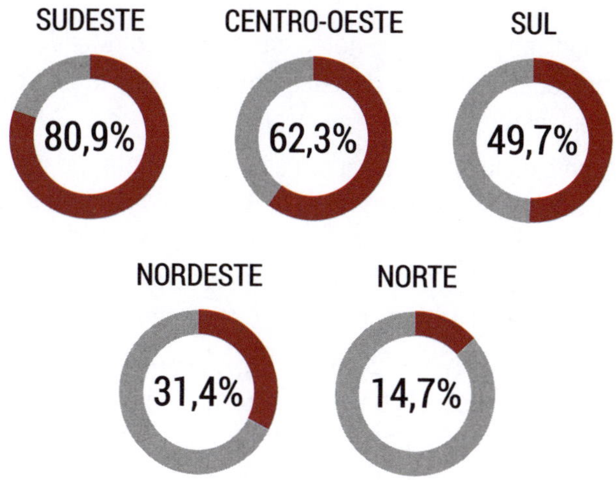

Figura 113: Índice de atendimento total de esgoto por região. Fonte: SNIS (2022).

Os Objetivos de Desenvolvimento Sustentável estabelecidos pela ONU incluem o acesso à água potável e saneamento para todos. Mas o atendimento a essa premissa, que é relativa ao ODS 6, está longe de acontecer em sua totalidade. É o que mostra o estudo lançado pela Unesco na abertura da Conferência da ONU sobre Água e Dia Mundial da Água em março de 2023: em um planeta com 8 bilhões de habitantes, 26% da população global não tem acesso à água potável, ou seja, 2 bilhões de pessoas. Cerca de 46% dos habitantes do planeta não possuem serviços de saneamento seguros, o equivalente a 3,6 bilhões. Os números são do relatório da Organização das Nações Unidas para Educação, Ciência e Cultura (Unesco).

Indicador
Abastecimento de água

O indicador mede o total da população atendida com abastecimento de água, dividido pelo total da população residente no município.

Quanto maior seu resultado, maior a representatividade da população coberta por esse serviço. Por exemplo, um abastecimento de água de 85% indica que 85 de cada 100 habitantes daquele município recebem fornecimento de água potável em seu domicílio.

Primeiramente, um sistema de abastecimento de água consiste no conjunto de obras, equipamentos e serviços com o objetivo de levar água potável para uso no consumo doméstico, indústria, serviço público, entre outros. Esse sistema tem alguns objetivos específicos definidos em dois aspectos:

Aspectos sanitários e sociais:

- Controlar e prevenir doenças
- Implantar hábitos higiênicos na população
- Facilitar a limpeza pública
- Propiciar conforto, bem-estar e segurança
- Aumentar a expectativa de vida da população

Aspectos econômicos:

Aumentar a vida média e produtiva pela redução da mortalidade e da ocorrência de doenças

- Facilitar a instalação de indústrias
- Garantir a proteção dos mananciais
- Realizar a supervisão do sistema
- Promover o controle da qualidade da água

A Constituição Federal de 1988 conferiu um vasto domínio hídrico aos Estados, cabendo a esses entes federados a administração da maioria absoluta das nascentes e dos pequenos e médios corpos d'água e a totalidade dos aquíferos subterrâneos.

Os municípios ficaram responsáveis, conforme artigo 23 da Constituição Federal de 1988, pelo exercício de polícia das águas, por "proteger o meio ambiente e combater a poluição em qualquer de suas formas" (inciso VI) e o de "registrar, acompanhar e fiscalizar as concessões de direitos de pesquisa e de exploração de recursos hídricos e minerais em seu território".

Nesse sentido, esse indicador ergue-se como um importante norteador para os esforços políticos municipais na defesa dos interesses locais, garantindo ampla cobertura do sistema de abastecimento, uma vez que tem impactos diretos no desenvolvimento humano do município, sob diferentes aspectos, principalmente de promoção à saúde.

Em 2022, segundo dados divulgados pelo SNIS (Sistema Nacional de Informações sobre Saneamento), o índice de atendimento total de água no Brasil com redes públicas de abastecimento foi de 84,9%.

Quando observamos por região, percebemos a grande diferença que existe no Brasil: o Sul apresenta 91,6% da população total atendida com abastecimento de água e o Norte apenas 64,2%.

ABASTECIMENTO DE ÁGUA

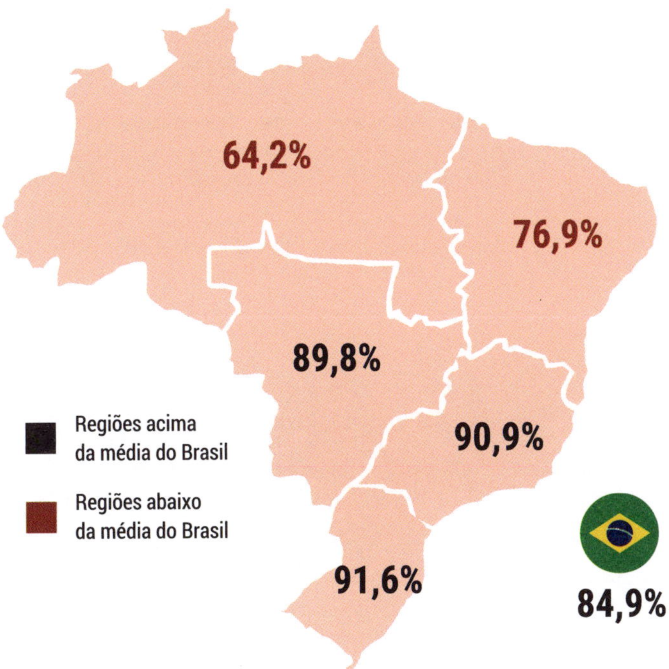

Figura 114: Abastecimento de água por região. Fonte: SNIS (2022).

Indicador
Tratamento do esgoto

Este índice é calculado pelo SNIS e mede o percentual do esgoto tratado referido à água consumida (indicador IN046), apresentando, assim, relação com a abrangência das infraestruturas que coletam a água que se torna esgoto após usos domésticos.

Conforme o SNIS, "o índice (IN046) aponta volumes tratados em relação ao total de esgoto produzido. A referência é o volume de água consumida. Dificilmente alcança índices acima de 90,0%, pois nem toda a água gera esgotos. Mas pode superar 100,0% em situações de infiltrações de águas pluviais nas redes de esgoto"

Além desse indicador, o SNIS acompanha também o índice do tratamento em relação ao volume coletado (IN016), que reflete a capacidade de tratamento. Isso explica a variação entre os índices. Em um município que gera 100 m³ de esgotos/ano e coleta e trata 10 m³, o tratamento em relação ao volume total gerado é de 10,0% e, em relação ao coletado, 100,0%

Do total de esgoto gerado, o SNIS-AE 2022 aponta que apenas 52,2% são tratados. Nas regiões, os índices variam de 19,8% na Norte a 61,6% na Sudeste.

O esgoto doméstico ainda é uma das principais causas de poluição dos recursos hídricos nas cidades brasileiras. Estar a par dessa realidade é importante para o incentivo da regulamentação, a melhoria das políticas públicas e o desenvolvimento de soluções efetivas para o tratamento e o retorno de água limpa ao meio natural.

Há inúmeros estudos que apontam impacto direto do tratamento de esgoto no combate a proliferação de diversas doenças e consequente expectativa de vida da população.

Outro ponto relevante é que esse indicador tem relação direta com o 6º objetivo de desenvolvimento sustentável da ONU (ODS 6), o qual aborda sobre o manejo sustentável da água e saneamento para todos.

Em 2022, pouco mais da metade (52,2%) do esgoto gerado no Brasil foi tratado. Analisando o tratamento de esgoto por região, temos uma situação mais crítica na região Norte, onde apenas cerca de 1/5 do esgoto é tratado (referido à água consumida).

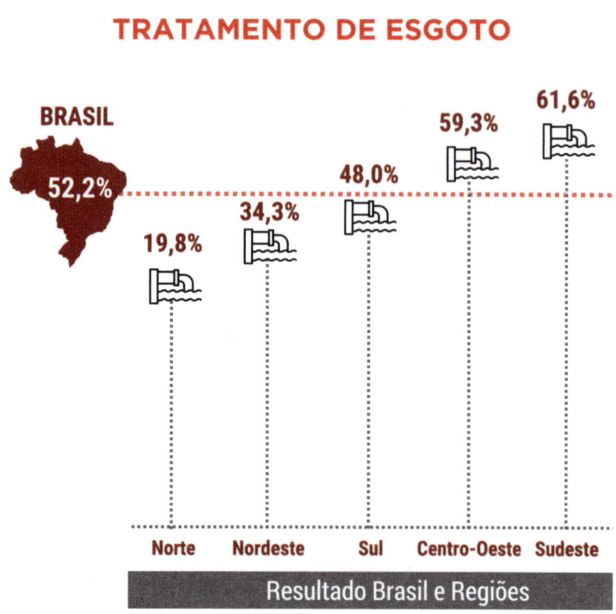

Figura 115: Tratamento adequado do esgoto. Fonte: SNIS (2022).

Indicador

Acesso à Banda Larga Fixa por 100 habitantes

Este indicador mede a quantidade de acessos à banda larga pelo número de habitantes da cidade.

Em 2010, o Brasil definiu o seu Plano Nacional de Banda Larga (PNBL). Essa iniciativa é de suma importância diante da relevância que a internet em banda larga vem ganhando e impactando cada vez mais os ciclos produtivo, mercadológico, econômico e cultural do país. Seu principal objetivo foi massificar o ingresso de usuários a receberem mais informação, ofertas e atendimento por satélite nos municípios.

Um estudo do Banco Interamericano de Desenvolvimento (BID)[14] estimou que um aumento médio de 10% na penetração da banda larga nos países da América Latina e Caribe (ALC) causou um aumento de 3,19% no PIB e de 2,61% na produtividade, gerando mais de 67.000 empregos diretos. No Brasil, existem cidades como, por exemplo, Piraí, no Rio de Janeiro, que oferece sinal de internet gratuita em vários bairros, por meio do projeto Cidade Inteligente. Ações como essa propiciam um ambiente igualitário para todos os cidadãos em um município com inclusão digital.

Assim sendo, é crescente a percepção dos gestores municipais quanto à universalização desse ingresso por parte de todas as camadas da população. O acesso público a essa alta capacidade e velocidade de transmissão de dados, som e imagem é fundamental para a melhoria das condições de vida e para o desenvolvimento de atividades essenciais em uma cidade, desde a educação à saúde.

Ao avaliar a média da densidade de acessos à banda larga dos municípios por porte, encontramos uma discrepância significativa, sendo que, as cidades menores - com menos de 30 mil habitantes - possuem uma média da densidade de cerca de 13 acessos a cada 100 habitantes, já as cidades maiores - com mais de 100 mil habitantes - possuem mais que o dobro de densidade, chegando, em média, a 27 acessos a cada 100 habitantes. Essa diferença é persistente em todas as regiões do país, conforme pode ser visualizado na figura a seguir.

---

14 Fonte:https://publications.iadb.org/publications/portuguese/document/Relatorio-anual-do-Indice-de-Desenvolvimento-da-Banda-Larga-IDBL-2020-lacuna-digital-na-America-Latina-e-Caribe.pdf

DENSIDADE DE ACESSOS À BANDA LARGA FIXA POR 100 HABITANTES POR REGIÃO E POR PORTE DO MUNICÍPIO

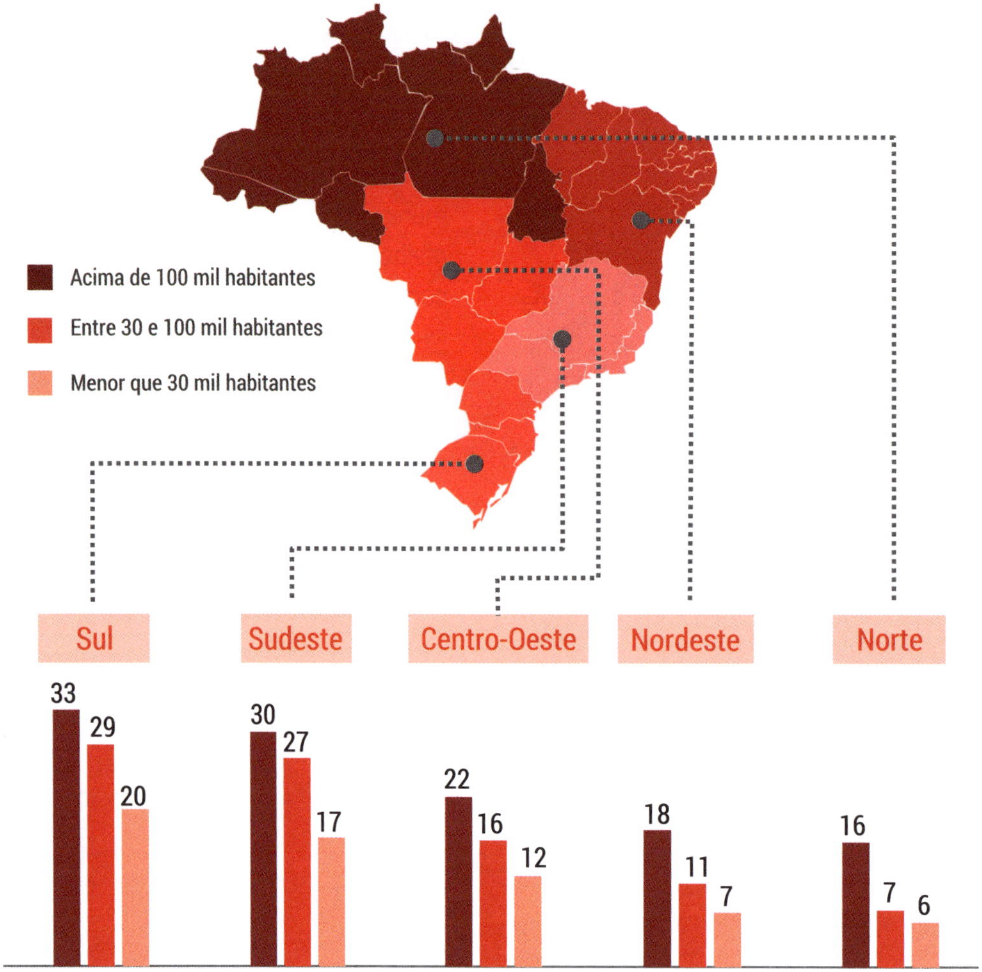

Figura 116: Média de densidade de acessos à banda larga fixa por 100 habitantes por região e por porte do município. Fonte: ANATEL (novembro/2023), extraído da plataforma IGMA em fevereiro/2024.

Destaca-se que as cidades menores da região Sul possuem uma densidade de acesso maior do que, inclusive, as cidades maiores das regiões norte e nordeste.

Indicador

Deslocamento casa-trabalho em menos de 1 hora

O tempo de deslocamento diário da casa para o trabalho impacta diretamente na qualidade de vida e na produtividade dos trabalhadores. Nesse sentido, esse indicador mede, percentualmente, a população que faz o caminho casa-trabalho em menos de uma hora.

Por exemplo, um resultado de 90% aponta que 9 de cada 10 habitantes daquele município realizam o trajeto diário de casa-trabalho com menos de 60 minutos. Espera-se que, quanto maior o resultado desse indicador, melhor para aquela localidade, já que menos pessoas estão perdendo tanto tempo em deslocamento.

Segundo estudo da FIRJAN, realizado em 2016, o que todos os trabalhadores deixam de produzir enquanto vão e vêm tem nome, chama-se produção sacrificada. Imagine, *se essa mesma população ao invés de deslocamento, estivesse trabalhando, qual seria o impacto?* Ainda segundo o estudo, o Estado de São Paulo, por exemplo, deixou de produzir em um ano R$ 53,4 bilhões, do Rio de Janeiro R$ 24 bilhões e o de Minas Gerais R$ 7 bilhões.

Dessa forma, a partir desse indicador, as administrações municipais podem discutir boas oportunidades para melhorar a rotina e qualidade de vida dos seus cidadãos com soluções em mobilidade urbana e infraestrutura.

No Brasil, a população gasta, em média, 4,8 horas no deslocamento para o trabalho, por semana. Observa-se que o estado onde as pessoas gastam mais é o Rio de Janeiro, com 6,7 horas em média por semana.

Em uma visão regional, a região Sul é a que possui menor tempo médio de deslocamento para o trabalho, com um total de 3,9 horas na semana - 19% menor que a média nacional.

"PERCENTUAL DE TRABALHADORES QUE GASTAM MAIS DE 1 HORA NO PERCURSO CASATRABALHO (POR ESTADO)"

Estado	"Tempo médio de deslocamento para o trabalho (horas por semana)"	Percentual da população de 15 anos ou mais de idade, ocupada, que gasta mais de 1 hora no deslocamento casa-trabalho por dia
Rio de Janeiro	6,7	57,8%
Distrito Federal	5,8	53,7%
São Paulo	5,6	44,9%
Amazonas	5,2	46,9%
Pernambuco	5,1	40,5%
Bahia	4,7	39,5%
Goiás	4,7	35,2%
Espírito Santo	4,6	39,2%
Alagoas	4,5	35,9%
Minas Gerais	4,3	35,1%
Pará	4,3	31,2%
Ceará	4,2	33,3%
Sergipe	4,1	38,0%
Rio Grande do Norte	4,1	33,4%
Amapá	4,0	34,5%
Rio Grande do Sul	4,0	34,5%
Mato Grosso do Sul	4,0	30,6%
Mato Grosso	4,0	27,3%
Paraná	3,8	26,9%
Santa Catarina	3,8	24,9%
Maranhão	3,7	31,8%
Paraíba	3,7	29,0%
Acre	3,6	25,8%
Roraima	3,5	26,6%
Tocantins	3,3	21,1%
Rondônia	3,2	19,7%
Piauí	3,1	26,9%
Brasil	4,8	38,7%

Tabela 14: Percentual da população de 15 anos ou mais de idade, ocupada, que gasta mais de 1 hora no Deslocamento casa- trabalho em menos de 1 hora por dia. Fonte: IBGE: Pesquisa Nacional de Saúde (2019).

Indicador
Coleta de Lixo Domiciliar

Toda e qualquer cidade deve manter-se limpa e saudável, além de contribuir com a proteção do meio ambiente. Para isso, apresentamos um indicador importante: a coleta de lixo domiciliar, que se refere à taxa de cobertura regular do serviço de coleta de resíduos domiciliares em relação à população total do município divulgada pelo Sistema Nacional de Informações sobre Saneamento (SNIS).

Ele é calculado dividindo-se o número de habitantes atendidos no município com coleta regular de, pelo menos, uma vez por semana pela população total do município. O serviço é, portanto, essencial, pois uma coleta eficiente de lixo domiciliar pode ajudar a reduzir a quantidade de lixo que vai para aterros sanitários e contribuir com a redução da poluição do ar e da água.

Lembramos que a geração de resíduos sólidos urbanos é um problema crescente no Brasil. Segundo dados da Associação Brasileira de Empresas de Limpeza Pública e Resíduos Especiais (Abrelpe), cada brasileiro produz em média 1 quilo de resíduos por dia. A região com maior produção de resíduos é a Sudeste, com cerca de 111 mil toneladas diárias (o que representa 50% da geração do país). Já o Centro-Oeste produz 6 milhões de toneladas/ano, ou seja, 7% da produção nacional. Em 2022, foram coletados 76,1 milhões de toneladas de resíduos, o que levou a uma cobertura nacional de aproximadamente 90%.

De acordo com o Sistema Nacional de Informações sobre Saneamento, dos 5.058 municípios que informaram dados de coleta de lixo domiciliar, 3% (146) deles possui menos de 30% da população atendida pela coleta de lixo. Isso representa mais de um milhão de pessoas que não acessam esse serviço básico.

Entendemos a necessidade de melhorar o índice, quando estendemos esse cálculo a cada município do nosso país: são quase 19 milhões de pessoas sem acesso a coleta de lixo domiciliar. *Por que isso ocorre?* Muitos não são atendidos pela coleta em razão da pobreza, pela falta de infraestrutura ou localização remota. Segundo a Abrelpe, 39% dos resíduos coletados têm destinação inadequada, como aterros sanitários a céu aberto, que podem causar problemas ambientais e de saúde.

MUNICÍPIOS POR FAIXA DE COLETA DE LIXO DOMICILIAR

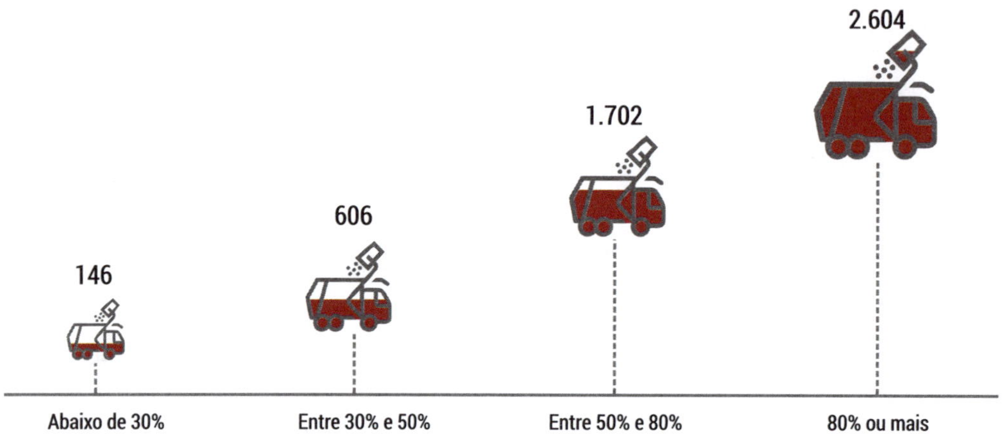

Figura 117: Municípios por faixa de coleta de lixo domiciliar. Fonte: SNIS (2022), extraído da plataforma IGMA em fevereiro/2024.

Para um município melhorar o resultado do seu indicador, ele pode adotar iniciativas como investir em coleta de lixo, conscientizar a comunidade sobre a importância da reciclagem e da compostagem e realizar parcerias com empresas e organizações para reduzir a quantidade de lixo produzido sem destinação.

Apontamos, também, a necessidade de se investir em pesquisas e desenvolvimento de novas tecnologias de tratamento do lixo. Assim, as cidades contribuirão mais com o meio ambiente, mantendo-se mais limpas e saudáveis.

ESTUDO DE CASO

Saneamento Básico

Com o novo marco nacional do saneamento básico, foi traçado um objetivo para 2033: **99% da população brasileira ser atendida com cobertura de água e 90% dessa população ser contemplada com tratamento de esgoto.**

Mas qual é a realidade do Brasil hoje?

Dados atualizados divulgados pelo SNIS (Sistema Nacional de Informações sobre Saneamento) mostram que, embora o atendimento à coleta de esgoto e abastecimento de água tenham aumentado em 2022, o cenário ainda está longe do objetivo para 2033.

ÍNDICE DE ATENDIMENTO TOTAL

TRATAMENTO DE ÁGUA

2014	2015	2016	2017	2018	2019	2020	2021	2022	Objetivo 2033
49,8%	50,3%	51,9%	52,4%	53,2%	54,1%	55,0%	55,8%	56,0%	90,0%

ABASTECIMENTO DE ÁGUA

2014	2015	2016	2017	2018	2019	2020	2021	2022	Objetivo 2033
83,0%	83,3%	83,3%	83,5%	83,6%	83,7%	84,1%	84,2%	84,9%	99,0%

A meta do Governo Brasileiro é alcançar, até 2033, 99% da população com abastecimento de água e 90% com acesso a coleta e tratamento de esgoto.

Figura 118: Evolução histórica do saneamento básico no Brasil. Fonte: SNIS (2014 a 2022).

No que tange à evolução recente, tendo em vista o ritmo necessário para a entrega daquelas metas de 2033, temos uma primeira dimensão do quão desafiadores são tais objetivos. Abastecimento de água está praticamente estagnado desde 2014 e tratamento de esgoto evoluiu muito pouco no mesmo período.

Para os dois indicadores, o progresso tem se demonstrado bastante lento, desde 2014. Além disso, também podemos identificar uma significativa variabilidade entre os municípios das diferentes regiões brasileiras.

ÍNDICE DE ATENDIMENTO TOTAL DE ESGOTO E ÁGUA

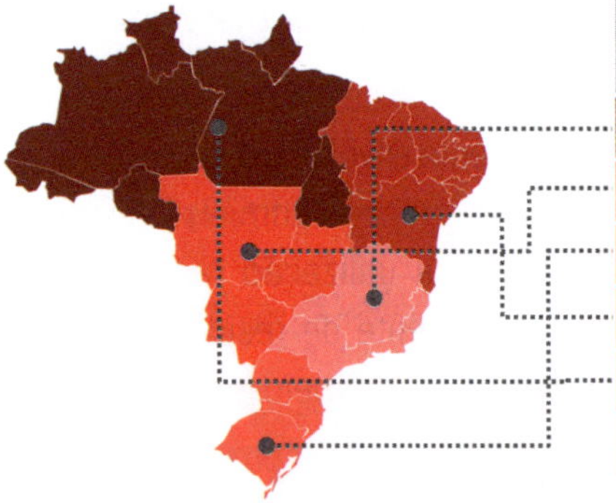

REGIÃO	TRATAMENTO DE ESGOTO	ABASTECIMENTO DE ÁGUA
SUDESTE	80,9%	90,9%
CENTRO-OESTE	62,3%	89,8%
SUL	49,7%	91,6%
NORDESTE	31,4%	76,9%
NORTE	14,7%	64,2%
BRASIL	56,0%	84,9%

Figura 119: Saneamento básico e abastecimento de água por região. Fonte: SNIS (2022).

Os números são bastante díspares entre as regiões brasileiras e corroboram para dar a segunda dimensão desse desafio.

Então, como aumentar 34 pontos percentuais, nos próximos 9 anos, e atingir o objetivo, no caso do tratamento de esgoto? E como evoluir 14 pontos para o abastecimento de água?

O próprio marco aponta algumas diretrizes para os municípios atingirem a meta:

a) Efetivar a livre concorrência para as concessões, incluindo empresas públicas, privadas e mistas;

b) Melhorar o gerenciamento do desempenho da contratada, por meio de indicadores e metas a serem acompanhados periodicamente e sujeitos a punições;

c) Incentivar a união de municípios para a contratação do serviço, compartilhando os custos com o saneamento básico;

d) Disseminar boas práticas ao redor do Brasil.

Como vimos ao longo do pilar, as questões de infraestrutura são mais complexas, envolvem vários entes da federação e, principalmente, exigem forte planejamento e recursos de investimento. Nesse sentido, os gestores brasileiros ainda possuem uma longa caminhada a percorrer, que, quando desdobrada por região, é ainda mais intensa.

O Brasil já deu um importante passo com o marco regulatório do saneamento básico. Agora é fundamental que as administrações municipais, junto aos Estados, definam suas ambições e iniciem os debates dos projetos para promoverem os avanços estruturais tão necessários desses serviços aos cidadãos.

Pilar 5 Sustentabilidade

O caminho do desenvolvimento é irreversível. E certamente será mais bem trilhado se apoiado em iniciativas que o sustentem a longo prazo e permitam o crescimento não apenas das cidades, mas também dos indicadores positivos da gestão municipal. Por isso, compreendemos a sustentabilidade como uma via fundamental para que impactos favoráveis ao desenvolvimento social sejam cada vez mais internalizados pelas prefeituras.

A população aumenta e, com ela, também cresce a necessidade por recursos que a atendam num ciclo cada vez mais consciente a respeito do que se produz e consome. Nesse sentido, cabe à administração pública promover o conhecimento e a participação social em prol da sustentabilidade, o que significa atualizar e disseminar uma nova forma de consumir e descartar recursos naturais.

Já diz o Artigo 225 da Constituição Federal: "todos têm direito ao meio ambiente ecologicamente equilibrado, bem de uso comum do povo e essencial à sadia qualidade de vida, impondo-se ao Poder Público e à coletividade o dever de defendê-lo e preservá-lo para as presentes e futuras gerações".

Então, sob o ponto de vista da gestão pública, preservar o meio ambiente envolve exercer uma gestão articulada por meio de diretrizes administrativas e operacionais, que permitam a utilização racional de recursos e o descarte consciente de resíduos, a fim de reduzir ou eliminar os danos ao meio ambiente.

Por meio do seu poder normativo e regulatório, a gestão municipal também pode enfrentar as questões ambientais buscando estratégias inovadoras para transformar e otimizar os atuais padrões de produção e consumo.

Abaixo, descrevemos uma lista com todos os indicadores que compõem atualmente esse pilar:

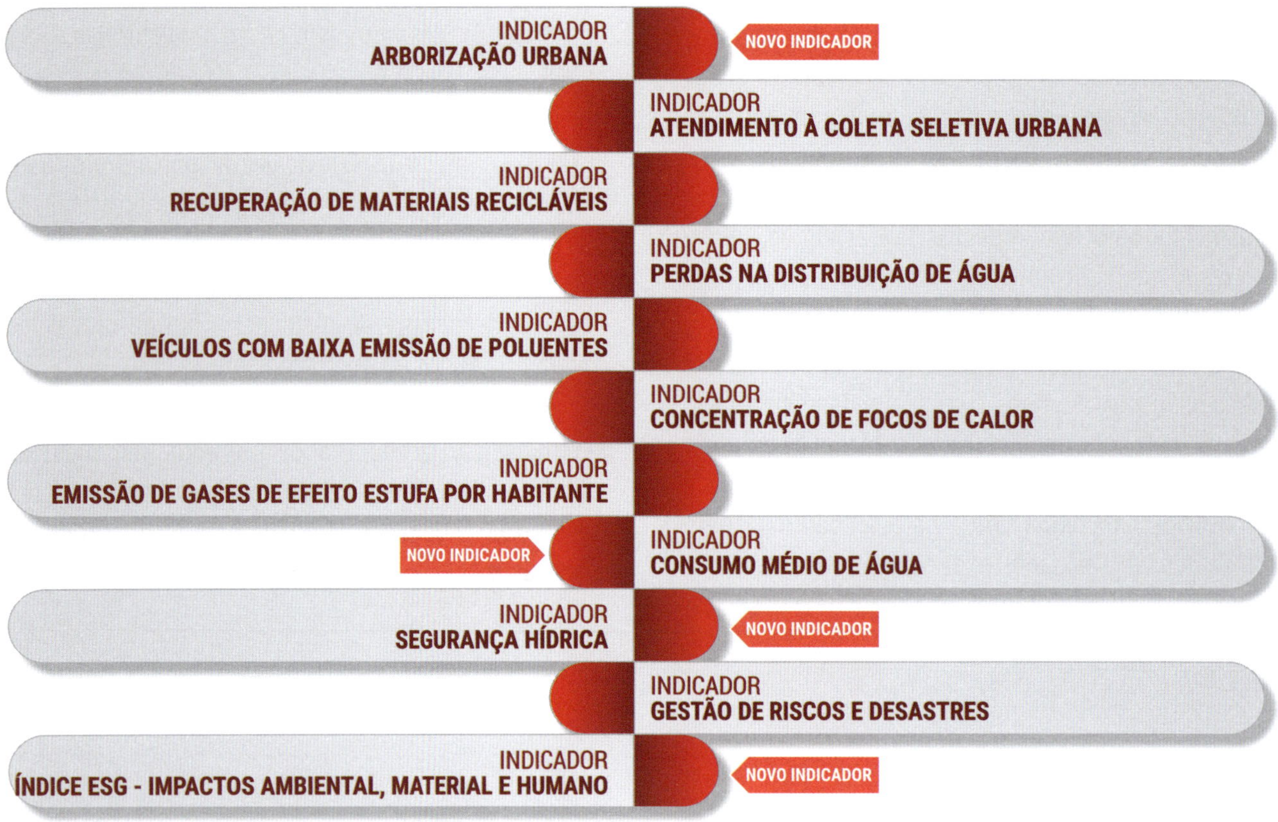

Figura 120: Indicadores que compõem o pilar Sustentabilidade.

Vamos conhecê-los agora?

Indicador
Arborização Urbana

O indicador de arborização urbana mede a proporção de pessoas que vivem em áreas urbanas com a presença de árvores. Ele é importante para avaliar a qualidade de vida nas cidades, pois a arborização urbana traz diversos benefícios, como a redução da poluição do ar e dos ruídos, a diminuição da temperatura, a melhoria da qualidade do solo e a promoção da biodiversidade.

É possível encontrar exemplos de arborização urbana em várias cidades do mundo. Sidney, na Austrália, tem como meta para 2030 possibilitar que todos os seus habitantes vivam a menos de três minutos de acesso a áreas verdes. Vancouver, no Canadá, pretende se tornar a cidade mais verde do mundo até 2050.

Atualmente, no Brasil, é responsabilidade da gestão pública de cada município planejar sua arborização urbana, desde a concepção até a implantação e manutenção, por meio do trabalho de profissionais técnicos capacitados para todas as etapas, incluindo o plantio correto, a poda e o corte definitivo das árvores.

Os nossos municípios têm o desafio de integrar décadas de avanço urbano vivenciadas sem o devido planejamento sustentável local, o que denominamos de "infraestrutura natural". Conheça alguns exemplos de como essa infraestrutura natural pode desempenhar para o bem-estar dos cidadãos:

- Ar e água limpos: plantas, árvores e solo filtram muitos poluentes que poderiam ir para o ar e a água da cidade;
- Escoamento de enchentes: uma única árvore madura pode interceptar mais de 15.000 litros de água por ano, reduzindo assim os custos com infraestrutura;
- Melhoria da qualidade de vida urbana: estudos mostram que cidades com mais espaços verdes tem taxas de criminalidade menores;
- Novas oportunidades alimentares: as árvores frutíferas possuem este papel importante a desempenhar nas comunidades;
- Redução do nível de stress: o contato com a natureza reduz a pressão arterial, o colesterol e o stress.

De todos os municípios brasileiros, 34% (1.898) têm até 60% de arborização urbana. Somente 27% dos municípios tem 9 em cada 10 pessoas vivendo em áreas urbanas com árvores ao redor.

MUNICÍPIOS POR FAIXA DE ARBORIZAÇÃO URBANA

Figura 121: Municípios por faixa de arborização urbana. Fonte: IBGE (Censo Demográfico 2010), extraído da plataforma IGMA em fevereiro/2024.

Indicador

Atendimento à coleta seletiva urbana

Este índice é calculado pelo SNIS a partir da proporção da população urbana atendida com coleta seletiva sobre a população urbana total.

A Política Nacional de Resíduos Sólidos determina a coleta seletiva como obrigação dos municípios, que devem estabelecer planos de gestão integrada de resíduos sólidos com metas específicas. Resíduos Sólidos Urbanos (RSU) se referem aos que são oriundos do lixo doméstico e da limpeza urbana efetuada nas cidades pelos serviços locais.

Seu gerenciamento adequado contribui para o desenvolvimento sustentável municipal, já que impacta positivamente no âmbito ambiental (reduzindo o uso de matéria-prima virgem e aumento da vida útil dos aterros sanitários), econômico e social (gerando emprego e renda por meio da inclusão social de classes mais carentes).

Quando falamos em cidades sustentáveis, está claro que, quanto maior for o percentual de coleta seletiva no município, mais adequada será a destinação de resíduos daquela comunidade.

Segundo o SNIS, apenas 24% (1.344) dos municípios brasileiros possuem informação referente a abrangência de coleta seletiva urbana. Esse dado torna-se mais crítico quando analisamos os municípios das regiões Nordeste e Norte, onde somente 5% e 6% deles possuem informação, respectivamente.

PERCENTUAL DE MUNICÍPIOS COM INFORMAÇÃO DA EXISTÊNCIA DE COLETA SELETIVA NO SNIS POR REGIÃO

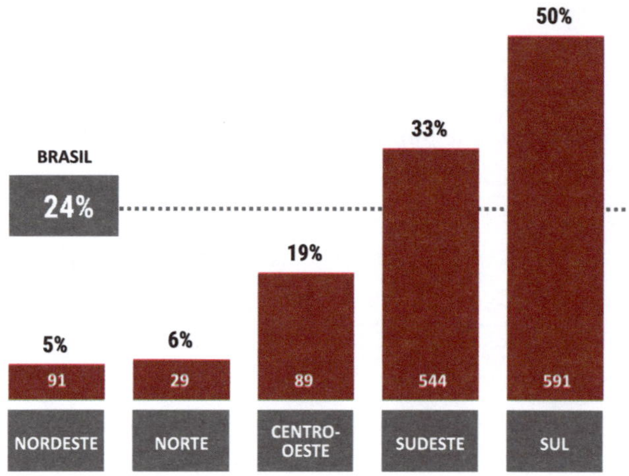

Figura 122: Atendimento à coleta seletiva urbana. Fonte: SNIS (2021), extraído da plataforma IGMA em fevereiro/2024.

Indicador
Recuperação de materiais recicláveis

Também calculado pelo SNIS, este índice avalia o percentual de massa de recicláveis secos recuperados frente à massa total de RDO (Resíduos Sólidos Domiciliares) e RPU (Resíduos Sólidos Públicos) coletada no município.

Sabemos que o modelo de economia circular abraçado pela reciclagem é um dos desafios da Política Nacional de Resíduos Sólidos. Todos os anos, o Brasil perde dinheiro e inúmeras oportunidades de geração de empregos (força de trabalho adicional para coletar, separar e recuperar recicláveis nos municípios) por causa do descarte incorreto do lixo reciclável

Em 2020, o ranking internacional dos países que mais reciclam no planeta apontou a Alemanha no topo, com aproximadamente 60% de reciclagem de resíduos sólidos. Em seguida, aparecem Coréia do Sul (59%), Áustria (58%), Eslovênia (58%) e Bélgica (55%). O Brasil ainda ocupa as últimas posições nessa saudável competição internacional, demonstrando uma enorme oportunidade para todos os nossos municípios.

Segundo a atualização do PNRS (Política Nacional de Resíduos Sólidos) de 2020, a meta é que, até 2040, pelo menos 72,6% da população tenha acesso à coleta seletiva de lixo e que 20% do material coletado seja reciclado. Outra nova meta do Plano é reduzir para zero o número de lixões em todo o Brasil.

A recuperação de materiais recicláveis ainda é uma prática pouco realizada no Brasil. Os municípios brasileiros, em média, recuperam apenas 7,7% desse material. É importante ressaltar que nem todos os municípios possuem essa informação contabilizada e divulgada pelo SNIS.

Os municípios do Sul (10,4%) recuperam, em média, quase 2 vezes mais que os municípios do Nordeste e Norte.

MÉDIA MUNICIPAL DE RECUPERAÇÃO DE MATERIAIS RECICLÁVEIS POR REGIÃO

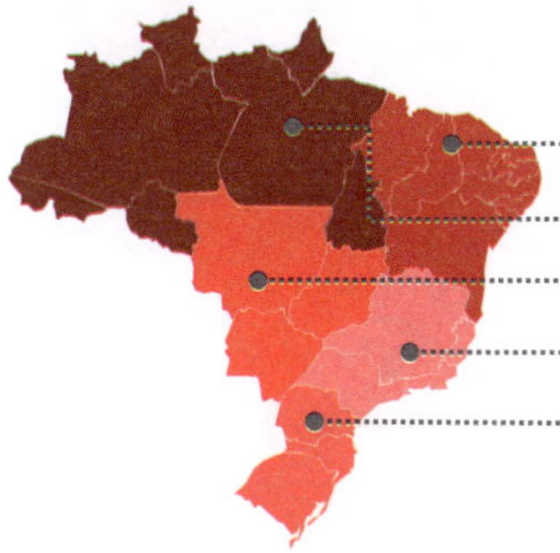

REGIÃO	RECUPERAÇÃO DE MATERIAIS RECICLÁVEIS
NORDESTE	5,4%
NORTE	5,5%
CENTRO-OESTE	6,4%
SUDESTE	6,5%
SUL	10,4%
BRASIL	7,7%

* Média calculada considerando os 2.164 municípios com informação disponibilizada no SNIS para este indicador.

Figura 123: Recuperação de materiais recicláveis. Fonte: SNIS (2022), extraído da plataforma IGMA em fevereiro/2024.

Indicador

Perdas na distribuição de água

O índice mede o volume de água perdida (não contabilizada como utilizada pelos consumidores) frente ao que foi disponibilizado pelos prestadores de serviços. Assim, o indicador calculado pelo SNIS aponta que, quanto mais eficiente for o sistema de distribuição de água, menores serão as perdas.

Estima-se que 97,5% da água na Terra é salgada ou inadequada ao consumo humano direto e o maior volume de água doce encontra-se em áreas de difícil acesso. No Brasil, 40,1% da água potável e tratada são perdidas pelo caminho das estações até a casa dos cidadãos. Na maioria das vezes, esse desperdício é causado por vazamentos em diferentes pontos do sistema de abastecimento, ligações clandestinas e irregulares e por falhas de leitura ou leituras imprecisas, resultantes de hidrômetros antigos.

São perdas que trazem impactos negativos para toda a sociedade, uma vez que grande quantidade do líquido poderia ter sido consumida pela população. Para esses casos, é relevante o investimento em práticas de gerenciamento e controle de perdas, as quais podem incluir a implementação de planos municipais de gestão de perdas, a utilização de indicadores de desempenho para acompanhar o progresso das ações e a definição de metas a serem alcançadas em períodos pré-estabelecidos.

O percentual de perdas na distribuição de água apresentava um aumento contínuo desde 2015, porém, em 2022, o índice reduziu 2,9 pontos percentuais em relação a 2021, ficando próximo aos níveis registrados entre 2012 e 2015 (intervalo de tempo no qual o índice chegou a ficar abaixo de 37%).

Atualmente, no Brasil, o índice de perdas está em 37,8%, o que significa que, de cada 100 litros distribuídos pelos prestadores de serviços de água, apenas 62,2 litros foram contabilizados como utilizados pelos consumidores.

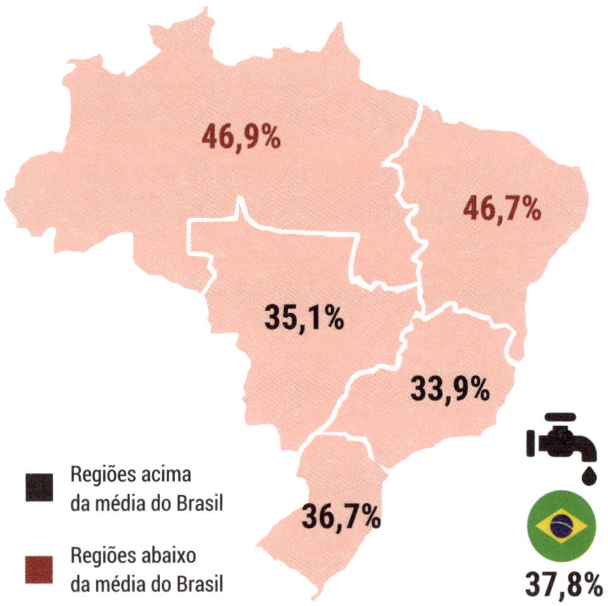

* 165 municípios sem dados.

Figura 124: Perdas na distribuição de água. Fonte: SNIS (2022).

Indicador

Veículos com baixa emissão de poluentes

Este indicador mede a quantidade de veículos com emissão reduzida de CO² sobre a quantidade de automóveis vinculados ao município.

Cerca de 90% da população mundial está exposta a níveis de concentração de poluentes acima dos recomendados pela OMS e as cidades brasileiras, de forma geral, têm apresentado um crescimento expressivo na frota veicular de suas regiões metropolitanas.

Entendermos esses números é importante para que todos os atores sociais – setor público regulador e fiscalizador, fabricantes de automóveis e público em geral – se conscientizem mais sobre as emissões de gases de efeito estufa (GEE) por veículos e ajam em prol de melhorar a qualidade do nosso ar e do meio ambiente.

Ou seja, quanto menos emitirmos substâncias poluentes por meio de veículos, estaremos contribuindo para a formação de cidades mais limpas. Muitas políticas públicas priorizam a utilização compartilhada de veículos ou mesmo incentivam seus cidadãos a utilizarem outros meios de locomoção que impactam menos no meio ambiente, como a disponibilização de estações para o uso de bicicletas por um valor simbólico.

No Brasil, a cada 10.000 veículos, apenas 24 são de baixa emissão. Analisando por região, a Norte é a que apresenta menor percentual de sua frota com veículos de baixa emissão, já que apenas cerca de 11 a cada 10.000 veículos são híbridos ou elétricos.

Embora o distrito de Fernando de Noronha não seja abordado no IGMA, devido às suas especificidades administrativas, se fosse comparado aos demais municípios, ele seria o melhor do Brasil neste indicador, com cerca de 7% da frota em veículos de baixa emissão. Em 2020, foi instituído no arquipélago o Programa Noronha Carbono Zero, o qual proíbe, a partir de 12 de agosto de 2023, a entrada de veículos que emitem dióxido de carbono, e incentiva a entrada de carros elétricos, visando a substituição total da frota de veículos poluentes a partir de 2030.

Vale destacar que o tamanho da frota total de veículos de Fernando de Noronha é muito pequena quando comparada com grande parte dos municípios brasileiros.

FROTAS DE VEÍCULOS COM BAIXA EMISSÃO POR REGIÃO

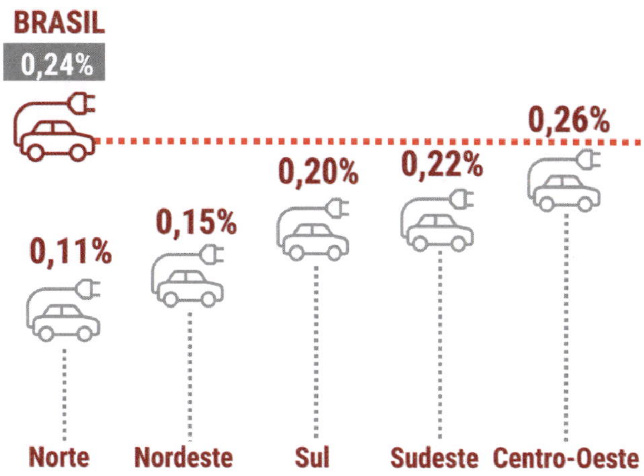

Figura 125: Frotas de veículos com baixa emissão por região. Fonte: SENATRAN (dezembro/2023) e página do distrito de Fernando de Noronha (acessada em março/2024).

Indicador
Concentração de focos de calor

Esta é uma medida que calcula o quanto cada município contribuiu percentualmente para o total de focos de calor do país no último ano.

Importante diferenciarmos aqui conceitos que são facilmente confundidos: foco de calor, queimada e incêndio florestal. O primeiro diz respeito a qualquer temperatura registrada acima de 47°C, ou seja, não é necessariamente um foco de fogo ou incêndio. A queimada é uma prática que utiliza o fogo de forma controlada para viabilizar a agricultura ou renovar as pastagens. E o incêndio florestal trata-se do fogo sem controle que incide sobre qualquer forma de vegetação, tendo como causa o fator humano ou natural.

O indicador Concentração de focos de calor revela dados que podem ajudar na prevenção do desmatamento e da degradação das florestas do país em decorrência dessa característica que determinadas regiões carregam. Compreender essa dinâmica espacial, acompanhada de um olhar temporal, é fundamental para o incentivo às ações de políticas públicas neste sentido.

Em 2023, foram observados 189.926 focos de calor no Brasil. As regiões Norte e Nordeste são as que concentram a maior parte. Juntas, representam mais da metade (77%). Tais regiões são ocupadas predominantemente pelos biomas Caatinga, Cerrado e Amazônia.

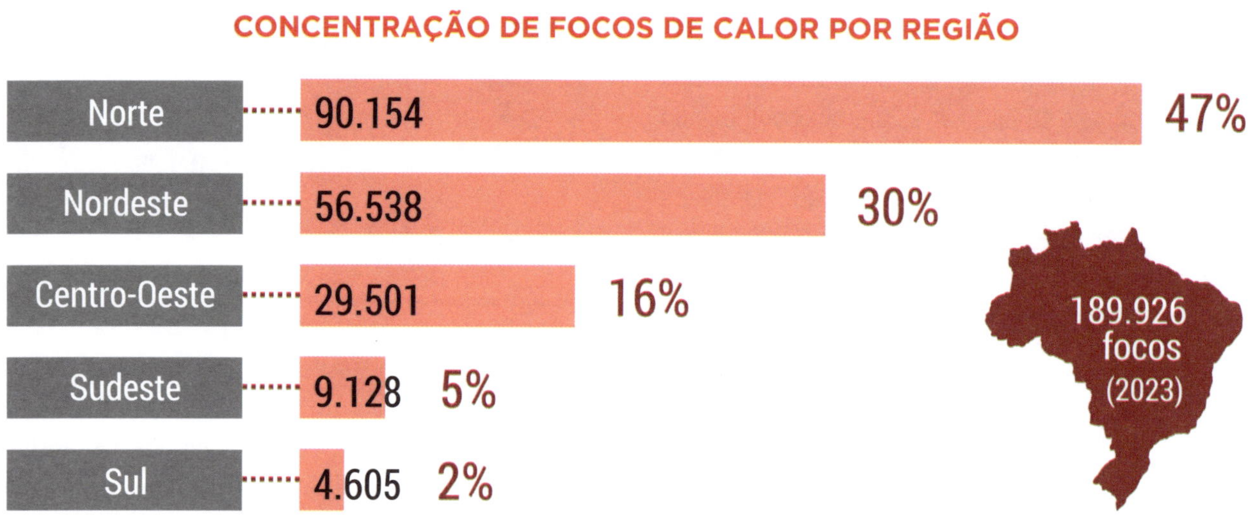

Figura 126: Concentração de focos de calor por região. Fonte: Instituto Nacional de Pesquisas Espaciais - INPE (2023), extraído da plataforma IGMA em fevereiro/2024.

Indicador

Emissão de gases de efeito estufa por habitante

O índice é calculado pelas estimativas de emissões de gases de efeito estufa (GEE) dos municípios por população. Elas são divulgadas anualmente pelo Sistema de Estimativas de Emissões e Remoções de Gases de Efeito Estufa (SEEG), uma iniciativa do Observatório do Clima.

O Brasil está entre os países mais poluidores do mundo. É o que aponta o estudo realizado pelo *Think Tank Iinternacional Carbon Brief* e leva em conta dados de emissões de queima de combustível fóssil, mudanças no uso do solo, produção de cimento e desmatamento de 1850 a 2021.

Até 2019, as pesquisas não consideravam a poluição provocada pela destruição de florestas. Com essa alteração, o Brasil aparece em quarto lugar como um dos grandes emissores por conta da liberação de CO_2 na atmosfera decorrente de desmatamento e manuseio do solo ao longo dos últimos 171 anos.

Dessa forma, o ranking dos cinco países que mais poluíram desde a Revolução Industrial, de 1850 a 2021, são, nesta ordem: EUA, China, Rússia, Brasil e Indonésia.

No caso dos dois últimos países, a maior parte das emissões é decorrente da derrubada de florestas e do uso do solo para pecuária e agricultura, diferentemente do que ocorre com os demais grandes poluidores que o fazem por meio da queima de combustíveis fósseis.

Conforme relatório análise das emissões de gases de efeito estufa de 2023 do SEEG, apesar de ser uma participação decrescente, a taxa de contribuição das nossas cidades nas emissões globais de GEE ainda é uma das maiores do planeta. Nossas emissões ***per capita*** superam 11t CO_2/habitante (2019) e continuam superiores à média global de pouco mais de 6t CO_2/hab . Conquistamos avanços, mas ainda precisamos de mais esforços para sermos considerados uma economia de baixo carbono.

No Brasil, a região da Amazônia Legal concentra o ranking dos dez municípios com maiores emissões *per capita* em 2022: nove municípios no Mato Grosso e 1 em Rondônia. Podemos observar essa concentração no mapa ilustrado.

Analisando as emissões brutas *per capita* dos Estados em 2022, segundo dados do relatório analítico do SEEG, Mato Grosso lidera o ranking nacional com 106 toneladas de CO_2 emitidas *per capita* - mais de 17 vezes a média mundial de 6,2 toneladas por habitante. Em seguida, há o estado de Rondônia, com 95 toneladas. São estados que têm como principais fontes de emissão de gases poluentes o desmatamento e atividade pecuária.

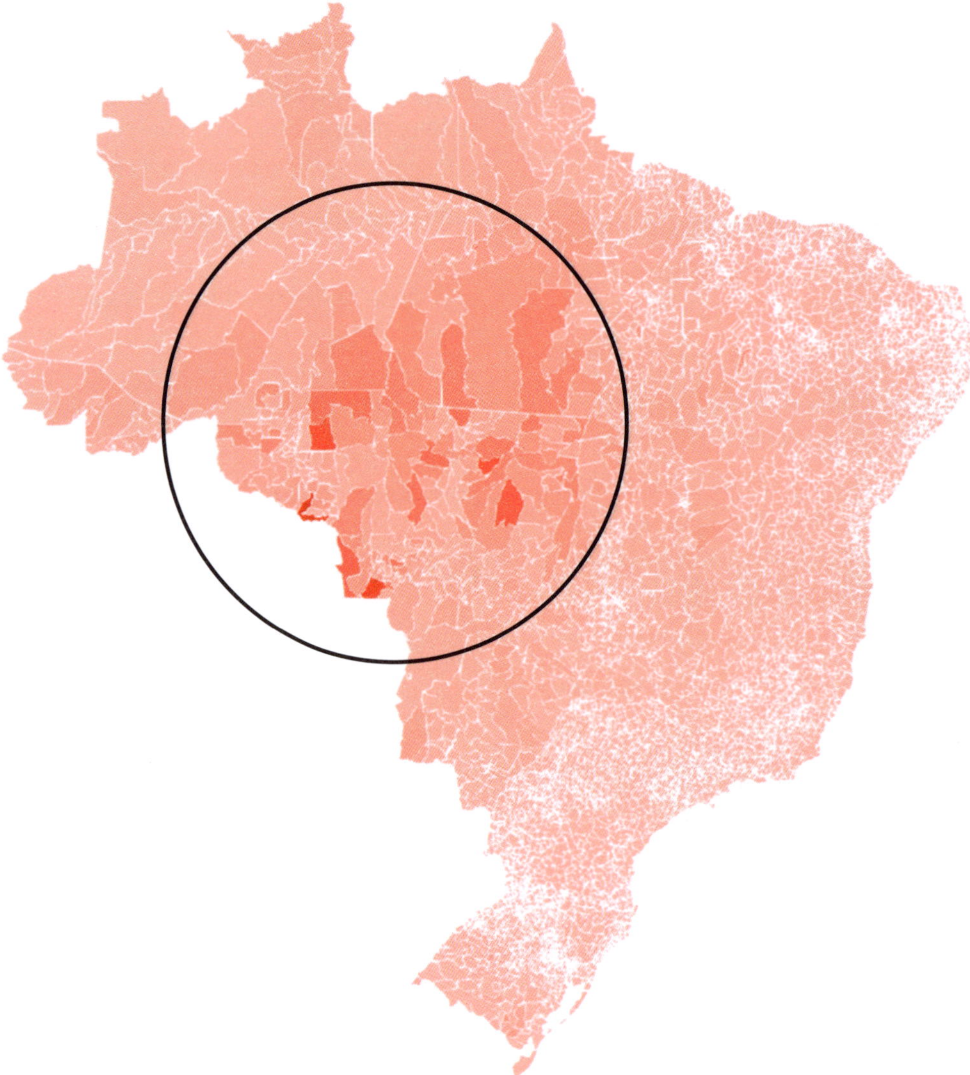

Figura 127: Emissão de gases de efeito estufa por habitante. Fonte: SEEG - Sistema de Estimativas de Emissões e Remoções de Gases de Efeito Estufa (Emissão Bruta CO2e (t) GWP-AR5 2022) e IBGE (População Censo 2022).

Indicador

Consumo médio de água

Este indicador avalia a eficiência e a sustentabilidade do abastecimento de água em uma cidade, a partir do cálculo do consumo médio *per capita* de água (litros/habitantes/dia) divulgado pelo SNIS - Sistema Nacional de Informações sobre Saneamento.

Segundo o relatório da Organização das Nações Unidas para a Alimentação e Agricultura, publicado em 2021 pela UNESCO – *United Nations Educatinal, Scientific and Cultural Organization*, o uso global de água doce aumentou seis vezes nos últimos cem anos e, desde a década de 1980, continua a crescer a uma taxa de cerca de 1% ao ano. De acordo com a ONU, haverá um déficit de 40% nos recursos de água doce até 2030, que, associado com o aumento da população mundial, faz com que o mundo caminhe para uma crise global de água.

A ONU estima que cada pessoa necessita de 110 litros de água por dia para atender suas necessidades básicas de consumo e higiene. No Brasil, o consumo médio de água é de 148 litros/habitantes/dia. Esse resultado varia em cada uma das regiões do país. Aproximadamente 39% dos municípios que informam esse dado consomem acima da média geral. Essa variação pode ser influenciada por fatores como disponibilidade de recursos hídricos, densidade populacional, hábitos de consumo e infraestrutura.

MUNICÍPIOS POR FAIXA DE CONSUMO MÉDIO DE ÁGUA

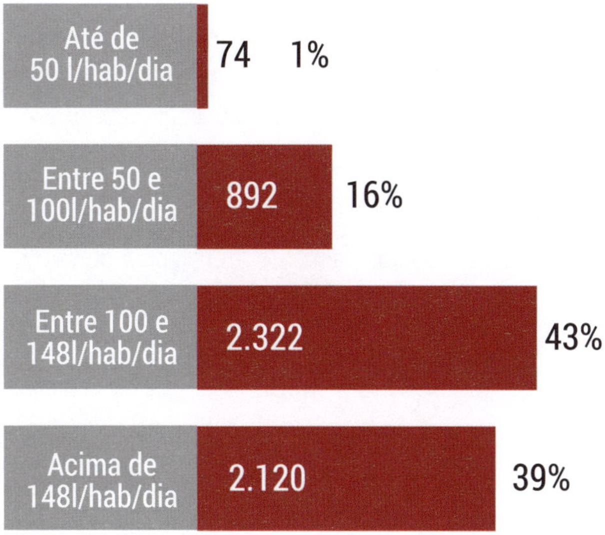

Figura 128 : Municípios por faixa de consumo médio de água.
Fonte: SNIS (2022), extraído da plataforma IGMA em fevereiro/2024.

Dos 2.120 municípios acima da média de consumo nacional, 79% deles estão localizados em somente 8 estados e, mais especificamente, nas regiões Sul, Sudeste e Centro-Oeste. Essa intensidade de consumo de água pode ser explicada, segundo o IBGE, pela grande concentração das atividades agrícolas e pecuárias dessas regiões. Além disso, o abastecimento urbano, a indústria e a geração de energia são outras fontes significativas de consumo de água no Brasil.

Indicador
Segurança Hídrica

A gestão da segurança hídrica está alinhada com a Agenda 2030 dos Objetivos do Desenvolvimento Sustentável da ONU, cujo Objetivo 6 estabelece que, até 2030, os países devem:

- melhorar a qualidade da água;
- aumentar substancialmente a eficiência do uso da água em todos os setores;
- assegurar retiradas sustentáveis e o abastecimento de água doce para enfrentar a escassez de água;
- reduzir substancialmente o número de pessoas que sofrem com a escassez de água.

Para a ONU (UN, 2013), a segurança hídrica existe quando há disponibilidade de água em quantidade e qualidade suficientes sob quatro dimensões balizadoras do planejamento da oferta e do uso da água em um país:

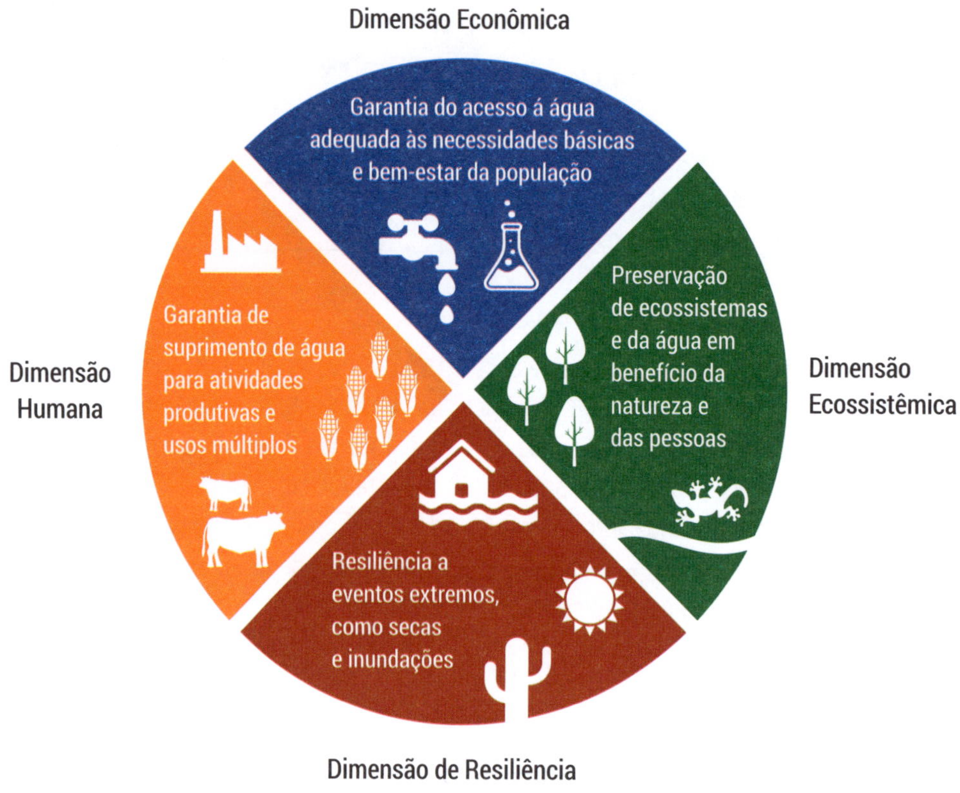

Figura 129: Dimensões da Segurança Hídrica. Fonte: Adaptado da United Nations Water (UN-Water) para o Plano Nacional de Segurança Hídrica.

Assim, como forma de mensurar as necessidades do Brasil quanto à segurança hídrica, a Agência Nacional de Águas e Saneamento Básico desenvolveu o Índice de Segurança Hídrica do Abastecimento Urbano (ISH-U).

O ISH-U considera quatro indicadores, combinados matricialmente em dois subíndices: um relacionado à **eficiência da produção de água** (indicadores de vulnerabilidade dos mananciais e dos sistemas produtores) e outro relacionado à **eficiência da distribuição de água** (indicadores de cobertura e de desempenho no gerenciamento das perdas).

Na mensuração do ISH-U, os municípios, de acordo com o seu nível de segurança hídrica, são classificados em cinco categorias,: mínima, baixa, média, alta e máxima.

Atualmente, o Brasil possui metade de seus municípios com a segurança hídrica alta ou máxima. No mapa abaixo é possível observar essa distribuição:

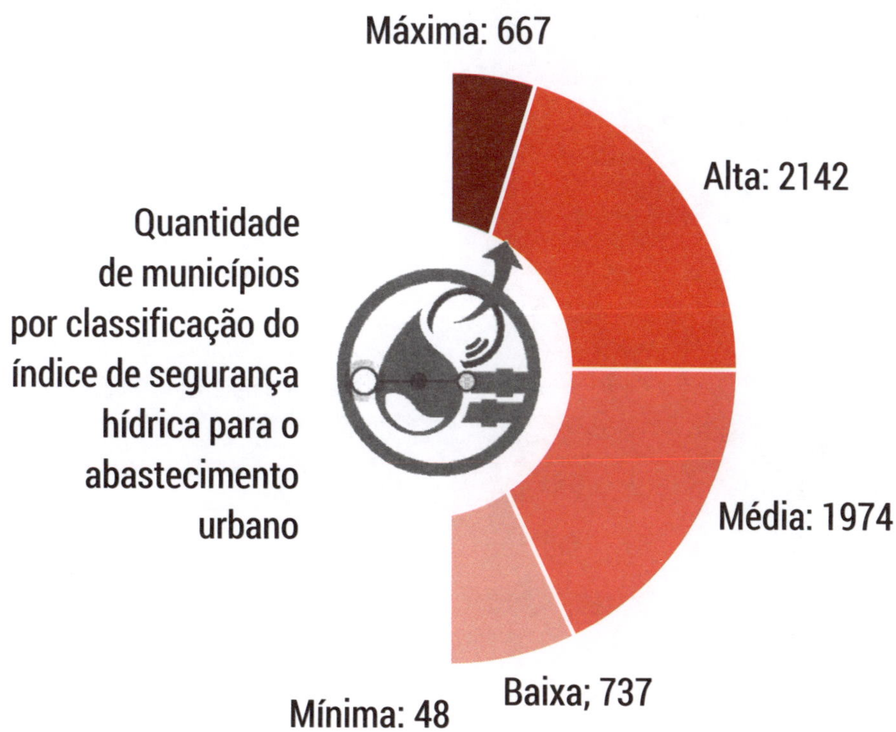

Figura 130: Quantidade de municípios por classificação do índice de segurança hídrica. Fonte: ANA - Agência Nacional de Águas e Saneamento Básico (2021), extraído da plataforma IGMA em fevereiro/2024.

Quando observamos o território nacional por localização, a região com o maior número de municípios em situação crítica é o Nordeste. O indicador aponta que, nessa área, há uma escassez hídrica em que a demanda supera a oferta. Além disso, a poluição compromete a qualidade da água, reduzindo o seu potencial de uso e elevando o custo com tratamentos.

MAPA DO ISH

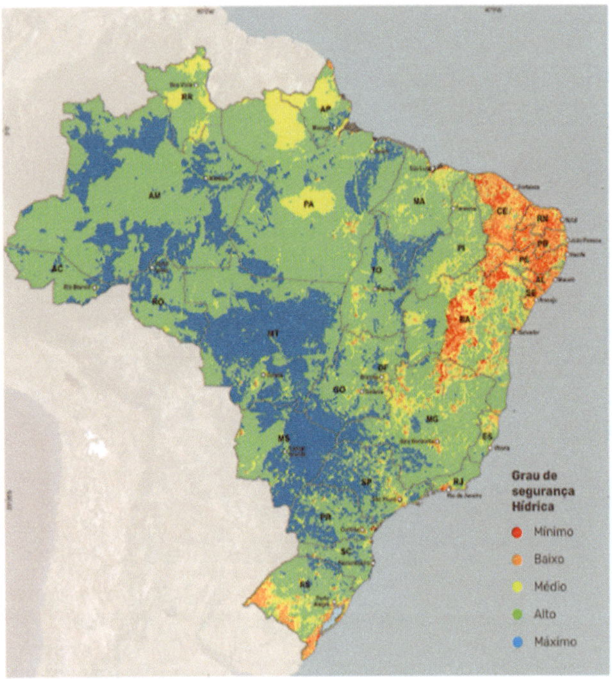

Figura 131: Mapa do ISH Fonte: Plano Nacional de Segurança Hídrica da ANA - Agência Nacional de Águas e Saneamento Básico (2021)

Nesse contexto, a segurança hídrica é destacada como um dos eixos estratégicos do Plano Regional do Desenvolvimento do Nordeste (PRDNE), o qual considera a água como um fator chave para o desenvolvimento sustentável da região, em especial a porção semiárida.

Assim, o PRDNE traz três pilares de atuação para ampliar a segurança hídrica:

a) **Gestão do risco** para reduzir a exposição aos riscos decorrentes dos extremos hidrológicos ou desastres naturais ou de origem antrópica, com ênfase na adoção da gestão do risco ao invés da gestão da crise;

b) **Gestão da demanda**, incluindo mecanismos de alocação de água com foco em setores de maior valor agregado e maior eficiência no uso da água;

c) **Gestão da oferta** pela expansão do investimento em saneamento, universalizando o atendimento de água e o binômio coleta-tratamento de esgoto, com a melhoria na eficiência da prestação do serviço.

Indicador
Gestão de riscos e desastres

Em relação à gestão de riscos e desastres, este indicador avalia a existência, no município, de pelo menos uma das seguintes instituições: Unidade do Corpo de Bombeiros, Coordenação Municipal de Proteção e Defesa Civil ou órgão similar, Núcleo de Defesa Civil ou Guarda Municipal. De alguma forma, todas se relacionam com a segurança da população geral.

Esses órgãos são importantes por serem responsáveis por atuar de forma preventiva, mitigatória, preparatória e de recuperação em caso de eventos que possam causar danos à população, originados por desastres naturais ou gerados pelo homem.

O Corpo de Bombeiros, por exemplo, é apto a inspecionar instalações públicas e privadas que tenham equipamentos de segurança, como extintores, hidrantes, alarmes e detectores de fumaça. Para o funcionamento de determinados estabelecimentos, é necessária a autorização liberada por meio do alvará emitido por esse órgão local.

Os órgãos de Defesa ou Proteção Civil respondem pelas ações preventivas, de socorro e assistenciais necessárias para garantir a normalidade social. E a Guarda Municipal tem foco mais especificamente na proteção do patrimônio público da cidade e dos seus moradores, atuando numa linha em comum com a segurança pública.

A Gestão de Riscos e Desastres nos municípios auxilia em uma resposta rápida frente à ocorrência de eventos adversos. A existência de um órgão responsável e preparado na cidade traz um suporte necessário para a prevenção e a mitigação de desastres. Nos municípios brasileiros, sua presença ocorre em pelo menos 81 a cada 100.

GESTÃO DE RISCOS E DESASTRES

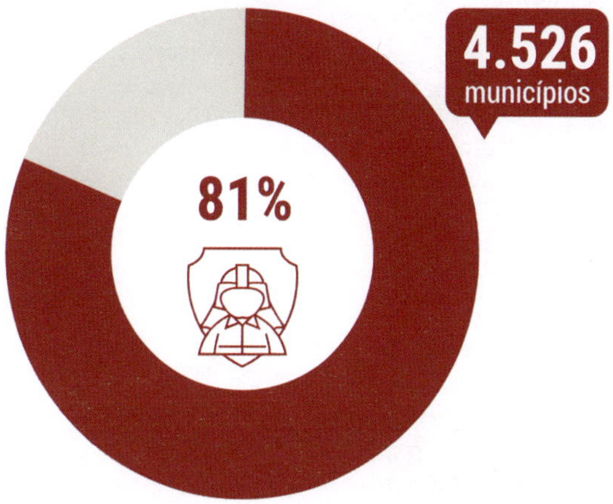

* 227 municípios sem dados.

Figura 132: Proporção de municípios com gestão de riscos e desastres. Fonte: IBGE - Pesquisa de Informações Municipais (2020), extraído da plataforma IGMA em fevereiro/2024.

Indicador

Índice ESG - Impactos Ambiental, Material e Humano

O índice ESG – Impactos Ambiental, Material e Humano avalia o nível de prejuízo econômico público e privado provocado por danos de origem climática ou pelas ações humanas. Dessa forma, a medida identifica o grau de exposição física dos municípios com impacto para a eficiência na gestão pública e iniciativa privada.

<table>
<tr><td>Os desastres podem ser classificados como* :</td><td colspan="2">1. NATURAIS
1.1. Geológico
1.2. Hidrológico
1.3. Meteorológico
1.4. Climatológico
1.5. Biológico</td><td>2. TECNOLÓGICOS, relacionados a:
2.1. substâncias radioativas
2.2. produtos perigosos
2.3. incêndios urbanos
2.4. obras civis
2.5. transporte de passageiros e cargas não perigosas</td></tr>
<tr><td>Tipos de danos registrados:</td><td>DANOS HUMANOS:
• Mortos
• Feridos
• Enfermos
• Desabrigados
• Desalojados
• Desaparecidos
• outros</td><td>DANOS MATERIAIS:
• Habitações danificadas ou destruídas
• Instalações públicas danificadas ou destruídas:
• Saúde,
• Ensino,
• Uso Comunitário
• Prestadoras de Serviços
• Obras de Infraestrutura</td><td>DANOS AMBIENTAIS:
• Poluição ou Contaminação da água, ar ou solo
• Diminuição ou exaurimento hídrico
• Incêndios em parques ou áreas de proteção</td></tr>
<tr><td>Os prejuízos econômicos podem ser:</td><td colspan="2">PREJUÍZO ECONÔMICO PÚBLICO relacionado a:
• Assistência médica, saúde pública e emergências
• Abastecimento de água potável
• Esgoto
• Limpeza urbana e destinação do lixo
• Sistema de desinfecção e controle de pragas
• Geração e distribuição de energia elétrica
• Telecomunicações
• Transportes
• Distribuição de combustíveis
• Segurança pública
• Ensino</td><td>PREJUÍZO ECONÔMICO PRIVADO relacionado a:
• Agricultura
• Pecuária
• Indústria
• Comércio
• Serviços</td></tr>
</table>

* Conforme a Classificação e Codificação Brasileira de Desastres (Cobrade). Fonte: https://www.gov.br/mdr/pt-br/centrais-de-conteudo/publicacoes/protecao-e-defesa-civil-sedec/DOCU_cobrade2.pdf

O indicador pode ser aplicado na esfera pública para contribuir com uma gestão preditiva e preventiva, possibilitando o direcionamento de recursos para a realização de projetos para a mitigação dos impactos decorrentes de eventos climáticos que possam trazer perdas ambientais, sociais e às empresas. Na iniciativa privada, o indicador é útil para auxiliar na decisão de alocação de investimentos em suas operações e expansão dos negócios, pois a baixa exposição de um determinado município pode indicar menor exposição a danos por eventos climáticos e/ou sociais.

Dessa forma, seu resultado indica que, quanto menor for o nível e a frequência de tais prejuízos, mais bem preparado estará o município para mitigar os riscos inerentes à sua região de abrangência. Isso sinaliza a eficiência de uma gestão que atua preventivamente aos possíveis danos, reduzindo a necessidade de dedicar recursos para a reconstrução dos seus efeitos indesejados.

Avaliando a quantidade de protocolos abertos, em 2023, os cinco principais desastres registrados, que representam 80% do total, foram:

PRINCIPAIS TIPOS DE DESASTRES, POR QUANTIDADE DE PROTOCOLOS ABERTOS

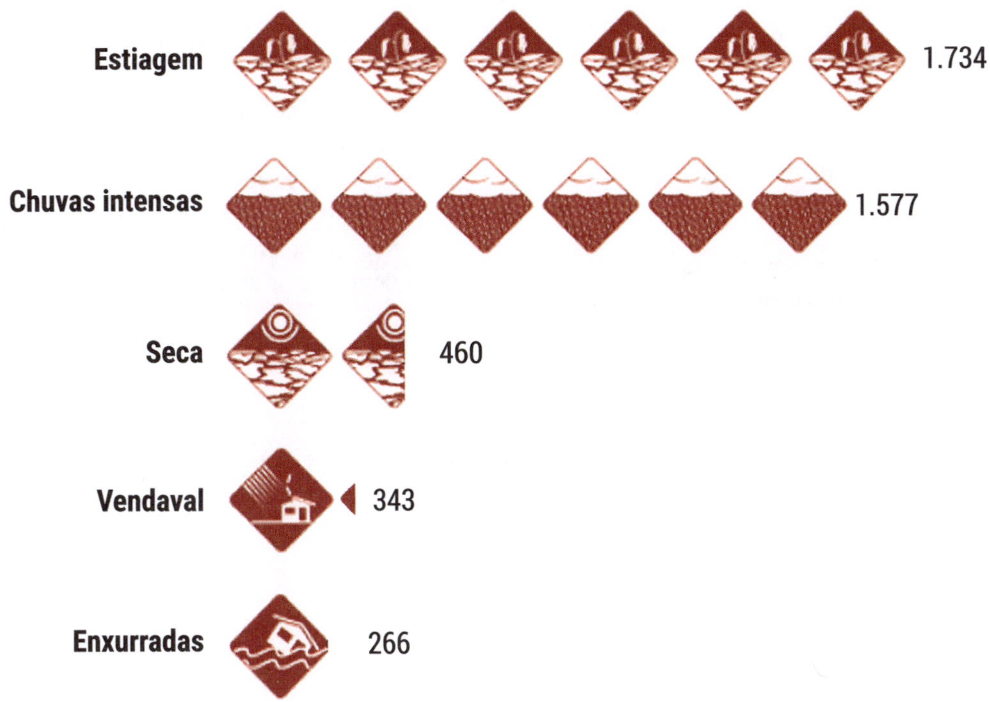

Figura 133: Principais tipos de desastres. Fonte: Defesa Civil - S2iD - Sistema Integrado de Informações sobre Desastres (2023).

O indicador é calculado da seguinte maneira:

Para fins de construção do Índice, foram adotados alguns critérios para a pontuação do Impacto e Frequência. O valor final do Índice é a média da pontuação obtida nos dois, sendo um índice com nota de 0 a 100.

IMPACTO (NOTA DE 0 A 100)

O impacto é mensurado considerando o quanto o Prejuízo Econômico Privado representa em relação à Receita Bruta, após a dedução do Prejuízo Econômico Público, ou seja:

$$\frac{\text{Prejuízo Econômico Privado}}{(\text{Receita Bruta} - \text{Prejuízo Econômico Público})}$$

PONTUAÇÃO:

Nota 100:	Se não houver Prejuízo Privado
Entre 0,01 e 99,99:	Proporcional ao impacto, se este for 001% e 19,99%.
Nota 0 (zero):	Se o impacto for maior que 20% ou se o Prejuízo Econômico Público for maior que a Receita Bruta

FREQUÊNCIA (NOTA DE 0 A 100)

Para a frequência, considera-se a quantidade de meses que a cidade teve algum tipo de registro cadastrado.

Meses com alguma ocorrência

PONTUAÇÃO:

- Nota 100: se não houver ocorrências no ano
- Nota 80: Se tiver 1 mês
- Nota 60: se tiver 2 meses
- Nota 40: se tiver 3 meses
- Nota 20: se tiver 4 meses
- Nota 0 (zero): se a cidade tiver 5 meses ou mais

* Para efeitos de coerência no uso dos dados, conforme orientações do ATLAS DIGITAL DE DESASTRES NO BRASIL, foram retirados dados duplicados. O método usado foi considerar os registros únicos por mês, tipo de ocorrência e valor, com exceção dos dados identificados como "Não reconhecidos".

As cidades podem então ser classificadas conforme o Impacto e Frequência:

MATRIZ IMPACTO X FREQUÊNCIA

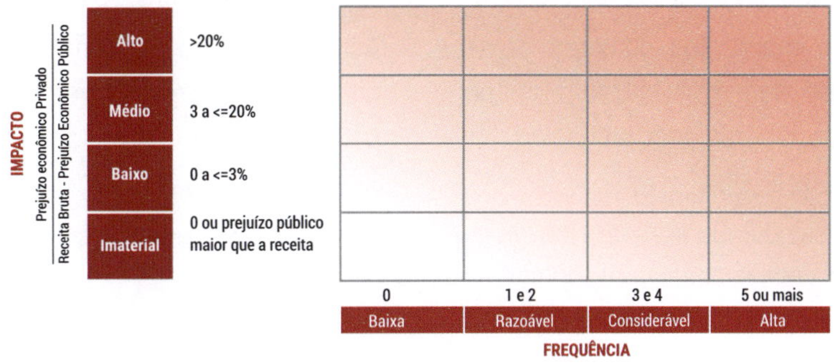

Figura 134: Matriz impacto *versus* frequência.

No gráfico abaixo, podemos ver que, em 2022, 14% dos municípios apresentaram um alto impacto em sua arrecadação em decorrência dos eventos climáticos ou que trouxeram danos às estruturas públicas e privadas.

DISTRIBUIÇÃO DOS MUNICÍPIOS NOS QUADRANTES DA MATRIZ IMPACTO X FREQUÊNCIA.

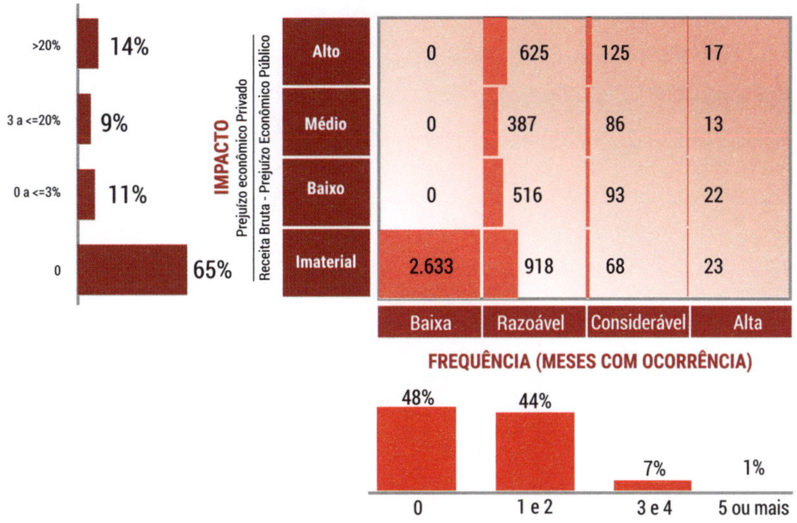

Figura 135: Distribuição dos municípios nos quadrantes da matriz impacto x frequência. Fonte: Defesa Civil - S2iD - Sistema Integrado de Informações sobre Desastres (2022), SICONFI (2022)

Pilar 6 Desenvolvimento Socioeconômico e Ordem Pública

Conforme avaliamos em momentos distintos deste livro, o ciclo virtuoso de desenvolvimento humano foi concebido a partir de um racional sistêmico, de interdependência entre seus pilares.

O pilar 1, governança, eficiência fiscal e transparência, assumiu o papel de elemento essencial, propulsor do processo, capaz de retirar o sistema da inércia. Os demais pilares são classificados como estruturais, pois são, de fato, aqueles para os quais se destinarão todos os recursos investidos. Eles refletem as estruturas, os serviços e a qualidade de atendimento às demandas de toda a sociedade. Por último, deles também se deve esperar que cumpram o efeito secundário de retroalimentação da força motora do processo, impulsionando a virtuosidade do ciclo.

O pilar 6 é aquele que melhor representa essa capacidade de novo impulso ao processo. Os aspectos de desenvolvimento socioeconômico e ordem pública, representados no IGMA em 10 indicadores, refletem, em última análise, a geração de riqueza local, percebidos de forma muito direta pela população.

Aspectos como geração de emprego, produção e distribuição de renda, nível de escolaridade e segurança pública são elementos críticos e que assumem papel fundamental na renovação desse ciclo. Quanto maior a geração de riqueza no município, potencialmente, maiores as fontes de receita da administração pública municipal e, por conseguinte, maior a capacidade de reinvestimento da cidade.

Adicionalmente, o fortalecimento socioeconômico local, em geral, vem acompanhado de uma maior autonomia fiscal, o que fortalece a independência da localidade nessa trajetória desafiadora de buscar a excelência.

Dessa forma, veremos nesse 6º pilar seu papel conector de retroalimentar o ciclo de desenvolvimento humano, promovendo a melhoria contínua da qualidade de vida da população.

Abaixo, descrevemos uma lista com todos os indicadores que compõem atualmente esse pilar:

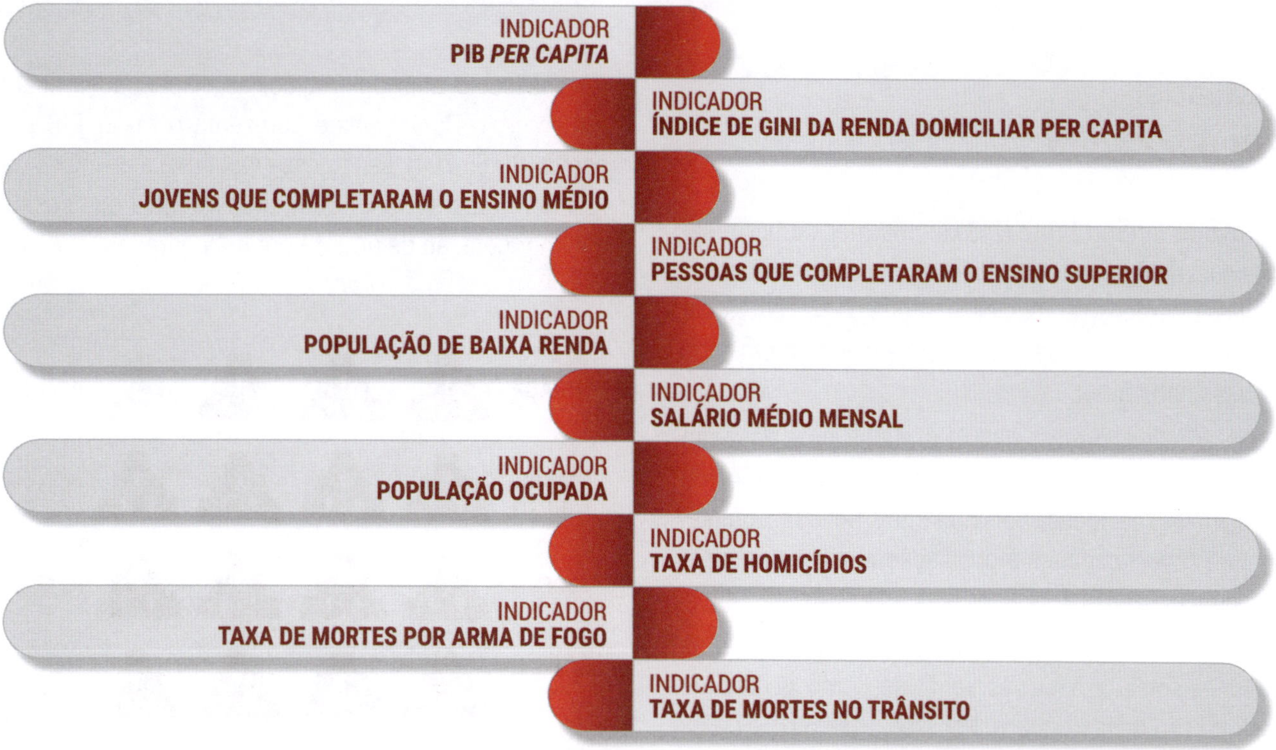

Figura 136: Indicadores do pilar Desenvolvimento Socioeconômico e Ordem Pública..

Vamos conhecê-los agora?

Indicador
PIB *per capita*

O Produto Interno Bruto (PIB) é uma medida universal de riqueza. Ele é calculado a partir da soma de bens e serviços gerados no município, a preços correntes. Já o PIB *per capita* divide essa riqueza pelo número total de seus habitantes.

A ambição de todo município é atingir uma variação positiva desse indicador, o que pode sinalizar um crescimento da riqueza por habitante e, por conseguinte, maiores oportunidades à população residente naquela localidade.

Vale mencionar a importância da leitura desse indicador associada a outras variáveis como o grau de distribuição dessa riqueza. Por isso, esse pilar é constituído, também, por alguns outros indicadores econômicos, apresentados mais adiante.

Por fim, o aumento do PIB *per capita* impacta diretamente na geração de empregos, no maior poder de compra, na maior circulação da economia local e maior arrecadação de tributos. Esta, por sua vez, fortalece o pilar de eficiência e a autonomia fiscal do município.

Adicionalmente, quanto maior o PIB *per capita*, maior a capacidade de poupança local e, consequentemente, maior a capacidade de investimentos futuros, públicos ou privados.

Ao analisar o país por região, as disparidades ficam evidentes: o Centro-Oeste apresenta o maior PIB *per capita* (R$ 55.794), sendo esse valor cerca de 2,6x o da região Nordeste (R$ 21.556), atualmente a que possui a menor geração de riqueza por habitante.

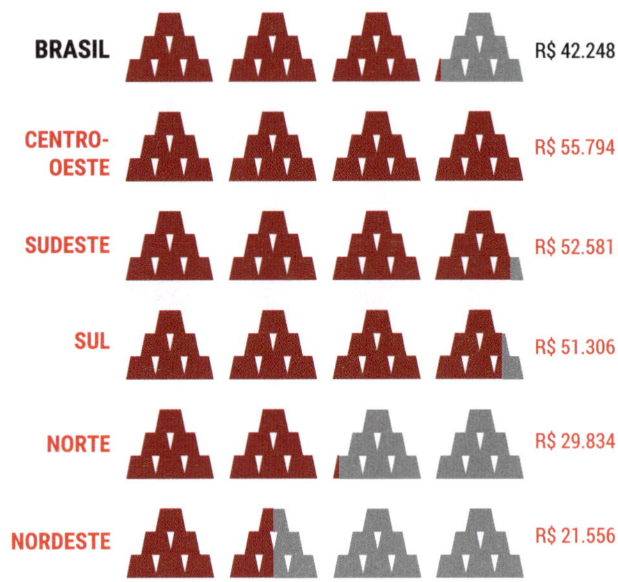

Figura 137: PIB *per capita* por região. Fonte: IBGE (2021), extraído da plataforma IGMA em fevereiro/2024.

No ranking internacional, o Brasil ocupa a 87ª posição de PIB *per capita*. As cinco primeiras posições são ocupadas por países Europeus. Os EUA, apesar de serem a maior economia do planeta, quando olhamos por cidadão, ocupam a 8ª posição.

Posição	País	2020 (US$)	2019 (US$)	Variação posição
1°	Liechtenstein	180.227	175.811	1
2°	Mônaco	173.696	189.507	-1
3°	Luxemburgo	117.182	114.004	-
4°	Suíça	86.919	85.169	-
5°	Irlanda	86.251	81.746	-
6°	Noruega	66.871	75.390	-
7°	Islândia	63.644	73.320	-
8°	Estados Unidos	63.123	64.949	-
9°	Dinamarca	61.477	60.216	2
10°	Singapura	58.114	64.503	-1
11°	Austrália	55.823	54.763	1
12°	Suécia	53.575	53.194	2
13°	Holanda	53.334	53.237	-
14°	Catar	50.815	62.088	-4
15°	Finlândia	48.685	48.585	1
16°	Áustria	48.106	49.694	-1
17°	Israel	47.034	46.709	1
18°	Alemanha	45.909	46.557	1
19°	San Marino	45.832	47.733	-2
20°	Bélgica	45.028	46.388	1
87°	Brasil	6.797	8.936	-12

Tabela 15: PIB *per capita* no mundo, 20 maiores. Fonte: *National Accounts Main Aggregates Database*, *United Nations* (acessado pelo IBGE em janeiro 2022), extraído da plataforma IBGE Países em fevereiro/2024.

Indicador

Índice de Gini da renda domiciliar *per capita*

Criado pelo matemático Conrado Gini, este índice mede a diferença entre os rendimentos das famílias que compõem as 20% maiores rendas e as 20% menores rendas.

O índice varia entre 0 e 1, sendo 0 a completa igualdade na distribuição da renda e 1 a absoluta desigualdade da mesma.

Ele é um indicador universal, monitorado em todo o planeta, assim como o PIB *per capita*. Como mencionado anteriormente, ele é um importante complemento para avaliação da situação de riqueza do município.

O objetivo dele é avaliar a concentração de renda, fator que contribui para situações de desequilíbrio social, prejudicando desde a capacidade do município de gerar riquezas até aspectos de convivência coletiva, como a manutenção da ordem pública.

Dessa forma, esse índice é um importante orientador na formulação de políticas públicas no município. De um lado, cabe a gestão municipal fomentar o desenvolvimento econômico local, explorando as vocações econômicas regionais, gerando mais oportunidades de emprego e renda. Adicionalmente, é importante romper com o ciclo vicioso de exclusão social, exigindo a priorização e formulação de medidas públicas afirmativas, como políticas de inclusão social, capacitação e moradia.

No que tange ao ciclo virtuoso de desenvolvimento humano, a desigualdade social tem impacto direto na qualidade de vida da população, uma vez que quanto mais desigual, maior a exposição de parcela dessa população a questões como: mortalidade infantil, violência, acesso à educação e saúde.

O Índice de Gini do Brasil é de 0,518. Como foi visto, quanto menor o índice, menor a desigualdade. Nesse sentido, a região Sul apresenta o melhor resultado do país, 0,458, uma performance 12% melhor do que a nacional.

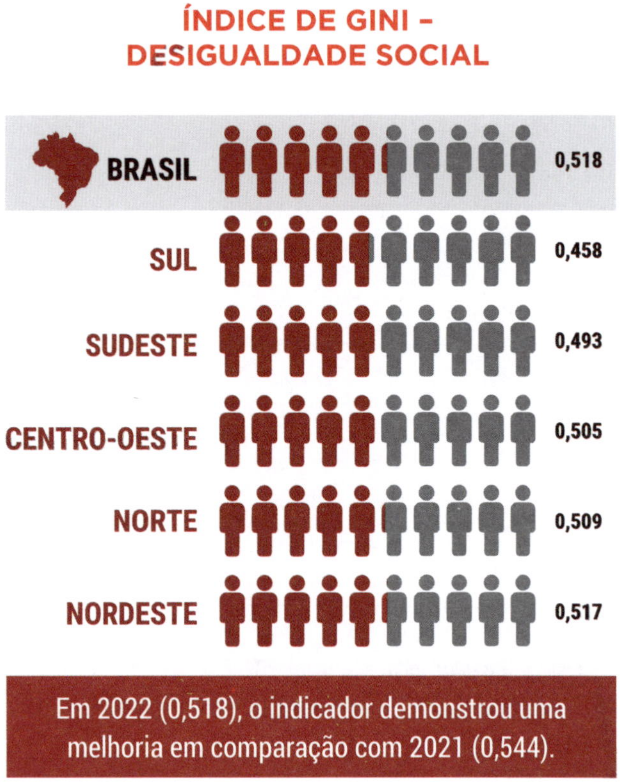

Figura 138: Índice de Gini (Brasil e regiões). Fonte: IBGE, Pesquisa Nacional por Amostra de Domicílios Contínua (2022).

Indicador

Jovens que completaram o Ensino Médio

O indicador avalia o total de jovens de 18 a 20 anos que completaram o ensino médio, dividido pelo total de cidadãos dessa mesma faixa etária.

Quanto maior o seu percentual, maior a parcela da população jovem que concluiu a educação básica. Um município com performance de 60% significa que, de cada 10 jovens entre 18 e 20 anos, 6 concluíram o ensino médio.

Esse indicador é um importante recorte da escolaridade do município, pois ele aponta o ingresso de novos adultos sem a devida formação educacional e os consequentes reflexos socioeconômicos.

À medida que o município se aproxima de 100%, mais efetiva foi sua rede de ensino básico na retenção e cobertura de alunos. Mesmo o ensino médio sendo responsabilidade estadual, sua performance é diretamente impactada pela qualidade das etapas escolares anteriores, sob a responsabilidade municipal.

Dessa forma, a evolução do pilar de educação tem reflexos significativos no desenvolvimento socioeconômico do município. Quanto maior a escolaridade do cidadão, menor a sua vulnerabilidade econômica e social e, por conseguinte, menor a necessidade de políticas sociais afirmativas da administração local.

Sob a ótica coletiva, maior será a atração da iniciativa privada, o potencial de renda local, a geração de riqueza e, consequentemente, a geração de receitas, que financiam o pilar essencial do ciclo virtuoso: o de eficiência fiscal e transparência.

A proporção de pessoas de 25 ou mais que concluíram, no mínimo, o ensino médio cresceu de 46,2%, em 2016, para 54,5%, em 2023. Embora a melhora expressiva, quase a metade (45,5%) dos adultos não concluíram essa etapa de ensino, o que representa quase 64 milhões de pessoas.

PROPORÇÃO DE PESSOAS DE 25 ANOS OU MAIS COM ENSINO MÉDIO COMPLETO

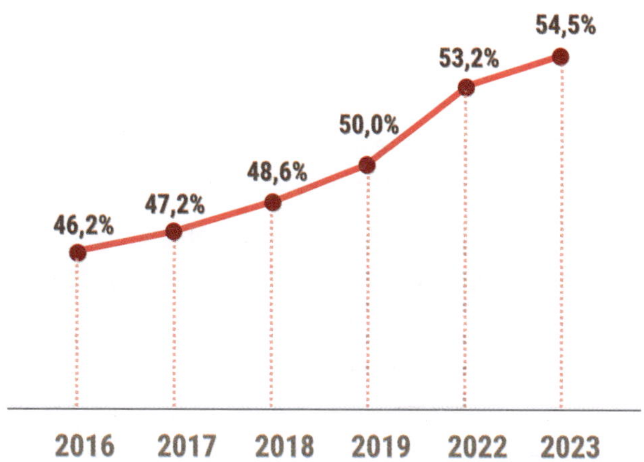

Figura 139: Proporção de pessoas de 25 anos ou mais com ensino médio completo no Brasil.
Fonte: IBGE, Pesquisa Nacional por Amostra de Domicílios Contínua Anual (2023).

Indicador

Pessoas que completaram o Ensino Superior

Este indicador é um daqueles orientadores para o direcionamento dos esforços políticos da administração pública municipal, cujo objetivo é promover a articulação e planejamento de ações estruturadas com os demais entes da federação.

Essa medida mensura o total de adultos com 25 anos ou mais que concluíram o ensino superior, dividido pelo total da população.

Esse percentual da população com ensino superior completo é uma forma indireta de medir o potencial de desenvolvimento socioeconômico de uma região. Do ponto de vista econômico, uma população mais escolarizada potencializa a atração e investimentos da iniciativa privada. Do ponto de vista social, o aumento da escolaridade, geralmente, vem acompanhado da redução da vulnerabilidade.

Dessa forma, cabe à gestão municipal criar iniciativas que atraiam e promovam a qualificação dos seus cidadãos.

No Brasil, aproximadamente, 19,7% das pessoas com 25 anos ou mais completaram o ensino superior. Houve um aumento de 4,3 pontos percentuais desde 2016.

PESSOAS COM 25 ANOS OU MAIS QUE COMPLETARAM O ENSINO SUPERIOR (BRASIL)

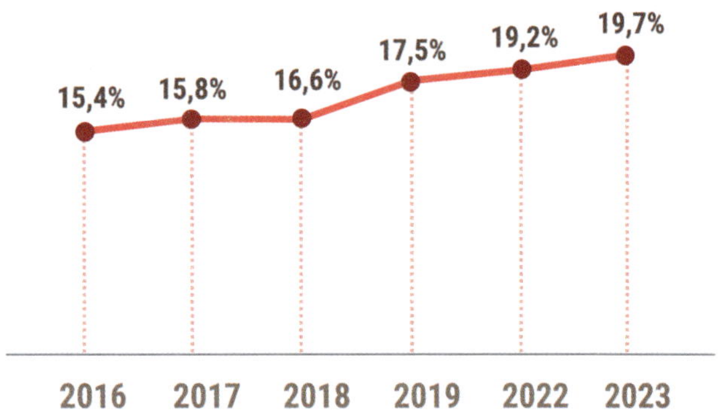

PESSOAS QUE COMPLETARAM O ENSINO SUPERIOR POR REGIÃO (2023)

REGIÃO	MUNICÍPIO
NORDESTE	13,3%
NORTE	16,0%
SUL	20,1%
SUDESTE	23,1%
CENTRO-OESTE	24,3%

Tabela 16: Percentual de pessoas com 25 anos ou mais que completaram o ensino superior. Fonte: IBGE, Pesquisa Nacional por Amostra de Domicílios Contínua Anual (2023).

Indicador

População de Baixa Renda

O indicador mede o tamanho da população de pobres sobre a população total do município.

No Brasil, entende-se por pobreza a renda domiciliar *per capita* mensal inferior a US$ 6,85 PPC e por pobreza extrema a renda domiciliar *per capita* mensal inferior a US$ 2,15 PPC.

Segundo o IBGE, o PPC é uma taxa de conversão de paridade de poder de compra. Em 2022, período das informações a seguir, elas representavam R$ 200 e R$ 637 por pessoa ao mês.

Quando um município apresenta um patamar de 23% para esse indicador significa que 23 de cada 100 habitantes daquela localidade vivem com uma renda mensal inferior a R$ 637.

Complementando o índice de Gini, esse indicador evidencia aquela parcela da população economicamente vulnerável. Assim como em outros casos, ele serve como direcionador de políticas públicas municipais como:

- atração de novos negócios;

- programas de capacitação;

- programas de moradia;

- políticas de assistência social, entre outras.

Dessa forma, ao reduzir a porcentagem de pobres da população, a administração municipal promove a melhoria do ciclo virtuoso de desenvolvimento humano, uma vez que há correlação direta entre esses cidadãos economicamente vulneráveis e outros importantes indicadores presentes nos pilares.

De cada 10 brasileiros, cerca de 3 vivem abaixo da linha da pobreza. Estamos falando de quase 68 milhões de brasileiros que vivem com até R$ 637/mês.

Na Região Nordeste, esse número sobe para 5 a cada 10 pessoas. Na contramão, no Sul do país, quase 2 de cada 10 vivem nessa mesma situação, desempenho 46% melhor que a média nacional.

PERCENTUAL DA POPULAÇÃO DE BAIXA RENDA

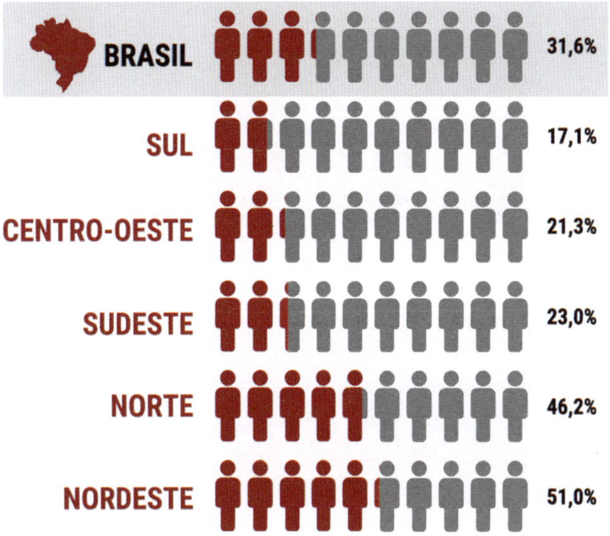

Figura 140: Percentual da população de baixa renda por região. Fonte: IBGE, Pesquisa Nacional por Amostra de Domicílios Contínua (2022).

A partir da plataforma IGMA, como já foi mencionado, é possível realizar uma infinidade de cruzamentos, a fim de investigar possíveis correlações e comportamentos entre as variáveis que afetam o desempenho de uma cidade excelente.

No caso, cruzamos para cada município brasileiro qual era seu Índice de Gini *versus* o percentual da população de baixa renda. Encontramos que há uma correlação direta e moderada entre essas variáveis na ordem de 0,6 (nota possível entre -1 e 1).

Isso indica que, como se pode ver no gráfico abaixo, quanto maior o índice de Gini, maior o percentual da população de baixa renda do município.

CORRELAÇÃO ÍNDICE GINI E PERCENTUAL DA POPULAÇÃO DE BAIXA RENDA

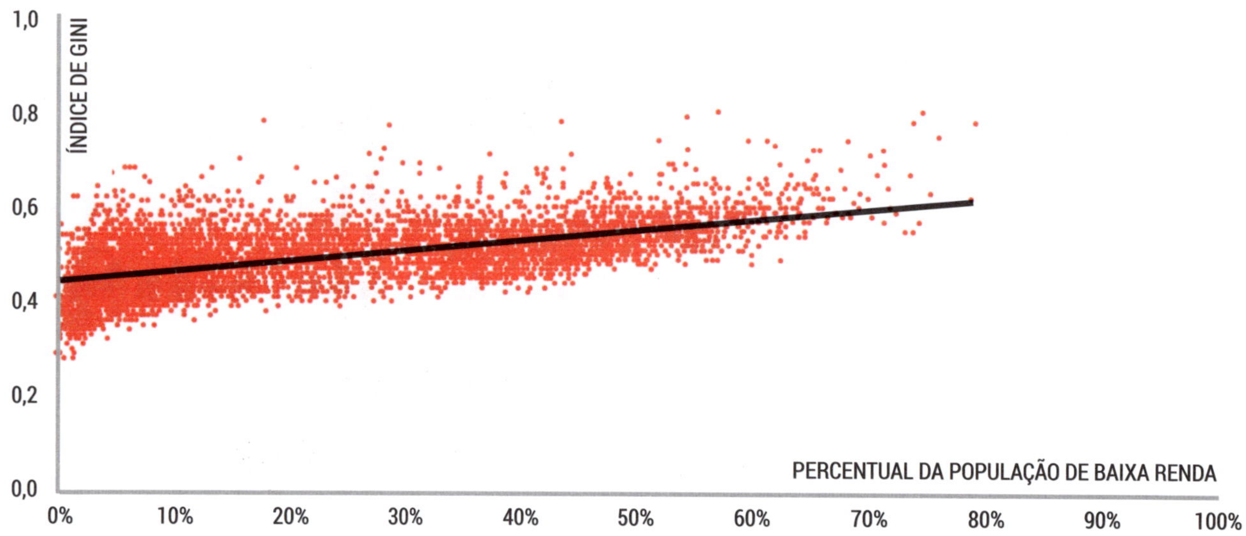

Figura 141 : Correlação entre o percentual da população de baixa renda e o Índice de Gini. Fonte: Atlas do Desenvolvimento Humano (2010), extraído da plataforma IGMA em fevereiro/2024.

Indicador

Salário Médio Mensal

Divulgado pelo Cadastro Central de Empresas (CEMPRE), o indicador de salário médio mensal é obtido a partir da razão entre o total de salários e outras remunerações pagas no ano ao pessoal assalariado médio, dividido por 13.

Conhecer a média salarial da população é um dado importante para analisar o nível de poder aquisitivo local e também novas oportunidades de desenvolvimento na região. E, por meio do quanto uma localidade movimenta economicamente, é que se pode prever o estímulo à instalação de novos negócios e serviços, importantes para o aumento da geração de renda e da circulação financeira pública e privada na cidade.

A queda do salário médio mensal do Brasil foi de 2,6%, em termos reais, passando de R$ 3.353,07, em 2020, para R$ 3.266,53, em 2021.

SALÁRIO MÉDIO MENSAL BRASIL

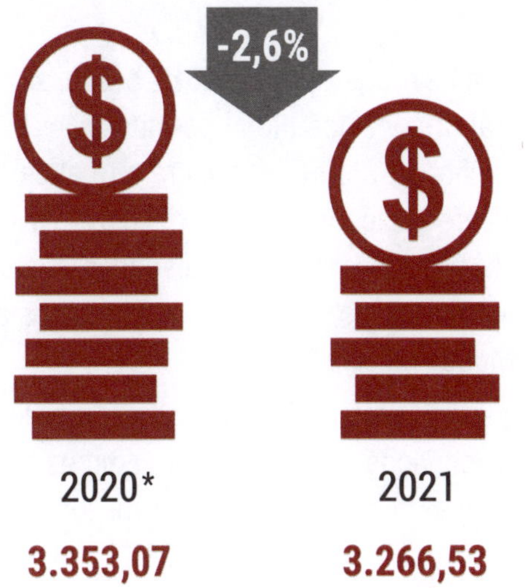

* utilizou-se o Índice Nacional de Preços ao Consumidor - INPC, calculado pelo IBGE, como deflator do salário médio mensal do ano de 2020, tendo como referência o ano de 2021.

Figura 142: Salário médio mensal no Brasil. Fonte: IBGE, Diretoria de Pesquisas, Coordenação de Cadastros e Classificações, Cadastro Central de Empresas 2020-2021.

Indicador
População Ocupada

Este indicador mede a proporção de pessoas ocupadas em relação à população total do município. Para essa classificação, o CEMPRE considera o total de pessoas efetivamente ocupadas em 31 de dezembro do ano de referência, incluindo os assalariados com ou sem vínculo empregatício, bem como proprietários e sócios com atividade na cidade.

A pesquisa CEMPRE de 2020 apontou que o número de pessoas ocupadas assalariadas em empresas e outras organizações ativas chegou a 45,4 milhões, recuando 1,8% frente a 2019, ou menos 825,3 mil postos de trabalho formais no país.

O trabalho formal e informal é um fator relevante para impulsionar o desenvolvimento de uma cidade e o crescimento do país, porque é o responsável pela movimentação de capital e o consequente fluxo saudável da economia. Um bom índice de percentual de população ocupada também revela que a cidade tende a ser mais autônoma, ou seja, depende menos de recursos públicos para o seu equilíbrio funcional.

No Brasil, 89% dos municípios (4.965) possuem até 30% da população local ocupada.

Apenas 7 municípios possuem resultado superior a 80% para esse indicador, sendo 1 pertencente à região Nordeste, 1 pertencente ao Sul e 5 municípios à região Sudeste.

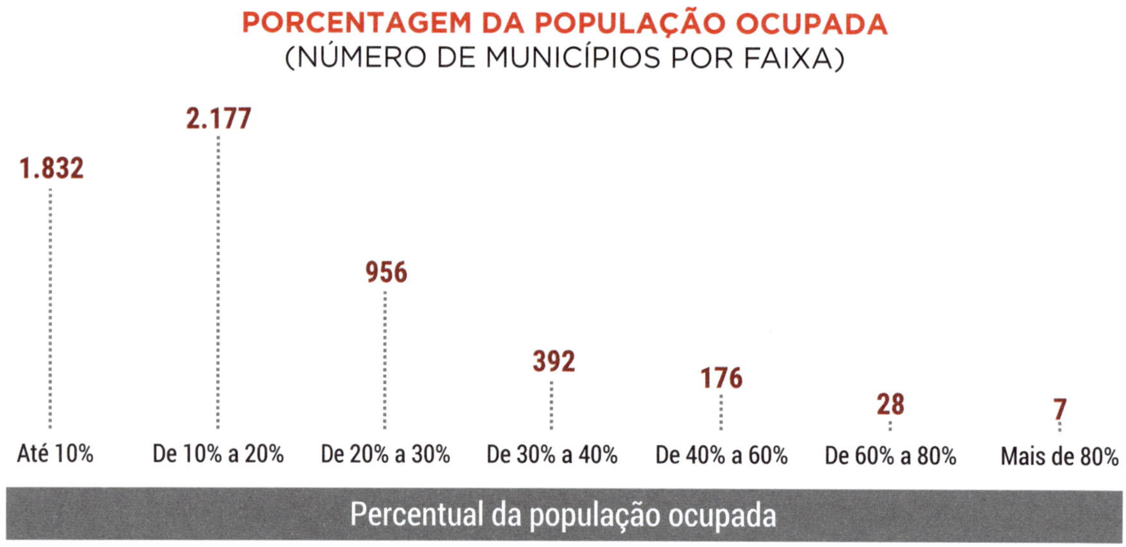

Figura 143: Municípios por faixa de percentual da população ocupada. Fonte: IBGE-CEMPRE (2021), extraído da plataforma IGMA em fevereiro/2024.

Indicador
Taxa de homicídios

Este indicador é calculado a partir do total de homicídios para cada 100 mil habitantes de uma determinada localidade. São considerados todos os homicídios ocorridos no município.

A taxa de homicídios revela uma importante realidade de ordem pública local, já que a segurança é um dos fatores cruciais que se espera de uma cidade excelente.

Vale mencionar que a segurança pública é uma responsabilidade dos governos estaduais, todavia, ao conhecer e detalhar a taxa de homicídio, a gestão municipal tem atuação direta, como:

- Criação da guarda municipal;
- Pavimentação e iluminação pública;
- Condução de programas de inclusão social;
- Estabelecimento de parceria e ações estruturadas com a Polícia Militar;
- Fomento do desenvolvimento econômico regional.

Como consequência, é possível tornar aquela localidade um ambiente mais seguro para os seus habitantes exercerem a sua cidadania de forma plena. Assim, uma cidade segura promove o aumento da qualidade de vida dos seus cidadãos e a atratividade local, seja para interesses de moradia seja de trabalho.

No Brasil, a cada 100 mil habitantes, há 22,9 homicídios.

As regiões Norte e Nordeste são as regiões com as taxas de homicídio mais críticas no âmbito nacional, com índices de 37,8 e 36,8, respectivamente. A região Norte, por exemplo, possui um índice cerca de 65% superior à média nacional e 196% superior à região Sudeste, que, nesse momento, apresenta o melhor resultado no país com uma taxa de 12,8 homicídios.

TAXA DE HOMICÍDIOS POR REGIÃO

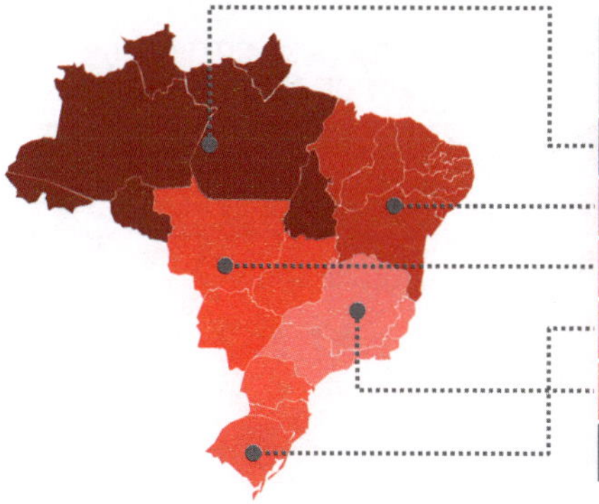

REGIÃO	TAXA DE HOMICÍDIOS
NORTE	37,8
NORDESTE	36,8
CENTRO-OESTE	22,5
SUL	17,5
SUDESTE	12,8
BRASIL	22,9

Figura 144: Taxa de homicídios por região. Fonte: DataSUS (2022), IBGE (2022).

Indicador
Taxa de mortes por arma de fogo

Este indicador corresponde ao total de homicídios por arma de fogo para cada 100 mil habitantes de uma determinada localidade. Trata-se de um recorte específico dos homicídios, que, em geral, revela o nível de violência no município.

A atuação da administração municipal na redução desse indicador está diretamente ligada às medidas citadas no indicador de taxa de homicídios.

De acordo com os dados da Pesquisa Global de Mortalidade por Armas de Fogo (*Global Mortality from firearms*, 1990 - 2016), o Brasil foi o país que apresentou o maior número de mortes por arma de fogo no mundo, somando 43.200 mortes.

Adicionalmente, um estudo publicado no *Journal of Human Growth and Development* (2016) analisou a relação entre os Índices de Desenvolvimento Humano Municipal (IDHM) e as mortes violentas nos Estados brasileiros. Seus resultados sugerem que adotar medidas que visam ao desenvolvimento humano não implica, automaticamente, a redução da violência, mas combater a violência pode representar aumento no IDHM.

Dessa forma, a redução das mortes por arma de fogo pode implicar diretamente a melhoria do ciclo virtuoso de desenvolvimento humano do município. Afinal, uma cidade excelente é um lugar onde as pessoas vivem bem e sentem-se seguras aonde quer que vão.

No Brasil, a cada 100 mil habitantes, há cerca de 17 mortes por arma de fogo.

Sob a perspectiva municipal, 2.175 (39%) cidades não apresentaram nenhuma morte de residentes por arma de fogo no Brasil em 2022.

TAXA DE HOMICÍDIOS POR ARMA DE FOGO POR REGIÃO

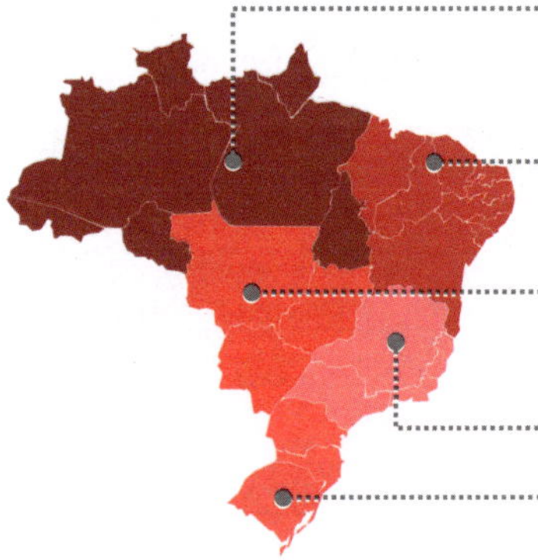

REGIÃO	TAXA DE HOMICÍDIOS POR ARMA DE FOGO
NORDESTE	29,0
NORTE	25,6
CENTRO-OESTE	13,5
SUL	12,4
SUDESTE	9,2
BRASIL	16,8

Figura 145: Taxa de mortes por arma de fogo por região. Fonte: DataSUS (2022), IBGE (2022).

Indicador

Taxa de mortes no trânsito

Uma cidade excelente que promove o ciclo virtuoso de desenvolvimento humano para a sua população certamente está atenta às taxas de acidentes no trânsito, incluindo as que levam à morte.

Educar preventivamente a comunidade para a promoção de um trânsito seguro é cuidar da preservação da vida em sociedade, assim como garantir a construção de rodovias que, bem estruturadas e sinalizadas, permitam a mobilidade eficiente e tranquila das pessoas por meio de diferentes veículos.

Evitar acidentes e mortes no trânsito é também preservar o orçamento dedicado à saúde pública, permitindo que o município dedique esforços e recursos para áreas que realmente necessitam de investimento.

O cálculo desse indicador aponta, anualmente, a relação do total de mortes provocadas por acidentes no trânsito a cada grupo de 100 mil habitantes de determinado município. Quanto menor o seu resultado, menos mortes no trânsito aconteceram na cidade.

O Brasil apresenta 17,2 mortes no trânsito para cada 100 mil habitantes, sendo o Centro-Oeste a região com a maior taxa de mortes no trânsito no Brasil. Ela apresenta uma taxa 39% superior à média nacional e 84% superior à região Sudeste, menor resultado do país.

Em 1.004 (18%) cidades não ocorreram mortes no trânsito em 2022.

TAXAS DE MORTES NO TRÂNSITO

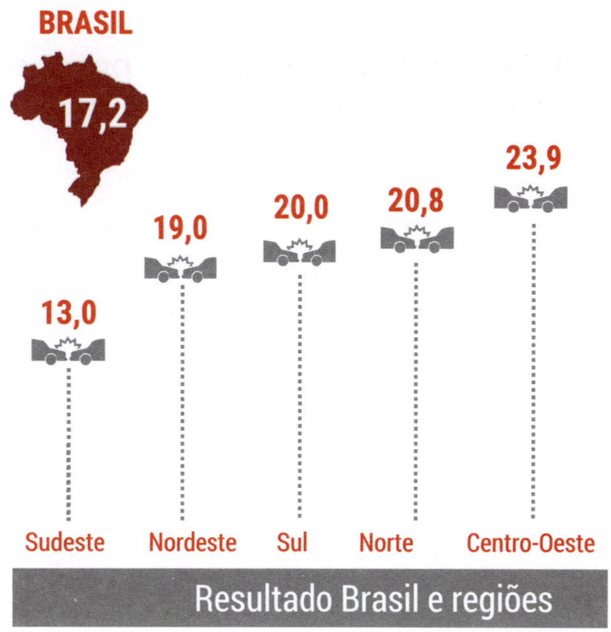

Figura 146: Taxa de mortes no trânsito por região. Fonte: DataSUS (2022), IBGE (2022).

A seguir, apresentamos 2 estudos de caso. O primeiro traz o destaque dos municípios de médio porte para o desenvolvimento socioeconômico nacional e o segundo, um levantamento da ordem pública brasileira, tema que ganha relevância nos noticiários e nas pautas políticas.

Cidades de médio e grande porte e a economia nacional

Os municípios de médio e grande porte vêm ganhando relevância na economia brasileira e têm se tornado uma opção de moradia mais frequente para quem busca mais qualidade de vida ou para empresas que desejam investir em negócios. Atualmente, o país possui 319 cidades com mais de 100 mil habitantes, as quais, juntas, representam 57% da população total da nação.

POPULAÇÃO EM MUNICÍPIOS ACIMA DE 100 MIL HABITANTES

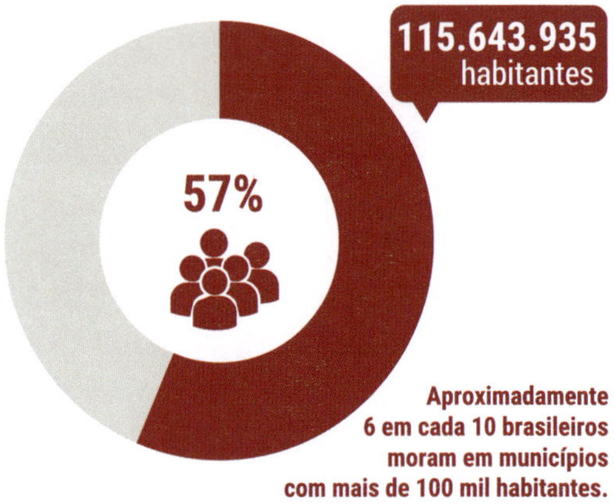

* Incluídos os distritos: estadual (Fernando de Noronha) e federal (Brasília).

Figura 147: Percentual da população brasileira residente em municípios com mais de 100 mil habitantes. Fonte: IBGE (2022).

A Região Sudeste concentra 149 (47%) desses municípios, seguida pelo Nordeste, com 64 (20%), e pela região Sul, com 55 (17%).

NÚMERO DE MUNICÍPIOS COM MAIS DE 100 MIL HABITANTES POR REGIÃO

Região	"Nº de municípios com mais de 100 mil habitantes"*	%
Sudeste	149	47%
Nordeste	64	20%
Sul	55	17%
Norte	26	8%
Centro-Oeste	25	8%
Total Geral	**319**	**100%**

* Incluído Distrito Federal (Brasília).

Tabela 17: Número de municípios com mais de 100 mil habitantes por região. Fonte: IBGE (2022)., extraído da plataforma IGMA em fevereiro/2024.

Mas o que os municípios de médio e grande porte têm de tão especial?

Primeiramente, são municípios com administrações públicas mais eficientes. Segundo a plataforma IGMA, a capacidade média de investimento dessas 319 prefeituras é de 15,5%, enquanto daquelas com menos de 100 mil habitantes é de 11,5%. E sses municípios obtiveram um superávit de aproximadamente 7,4%, enquanto o restante do país ficou em 5%.

Em geral, são cidades com uma população mais escolarizada, com uma média de 9,8 anos de estudo *versus* 9,4 do restante do país; 11% de seus habitantes, com 25 anos ou mais, concluíram o ensino superior, percentual acima dos 5% dos demais municípios brasileiros.

São notórias as diferenças no que tange ao nível de desenvolvimento socioeconômico. Essas cidades são mais ricas, com PIB *per capita* na ordem de R$ 46 mil por ano, enquanto as demais apresentam o índice de R$ 33 mil por ano. A quantidade de pessoas classificadas em nível de pobreza nessas localidades é de apenas 10% da população total, enquanto, no restante do país, esse índice alcança a impactante marca de 24%. Além disso, são municípios com a taxa de mortalidade infantil 5% menor do que nos demais.

Os dois principais pontos de atenção desses municípios, no entanto, são os quesitos acesso à educação infantil e ordem pública, pois em ambos os indicadores as cidades com menos de 100 mil habitantes possuem resultados melhores.

Média dos municípios nos indicadores	Com mais de 100 mil (A)	Demais cidades (B)	"Variação % (A → B)"
Capacidade de investir[1]	15,5%	11,5%	35%
Resultado fiscal[1]	7,4%	5,0%	49%
Expectativa de anos de estudo[2]	9,8	9,4	4%
Acesso à educação infantil	58%	60%	-4%
Pessoas com 25 anos ou mais que completaram o ensino superior[2]	11%	5%	112%
PIB *per capita*	R$ 46.956	R$ 33.060	42%
Porcentagem da população de baixa renda[2]	10%	24%	-59%
Taxa de mortalidade infantil	12,27	12,96	-5%
Taxa de homicídios	23,80	20,17	18%

[1] retirados os dados extremos (outliers).
[2] Dados municipais do Censo Demográfico 2010.

Tabela 18: Média dos indicadores dos municípios com mais de 100 mil habitantes versus demais cidades. Fonte: Plataforma IGMA - extraído em fevereiro/2024.

ESTUDO DE CASO

Homicídios no Brasil

Em 2022, o país alcançou o patamar de aproximadamente 22,85 homicídios a cada 100 mil habitantes. O Brasil foi o país que apresentou o maior número de mortes por arma de fogo no mundo. Segundo dados da Pesquisa Global de Mortalidade por Armas de Fogo (Global Mortality from firearms, 1990 - 2016), do Instituto de Métricas e Avaliação em Saúde (*Institute for Health Metrics and Evaluation*), o país somou 43.200 mortes. Atrás do Brasil, vem os Estados Unidos, com 37.200 mortes. Apenas seis países das Américas comportam metade de todas as mortes por arma de fogo no mundo. Mortes em conflitos terroristas e execuções não foram contabilizadas para os resultados finais da pesquisa.

A questão é: *todas as cidades estão ruins? Algum município apresenta bons números? Quais são as boas práticas que podemos reaplicar no país? Como podemos caminhar mais rápido rumo a uma solução?*

No Brasil, 1.010 (18%) municípios brasileiros concentram aproximadamente 80% dos homicídios.

MUNICÍPIOS QUE CONCENTRAM MAIOR NÚMERO DE HOMICÍDIOS

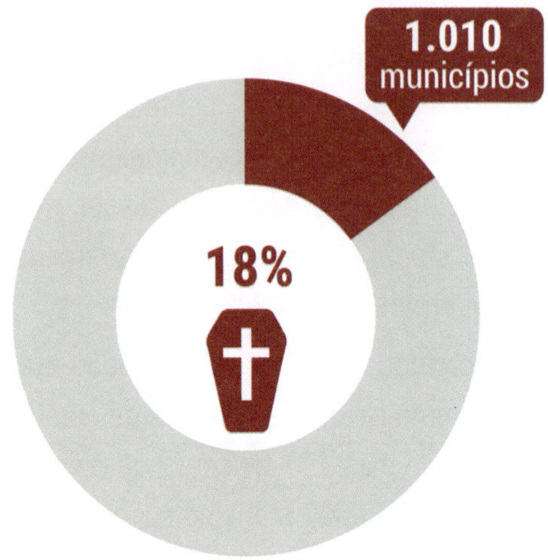

Figura 148: Representatividade dos municípios com maiores homicídios. Fonte: DataSUS (2022), extraído da plataforma IGMA em fevereiro/2024.

As regiões Norte e Nordeste são as regiões com as taxas de homicídio mais críticas no âmbito nacional, com índices de 37,76 e 36,83, respectivamente. A região Norte, por exemplo, possui um índice cerca de 65% superior à média nacional e 196% superior a região Sudeste, que nesse momento apresenta o melhor resultado no país com uma taxa de 12,75 homicídios.

TAXA DE HOMICÍDIOS POR REGIÃO

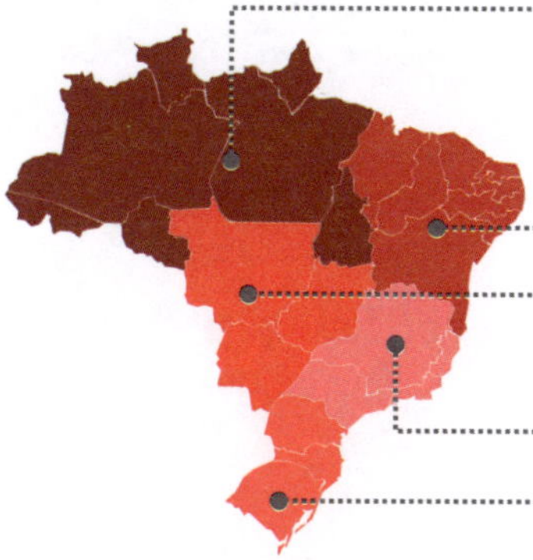

REGIÃO	TAXA DE HOMICÍDIOS
NORTE	37,76
NORDESTE	36,83
CENTRO-OESTE	22,54
SUL	17,49
SUDESTE	12,75
BRASIL	22,85

Figura 149: Taxa de homicídios por região. Fonte: DataSUS (2022), IBGE (2022), extraído da plataforma IGMA em fevereiro/2024.

Ao aprofundarmos esse olhar, Santa Catarina e São Paulo são os estados onde encontramos as maiores proporções de municípios com taxas de homicídios dentro da recomendação da OMS, já que 72% e 71% dos seus municípios estão dentro da taxa referência, respectivamente.

No âmbito nacional, 41% dos municípios brasileiros apresentam uma taxa de homicídios abaixo da referenciada pela OMS e, portanto, poderiam ser considerados mais seguros. Acompanhe a seguir:

Estado	% de cidades com taxa de homicídios maior que 10	% de cidades com taxa de homicídios menor que 10	Total de municípios avaliados
AP	100%	0%	16
AC	91%	9%	22
RO	90%	10%	52
PA	90%	10%	144
PE	88%	13%	184
CE	86%	14%	184
AL	86%	14%	102
AM	84%	16%	62
BA	83%	17%	417
SE	83%	17%	75
RR	80%	20%	15
MA	79%	21%	217
ES	77%	23%	78
MT	77%	23%	141
RJ	74%	26%	92
RN	70%	30%	167
GO	69%	31%	246
MS	68%	32%	79
PB	68%	32%	223
PR	68%	32%	399
TO	66%	34%	139
MG	41%	59%	853
RS	41%	59%	497
PI	40%	60%	224
SP	29%	71%	645
SC	28%	72%	295
Brasil	**59%**	**41%**	**5568**

Tabela 19: Percentual de municípios com taxa de homicídios superior e inferior à referência da OMS (10 homicídios por cem mil habitantes). Fonte: DataSUS (2022), IBGE (2022), extraído da plataforma IGMA em fevereiro/2024.

Na contramão, as cidades dos Estados do Amapá e Acre chamam a atenção, pois 100% e 91%, respectivamente, dos municípios têm mais de 10 homicídios a cada 100.000 habitantes.

Compartilhamos, agora, outros pontos curiosos que a plataforma IGMA nos revelou:

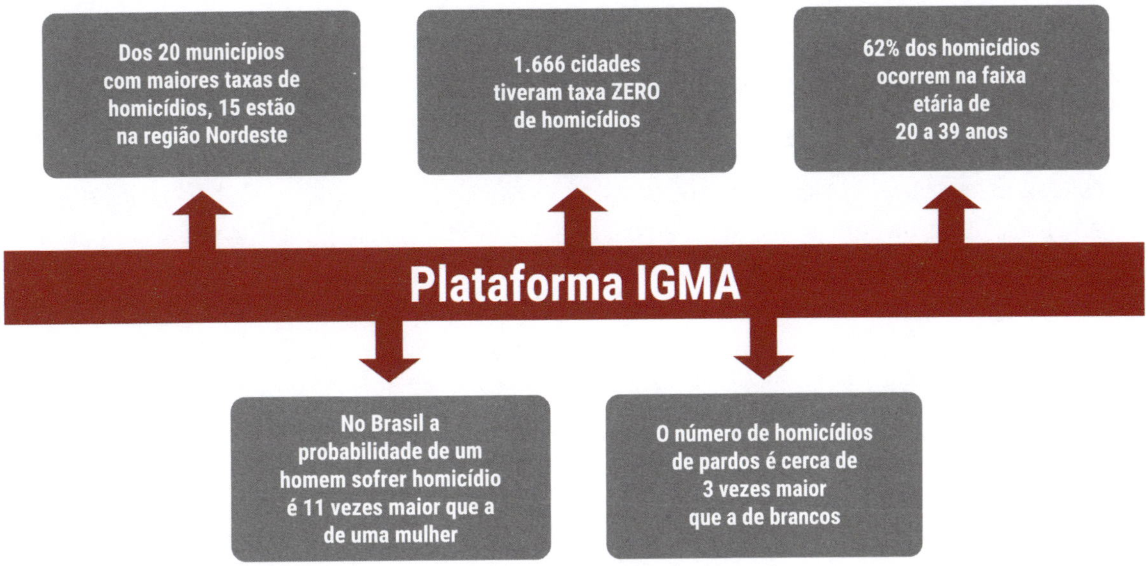

Figura 150: Pontos sobre homicídios no Brasil. Fonte: DataSUS (2022) e IBGE (2022), extraído da plataforma IGMA em fevereiro/2024.

Assim sendo, o mais importante é sabermos que, como bons gestores, cidadãos ou investidores, devemos utilizar a informação para a melhor tomada de decisão e, principalmente, recomendar investimentos adequados a partir dos recursos disponíveis em prol da promoção da cidadania e da qualidade de vida da população.

Um índice para além dos municípios

Mais do que uma plataforma gerencial construída sob o ponto de vista municipal, o IGMA tem captado informações de cunho estadual e proporcionado a evolução dos debates junto aos representantes da população nas diferentes entidades federativas do país.

Assim, com o objetivo de trazer um olhar mais amplo sobre as esferas estaduais e municipais e avaliar a coordenação de iniciativas de ambas, não poderíamos deixar de abordar este tema tão comum em nossas reuniões e que já está em estágio avançado de incorporação à plataforma IGMA: os indicadores estaduais que contribuem para a análise da gestão pública nacional.

Quando falamos de cidades excelentes, é importante e prudente considerarmos que os municípios estão inseridos em um contexto maior, integrados a uma gestão estadual que exerce forte influência no desenvolvimento dos 6 pilares do ciclo virtuoso de desenvolvimento humano.

Dessa forma, trazemos a seguir alguns indicadores estaduais com os quais já trabalhamos e serão incorporados à plataforma IGMA. Em breve, será possível realizar análises ricas que contemplam a avaliação conjunta de municípios e de Estados.

Estado	Nº de cidades
MG	853
SP	645
RS	497
BA	417
PR	399
SC	295
GO	246
PI	224
PB	223
MA	217
PE[1]	185
CE	184
RN	167
PA	144
MT	141
TO	139
AL	102
RJ	92
MS	79
ES	78
SE	75
AM	62
RO	52
AC	22
AP	16
RR	15
DF[1]	1
Brasil [1]	**5570**

[1] Incluídos os distritos: estadual (Fernando de Noronha) e federal (Brasília).

Tabela 20: Número de municípios por Estado. Fonte: IBGE, extraído da plataforma IGMA em fevereiro/2024 .

Ao tratar do impacto da gestão estadual nos municípios, a capacidade do estado de gerar e distribuir riquezas para a cidade aparece como um tema essencial, sobre o qual podemos destacar o papel do pilar eficiência fiscal e transparência, o qual é a base para a gestão dos recursos financeiros da cidade.

As fontes das receitas são distintas entre os municípios e os Estados. Por exemplo, o Estado é o arrecadador do Imposto sobre Circulação de Mercadorias e Prestação de Serviços de Transporte Interestadual e Intermunicipal e Comunicação (ICMS), enquanto o município é o arrecadador do Imposto Sobre Serviços de Qualquer Natureza (ISSQN). Uma forma de acompanhar a eficiência da gestão estadual é monitorar os seguintes indicadores: resultado fiscal, solvência fiscal, *rating* de capacidade de pagamento e investimento *per capita*.

Outra maneira de avaliar como os entes públicos influenciam e se beneficiam da geração de riqueza é obter o indicador proporção imposto no PIB: *quanto da riqueza gerada está sendo destinada para pagar os impostos?*

Para avaliar como os recursos estão sendo utilizados, são acompanhados os indicadores gasto com pessoal, receita corrente líquida, custo do Executivo/PIB, custo do Judiciário/PIB, custo do Legislativo/PIB.

Sobre o pilar educação da metodologia Cidades Excelentes, sabemos que é de responsabilidade do ente federativo Estado a educação do ensino médio da população. Para avaliar a gestão da educação pública nas séries desse período, adotamos alguns indicadores estaduais, como a taxa de abandono, taxa de frequência, IDEB e, evidentemente, a eficiência do gasto, que é o indicador de gasto por aluno por nota do IDEB.

Com exceção desse último indicador, todos os demais são facilmente acompanhados por cada município, o que evidencia o quanto a gestão estadual impacta na promoção da excelência das cidades. Basta refletir: *se um município não oferece um Ensino Médio de qualidade para a sua população, como a região poderá educar futuros profissionais e promover o desenvolvimento econômico?*

Ainda a respeito da educação, a gestão pública do ensino fundamental é um ponto de discussão, pois existem várias diretrizes dividindo-a entre responsabilidade municipal e estadual. Para a construção da plataforma gerencial IGMA, foram considerados tanto os anos iniciais quanto os anos finais do ensino fundamental, integrando-os à metodologia Cidades Excelentes.

Quanto ao pilar saúde e bem-estar, sabemos que o município é responsável pelo atendimento à saúde básica da sociedade e o Estado, por sua vez, pelos casos de média e de alta complexidade. Entende-se como média e alta complexidade todos os tipos de cirurgias, exames, diagnósticos e consultas eletivas com dermatologistas, cardiologistas e ortopedistas.

Atualmente, no Brasil, a gestão desses recursos se dá por meio da divisão fictícia do Estado em microrregiões. Em muitos casos, há um município polo que gerencia a verba e atende, além da sua população, as dos municípios vizinhos. Por isso, é comum vermos ambulâncias de cidades próximas transportando pacientes de um determinado município para atendimento nas cidades polo de uma microrregião.

É dessa forma que são monitorados os indicadores número de internações de média e alta complexidade e número de atendimentos ambulatoriais de alta e de média complexidade.

Sob o ponto de vista da gestão estadual, outros indicadores importantes para a área da saúde são a taxa de mortalidade prematura por doenças crônicas não transmissíveis e o número de equipamentos diagnósticos por 100 mil habitantes.

Falando agora sobre infraestrutura e mobilidade urbana, o Estado conta com indicadores próprios que mensuram sua capacidade de fornecer acesso à energia elétrica e de apoiar o acesso à internet. Em relação ao saneamento básico, existem os indicadores destinação do lixo e atendimento a esgoto[15]. Outro indicador a ser acompanhado é o *déficit* habitacional ou condições inadequadas de moradia, o qual levanta reflexões do tipo: *como estão os domicílios? Improvisados? Rústicos? Quantas pessoas dividem o mesmo teto? Qual é o peso do gasto do aluguel em relação à renda familiar?*

São fatores que impactam nos demais pilares, como no de educação e no de saúde e bem-estar, por exemplo. Imagine: *Se a casa está em situação precária, a quais doenças e riscos as famílias estão expostas? Como a criança em idade escolar pode se dedicar aos estudos extras em um ambiente inadequado, com muito barulho e intervenções?*

Outra importante questão pública do Estado está relacionada à mobilidade: as rodovias estaduais. *Como ficariam os municípios sem as rodovias que os inter ligam?* Os modais de transporte podem ser diferenciais para o desenvolvimento de toda uma cadeia da economia local.

Finalizando a abordagem sobre o impacto da gestão do Estado sobre o município, chegamos ao pilar desenvolvimento socioeconômico e ordem Pública, sobre o qual destacamos o importante papel do Estado para a ordem ou segurança pública. É essa esfera governamental a responsável pela gestão das penitenciárias, que é mensurada pelo indicador *déficit* carcerário. Além disso, a polícia estadual é a que deve agir em prol das questões avaliadas pelos indicadores de segurança patrimonial e mortes violentas intencionais.

Quando avaliamos as medidas preventivas para essas questões, destacam-se os indicadores percentual de presos sem condenação e o índice de produtividade comparada da justiça de primeiro grau (IPC-Jus).

Ainda sobre esse pilar, destacamos outro aspecto que merece acompanhamento e é de responsabilidade mista das esferas municipal e estadual: a gravidez precoce. *Quais medidas o Estado está tomando para evitar que adolescentes e até crianças engravidem antes da hora?* Uma gravidez precoce gera impactos na vida dos jovens pais e no desenvolvimento da criança que está por nascer. Outros indicadores também de responsabilidade mista são relacionados a condições de trabalho, como: taxa de ocupação, porcentagem de ocupação informal, geração de emprego, liberdade econômica, geração nem estuda e nem trabalha.[16].

A partir dos relatos acima, compreendemos como as gestões do Estado e do município exercem influência entre si, ou seja, são interdependentes.

---

[15] A destinação do lixo e o atendimento a esgoto são de responsabilidade compartilhada entre os municípios e os Estados. Pelo peso da atuação do Estado, sua menção foi priorizada nesta seção.

[16] Pessoas de 15 a 29 anos não ocupadas e que não frequentam escola nem outros cursos extracurriculares. Além de não estarem no mercado de trabalho, elas não se especializam para conseguir uma colocação.

Por exemplo, no caso do pilar educação, se o aluno não cursar um bom ensino fundamental (responsabilidade municipal), não estará devidamente preparado para cursar o ensino médio (responsabilidade estadual). No pilar saúde e bem-estar, se o atendimento à atenção básica (responsabilidade municipal) não for adequado, as necessidades da população podem evoluir para casos de médio ou de alta complexidade, sobres os quais a rede estadual é a responsável por cuidar.

Essa realidade nos mostra que uma maior coordenação e sinergia entre o trabalho dos gestores públicos municipais e estaduais aumenta as chances de promoção da qualidade de vida e do desenvolvimento humano para os cidadãos brasileiros. Assim, a plataforma IGMA está em constante evolução. Seu objetivo é tangibilizar a metodologia Cidades Excelentes para a realidade brasileira. Dessa forma, viabilizar indicadores municipais e estaduais no longo prazo auxiliará ainda mais no planejamento de políticas públicas e avaliação da realidade das nossas cidades.

Os ODS

O que significa ODS?

Os Objetivos de Desenvolvimento Sustentável (ODS) são definidos pela ONU como um apelo universal para erradicar a pobreza, proteger o planeta e melhorar a vida e a perspectiva de todos, em todos os lugares.

Em 2015, países e a população global se reuniram em uma oportunidade única para decidir sobre novos caminhos, a fim de promover o desenvolvimento sustentável (social, econômico e ambiental), a paz, a justiça e a construção de instituições eficazes. Junto aos governos, sociedade civil e outros parceiros, as Nações Unidas trabalharam para aproveitar esse impulso e levar à frente uma meta coletiva de desenvolvimento ambiciosa, a Agenda 2030.

A Agenda 2030 é composta por:

- Uma declaração com o compromisso firmado, a visão e os princípios definidos;
- Um quadro de resultados esperados, que traduzem a ambição em 17 objetivos e suas 169 metas que impulsionam ação em 5 áreas cruciais para o desenvolvimento sustentável;
- Uma seção sobre meios de implementação e de parcerias globais;
- E um roteiro para acompanhamento que destaca a importância de indicadores confiáveis, de qualidade, acessíveis e atualizados.

Figura 151: Objetivos de desenvolvimento sustentável. Fonte: ONU.

Objetivo 1: Erradicação da pobreza

Acabar com a pobreza em todas as suas formas, em todos os lugares;

01 ERRADICAÇÃO DA POBREZA

Objetivo 2: Fome zero e agricultura sustentável

Erradicar a fome, alcançar a segurança alimentar, melhorar a nutrição e promover a agricultura sustentável;

02 FOME ZERO E AGRICULTURA SUSTENTÁVEL

Objetivo 3: Saúde e bemestar

Garantir o acesso à saúde de qualidade e promover o bem-estar para todos, em todas as idades;

03 SAÚDE E BEM ESTAR

Objetivo 4: Educação de qualidade

Garantir o acesso à educação inclusiva, de qualidade e equitativa, e promover oportunidades de aprendizagem ao longo da vida para todos;

04 EDUCAÇÃO DE QUALIDADE

Objetivo 5: Igualdade de gênero

Alcançar a igualdade de gênero e empoderar todas as mulheres e meninas;

05 IGUALDADE DE GÊNERO

Objetivo 6: Água potável e saneamento

Garantir a disponibilidade e a gestão sustentável da água potável e do saneamento para todos;

06 ÁGUA POTÁVEL E SANEAMENTO

Objetivo 7: Energia limpa e acessível

Garantir o acesso a fontes de energia fiáveis, sustentáveis e modernas para todos;

07 ENERGIA LIMPA E ACESSÍVEL

Objetivo 8: Trabalho decente e crescimento econômico

Promover o crescimento econômico inclusivo e sustentável, o emprego pleno e produtivo e o trabalho digno para todos;

08 TRABALHO DECENTE E CRESCIMENTO ECONÔMICO

Objetivo 9: Indústria, inovação e infraestrutura

Construir infraestruturas resilientes, promover a industrialização inclusiva e sustentável e fomentar a inovação;

09 INDÚSTRIA, INOVAÇÃO E INFRAESTRUTURA

Objetivo 10: Redução das desigualdades

Reduzir as desigualdades no interiordos países e entre países;

10 REDUÇÃO DE DESIGUALDADES

Objetivo 11: Cidades e comunidades sustentáveis

Tornar as cidades e comunidades mais inclusivas, seguras, resilientes e sustentáveis;

11 CIDADES E COMUNIDADES SUSTENTÁVEIS

Objetivo 12: Consumo e produção sustentáveis

Garantir padrões de consumo e de produção sustentáveis;

12 CONSUMO E PRODUÇÃO RESPONSÁVEL

Objetivo 13: Ação contra a mudança global do clima

Adotar medidas urgentes para combater as alterações climáticas e os seus impactos;

13 AÇÃO CONTRA A MUDANÇA GLOBAL DO CLIMA

Objetivo 14: **Vida na água**

Conservar e usar de forma sustentável os oceanos, mares e os recursos marinhos para o desenvolvimento sustentável;

Objetivo 15: **Vida terrestre**

Proteger, restaurar e promover o uso sustentável dos ecossistemas terrestres, gerir de forma sustentável as florestas, combater a desertificação, travar e reverter a degradação dos solos e travar a perda da biodiversidade;

Objetivo 16: **Paz, justiça e instituições eficazes**

Promover sociedades pacíficas e inclusivas para o desenvolvimento sustentável, proporcionar o acesso à justiça para todos e construir instituições eficazes, responsáveis e inclusivas a todos os níveis;

Objetivo 17: Parcerias e meios de implementação

Reforçar os meios de implementação e revitalizar a parceria global para o desenvolvimento sustentável;

Figura 152: Objetivos de desenvolvimento sustentável. Fonte: ONU.

DESENVOLVIMENTO SUSTENTÁVEL

Figura 153: Áreas cruciais de importância para humanidade (ONU).

Os 17 ODS consolidam de forma equilibrada objetivos econômicos, sociais e ambientais. Nesse contexto, a plataforma IGMA se apresenta como uma importante aliada na geração de conhecimento e no fortalecimento das instituições rumo ao desenvolvimento sustentável, haja vista que ela é uma fonte de referência para traduzir esses objetivos para a realidade dos diversos municípios brasileiros, bem como uma plataforma para apoiar o acompanhamento dos indicadores.

A relação entre as Cidades Excelentes e os ODS

A metodologia Cidades Excelentes busca a melhoria dos municípios brasileiros por meio do desenvolvimento dos 6 pilares do ciclo virtuoso. Entendemos que a nossa jornada está diretamente conectada com os ODS da ONU, visto que o nosso objetivo é o de promover melhorias constantes nos serviços prestados e, por conseguinte, o aumento da qualidade de vida da população. À medida que melhoramos o índice IGMA, impactamos diretamente nos objetivos dos ODS.

A essência da metodologia é superar os atuais desafios da gestão pública, os quais são interligados com as 3 dimensões da sustentabilidade: social, econômica e ambiental. Como vimos anteriormente, não é possível dissociar a melhoria de condição de vida das populações da concepção de sustentabilidade. É necessário o equilíbrio entre essas frentes que são indivisíveis.

Diante disso, para a implementação e o alcance das metas dos Objetivos do Desenvolvimento Sustentável, a plataforma IGMA pactua diretamente com o ODS 16 (Paz, Justiça e Instituições Eficazes) e com o ODS 17 (Parceria e Meios de Implementação), ao fortalecer a mola propulsora do desenvolvimento humano, que é a eficiência fiscal e transparência, da seguinte forma:

- ✓ **Capacidade estatística para monitoramento dos Objetivos do Desenvolvimento Sustentável -** Ao acompanhar o alcance de resultados em nível municipal e priorização de projetos para melhoria destes;
- ✓ **Desenvolvimento de instituições eficazes, res ponsáveis e transparentes em todos os níveis** - Ao trazer gestão à vista dos resultados;
- ✓ **Proporção da população satisfeita com serviços públicos** - Ao priorizar os recursos públicos nos quais é mais necessário e crítico;
- ✓ **Garantia do acesso público à informação** - Ao fornecer confiabilidade e centralização dos dados. É uma Agenda de todas as pessoas e que tem como objetivo não deixar ninguém para trás;
- ✓ **Aumento da coerência das políticas para o desen volvimento sustentável -** Ao tangibilizar a ambição para atingir patamares de Cidades Excelentes;
- ✓ **Aumento da estabilidade macroeconômica por meio da coordenação e da coerência de políticas** - Ao promover a eficiência na aplicação;
- ✓ **Incentivo e promoção de parcerias públicas, públi coprivadas e com a sociedade civil eficazes -** Ao contribuir para parcerias em prol das metas e mobilização de todos em torno da Agenda.

Os 6 pilares IGMA (Governança, Eficiência Fiscal e Transparência, Educação, Saúde e Bem-Estar, Infraestrutura e Mobilidade Urbana, Sustentabilidade e Desenvolvimento Socioeconômico e Ordem Pública), que sustentam a condição de Cidade Excelente, se correlacionam com os 17 ODS da seguinte forma:

Figura 154: Correlação dos Pilares do IGMA com os ODS.

Do ponto de vista da indivisibilidade da sustentabilidade, os pilares IGMA entrelaçam todo o conjunto dos ODS, pactuando positivamente para o seu alcance e promoção. Além disso, sabemos da importância do gerenciamento por meio dos indicadores, sendo certo que tanto os ODS quanto o IGMA são compostos por uma série deles, os quais estão diretamente correlacionados.

Assim, a plataforma gerencial IGMA é também importante para gestores públicos atenderem a população no que ela mais necessita, orientando-os na tomada de decisão e na priorização dos recursos. Já nas relações entre a esfera pública e privada, a solução é relevante para determinar parcerias e projetos mais críticos para o município. O setor privado tem importante participação na Agenda, pois detém recursos financeiros e a capacidade de realizar investimentos em pesquisa e inovações.

4

Os 8 passos para uma cidade excelente

OS 8 PASSOS PARA UMA CIDADE EXCELENTE

Sabendo que a excelência não se trata de um objetivo final, mas de um processo diário, acreditamos que a gestão municipal pode alcançar os melhores resultados e entregar serviços de qualidade para a população à medida que conseguir traçar o seu caminho rumo à ambição de ser uma cidade excelente.

Ou seja, trata-se de um planejamento capaz de trazer o futuro para o presente e de estabelecer, na localidade, um ambiente competitivo, que gere riquezas e qualidade de vida de forma sustentável para os seus cidadãos.

Nesse sentindo, evoluímos o nosso desenrolar teórico com uma metodologia de gerenciamento desenvolvida pelo Aquila e voltada para resultados que, ao ser aplicada, permite que qualquer município aprimore a sua estrutura com excelência, a fim de promover o ciclo virtuoso de desenvolvimento humano na sua localidade. São os 8 Passos da Excelência!

Frisamos que esses 8 Passos não se aplicam somente aos gestores públicos municipais, mas também às empresas privadas e instituições que desejam implementar melhorias estruturais na sua gestão e mudança de patamar de resultados. Neste livro, iremos dar ênfase a essa metodologia apenas para a área pública.

Vale destacar que os 8 Passos se aplicam também no momento da elaboração do plano de governo do candidato à prefeitura, pois ele precisa conter respostas a perguntas como: *Aonde queremos chegar? Como será a gestão? Qual é a situação atual para o desenho das estratégias e dos desafios a serem percorridos?*

Então, quais são esses 8 Passos?

A **Ambição**, principal combustível desta jornada, é o **passo 1**. É nesse momento que se define o sonho de aonde a prefeitura chegará. Com essa resposta estabelecida, é possível determinar metas para qualquer município.

Quem não planeja é planejado! Para quem não tem metas, qualquer resultado serve. Por isso, a primeira atitude dessa metodologia é a definição do estágio futuro que se deseja alcançar! Aqui, a plataforma IGMA já valida a sua relevância quando permite, de maneira ágil, o estabelecimento de metas arrojadas e compatíveis com as realidades dos municípios brasileiros.

O segundo passo é a **Governança**, que é o modo como o município desempenha a gestão dos recursos sociais e econômicos em busca do desenvolvimento humano. Assim, deve ser o **passo 2**.

A prefeitura deve estabelecer um modelo de gestão, para que, a partir de uma visão sistêmica e multidisciplinar, todos compreendam suas responsabilidades durante a definição e a implementação das estratégias.

Do ponto de vista da comunidade, a governança acontece por meio da participação popular em audiências públicas e no acompanhamento dos indicadores do município, por exemplo.

Sem evidências, metas e governança não passam de um sonho. Por isso, o **terceiro passo** é o levantamento de **Evidências**: dados históricos, pesquisas qualitativas, resultados das contas públicas, etc. Todos esses documentos são insumos para a avaliação da ambição estabelecida e a verificação do quão desafiadoras serão as mudanças necessárias para o seu alcance.

Uma das principais dificuldades dos gestores públicos municipais está na leitura situacional da cidade. Geralmente, a equipe gestora necessita de meses para detalhar tais evidências. Hoje, a plataforma IGMA permite a gestão municipal chegar a um diagnóstico preciso sobre o desenvolvimento da cidade em apenas alguns dias.

A **Produtividade** é o **passo 4**. Ela prioriza o foco e a entrega dos trabalhos, uma etapa para executar a eficácia e a eficiência da gestão no plano de ação municipal. É quando são elaborados os projetos estruturais e os *books* de metas de cada secretaria.

Essa etapa corresponde ao plano de trabalho em si. Definirá como o gestor público, os profissionais comissionados e os servidores concursados irão, juntos, promover as melhorias necessárias para alcançar a excelência da cidade. Esse plano de ação deve estar correlacionado com as principais estratégias da ambição, de forma a alcançar os melhores resultados rumo à excelência.

É preciso reduzir a distância entre o serviço esperado pela população e as entregas das prefeituras do País. Ou seja, alocar os recursos para realizar os projetos prioritários que resolverão as principais restrições do município.

O **quinto passo** provoca a reflexão: *nosso time é capaz?* A **Qualidade Técnica** foca na maturidade de gestão da máquina pública, que, por sua vez, é um retrato da articulação entre os times multidisciplinares, as tecnologias disponíveis e os processos da gestão para tornar a ambição real. Quanto maior for a capacidade de manter e melhorar resultados da máquina pública, mais potencial de excelência terá essa cidade.

A **Disciplina**, **sexto passo**, é importante para garantir a entrega do que foi planejado. Esse estágio é caracterizado pela prática dos rituais formais de gestão e pelo acompanhamento periódico dos planos e dos indicadores de uma cidade.

Segundo Kaplan e Norton (2008), em livro publicado pela *Harvard Business Review Press*, 90% das estratégias falham em função da baixa implementação. Por isso, é tão importante que haja disciplina para controlar o que está sendo implementado e se as metas estabelecidas estão sendo alcançadas.

Controle, portanto, é a palavra-chave dessa etapa. Na prática, nos referimos ao acompanhamento dos planos e cronogramas, das entregas prometidas e da prestação de contas; uma rotina de excelência para uma gestão municipal.

O **sétimo passo** é o **Retorno**. Os gestores públicos devem aumentar a capacidade de investimento e a maturidade de gestão dos municípios, para que fortaleçam a sua autonomia fiscal e realizem uma prestação de serviços cada vez mais independente e eficiente. Para isso, pode ser que precisem realizar mudanças estruturais para reduzir e eliminar disfunções, desconexões e desperdícios (os 3Ds) das suas máquinas administrativas.

Um dos principais objetivos dos 8 Passos é aumentar a excelência do município. Liberar recursos para investimentos e melhoria da prestação de serviços para população é parte fundamental desse processo.

Finalizando o caminho rumo a uma cidade excelente, a **Transparência** chega como o **oitavo passo**, o qual está intimamente relacionado ao pilar 1 do ciclo virtuoso, à medida que incentiva o engajamento social e a cidadania da população ao lhe comunicar resultados e ações e convidá-la para participar de audiências públicas e acompanhar as contas da gestão municipal.

Assim como os 6 pilares que compõem o ciclo virtuoso da metodologia cidades excelentes, os 8 Passos são interdependentes e precisam funcionar em harmonia para o alcance da ambição de um governo municipal.

A seguir, apresentamos detalhadamente cada um desses passos.

Passo 1
Ambição

Aliados à capacidade de realização, os ideais tornam os sonhos reais.

O mundo é movido por ambições, ideais e visão de futuro. São esses elementos que, aliados a uma capacidade de realização, podem tornar os sonhos reais. Nesse sentido, o primeiro passo a ser dado pela administração pública é a compreensão de ***aonde*** se deseja chegar. Em termos de excelência na gestão municipal, *o que será entregue à população da cidade?*

O prefeito é um servidor, o que, na origem do termo latim *servitore*, significa aquele que serve, auxilia, ajuda a população. Por isso, a ambição do prefeito sempre deve ser entregar a cidade melhor do que recebeu.

A ambição não se trata de um desejo apenas para si, mas também para os outros. Ela envolve uma vontade profunda do coração e está relacionada ao desenvolvimento de talentos, à busca de melhorias, à ampliação de forças e a mudanças de patamar.

Ao desenhar o que se espera de uma cidade excelente, a ambição pede uma reflexão de onde estamos e de aonde queremos chegar.

Figura 155: Ambição.

As demandas são infinitas, mas os recursos são finitos. Por isso, é necessário definir quais são as prioridades e estas devem estar descritas na ambição.

Ante a essa necessidade de priorização, *em quais pilares do IGMA a prefeitura deve atuar para promover as melhorias estruturais necessárias? Quais indicadores cruciais devem ser trabalhados para que se promovam mudanças efetivas?*

O papel da sociedade é fundamental nesse momento. É preciso eleger e exigir gestores que apresentem um plano de governo claro, com objetivos e metas bem estabelecidas. Em outras palavras, que sejam capazes de transformar suas promessas em técnicas eficientes de gestão e entregar excelentes resultados sociais.

Não é preciso reinventar a roda. O importante é compreender:

O QUE ESTÁ JÁ SENDO FEITO E DEVE CONTINUAR?

O QUE FOI PLANEJADO, MAS NÃO REALIZAMOS E DEVE SER IMPLANTADO?

O QUE PRECISAMOS CRIAR?

Uma boa saída para essas soluções são as informações fornecidas pela plataforma IGMA. Ela exibe, com dados atuais, quais indicadores devem ser focados em termos de ambição e, assim, permite materializar a excelência no nível de desenvolvimento da população.

Para isso, o prefeito e a sua equipe podem acessá-la, conhecer o resultado atual do município por indicador e verificar, por meio do *machine learning*, quais cidades do Brasil são comparáveis à sua.

A reflexão que o gestor municipal deve realizar é: *Como tornar a minha cidade excelente ou referência dentro do grupo de comparação? Quais indicadores precisam melhorar? Quais são os benchmarks possíveis de serem alcançados?* Essa deve ser a ambição: ser o melhor município do Brasil com aquelas características!

Case Cidade Excelente

No *case* que iremos apresentar, a primeira etapa para a definição da ambição de um município com o qual estávamos trabalhando foi, por meio da plataforma IGMA, verificar qual era a situação em que ele se encontrava dentro do ciclo virtuoso de desenvolvimento humano.

População:
15.018 habitantes

PIB *per capita*:
20.817 R$/habitantes

Receita:
R$ 58 Milhões

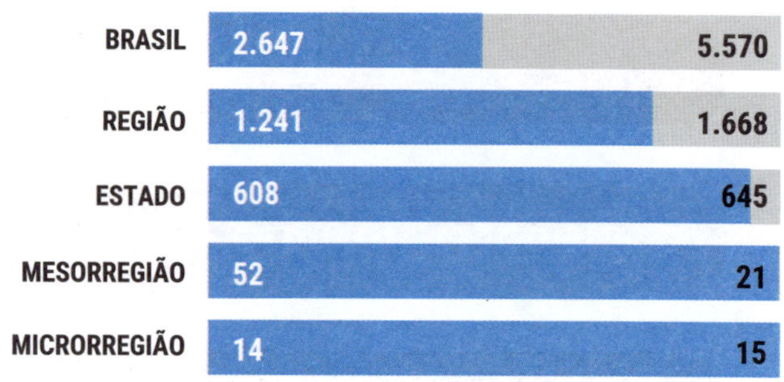

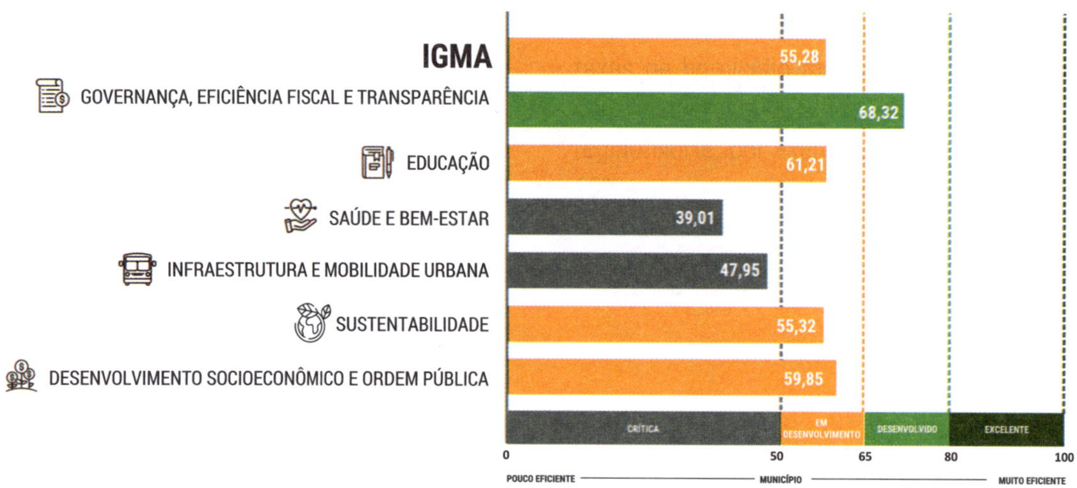

Figura 156: IGMA do Município e seus pilares.

Conforme demonstrado na figura 136, o município possuía dois pilares que mais necessitavam de desenvolvimento: saúde e bem-estar e infraestrutura e mobilidade urbana.

No entanto, apenas com essas informações não seria possível fazer uma inferência precisa sobre qual deveria ser a ambição dessa cidade rumo à excelência.

Por isso, para aprofundar a análise, foi realizada a sua comparação com cidades com características estruturais semelhantes, as quais foram indicadas pelo algoritmo da plataforma IGMA, baseado em PIB *per capita*, receita, população e outras variáveis.

A seguir, o valor do IGMA das 5 cidades comparadas.

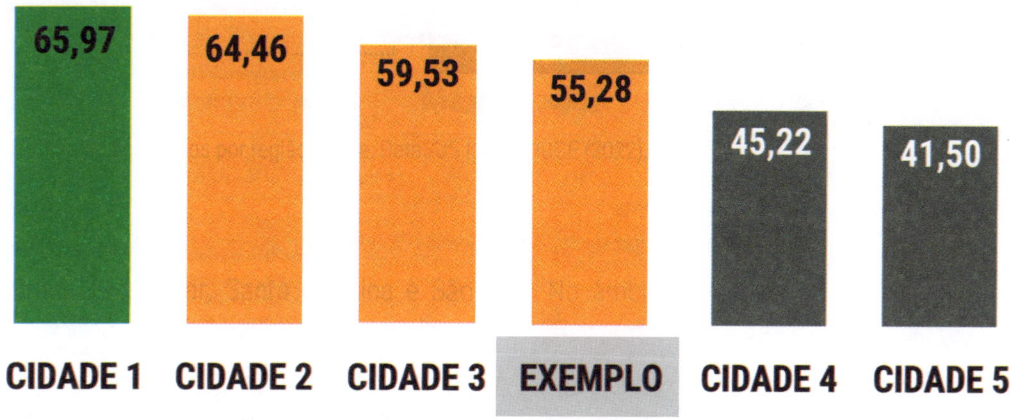

Figura 157: Comparativo entre a cidade exemplo e outras com características semelhantes.

Inicialmente, a ambição traçada foi ser referência dentre as cidades do grupo de comparação.

A partir daí, estratificando a comparação para os 6 pilares, foi possível identificar a diferença de desempenho entre as cidades e quais deveriam ser a ambições para cada um dos eixos.

Cidade	IGMA	Fiscal	Educação	Saúde	Infra	Sustentabilidade	Desenvolvimento
Exemplo	55,28	68,32	61,21	39,01	47,96	55,32	59,85
Cidade 1	65,97	68,92	70,28	49,45	64,09	65,95	77,15
Cidade 2	64,46	58,02	76,24	33,00	71,57	64,42	83,50
Cidade 3	58,53	58,19	64,70	47,06	63,35	55,28	62,61
Cidade 4	45,22	53,79	40,03	39,40	55,01	45,18	37,81
Cidade 5	41,50	57,31	42,66	50,04	36,96	41,48	20,56
Posição no Ranking	4	2	4	5	5	3	4

Figura 158: Comparativo entre o município exemplo e as demais cidades do grupo em cada um dos pilares.

Verificamos que, quando comparados com as cidades semelhantes, os pilares saúde e bem-estar e infraestrutura realmente precisavam ter ambições mais ousadas.

A ambição de cada um dos pilares foi definida com base no melhor resultado entre as cidades comparadas. Excepcionalmente, na saúde a ambição foi alcançar o patamar de "em desenvolvimento", com o valor de 65, já que os municípios do mesmo perfil também apresentam dificuldade na promoção dos serviços desse pilar.

Assim, buscando o que os outros semelhantes fazem melhor, a cidade exemplo traçou uma ambição de aumentar o IGMA de 55,28 para 71,83, colocando-o entre as cidades desenvolvidas do País.

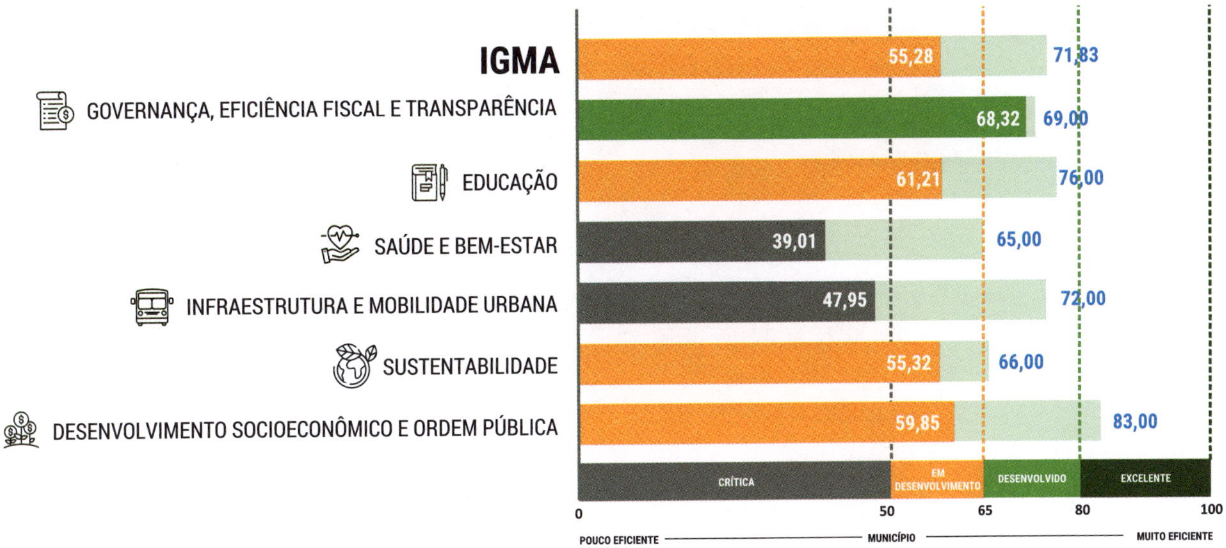

Figura 159: Realidade *versus* Ambição definida para a cidade exemplo.

Passo 2
Governança

É hora de criar as condições para viabilizar os resultados.

O envolvimento da equipe é condição necessária para viabilizar o alcance da ambição. Porém, conforme aponta a pesquisa de Harvard, apresentada no livro "8 Passos da Excelência", apenas 5% das pessoas entendem qual é o seu papel na estratégia das organizações.

Concordamos com os dados dessa pesquisa ao lembrar que, em nossas experiências nas cidades do Brasil, repetidamente nos deparamos com processos burocráticos desalinhados com a ambição municipal. Quando o prefeito toma posse, a administração pública já está em funcionamento com servidores concursados e é preciso alinhar os esforços de todos rumo ao mesmo objetivo.

Esse cenário demonstra a necessidade, portanto, da aplicação do que denominamos Times de Excelência.

A importância dos times de excelência

Compostos por grupos multidisciplinares de gestores que desenvolvem juntos atividades para a melhoria de resultados específicos, os times de excelência possibilitam a solução de problemas de maneira ágil e estruturada. Eles identificam e priorizam as principais causas que têm impactado negativamente nos resultados.

Dessa forma, quando o conhecimento técnico do time se alia a um método de gestão e a uma liderança firme, temos a chave do sucesso para o alcance de resultados excelentes.

Um time de excelência deve ser caracterizado pelos seguintes pontos:

- ter um objetivo bem definido a ser alcançado;
- ser constituído por uma equipe multifuncional;
- cada integrante deve ter esclarecido seu papel e responsabilidades;
- acompanhar uma governança com reuniões periódicas;
- obedecer a um método de trabalho;
- padronizar os resultados (o que acontece principalmente na implantação da rotina).

Em geral, sugerimos às prefeituras a escolha de um secretário municipal para liderar o time responsável pelo desenvolvimento de cada um dos pilares do ciclo virtuoso de desenvolvimento humano, monitorado pela plataforma IGMA. Cada secretário define um grupo, incluindo servidores efetivos, ocupantes de cargos de confiança e representantes sociais, compondo, assim, um coletivo multidisciplinar.

Cada equipe ou time é responsável por entregar os resultados do município de acordo com o seu respectivo pilar IGMA. Por exemplo, se tratamos do pilar educação, podem ser convidados para integrar o time de excelência um diretor de escola, um professor, um pai de aluno, um aluno... Todos liderados pelo representante desse pilar.

A criação dos times de excelência é fundamental para a entrega de parcelas da meta geral do município. Então, para o alcance da ambição da prefeitura são constituídos pelo menos 5 grandes times: um para melhorar a eficiência fiscal e a transparência, outro para otimizar educação, um terceiro focado em desenvolver a saúde, um quarto time com atenção especial para a infraestrutura e a mobilidade urbana e um último time direcionado para o desenvolvimento socioeconômico e a ordem pública do município.

Todas essas equipes interagem entre si. Há encontros e debates entre os grupos, porque, às vezes, se faz necessária uma ponte entre os diferentes indicadores e projetos, já que muitas vezes eles se correlacionam.

Assim, cria-se a governança de uma gestão municipal que passa a ser responsável por discutir quais serão os meios, as melhorias e os projetos que precisam ser executados para alcançar aquela ambição. É por meio da criação de times que a prefeitura discute **como** alcançará a ambição definida.

O time heterogêneo possibilita que haja uma visão sistêmica e o compartilhamento de diferentes pontos de vista, ou seja, o de quem está diretamente ligado ao processo, de quem está nas áreas suporte, o de quem está coordenando e do secretário.

O objetivo, portanto, dessa governança não é concorrer com a hierarquia municipal, mas promover um olhar heterogêneo e sistêmico, capaz de trazer soluções estruturais para o município.

Figura 160: Estruturação dos Times de Excelência em função do ciclo virtuoso de desenvolvimento humano.

Para a construção da governança do município exemplo foram criados 6 times multidisciplinares, um para cada pilar da plataforma IGMA, com o objetivo de construir um sistema de gestão mais robusto, discutir os resultados, atingir as metas, realizar as ações e priorizar os projetos necessários para alcançar o patamar de excelência.

Os times eram formados por servidores concursados e ocupantes de cargos comissionados. Houve um misto de pessoas mais experientes e outras mais jovens, gestores e profissionais operacionais, a fim de se ter a visão holística dos processos e identificar as oportunidades de melhoria.

A ideia desse tipo de governança é romper barreiras entre as secretarias, quebrando a estrutura de departamentos e migrando para um modelo de compartilhamento e comunicação entre os gestores de áreas diferentes. É o trabalho em equipe multidisciplinar em prol do alcance dos resultados do município.

Nesse caso, o time do pilar desenvolvimento socioeconômico e ordem pública teve como líder o secretário municipal de desenvolvimento sustentável. Como demais membros da equipe, a secretária e os servidores da secretaria municipal de desenvolvimento e proteção social, além de integrantes da guarda municipal. Foi possível trabalhar, ao mesmo tempo, programas sociais para a redução da pobreza, o incentivo à economia local e a manutenção da ordem pública.

Na tabela a seguir, trazemos um resumo dos grupos e dos seus membros. Em 6 meses de trabalho, foram realizados encontros dos times de excelência com o envolvimento direto de 45 pessoas:

Time de Excelencia	Lider	Nº de envolvidos	Membros
Governança, Eficiência Fiscal e Transparência	Diretora da contabilidade do município	8	2 servidores responsáveis pelas parcerias públicas e privadas, 1 do atendimento a população, 2 de compras do município (diretora e compradora) e 3 da comunicação e transparência
Educação	Secretária de Educação	11	2 assessoras pedagógicas, 1 responsável pelo orçamento da educação, 2 pais de alunos, 5 diretoras de escola, 1 participante da secretaria de esportes
Saúde	Secretário de Saúde	10	2 servidores responsáveis pela farmácia, 1 da vigilância sanitária, 2 da vacinação, 2 enfermeiras e 3 médicos das unidades básicas de atendimento
Infraestrutura e Mobilidade Urbana	Secretário de Obras, Infraestrutura e Urbanismo	6	3 servidores responsáveis pelas obras do município, 2 da Defesa Civil e 1 Secretário de Governo
Sustentabilidade	Secretária de Meio Ambiente	3	1 diretora de meio ambiente, 1 servidor de desenvolvimento sustentável e 1 ambientalista
Desenvolvimento Socioeconômico e Ordem Pública	Secretário de Desenvolvimento Sustentável	7	1 Diretora de desenvolvimento sustentável, 1 Guarda Municipal, 2 representantes do comércio local, 1 secretária de desenvolvimento e proteção social e mais 2 servidores

Tabela 21: Exemplo dos times de excelência criados no município.

Passo 3
Evidências

As evidências avaliam o quão próximo ou distante estou da minha ambição.

O terceiro passo, Evidências, diz respeito ao entendimento da situação atual do município. É nessa etapa que é criada a base de conhecimento para a construção do plano de estratégias e dos projetos. É o momento em que sabemos exatamente qual é a distância entre a nossa situação atual (presente) e a ambição almejada (futuro).

As reflexões realizadas nesse passo são extremamente importantes para analisar o impacto da ambição (passo 1) no negócio e possíveis efeitos colaterais e, assim, preparar a prefeitura, os seus gestores e servidores para o passo 4 (produtividade), onde serão desdobradas as metas e definidos projetos estruturais para sustentar a ambição.

Aqui, a plataforma IGMA funciona com todas as suas características de inovação disruptiva. O que normalmente uma equipe administrativa poderia levar meses para compreender, a ferramenta gerencial oferece de imediato para a nova prefeitura. Dados, informações e comparações entre quaisquer municípios brasileiros: fontes valiosas para um bom levantamento de evidências. A plataforma é, portanto, o ponto de partida para a priorização e desdobramento de indicadores mais específicos dos municípios.

Nesse momento, a plataforma torna-se única em termos de velocidade e qualidade da informação, para que a prefeitura compreenda a realidade da cidade e, consequentemente, almeje resultados plausíveis de acordo com a situação atual encontrada e os recursos disponíveis. No entanto, nesse passo, é preciso ir um pouco além e aprofundarmos no desdobramento das restrições e oportunidades encontradas nos indicadores até o menor nível possível, ou seja, nas unidades operacionais, como, por exemplo, escolas, postos de saúde, obras, entre outros.

Assim, ao tratamos de Evidências, analisamos se o processo da prefeitura é capaz ou não de entregar o esperado na ambição: *o município, como é hoje, pode melhorar o nível de educação? Há condições de obter 100% de cobertura do Programa Estratégia Saúde da Família (ESF)? A partir da atual estrutura, é possível melhorar os indicadores de mortalidade infantil? Há diferença de resultados entre as escolas da cidade?*

As respostas a essas perguntas podem seguir dois caminhos distintos: metas serão definidas ou projetos estruturais deverão ser elaborados. Falaremos sobre isso com mais detalhes no próximo passo, Produtividade.

Case Cidade Excelente

Após a definição da ambição e estruturação da governança da cidade exemplo, foram realizadas diversas análises para corroborar os resultados almejados e avaliar quais caminhos deveriam ser percorridos: o desdobramento das metas ou a elaboração dos projetos.

Os gestores analisaram os indicadores de todos os pilares. No entanto, neste case, daremos ênfase ao pilar mais crítico da cidade, saúde e bem-estar.

De todos os indicadores desse município em relação à saúde, o melhor deles é o de número de profissionais por habitante e em segundo lugar o sintético final Previne Brasil.

Indicador	Cidade 1	Cidade 2	Cidade 3	Cidade 4	Cidade 5	Exemplo	# Posição
Cobertura da atenção primária (%) - ⇧	53,09	46,09	73,96	100,00	100,00	69,36	4
Expectativa de vida ao nascer (Anos) - ⇧	75,88	74,66	77,22	70,81	70,43	73,63	4
Leitos hospitalares (SUS) por mil habitantes (Número) - ⇧	0,00	1,92	1,31	1,52	3,89	0,67	5
Profissionais da saúde (SUS) por mil habitantes (Número) - ⇧	10,97	9,76	9,18	11,37	9,49	11,85	1
Indicador sintético final Previne Brasil (Número) - ⇧	7,04	6,93	7,57	6,57	8,10	7,73	2
Taxa de mortalidade infantil (Número por mil nascidos vivos) - ⇩	8,13	32,09	11,87	22,94	5,49	17,75	4
Cobertura vacinal (%) - ⇧	82,35	67,52	85,68	73,21	90,24	70,90	5
Desnutrição infantil (%) - ⇩	1,14	1,69	1,67	1,77	1,52	1,75	5
Morbidade hospitalar SUS (Internações por mil habitantes) - ⇩	46,78	47,94	49,89	45,52	45,89	47,31	4
Mortalidade por mil habitantes (Número) - ⇩	7,81	8,15	7,98	8,12	7,82	8,13	5
Óbitos por causas evitáveis (%) - ⇩	67,66	71,77	69,71	71,35	65,44	70,32	4
Gasto por habitante em saúde por expectativa de vida (R$) - ⇩	14,75	18,11	17,88	16,39	15,72	16,54	4
Aplicação saúde - mínimo constitucional (%) - ⇧	31,80	25,12	21,07	23,61	27,71	21,96	5

Tabela 22: Comparativo dos indicadores do pilar saúde e bem-estar (extraído da Plataforma IGMA em Janeiro/2021).

Todos os demais indicadores, como mereciam uma maior atenção em relação a sua situação comparativa, foram desdobrados em outras métricas, por meio da relação de causa e efeito, de forma a garantir o melhor entendimento do problema e definição de metas específicas.

Tomando como exemplo a taxa de mortalidade infantil, desdobrou-se a análise até o nível da taxa de vacinação e do índice de consultas e exames realizados por UBS (unidade básica de saúde) do município.

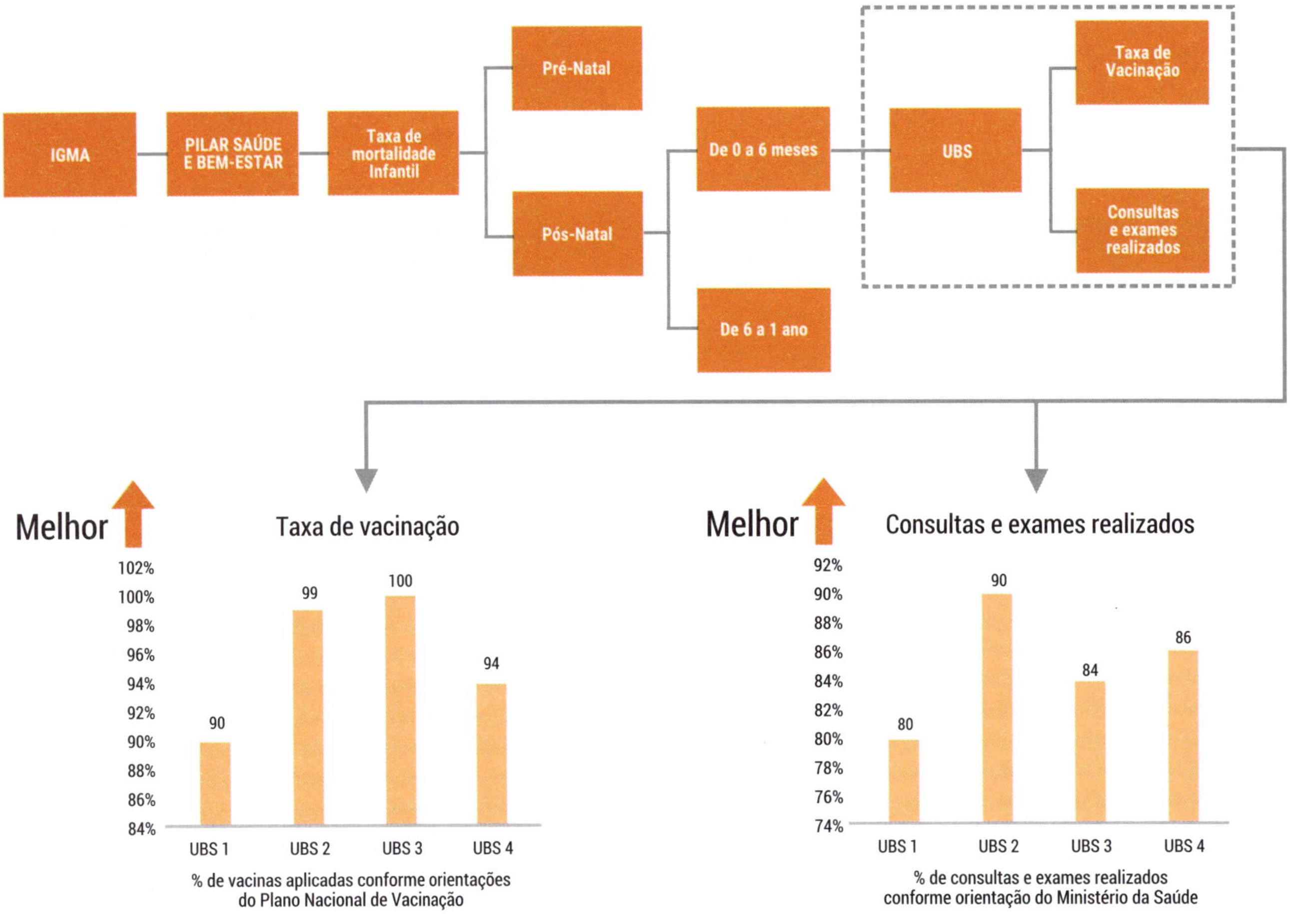

Figura 161: Estratificação do indicador taxa de mortalidade infantil.

Nos dois indicadores, a UBS 1 é a que apresentava o pior desempenho. Ao verificar o histórico dessa unidade, constatou-se que:

- A UBS1, nos anos de 2014 e 2015, chegou a ter taxas de 100% de vacinação. Como historicamente esse resultado já foi alcançado anteriormente, entende-se que esse processo é capaz.

- No caso de % de consultas e exames realizados conforme o previsto, o município nunca havia atingido um resultado superior a 80%. Portanto, esse processo não era capaz, necessitando de projetos estruturais para uma mudança de patamar.

Ambos os caminhos estão explicados na produtividade, 4º passo para promover uma cidade excelente.

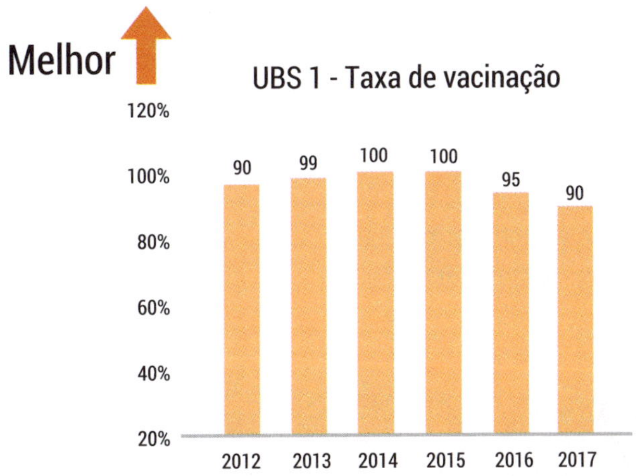

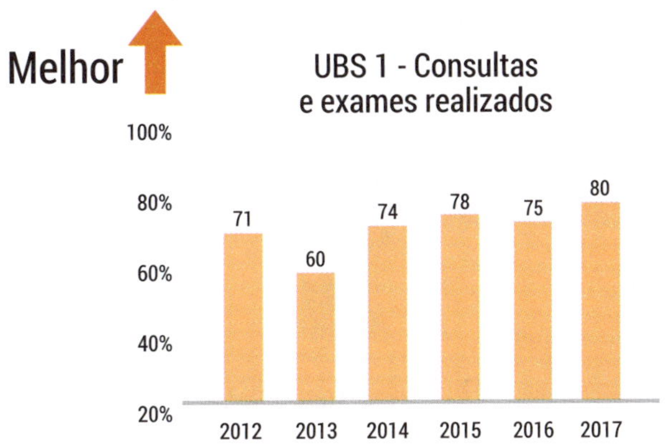

Figura 162: Estratificação da análise da UBS 1.

Passo 4
Produtividade

Ambição sem meta é sonho.
Estratégia sem projeto é desejo.

A Produtividade diz respeito à tangibilidade, à entrega da ambição, de acordo com o que foi evidenciado na etapa anterior. Nesse passo, há a priorização do foco e do que será entregue a curto, médio e longo prazo. É quando são elaborados os projetos estruturais e os *compromissos de gestão* de cada secretaria.

Como visto, faremos uma avaliação do processo da prefeitura no passo Evidências. Após identificarmos se ele é capaz ou não, dois são os caminhos possíveis. Vejamos.

Se o processo for capaz, ou seja, se possuir a estrutura e as condições de entregar o que a prefeitura precisa, com pessoas treinadas e bem direcionadas, a ambição será desdobrada em metas. Essa realidade se torna possível à medida que já existe um processo com condições de entregar o resultado almejado, haja vista que ele já foi alcançado ao menos uma vez, sendo necessário apenas melhorar a sua eficiência e aumentar a performance para o alcance da ambição.

Por exemplo, a gestão municipal transformaria o indicador IDEB da cidade em um indicador mais específico: o IDEB da escola ou o IDEB do ano de ensino. Dessa forma, é possível transformar propósitos mais amplos em metas e planos pontuais para a prefeitura.

Figura 163: caminhos em função da capacidade do processo.

Todavia, nem sempre as metas são suficientes para direcionar uma organização rumo à ambição. Quando o processo da prefeitura não é capaz de entregar a solução por si só, implanta-se um projeto estrutural. Nessa situação, para atingir objetivos, é necessário, em alguns casos, reestruturar um processo, reformar uma escola, construir uma obra de pavimentação, trazer uma indústria para a cidade, entre outros.

Por exemplo, um município no qual o serviço de ensino infantil cobre apenas 80% da demanda local. Enquanto novas creches ou unidades de ensino infantil não forem construídas para atender o público restante, não adianta delegar aos estabelecimentos que dobrem a quantidade de alunos.

Haveria, então, a necessidade de construção de novos espaços. Seria um caso no qual a solução está associada a algum tipo de investimento, ou seja, é um projeto. Consideramos estrutural porque algo está sendo construído ou acrescentado; há uma mudança na status atual do processo.

Essas são as contribuições da produtividade no caminho rumo a uma cidade excelente. Os times multidisciplinares projetam metas desdobradas ou projetos estruturais que tenham relação com a ambição da prefeitura para ser uma cidade excelente.

Essa visão mais abrangente é importante, porque é fundamental a construção de projetos com a devida avaliação e melhoria dos processos atuais. É preciso, também, desdobrar metas na estrutura da prefeitura para direcionar corretamente os seus esforços e melhorar os resultados. Essa é uma das principais oportunidades que encontramos nas administrações municipais.

Por isso, é preciso haver um equilíbrio entre a rotina e a melhoria, pois promover apenas a rotina não garante o alcance dos resultados futuros. Em contrapartida, promover apenas a melhoria não sustenta o resultado ao longo do tempo. Logo, a gestão municipal precisa criar metas para os processos que são capazes e estruturar projetos para os pontos que necessitam de melhorias estruturais.

Os projetos deverão ser traduzidos por meio de cronogramas que levam em conta o prazo, as etapas e os investimentos necessários. Os *compromissos de gestão, por sua vez,* formalizam os "donos das metas", explicitando quem são os responsáveis pelos processos, projetos e quais metas devem ser discutidas diariamente nas rotinas dos times.

O passo produtividade, portanto, indica o que deverá ser produzido e qual é o foco do trabalho.

Ambição sem meta é sonho. Estratégia sem projeto é desejo. Toda prefeitura deve apresentar metas e projetos de curto, médio e longo prazos, para que a produtividade possa, de fato, acontecer.

É no passo Produtividade que são definidas as metas e os projetos para alcançar a ambição. Na cidade que trazemos como exemplo os indicadores foram desdobrados em 242 metas realizáveis, a serem alcançadas pelas 54 pessoas envolvidas na gestão das secretarias do município. Além disso, foram estabelecidos 47 projetos para serem realizados até o final daquele mandato. A partir daí, os 54 gestores assumiram o compromisso com a população em audiência pública, composto pelos desafios a serem alcançados rumo ao patamar de cidade excelente.

Time de Excelência	Metas	Projetos
Governança, Eficiência Fiscal e Transparência	49	10
Educação	45	9
Saúde e Bem-estar	41	6
Infraestrutura e Mobilidade Urbana	39	6
Sustentabilidade	25	4
Desenvolvimento Socioeconômico e Ordem Pública	43	12
Total	**242**	**47**

Tabela 23: Desdobramento de metas e projetos por pilar.

No primeiro exemplo, trazemos a taxa de mortalidade infantil, a qual foi desdobrada até chegar ao nível UBS (Unidades Básicas de Saúde), vacinação e exames. Com isso, as metas e as ações ficaram mais próximas dos profissionais da saúde e da população, sendo tangenciadas no dia a dia do trabalho.

Apresentaremos, agora, dois exemplos de compromissos de gestão.

No segundo exemplo, o Secretário de Obras, Infraestrutura e Urbanismo, além de precisar entregar as obras no prazo e dentro do orçamento, desenvolveu o projeto de construção do plano de mobilidade urbana.

Para esse projeto, as vias do município foram estudadas, de forma a identificar os principais pontos críticos, apuraram-se as reclamações da população e foram propostas ações rápidas e dentro do orçamento para melhorar a qualidade de vida na cidade. Destaca-se que, após a elaboração do cronograma do projeto, audiências públicas foram realizadas nos bairros, para que os próprios cidadãos aprovassem e sugerissem ações de acordo com o orçamento aprovado.

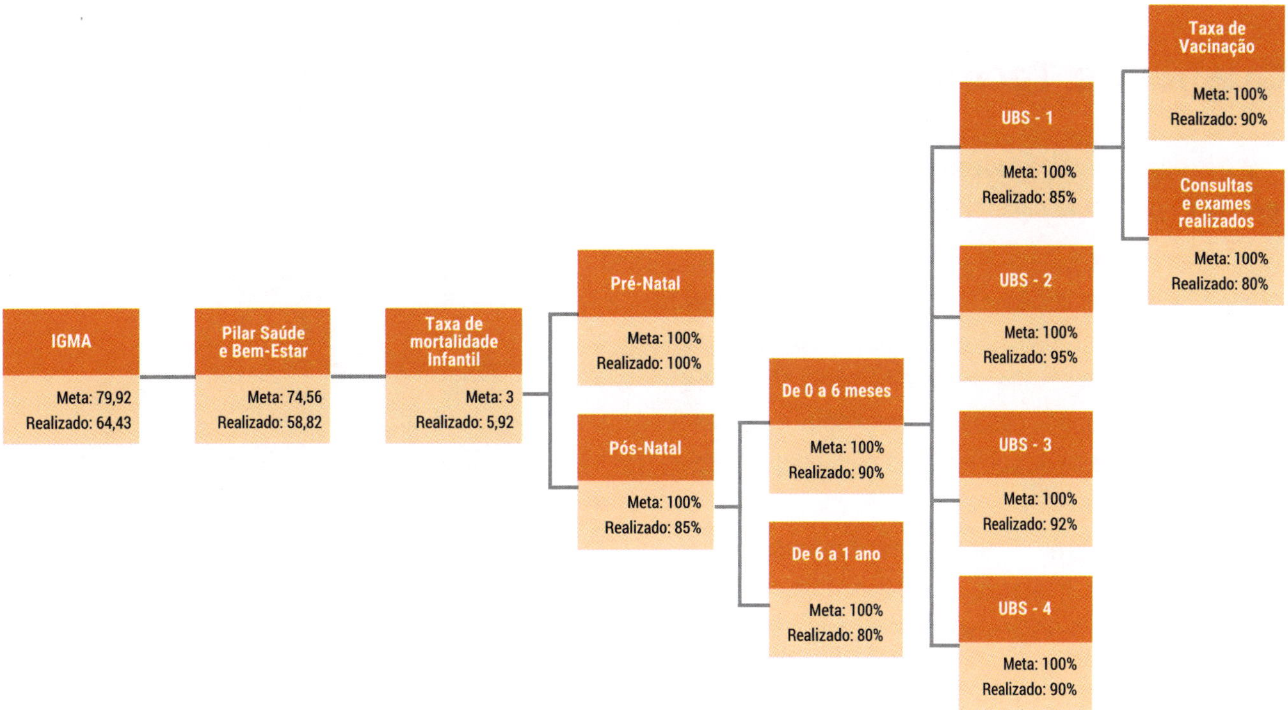

Figura 164: Exemplo do compromisso de metas aplicada no município.

Indicadores	Metas
Gestão do Orçamento	Aumentar a eficiência do orçamento para 80% até 31/12/2018
Cobertura Vacinal	Aumentar a cobertura vacinal de 95% para 100% até 31/12/2018
Tempo médio de atendimento do transporte de urgência	Reduzir o tempo de espera do atendimento do transporte de urgência para 40 min. até 31/12/2018
Ciclo da Dengue	Aumentar o número de imóveis visitados de 2.174 para 2.651 até 31/12/2018
Tempo Médio de Resposta da Vigilância	Reduzir o tempo médio de resposta da Vigilância para 7 dias até 30/03/2018

Tabela 24: *Book* de metas do Secretário de saúde, no qual consta a meta de cobertura vacinal.

Passo 5
Qualidade Técnica

A Qualidade Técnica conecta toda a estrutura de gestão da prefeitura para trazer excelência à cidade.

Chegamos ao quinto passo rumo a uma cidade excelente, a Qualidade Técnica. Neste momento, avaliamos quanto equilibrados estão os fatores competitivos de qualquer organização, pessoas, tecnologia e processos, a fim de que sejam gerados os melhores resultados ao menor custo.

A partir da próxima figura, demonstramos como enxergamos essa interação. Os elementos da base representam as ferramentas de sustentação para que as pessoas, ou seja, os servidores da prefeitura, possam atuar plenamente para o desenvolvimento de uma cidade excelente.

A qualidade técnica significa, então, gerar o melhor resultado possível de acordo com os recursos disponíveis. *Mas como podemos avaliar se o município consegue manter e melhorar resultados?* Lembramos Aristóteles ao afirmar que a excelência não é um feito, mas um hábito. Assim, essa resposta se dá à medida que a cidade se mostra capaz de promover melhorias constantemente.

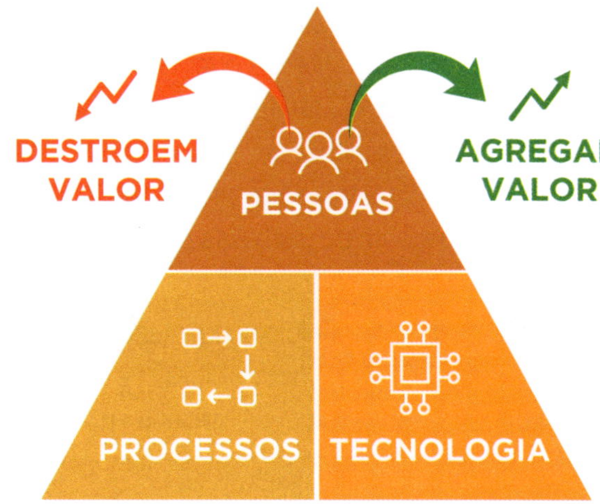

Figura 165: Triângulo da excelência.

A metodologia que trazemos para avaliar esse quesito é o fator de competitividade da gestão municipal. Conceitualmente, ele traduz a competitividade em termos numéricos com um indicador. Ou seja, aborda, de forma quantitativa, os efeitos da maturidade de gestão das organizações por meio de uma análise comparativa do custo nominal (o custo que está registrado na contabilidade da prefeitura) *versus* o custo real. A fórmula incorpora todas as ineficiências dos processos e das pessoas que os executam.

Imagine uma prefeitura que possui uma série de servidores que executam vários processos a partir de várias tecnologias. *Você acredita que há uma relação perfeita entre todos esses fatores? As pessoas estão 100% do tempo agregando valor? Os processos não apresentam nenhum retrabalho ou desperdício? As tecnologias são plenamente utilizadas para a geração e entrega de valor à população?*

Independentemente do município do mundo ao qual estamos nos referindo, a resposta é: claro que não! Toda organização, seja ela pública ou privada, apresenta oportunidades de melhoria. Quanto maior a maturidade de gestão dessa organização, ou seja, quanto maior for a sua capacidade de manter e melhorar os resultados, por meio de pessoas, tecnologias e processos existentes, menor será o seu custo real e mais próximo ele ficará do custo nominal.

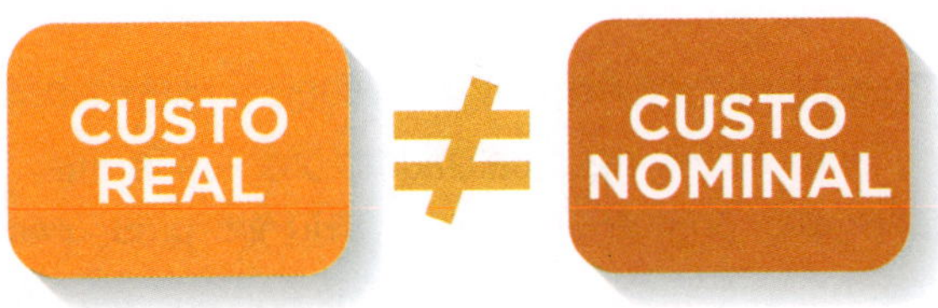

Figura 166: Custo real x custo nominal.

Assim, faz parte do objetivo de toda organização manter o seu fator de competitividade o mais próximo possível do seu custo nominal, pois isso indica uma maior "produtividade" dos recursos disponíveis. Em outras palavras, a geração de valor real está muito próxima da nominal. Portanto, temos qualidade técnica quando o custo real da máquina pública for o mais próximo possível do seu custo nominal. Continuemos explorando melhor esses conceitos.

Essa capacidade é uma nota percentual que varia entre 0 e 100. Ela é uma avaliação do equilíbrio entre pessoas, tecnologia e processos e revela quais são as disfunções, desconexões e desperdícios da interação entre esses fatores competitivos. Ou seja, um desequilíbrio em quaisquer desses 3 componentes do triângulo impacta negativamente no nível de produtividade e compromete a excelência da administração municipal. Isso porque tal instabilidade ocasiona, na prática, um ou mais dos 3Ds[17]:

- **Disfunção**: quando um indivíduo realiza tarefa (função) que não é de sua responsabilidade. Pode significar que ele está deixando de fazer algo que deveria ser feito, está com tempo ocioso ou sobrecarregado. Um professor que foi contratado para ministrar aulas e está realizando serviços administrativos, por exemplo.
- **Desconexão**: incoerência na tecnologia e/ou no processo.
- **Desperdício**: todos os tipos de perda; atividades que consomem recursos, mas não geram valor.

---

[17] No livro Formação de Gestores (2018, págs. 48 a 50), Raimundo Godoy e Cláudia Bessas tratam desses conceitos ao abordarem possíveis falhas em processos e definem os 3Ds: Disfunção, Desconexão e Desperdício.

Figura 167: Os 3 Ds do desequilíbrio do Triângulo da Excelência.

Quanto mais desequilibrado estiver o triângulo da excelência, menor será a maturidade de gestão do município e, consequentemente, ele será mais ineficiente e menos produtivo. Veja, a seguir, alguns casos comuns de 3Ds que encontramos em prefeituras:

- **Pessoas**: servidores que não receberam a qualificação adequada para assumir algumas responsabilidades; profissionais capacitados para atuar como professores e médicos assumindo cargos administrativos; carência de um plano estruturado de cargos e salários; inexistência de um programa de desempenho e remuneração variável.
- **Tecnologia**: sistemas que não conversam entre si ou com dados desatualizados; processos que não interagem com as ferramentas disponíveis e geram retrabalho; recursos operacionais que não geram relatórios gerenciais e precisam ser trabalhados à mão.
- **Processos**: atividades contínuas que não geram valor; prazos não cumpridos; gargalos de processo que geram desperdício de tempo e ineficiência na entrega.

Esses são alguns exemplos de desequilíbrios no triângulo da excelência de um município, gerando Disfunções, Desconexões e Desperdícios.

Quanto mais produtiva e eficiente for a estrutura, maior será a sua maturidade de gestão, ou seja, sua capacidade de gerar valor. Por conseguinte, mais próximo o fator de competitividade ficará do custo nominal da prefeitura. **Isso é o que desejamos!** Por outro lado, quanto menor for essa maturidade de gestão (capacidade de gerar valor), ou seja, quanto mais 3Ds existirem na gestão municipal, menor será sua maturidade de gestão e, consequentemente, maior será o seu fator de competitividade.

Imagine o seguinte, se essa organização fosse perfeita, sem nenhuma disfunção, desconexão ou desperdício, sua maturidade de gestão seria 100%, ou seja, 100% dos esforços de recursos humanos e de capital geram valor eficiente para a população. E, portanto, o *custo nominal = fator de competitividade = custo real.*

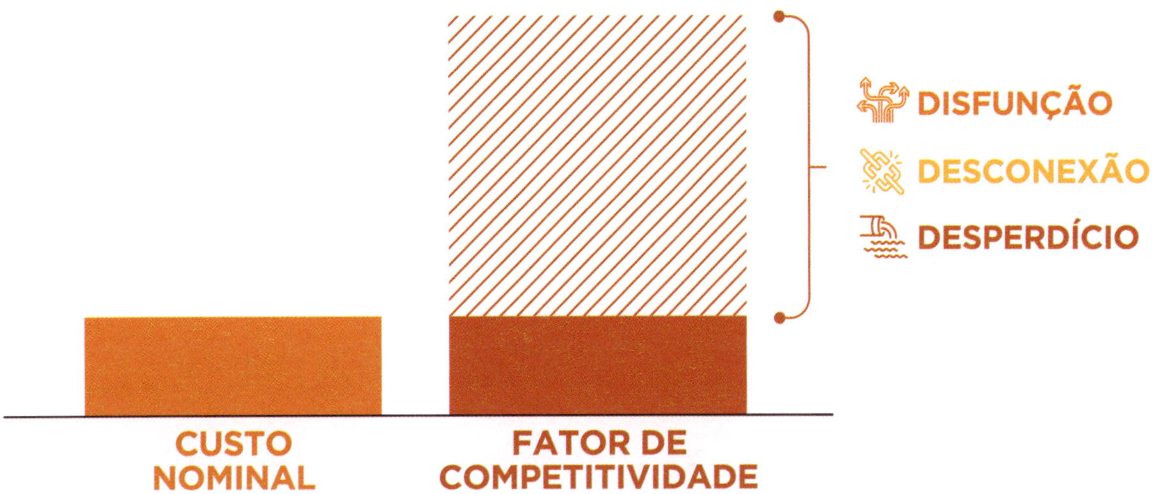

Figura 168: Fatos causadores da diferença entre o custo nominal e o fator de competitividade.

No exemplo acima, o resultado aponta que apenas 5% do tempo está sendo utilizado de forma eficiente. Essa taxa de aproveitamento de tempo indica que a organização está em um nível inicial de maturidade e um ou mais dos 3Ds estão presentes na gestão.

A prefeitura paga para essa estrutura, em média, R$14,00/h. Se 100% do tempo essa estrutura estivesse agregando valor à comunidade, o custo real seriam os mesmos R$14,00/h. Todavia, as pessoas não são produtivas 100% do tempo, alguns processos têm retrabalho, sistemas não estão 100% integrados e ainda existe trabalho manual. Enfim, há 3Ds nessa estrutura.

Isso indica que a capacidade de agregar valor dessa organização é de apenas 5%, o que implica num fator de competitividade final de R$277,00/h. Denominamos esse custo real de fator de competitividade. Em outras palavras, 1 hora produtiva dessa organização na verdade custa quase 20 vezes mais. Todo o restante do tempo despendido por essa estrutura está sendo utilizado para atividades que não agregam valor à sociedade.

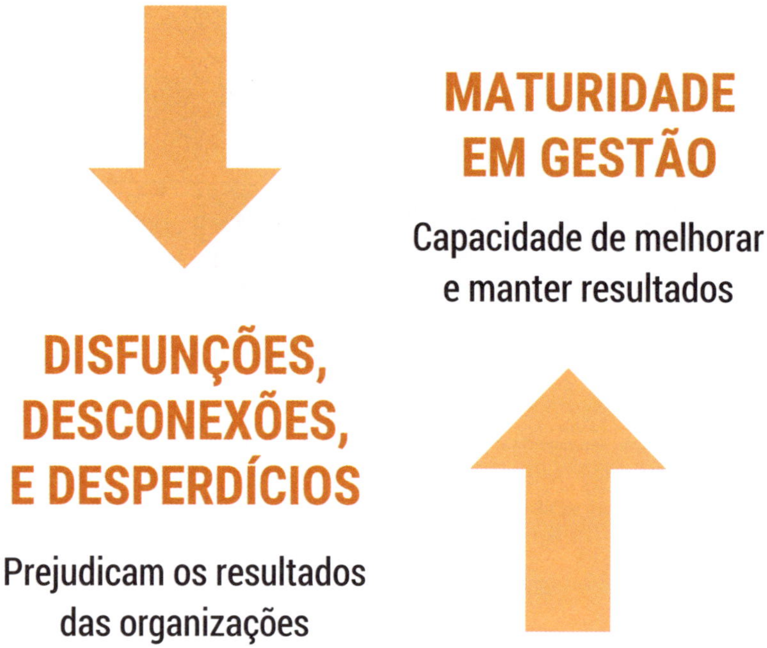

Figura 169: Maturidade de Gestão.

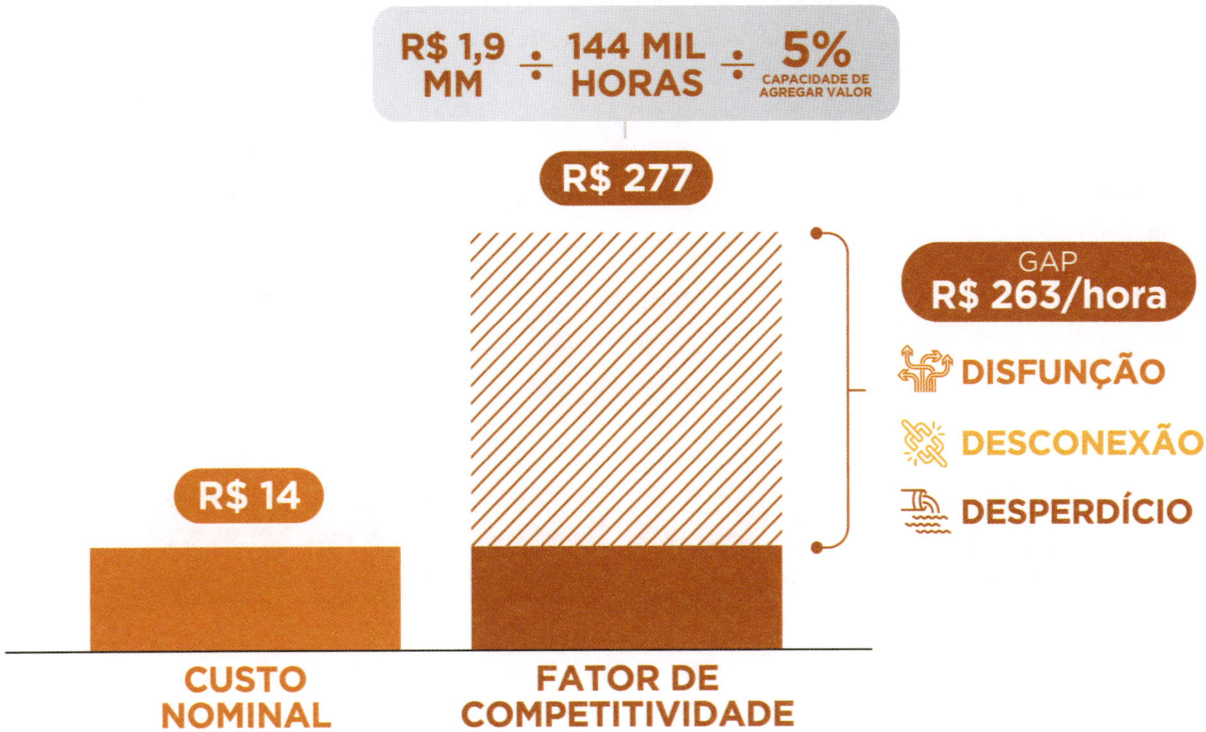

Figura 170: Exemplo de cálculo do fator de competitividade.

Assim, a Qualidade Técnica conecta toda a estrutura de gestão da prefeitura para trazer excelência à cidade.

Nesse passo, é importante considerarmos, portanto, os seguintes pontos:

Primeiro: avaliar se o município possui as pessoas capacitadas para as funções que exercem. Ou seja, se há a capacidade técnica necessária para sustentar os seus desafios. Segundo: se a gestão pública possui a estrutura de sistemas e tecnologia favoráveis para alcançar resultados. Terceiro: se os processos da prefeitura estão bem estabelecidos.

São todos esses elementos atuando mutuamente que gerarão a qualidade com a qual a gestão municipal contará para implementar as metas e os projetos tratados aqui.

Case Cidade Excelente

Para trabalhar a Qualidade Técnica em uma cidade brasileira, calculou-se primeiramente a maturidade de gestão das secretarias municipais:

Figura 171: Maturidade de gestão municipal de uma cidade exemplo.

O resultado geral da maturidade de gestão do município foi de 16%.

Em paralelo, o custo nominal anual do quadro de pessoal da equipe da gestão foi orçado em R$5,8 Milhões, sendo R$15,53/h por pessoa.

A partir desses números, chegamos ao fator de competitividade de R$96,99/h, ou seja, devido às disfunções, desconexões e desperdícios inerentes aos processos existentes, às tecnologias aplicadas e, por consequência, também às pessoas daquela máquina pública, o custo real era cerca de 6 vezes maior do que o nominal, indicando elevada necessidade de melhoria da qualidade técnica da gestão, que precisava aprimorar seus processos, o uso da tecnologia e o desempenho das pessoas.

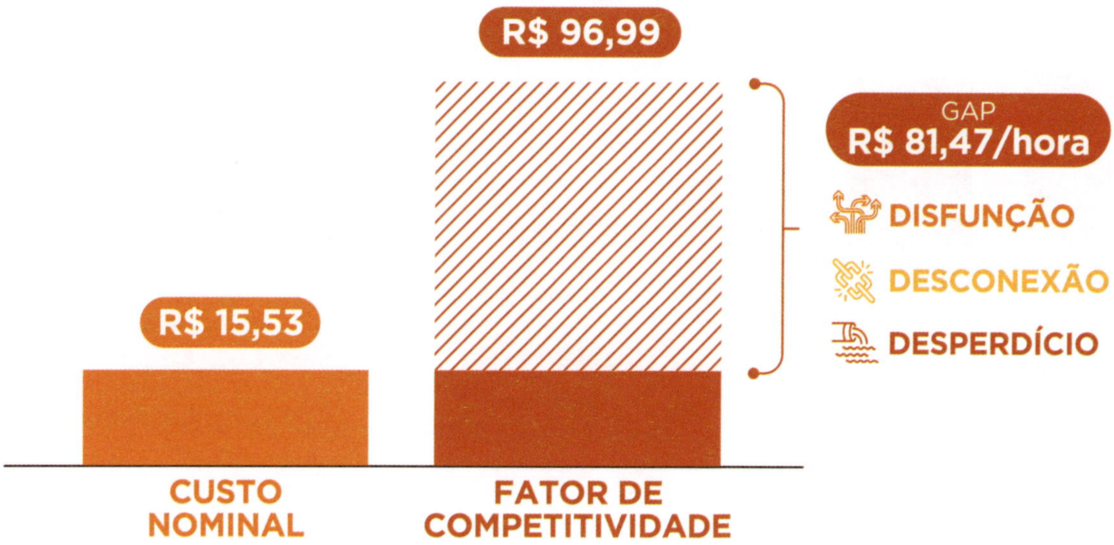

Figura 172: Cálculo do fator de competitividade.

Em resumo, o custo nominal dessa prefeitura era de 15,53/h, já o seu custo real era de 96,99/h, uma vez que a sua maturidade de gestão era de apenas 16%.

Para melhorar a sua competitividade, um dos pontos críticos identificados pelo time de excelência foi o absenteísmo nas secretarias, que era de 20%, representando um desperdício significativo na folha de pagamento. A partir das evidências, destacou-se o elevado patamar das Secretarias de Educação e de Saúde.

Após a implementação das metas e ações pelo time de excelência, o absenteísmo da prefeitura foi reduzido a 5,2%, diminuindo, assim, o custo nominal para 13,19/h.

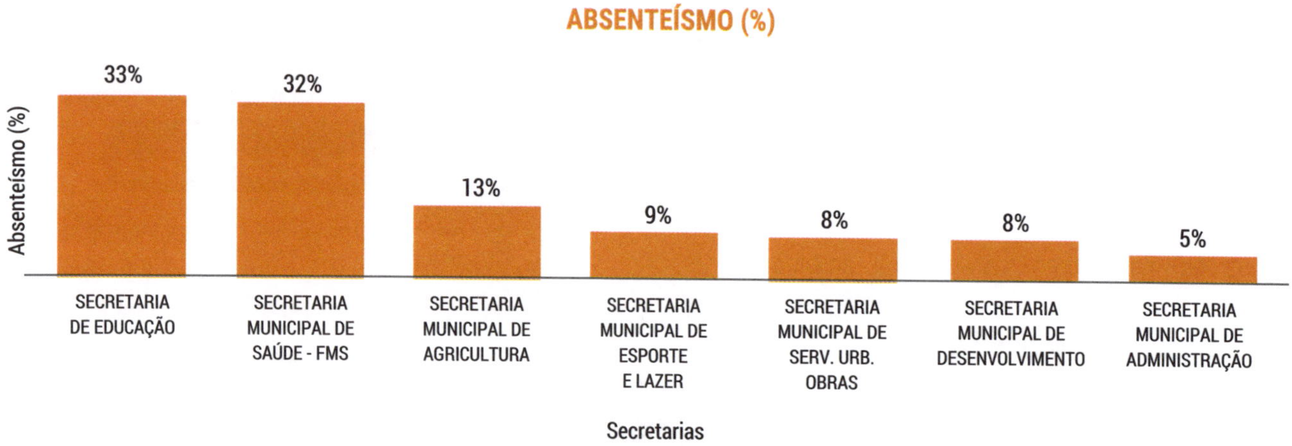

Figura 173: Taxa de absenteísmo por Secretaria Municipal de uma cidade exemplo.

Além da redução do absenteísmo, as outras ações executadas durante o projeto também garantiram um aumento da maturidade de gestão da prefeitura para 25%.

Logo, considerando a redução do custo nominal advinda da melhoria do absenteísmo para R$ 13,19/h e o aumento da maturidade de gestão, o fator de competitividade passou a ser de R$ 52,76/h, diminuindo, assim, a lacuna de desempenho em mais de 50% (de 81,47/h para 39,57/h).

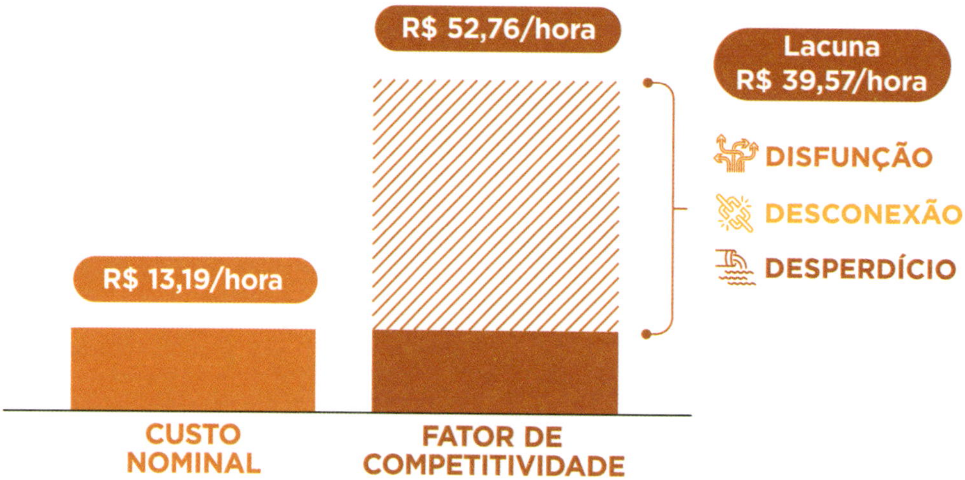

Figura 174: Melhoria do fator de competitividade.

Passo 6
Disciplina

Somos o que repetidamente fazemos.

Todas os indicadores traçados na ambição e os projetos desenhados na produtividade precisam ser periodicamente monitorados. Inclusive, não faria sentido criar métricas se não pudessem ser desdobrados e acompanhados, se possível, a cada mês. É disso que o passo 6 cuida: do controle das atividades pertinentes à promoção de uma cidade excelente.

Assim, cronogramas e metas dos times multidisciplinares devem ser acompanhados e atualizados com frequência determinada. A pauta correspondente a cada indicador deve ser debatida nos encontros semanais e, mensalmente, os responsáveis no nível superior devem dedicar atenção para compreender o andamento das ações e verificar se há atrasos ou pendências.

Monitorar indicadores e o ritmo do trabalho é importante para averiguar se a gestão está avançando no sentido certo. É assim que a Disciplina se mostra fundamental para a realização dos rituais de gestão.

"Chamamos de "rituais de gestão" todos os processos envolvidos no controle dos resultados.

A palavra ritual pode parecer forte, mas esse é o verdadeiro sentido da fase de controle: um processo contínuo de atividades organizadas (divulgação dos resultados, análise dos desvios e preparação do relatório de uma página (OPR), reunião para validação e alinhamento das novas ações, registro dos novos compromissos), para que se produza determinado efeito ou resultado. O resultado esperado é o futuro da organização e o ritual de gestão deve ser encarado como um momento nobre.[18]

Figura 175:
Estrutura dos Rituais de Gestão.

---

[18] GODOY, Raimundo; BESSAS, Cláudia. Formação de gestores: criando as bases da gestão. Belo Horizonte: Aquila Escola de Gestão, 2018.

Todos os 8 Passos da Excelência são focados em melhorias e, portanto, estão diariamente concorrendo com a rotina dos servidores. De acordo com as nossas experiências tanto nas prefeituras quanto na iniciativa privada, é comum perceber a disciplina no início do trabalho, mas esta vai se perdendo, pois a rotina vai consumindo o tempo das pessoas e elas acabam não conseguindo priorizar a melhoria. Provavelmente, alguém já te perguntou: *há muita rotina por que a melhoria não é realizada ou não há melhoria por que existe muita rotina?*

Para uma cidade se tornar excelente, é fundamental que haja um equilíbrio entre rotina e melhoria. O gestor deve utilizar o seu tempo com foco na melhoria e o operador, na rotina. O que encontramos, normalmente, são equipes olhando para o curto prazo e resolvendo problemas, "correndo para apagar incêndio". Esses são sintomas claros de desequilíbrio do Triângulo da Excelência, gerando excesso de disfunções, desconexões e desperdícios.

Para nós, é muito claro que, ainda que existam bons times, as melhorias, as metas e os projetos acabam não sendo priorizados por falta de disciplina. As prefeituras, assim como ocorre na iniciativa privada, enfrentam esses desafios exatamente por não possuírem rotinas bem planejadas.

Por fim, recomendamos a figura do facilitador na formação dos times multidisciplinares. Ele atua como um guardião dos processos gerenciais; é o catalizador da disciplina, à medida que aprende junto com a consultoria a realizar o trabalho de gestão. Constantemente, lembra a prefeitura de olhar para a ambição almejada. A missão do facilitador é garantir que tudo que a gestão municipal conquistou ao longo dos 8 Passos seja mantido no ciclo virtuoso de desenvolvimento humano.

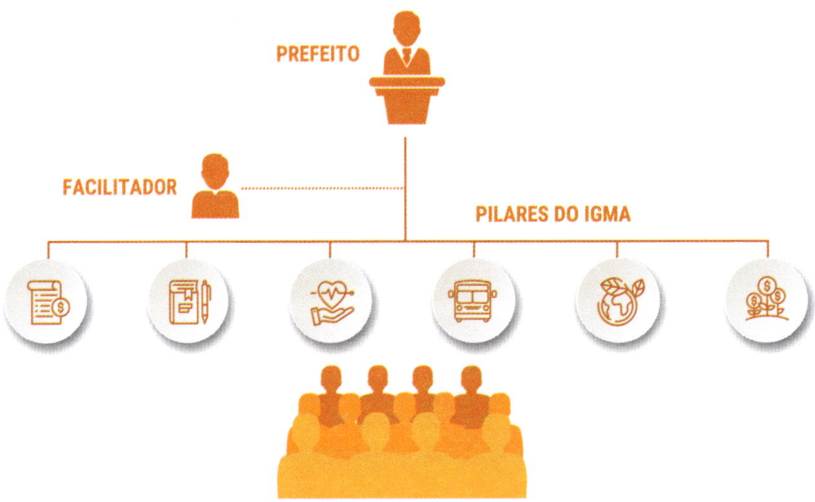

Figura 176: O facilitador deve garantir a aplicação contínua da metodologia.

Case Cidade Excelente

Na disciplina, 2 facilitadores faziam a gestão acontecer: a assessora do prefeito e o analista de dados da administração pública. Ambos eram detentores da metodologia aplicada, fazendo os times acontecerem, combinando as agendas dos gestores para participação de sessões extras de *brainstorming*[6], buscando bases de dados, realizando análises necessárias, atualizando o *software* de acompanhamento dos indicadores e projetos e validando os próximos passos, juntamente com o prefeito, rumo a uma cidade excelente.

Para que a cultura de gestão fosse enraizada junto aos servidores, foram realizados rituais de gestão:

1) Primeiramente, cada líder de grupo analisou, junto com o seu time, os resultados dos indicadores e elaborou novas ações para aqueles que não tiveram suas metas alcançadas. Também atualizou os status das ações e dos projetos.
2) Depois, todos os secretários entregaram os *reports* de seus respectivos grupos ao prefeito e estabeleceram as conexões necessárias para fluidez dos projetos priorizados.

Com isso, cada líder saía da reunião alinhado com o que deveria ser entregue no mês seguinte para melhoria dos indicadores. Durante o desenvolvimento do projeto, foram realizadas reuniões quinzenas ou semanais com os times de excelência e reuniões mensais com o prefeito, o que possibilitou a execução de 320 ações na busca da cidade excelente. Isso é disciplina em gestão!

Passo 7
Retorno

Foco da gestão municipal deve ser trazer retorno qualitativo e quantitativo para o cidadão

Todas as melhorias na gestão de uma prefeitura só fazem sentido se forem revertidas em retorno para a sociedade, o que pode ser traduzido como ganho de qualidade na prestação do serviço, com redução de custos e aumento da capacidade de investimento público municipal. Em ambos os casos, a prefeitura está cumprindo o seu papel essencial de servir à população.

O retorno é o sétimo passo da metodologia 8 Passos. É uma etapa que foca no alcance de melhorias sociais qualitativas e de resultados quantitativos. Remete à seguinte pergunta: *de acordo com a estrutura da cidade, como o gestor consegue melhorar o resultado dos indicadores de desenvolvimento humano local?*

Um município que deseja obter um bom retorno deve aumentar a sua capacidade de investimento, além de ser eficiente ao otimizar os resultados dos indicadores e manter os processos internos enxutos. Isso quer dizer que a prefeitura deve gastar o mínimo possível com a sua função administrativa e mais com a população. Ou seja, buscar menos processos, menos burocracia, mais qualificação pessoal e mais tecnologia em prol de oferecer serviços públicos com a maior qualidade e o menor custo possíveis.

Figura 177: 2 tipos de retorno.

Quanto maior for o retorno financeiro da cidade, maior será a sua capacidade de investimento e de promover melhorias. Perceba que esse passo impacta diretamente no primeiro pilar do IGMA: Eficiência Fiscal e Transparência, ou seja, os 8 Passos da Excelência promovem o município a partir da aceleração do ciclo virtuoso de desenvolvimento humano.

Para realizar as verdadeiras melhorias que o município necessita, a gestão deve ser eficiente e eficaz. Assim, uma conta pública equilibrada, transparente e com capacidade de investimento só traz benefícios para o município e a sua população. Uma gestão inteligente é aquela que sabe aonde quer chegar e promove a excelência por meio de metas e projetos de longo prazo em prol do desenvolvimento humano da sua população.

Case Cidade Excelente

Neste exemplo, o retorno após dois anos de implementação da cultura de gestão voltada para resultados é perceptível nos números IGMA da cidade. Ela passou de 55,28 para 74, estando bem próxima do patamar de uma cidade excelente (80).

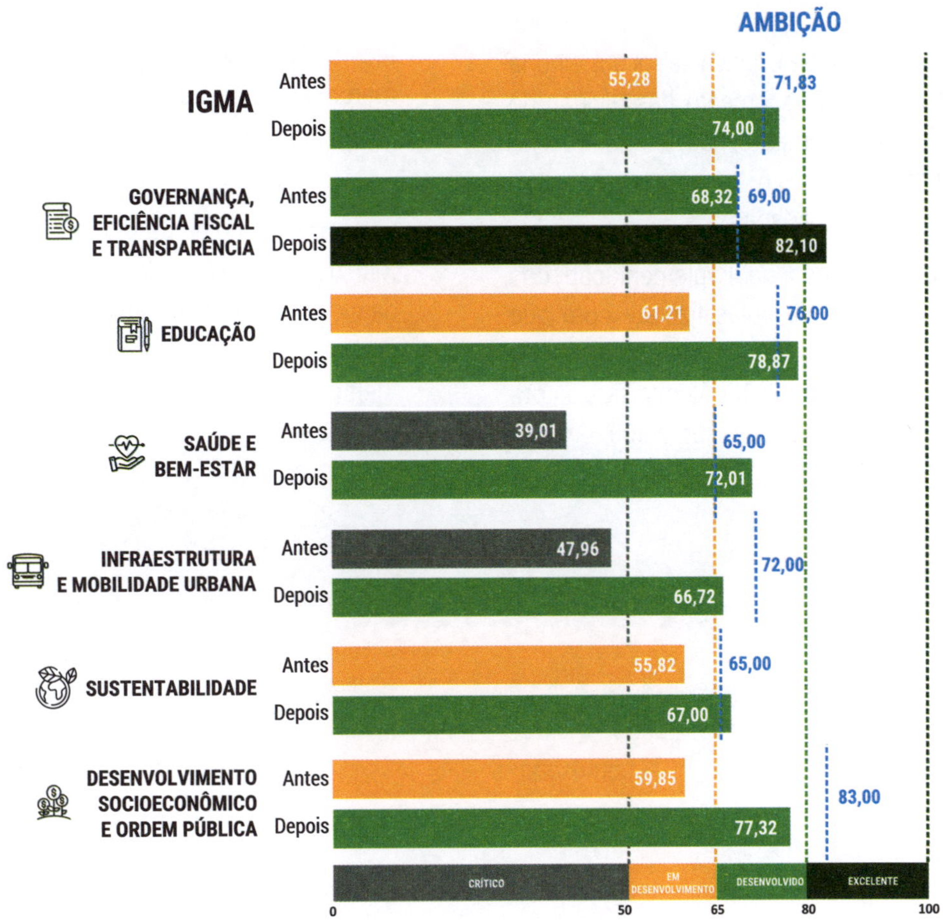

Figura 178: Retorno alcançado pelo município do exemplo.

Analisando cada um dos pilares trabalhados na cidade exemplo, verificamos que em todos houve uma melhoria significativa. No entanto, dois deles, apesar do aumento da nota, não atingiram a ambição almejada, quais sejam, infraestrutura e mobilidade urbana e desenvolvimento socioeconômico e ordem pública. Abaixo, apresentaremos um breve resumo dos resultados de cada pilar.

1 Governança, eficiência Fiscal e Transparência: o foco de atuação desse time de excelência foi a melhoria do superávit fiscal e o pagamento das dívidas do município. Consequentemente, houve uma redução dos custos financeiros, de 6% das despesas e um aumento de 4% da arrecadação.

2 Na educação, os efeitos da implementação dos projetos e dos planos de aulas fizeram com que nenhum aluno do Ensino fundamental (anos finais) abandonasse a escola em 2019. Além disso, a nota no IDEB desses anos letivos aumentou em 0,4 pontos, melhorando a eficiência do gasto público com educação por aluno por ponto do IDEB em 2%, passando de R$ 1.196,90 para R$ 1.172,17;

3 No pilar saúde e bem-estar, o retorno das ações sobre o indicador de taxa de mortalidade infantil reduziu de 17,75 para 10,50.

4 No pilar infraestrutura e mobilidade urbana houve um aumento de 42% para 70% na cobertura de abastecimento de água. O próximo desafio é cumprir o marco regulatório do saneamento básico chegando a 90% de cobertura.

5 Analisando a evolução do pilar desenvolvimento socioeconômico e ordem pública, percebe-se que o foco de atuação foi o desenvolvimento da economia da cidade para gerar mais recursos para a prefeitura. Dessa forma, o PIB *per capita* do município aumentou em 10%, ou seja, R$ 2.191,86 de acréscimo por habitante.

Passo 8
Transparência

É a chance de participação que promove a cidadania.

Este é o último passo do caminho para uma cidade excelente ao tratar da transparência da gestão pública. Na prática, diz respeito à prestação de contas da gestão do município, que facilitará o acesso da população às informações sobre os investimentos da cidade, de forma clara, simples e fácil, indo além da orientação legal de publicar os balanços financeiros no site da prefeitura.

A transparência deve ser um compromisso contínuo do gestor público, ao comunicar à sociedade periodicamente os projetos que vêm sendo desenvolvidos, bem como todos os seus resultados.

Segundo Carlos Roberto Almeida da Silva:

> *"Quando se pensa em transparência administrativa, a ideia primeira que nos vem é a de publicidade das ações dos governos, no entanto, são necessárias outras medidas que vão além da simples divulgação dos serviços públicos realizados ou prestados à sociedade. Transparência não é apenas disponibilizar dados, mas fazê-lo em linguagem clara e acessível a toda a sociedade interessada. Dessa forma, dar transparência é chamar a sociedade para participar dos rumos do Estado, é motivar a decisão tomada e também divulgar todos os atos, salvo as exceções normativas."* [19]

[19] https://ralmeidasgc.jusbrasil.com.br/artigos/113024627/principio-da-transparencia-na-administracao-publica

Logo, um grande benefício dessa etapa é o engajamento da população. Por isso, recomendamos a todos os gestores que realizam o programa dos 8 Passos a promoverem a transparência por meio de audiências públicas.

São convocações abertas aos órgãos de classe, às câmaras de vereadores, aos representantes da sociedade civil organizada e à população em si para que possam contribuir com a construção dos projetos, conhecer a ambição da prefeitura, a evolução das metas e quais investimentos a gestão está priorizando, por exemplo. Todos têm a oportunidade de conhecer e opinar, afinal, é um espaço para a prestação de contas.

Quanto maior o engajamento dos atores sociais, maiores são as chances de o programa 8 Passos dar certo, porque eles contribuem diretamente para a gestão pública municipal, trazendo colocações e sugestões a partir do seu ponto de vista. É uma chance de participação que promove a cidadania local.

Além de criar a transparência e promover o engajamento, a prefeitura também pode criar uma ouvidoria pública para ser um canal aberto, dando mais acesso à população para relatar qualquer tipo de situação a ser trabalhada.

Ouvidoria pública

As ouvidorias são canais de comunicação entre as entidades às quais pertencem e a sociedade, que passa a contar com um espaço dedicado à sua participação e controle da gestão pública, por meio de reclamações, denúncias ou solicitação de registros e informações sobre atos do governo.

Dessa forma, elas são um instrumento importante para a promoção da cidadania ativa, ao fomentar a confiança da população nos órgãos governamentais e a consideração do ponto de vista dos habitantes da região para as tomadas de decisão de caráter público.

Sendo assim, precisamos ter em mente que a população é o principal cliente de uma organização pública municipal e, como tal, precisa ser ouvido e ter as suas necessidades priorizadas – sempre com organização, processos gerenciais bem estabelecidos e responsabilidade fiscal e técnica.

A transparência também é importante, porque afasta as possibilidades de favorecimentos e de influência de poder, aproximando a população do poder público e reforçando, para todos os atores, a finalidade da prefeitura de servir aos cidadãos e não a si própria.

Case Cidade Excelente

A equipe de comunicação da prefeitura do município exemplo promoveu a interação com a população diariamente por meio das redes sociais, informando sobre as contas públicas, os projetos realizados e as metas atingidas.

Um dos projetos implementados foi a criação da ouvidoria municipal fácil e ágil, que tinha como objetivo responder ao reclamante em até 10 minutos após a solicitação enviada via WhatsApp.

Entretanto, o prefeito foi além, trazendo a população para a discussão das políticas públicas, planos de implementações e metas em audiências púbicas, enquetes *online* e convites de figuras representativas da cidade para participação dos times de excelência e dos projetos priorizados.

Em um determinado momento, foi realizado um *hackaton*[20], no centro esportivo principal da cidade, com a participação estimada de 1.000 pessoas. Nesse evento, a população foi convidada para escolher um dos pilares e propor, em 24 horas, um projeto inovador e disruptivo para solucionar o indicador mais crítico do pilar. Ao final, 32 novas ideias foram construídas pela população e servidores em uma dinâmica de mudança de cultura de gestão.

[20] Evento inspirado em maratonas públicas de programação, nas quais hackers se reúnem por horas, dias ou até semanas a fim de explorar dados, códigos e sistemas, discutir novas ideias e desenvolver projetos. Atualmente, esse formato de soluções criativas tem sido adotado para resolver problemas reais de instituições públicas e privadas.

Modelo para aplicação prática dos 8 Passos

Para ilustrar a aplicação da metodologia dos 8 Passos de forma prática, vamos apresentar um modelo de como a prefeitura deve se organizar para alcançar a excelência.

Abaixo, de forma esquemática, trazemos todas as etapas da implementação desse trabalho.

Figura 179: Aplicação prática da metodologia Cidades Excelentes.

Ao ser eleito, a principal ambição do prefeito deve ser entregar a cidade infinitamente melhor do que a recebeu e, consequentemente, promover o desenvolvimento do município em busca da excelência da cidade.

Neste primeiro momento, é necessário que ambição tenha métrica, ou seja, tangibilizá-la em algo possível de ser mensurado ou medido. No caso de um trabalho na área pública, pode ser feito por meio de indicadores já estabelecidos, do IGMA ou de outras referências.

Posteriormente, é necessário que a prefeitura se organize estruturalmente e monte times de excelência para o alcance dos novos desafios rumo à ambição. Todos precisam ter papeis e responsabilidades bem definidos.

PAPEL	ATRIBUIÇÃO
GOVERNANÇA DO PROGRAMA *PREFEITO E SEUS CONVIDADADOS*	• **ACOMPANHAMENTO MENSAL DO ANDAMENTO DO PROJETO**
LÍDER DO PROGRAMA	• **GARANTIR** QUE PROGRAMA ACONTEÇA CONFORME O **PLANEJADO** • GARANTIR **ACESSO AS INFORMAÇÕES** NECESSÁRIAS • ACOMPANHAMENTO **SEMANAL** DO PROGRAMA
ÁRBITRO DO PROGRAMA	• **HOMOLOGAR OS RESULTADOS** DO PROGRAMA • **CONVOCAR** OS RITUAIS MENSAIS DE GESTÃO
COORDENAÇÃO DO PROGRAMA	• COORDENAR AS **ATIVIDADES DO PROGRAMA** • GARANTIR O **CUMPRIMENTO DO CRONOGRAMA** • **LIDERAR** A EQUIPE DOS TIMES DE EXCELÊNCIA
EQUIPES DE TRABALHO *TIMES DE EXCELÊNCIA*	• EXECUTA AS ATIVIDADES DE ACORDO COM O CRONOGRAMA EM COMPLETA SINERGIA • SERVIDORES FORMADOS DURANTE O PROGRAMA

Figura 180: Governança da prefeitura.

Uma vez lançada a ambição e estruturada a governança para alcançá-la, buscamos analisar todos os aspectos que influenciam os resultados de uma cidade. Isso é feito por meio da coleta das evidências que sustentam a ambição, ou seja, análise do IGMA, desdobramento dos indicadores da plataforma e identificação de boas-práticas dos municípios do Brasil. Concluindo que a prefeitura tem bons fundamentos e bases para alcançar a excelência, passamos para a etapa de detalhar quais serão as entregas e o foco do trabalho.

Chegamos, então, ao "Plano Estratégico", que é a visão de longo prazo dos gestores para o município. É de suma importância que ele oriente O QUE deve ser feito nos próximos anos, o PORQUÊ e o COMO. Vale ressaltar que um dos desafios para a estruturação desse plano é equilibrar a ambição definida pelo prefeito e o modelo de trabalho já existente na prefeitura.

Abaixo, apresentamos algumas premissas importantes para construção do plano estratégico:

- Conter os caminhos traçados no plano de governo da campanha;
- O que está contido no plano estratégico deve garantir o fortalecimento do relacionamento do prefeito com a população;
- Alinhar as estratégias com os servidores públicos;
- Desafiar o servidor público a melhorar o seu desempenho;
- Deve conter a estratégia para, no mínimo, os próximos 48 meses.

O plano estratégico é tangibilizado por meio dos COMPROMISSOS DE GESTÃO, os quais têm como objetivo o desdobramento das estratégias de curto, médio e longo prazo negociadas com os secretários e servidores.

Nesses compromissos de gestão estarão contidos, de forma desdobrada e correlacionada com cada um dos pilares do IGMA, todos os indicadores que sustentam a ambição. Estes poderão ser traduzidos por meio de metas ou projetos estruturais, divisão que ocorre ao analisarmos se o processo é capaz ou não. Ou seja, se a prefeitura consegue alcançar esse resultado sozinha ou se é necessário fazer um convênio no âmbito estadual ou federal.

A partir do estabelecimento dos compromissos de gestão, inicia-se o grande desafio das gestões municipais: a capacidade de implantação das estratégias definidas. De nada adiantaria um excelente planejamento estratégico com a definição clara dos projetos e metas, se isso não for transformado em entregas para a sociedade. Caso contrário, não passaria de um sonho, um desejo. Nesse sentido, são dois grandes obstáculos enfrentados pelos gestores municipais. O primeiro deles é a baixa capacidade de investimentos dos nossos municípios. É preciso que haja recursos disponíveis para financiar esses novos projetos. Uma vez superado esse item, vem o segundo obstáculo, é preciso capacidade gerencial para execução dos projetos, no que tange à aplicação de recursos humanos, financeiros e temporais.

DESAFIOS	OBJETIVO
1. EFICIÊNCIA	Liberação de recursos para financiamento dos novos projetos de investimento
2. EFICÁCIA	Capacidade de execução de projetos

Figura 181: Alavancas de eficiência e eficácia.

A seguir, apresentaremos os pontos críticos que precisam ser avaliados e implantados para a devida superação desses obstáculos.

1ª Etapa
Eficiência

Criação dos Recursos Financeiros por meio das metas, planos de ação e ações ver e agir

É preciso olhar para as pessoas que trabalham no município e buscar a máxima produtividade, necessária para a concretização das ações e consequente alcance dos resultados. Essa maturidade de gestão só é alcançada por meio da formação em gestão dos servidores e aplicação de métricas (indicadores) capazes de orientar a tomada de decisão, no que tange à eficiência da aplicação dos recursos. Quanto maior a capacidade de gestão do município, menor a existência de disfunções, desconexões e desperdícios. Esses 3Ds, quando ocorrem, elevam a quantidade de recursos direcionados a máquina pública, acarretando, por consequência, menos dinheiro para investimento. Portanto, quando há um foco na máxima produtividade, ou seja, otimização da aplicação de recursos, haverá maior capacidade de investimento na prestação de serviços e projetos de melhoria.

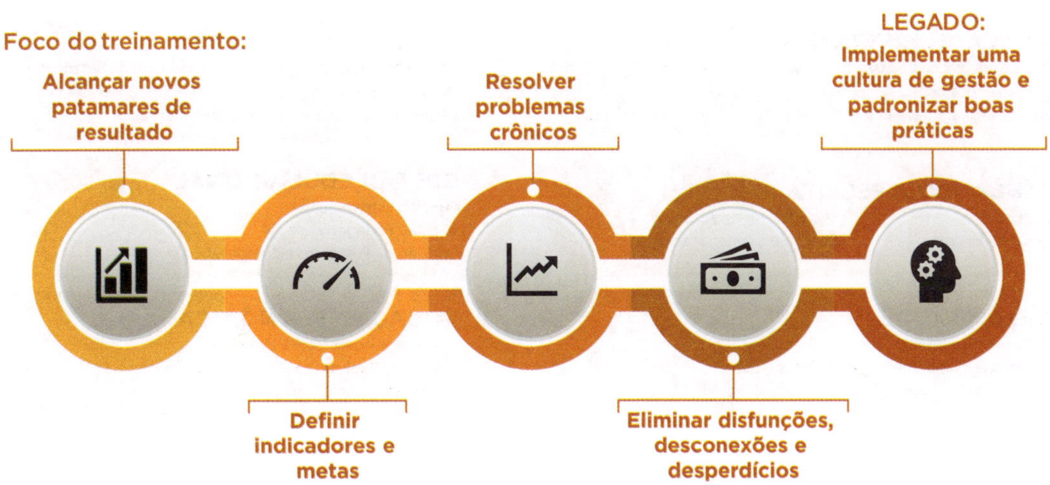

Figura 182: Treinamentos dos envolvidos.

Essa combinação de aprendizado da teoria e aplicação prática do conhecimento permite a criação de um legado, ou seja, a padronização de boas práticas e a implementação de uma cultura de gestão robusta e perene.

Em geral, essas oportunidades de melhoria são transformadas em metas e planos de ação. Após as metas alinhadas, cada secretário e servidor deverá estabelecer ações para alcançá-las, as quais podem ser divididas em ver e agir, de alto impacto e fácil implementação, ou estruturais, que requerem mais desenvolvimento e implementação mais robusta.

EXEMPLO

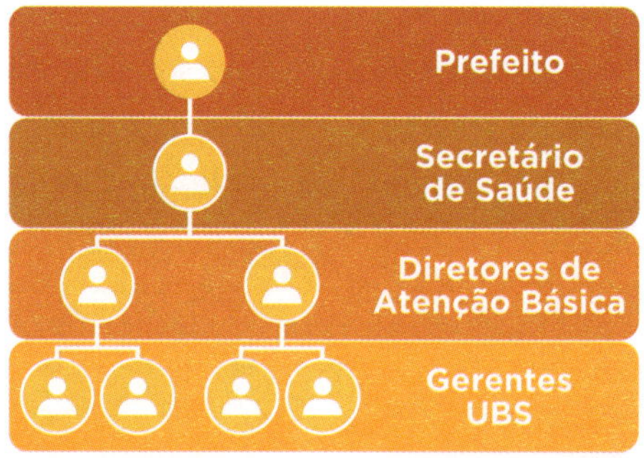

REFORMA ADMINISTRATIVA
- Otimização e eficiência do quadro de servidores;
- Padronização e formalização;
- Medição de desempenho e implementação do sistema meritocrático.

EFICIÊNCIA DE GASTOS
- Redução de despesas sem comprometer a qualidade dos serviços prestados;
- Aumento da capacidade de investimento.

ALAVANCANDO A RECEITA
- Equilíbrio Fiscal;
- Incremento de Receita;
- Eficiência na fiscalização;
- Combate à sonegação.

GESTÃO EDUCACIONAL
- Gestão Estratégica;
- Gestão Pedagógica;
- Gestão de Processos e competências.

GESTÃO EM SAÚDE
- Organização do Sistema de Saúde;
- Instrumentos de Planejamento da Saúde Municipal;
- Desdobramento do acompanhamento das unidades.

VOCAÇÃO ECONÔMICA
- Desenvolver ambiente de negócios;
- Parcerias Público Privado e Terceiro Setor;
- Fomentar a Inovação Social.

Figura 183: Desdobramento de metas e projetos.

2ª Etapa
Eficácia

Implementação dos Projetos Estruturais utilizando-se a metodologia da Árvore de Eventos

PROJETOS ESTRUTURAIS

Os Compromissos de Gestão para o médio e longo prazo precisam ser transformados em Projetos Estruturais e entregues às secretarias para serem detalhados e implementados de maneira disciplinada, utilizando-se uma metodologia simples, prática e eficaz.

Recursos na ordem de bilhões são liberados pelo Governo Federal todos os anos para obras de desenvolvimento urbano, assim como recursos próprios dos nossos municípios. No entanto, a falta de estrutura e pessoal técnico capacitado para elaborar projetos e planos de trabalho faz com que boa parte dos municípios não consiga captar os recursos disponibilizados pelo Governo. Segundo a Associação Brasileira de Municípios (ABM), 30% a 40% dos projetos apresentados por prefeituras ao governo federal são rejeitados por falta de qualidade técnica.

Para que a cidade caminhe na direção da excelência, o portifólio de projetos estruturais precisa conter os melhores projetos para a comunidade. É importante que esses projetos estejam focados nas prioridades da cidade. E essa priorização ocorre por meio de alguns critérios, quais sejam: impacto na sociedade, orçamento, indicadores do IGMA, necessidade de parcerias e prazo do projeto.

São atribuídas notas e, a partir disso, esses projetos serão divididos em ouro, prata e bronze, direcionando, dessa forma, os recursos e o foco de atuação.

PRIORIZAÇÃO DOS PROJETOS

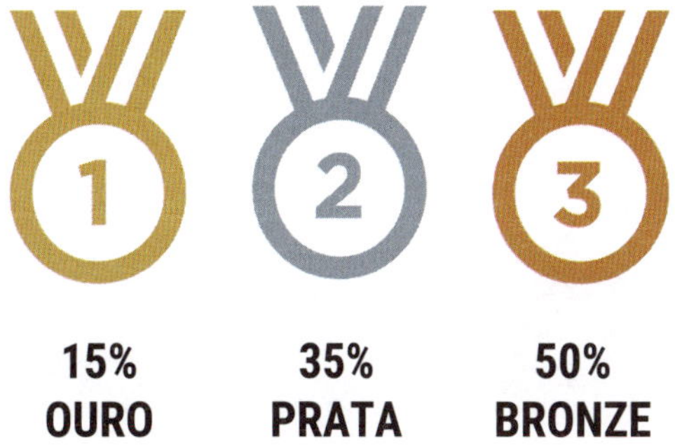

Figura 184: Priorização dos projetos.

Após a definição de quais os melhores projetos para a comunidade e de sua fonte de financiamento, *como executá-los dentro dos prazos e valores planejados?* Os projetos precisam ser planejados detalhadamente e acompanhados com disciplina e utilizando ferramentas simples, práticas e ágeis, com controle de cada evento necessário e de cada centavo investido, conforme descrito a seguir.

ÁRVORE DE EVENTOS

A Árvore de Eventos consiste num encadeamento lógico, no qual, partindo do evento zero (construção de um projeto estrutural do Município), desdobram-se paulatinamente os eventos das suas etapas, sub-etapas e atividades, até chegarmos ao evento base (inauguração do projeto estrutural).

A metodologia da árvore de eventos foi desenvolvida e aperfeiçoada pela equipe do Aquila a partir da aplicação em diversos projetos estruturais, nacionais e internacionais, na iniciativa pública e privada, utilizando-se das melhores práticas de gestão de projetos de acordo com o PMI Project Management Institute, IMPA International Project Management Associate e IPA Independent Project Analysis e metodologias ágeis.

Trata-se de um planejamento detalhado de projetos de qualquer natureza, gerenciado por triângulos da excelência (será apresentado a seguir) e organizado por eventos em formato visual, possibilitando, assim, o fácil acompanhamento da sua execução, partes envolvidas e gargalos em todas as suas dimensões.

A árvore de eventos é recomendada para projetos que envolvam agentes e entregas de natureza diversas, com atividades acontecendo de forma paralela em ambientes distintos, com forte interfaces entre eles, necessidade de tramitação de documentações e organização para garantia do avanço físico e financeiro dentro dos parâmetros previstos de prazo e custo.

Figura 185: Modelo conceitual – Árvore de Eventos.

Para cada evento representado na árvore, podemos distinguir as responsabilidades envolvidas, por meio de uma codificação de cores que permite, rapidamente, verificar os agentes envolvidos (internos e externos) e as interfaces existentes entre eles.

Para a referida árvore, podemos ter as seguintes visões dos faróis de avanço da implementação dos eventos:

- Prazo de execução (no prazo, em andamento e atrasados);
- Custos envolvidos (previsto x realizado);
- Qualidade Exigida (aderência aos critérios de aceitação);
- Recursos Humanos alocados (previsto x realizado);
- Aquisições necessárias (previsto x realizado);
- Riscos mapeados (Alto, Médio, Baixo) e mitigados (previsto x realizado).

Por último, vale ressaltar que o evento é um esforço temporário empreendido para criar um produto, serviço ou resultado único com as seguintes informações:

- Descrição;
- Projeto e Triângulo da Excelência atrelados;
- Início e término previsto;
- Início e término realizado;
- Predecessora;
- Sucessora;
- Custo previsto e realizado;
- Critério de aceitação da qualidade e sua aderência;
- Risco (impacto e ação de mitigação);
- Quantidade de pessoas necessárias e efetivamente alocadas;
- Volume de aquisições necessárias e realizadas;

TRIÂNGULO DA EXCELÊNCIA

Uma equipe focada na execução do projeto, trabalhando de acordo com a metodologia deve ser definida com as seguintes funções:

EQUIPE TÉCNICA

Compartilham o conhecimento técnico e fazem o trabalho, trazendo análises e ideias inovadoras para a realização de entregas.

DONO DO PROJETO

Representa a liderança do projeto. Garante o foco da equipe, a disponibilidade de recursos e a remoção das barreiras para execução do projeto. Geralmente quem conduzirá a operação do projeto ao seu término.

GESTOR DE EVENTOS:

Responsável pela gestão. Garante a utilização de uma poderosa metodologia para planejar e acompanhar as entregas do projeto: a Árvore de Eventos.

Figura 186: Triângulo da Excelência.

Dono do projeto

Representa a liderança do projeto. Garante o foco da equipe, a disponibilidade de recursos e a remoção das barreiras para execução do projeto. Geralmente é aquele que conduzirá a operação do projeto ao seu término.

O Dono do projeto deve dar a direção e equilibrar as necessidades das várias partes interessadas e envolvidas com o projeto: comunidade, servidores, fornecedores, demais secretarias, poder legislativo e outros órgãos e instituições públicas e privadas.

Gestor de Eventos

Responsável pela gestão. Garante a utilização de uma poderosa metodologia para planejar e acompanhar as entregas do projeto: a árvore de eventos. Os servidores são capacitados na aplicação da metodologia.

Equipe técnica

Compartilham o conhecimento técnico e fazem o trabalho, trazendo análises e ideias inovadoras para a realização das entregas.

PAINEL GERENCIAL (OU COCKPIT GERENCIAL)

A árvore de eventos e todas as informações importantes sobre os projetos estruturais são disponibilizadas de forma *online* no celular, tablet ou computador, para acesso fácil de todos os envolvidos autorizados no Painel de Eventos.

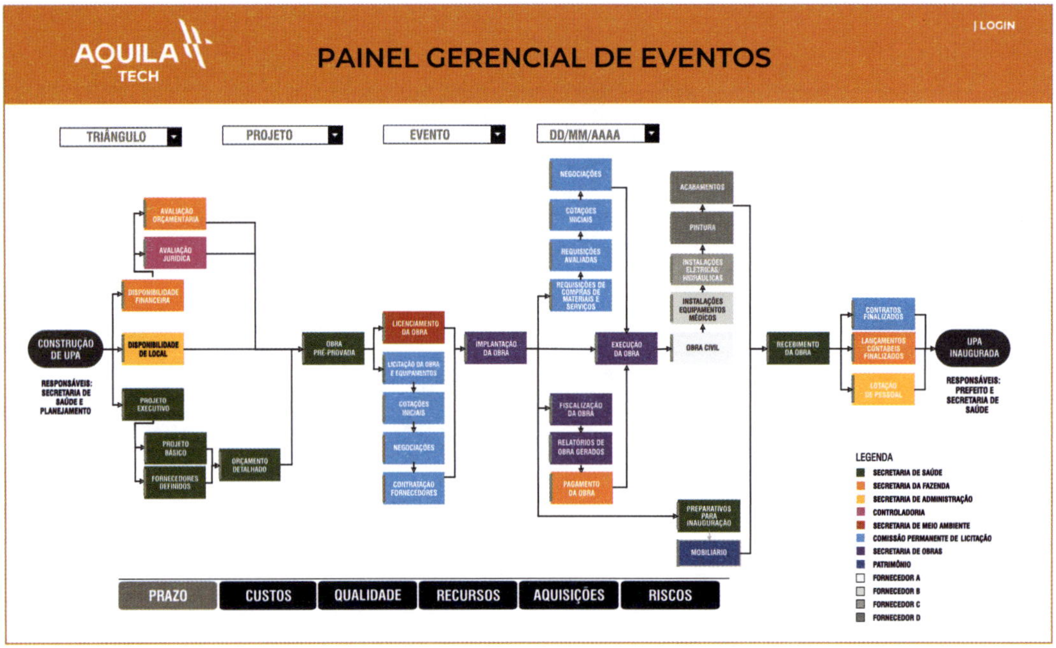

Figura 187: Painel de Eventos.

Principais características:

1. Informações centralizadas
2. Apresentação das informações em "camadas" (do todo para o específico)
3. Conclusivo e autoexplicativo
   - ✓ Informações apresentadas de forma intuitiva (visual) e padronizada
   - ✓ Identificação rápida dos pontos críticos
4. Facilidade de acesso:
   - ✓ Atualização *online*;
   - ✓ Acesso por meio da internet pelo Computador, Tablet ou Celular

FLUXO DE INFORMAÇÕES

Utilizando-se a árvore de eventos e o painel gerencial, é possível criar um fluxo de informações claro e objetivo, que vai desde as pessoas que compõem o triângulo da excelência até o prefeito e seus secretários.

Esse fluxo tem os seguintes objetivos:

- Alimentar a linha decisória da prefeitura, com **informações** relevantes, sintéticas e tempestivas sobre o avanço dos projetos
- Realizar a gestão antecipada dos projetos, ou seja, a discussão de atividades e problemas com antecedência, agilizando a tomada de decisão e a implementação de ações corretivas.
- Identificar e garantir **solução de problemas sistêmicos**, com impactos em mais de um projeto.

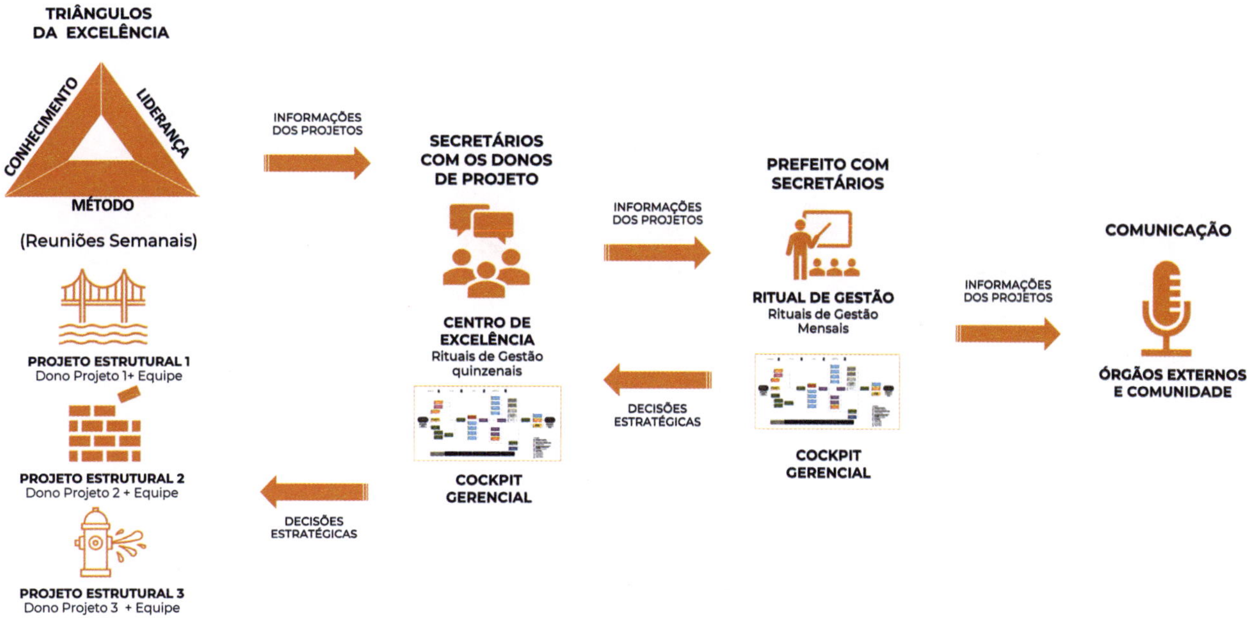

Figura 188: Fluxo de Informação.

DIGITALIZAÇÃO DOS PROCESSOS

Os processos críticos, ou seja, com maior impacto para a implementação dos projetos estruturais, devem ser reestruturados e digitalizados para garantir melhoria de produtividade e atendimento aos prazos necessários.

Abaixo um exemplo de um processo digital de lotação de pessoal (preenchimento de vaga) de um município.

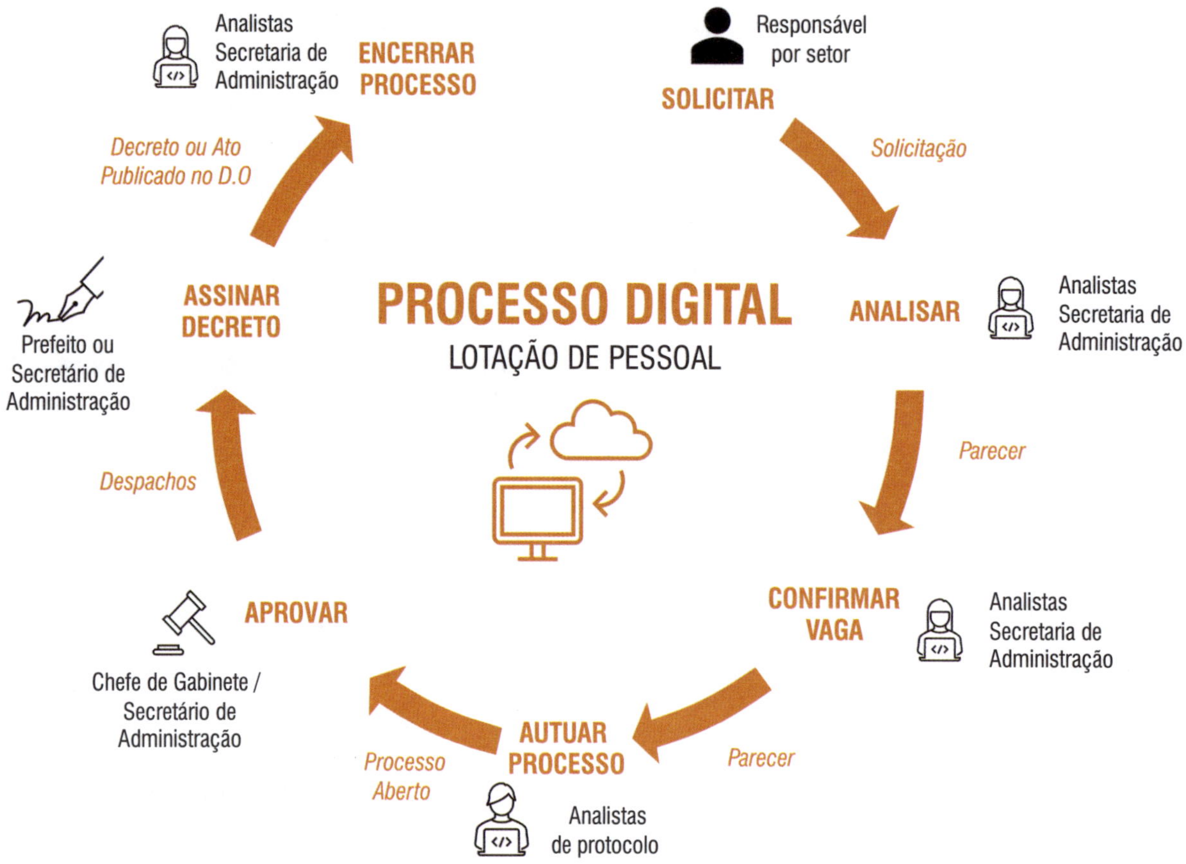

Figura 189: Exemplo Digitalização de Processos.

Observe que a documentação necessária para lotação pessoal (preenchimento da vaga) circula entre todos os agentes envolvidos dentro de uma plataforma digital, com todas as atividades sendo executadas e aprovadas dentro dela, de uma forma muito rápida, precisa e com possibilidade de definição dos indicadores de desempenho, com visualização dos seus avanços, seus gargalos de aprovação e estatísticas de eficiência.

LEGADO DA METODOLOGIA

O grande legado da utilização da metodologia da árvore de eventos é a implantação de uma cultura de excelência em gestão de projetos. Gestores e servidores públicos trabalhando com um modelo mental baseado nas prioridades reais da comunidade, com foco em resultados, eliminação de desperdícios e aumento de produtividade.

Ou seja, o maior legado deixado para a cidade é a capacitação dos servidores. Todo o programa é baseado no treinamento teórico dos servidores e no acompanhamento da aplicação prática das metodologias e ferramentas de gestão ensinadas. No fim do dia, os projetos somente serão implementados e os resultados somente serão alcançados se os servidores estiverem praticando a metodologia e executando adequadamente suas funções. Nosso papel é capacitá-los, ensinar a metodologia e dar ferramentas e condições para que executem com excelência suas atribuições.

Um círculo virtuoso é implantado junto com os servidores e será praticado de forma perene, independentemente do prefeito ou partido político que assumir a cidade nos próximos mandatos.

E, para que tudo o que foi planejado seja de fato implementado, com **eficiência** e **eficácia**, é necessário que haja uma cultura forte de acompanhamento. São realizados três níveis de rituais de gestão. O primeiro deles ocorre com o dono do projeto e sua equipe. O segundo conta com os secretários e seus donos de projetos. O terceiro, por sua vez, acontece com o prefeito, os secretários e possíveis convidados.

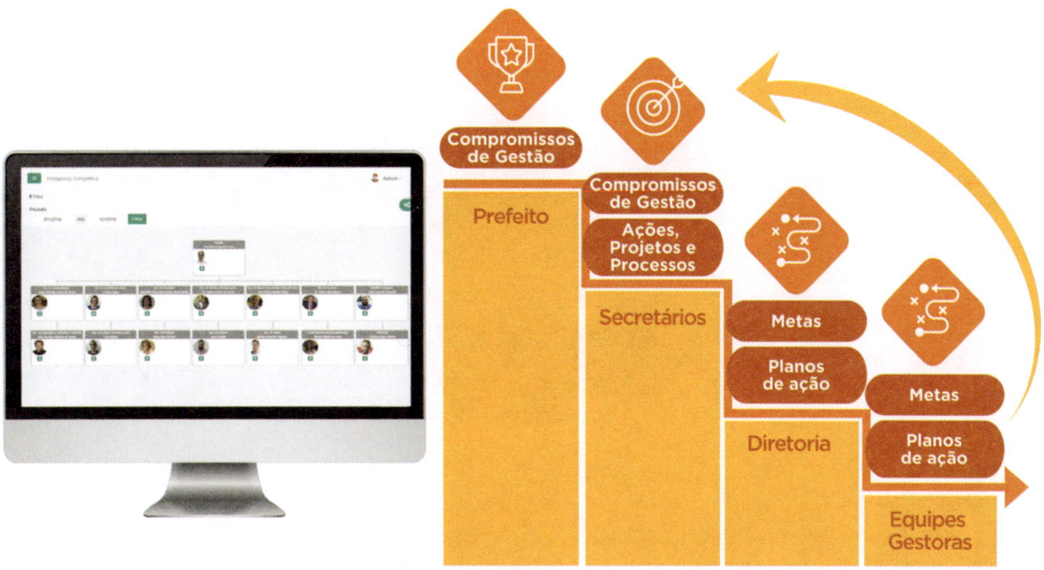

Figura 190: Sistema de gestão de acompanhamento.

Neste exemplo prático, o acompanhamento deverá ser feito, preferencialmente, por meio de um sistema para facilitar a organização das informações e acesso a todos os envolvidos de forma *online*, ágil e confiável.

É nesse momento, também, que a gestão consegue avaliar se o retorno está sendo alcançado. Ou seja, se as estratégias estão surtindo efeito e trazendo resultados financeiros e a melhoria da qualidade de vida da população.

Por fim, a última etapa, mas não menos importante, é a atuação da prefeitura de forma transparente e atendendo a todos os princípios do *compliance*. É necessário que toda a estratégia, bem como o acompanhamento dos planos, seja continuamente comunicada e apresentada aos servidores e à comunidade.

Esse é o caminho praticado pelo Aquila em conjunto com diversas prefeituras de vários portes para alcançar a Cidade Excelente. Todo ele é apoiado por inteligência artificial e *big data*.

8 PASSOS PARA IMPLANTAR NO SEU MUNICÍPIO

1 AMBIÇÃO
Onde queremos chegar?

2 GOVERNANÇA
Como devemos nos organizar?

3 EVIDÊNCIAS
Análise do ambiente e as evidências encontradas

4 PRODUTIVIDADE
O que será produzido e qual será o foco do trabalho?

5 QUALIDADE TÉCNICA
Nosso time é capaz?

6 DISCIPLINA
Qual será a disciplina necessária?

7 RETORNO
Qual o retorno esperado e os impactos para os próximos anos?

8 TRANSPARÊNCIA
Como atender o Compliance e comunicar de forma adequada?

5

Conectando os poderes constituídos

CONECTANDO OS PODERES CONSTITUÍDOS

Três anos após o lançamento da primeira edição do *Cidades Excelentes*, sentimos a necessidade de lançar um olhar mais abrangente sobre a obra a fim de compreender a importância da conexão entre os entes federativos Estados e União para o desenvolvimento dos municípios brasileiros.

Dessa forma, apresentamos neste capítulo a configuração administrativa por meio da qual as nossas cidades estão intrinsecamente relacionadas. Pois, conhecer como essa composição funciona é de suma importância para melhorar o desempenho dos municípios brasileiros.

Assim, veremos que os 5.570 municípios do Brasil contam com repasses de recursos advindos dos demais entes federativos, União e Estados, para investirem no atendimento às necessidades da população e na melhoria da sua qualidade de vida. Isso significa que, sob o ponto de vista econômico, as cidades brasileiras estão vinculadas à gestão dos entes federativos do País..

Discutiremos, ainda, neste capítulo, como a história da economia mundial recente impacta as decisões de um prefeito no Brasil. Além disso, entenderemos como a conexão entre os entes federativos influencia a capacidade de um município fazer mais e melhor pelos seus cidadãos. Foi exatamente por isso que respeitamos e cumprimos a necessidade de ampliar o nosso olhar para a organização federativa brasileira e a atuação dos representantes da população nos âmbitos estadual e federal.

Dessa forma, mensurar outros indicadores torna-se uma tarefa essencial quando dedicamos esforços em prol da crescente independência econômica dos municípios do Brasil. Foi assim que o Ciclo do Estado Excelente e o IGMA Estadual surgiram como análises complementares a favor da excelência das cidades brasileiras. Dando continuidade à natureza de desenvolvimento humano do Índice de Gestão Municipal Aquila, a metodologia segue o princípio dos mesmos 6 pilares do IGMA, permitindo simplificar as interpretações e comparar o desempenho das gestões municipais e estaduais.

Percebemos que é igualmente relevante acompanhar as posturas e as ações de quem representa os cidadãos no espaço constitucionalmente fundamentado para isso: o Parlamento, local onde todas as propostas são debatidas e aprovadas nos diferentes âmbitos do Brasil.

A voz do Parlamento representa os brasileiros que elegeram representantes confiando em sua competência para reconhecer as demandas de cada localidade e votar a favor delas. É a partir desse caminho de prerrogativas legais que as gestões municipais podem decidir sobre as melhorias para as cidades. É por isso que, diante dessa realidade, devemos conectar as Cidades Excelentes ao Parlamentar Excelente.

Pronto para conhecer o nosso percurso?

1 As reordenações do mundo e os Impactos no Brasil nos últimos 30 anos

Em 1989, a queda do Muro de Berlim deu força ao capitalismo e às suas ferramentas de crescimento, impactando as economias mundiais. As nações do G20 sentiram esses efeitos especialmente na qualidade de vida da população. No Brasil, as consequências também reverberaram, pois o que ocorria lá fora afetava o país e, consequentemente, os nossos municípios.

Assim, durante as últimas três décadas, o mundo vivencia um crescimento econômico e investimentos em novas tecnologias. A massificação da internet acelerou os processos econômicos, tanto industriais quanto comerciais e de prestação de serviços, interferindo na vida de cada cidadão.

No panorama de mudanças, entre 1994 e 2002, houve a crise de países em desenvolvimento[21] e, nos cinco anos seguintes, o mundo testemunhou a China se consolidando como uma potência. Tivemos ainda o progresso do Oriente Médio e, em 2009, o surgimento dos BRICS[22], grupo de países que passaram a trabalhar mais a diversificação e se destacaram no cenário internacional pelo crescimento das suas economias em desenvolvimento.

A principal evidência desse avanço econômico no cenário internacional é o crescimento do Produto Interno Bruto. Considerando o período de 1990 a 2022, o aumento do PIB do G20 alcançou a taxa média anual de 4,67%. Os BRICS, por sua vez, apresentaram crescimento de 8,66% ao ano. Na última década, houve uma desaceleração no crescimento mundial, cuja elevação do PIB foi de 2,93% ao ano e o Brasil teve uma queda anual de -2,47% .

[21] Argentina, México, Rússia e China.

[22] Sigla referente aos países que formam o grupo: Brasil, Rússia, Índia, China e África do Sul.

TAXA DE CRESCIMENTO ANUAL DO PIB • 1990 A 2022 x 2012 A 2022

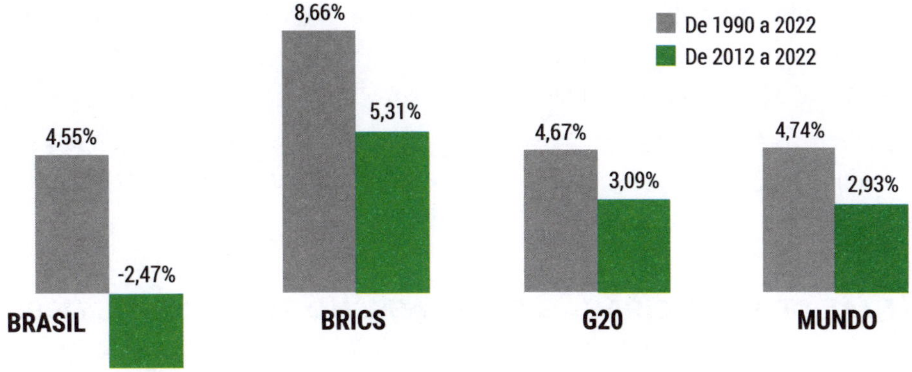

Figura 191: Taxa de crescimento anual composta do PIB nos períodos de 1990 a 2022 e 2012 a 2022, comparando o Brasil com o BRICS, G20 e mundo. Fonte: World Bank, indicador GDP (current US$).

TAXA DE CRESCIMENTO ANUAL DO PIB DOS PAÍSES DO G20 (1990 - 2022)

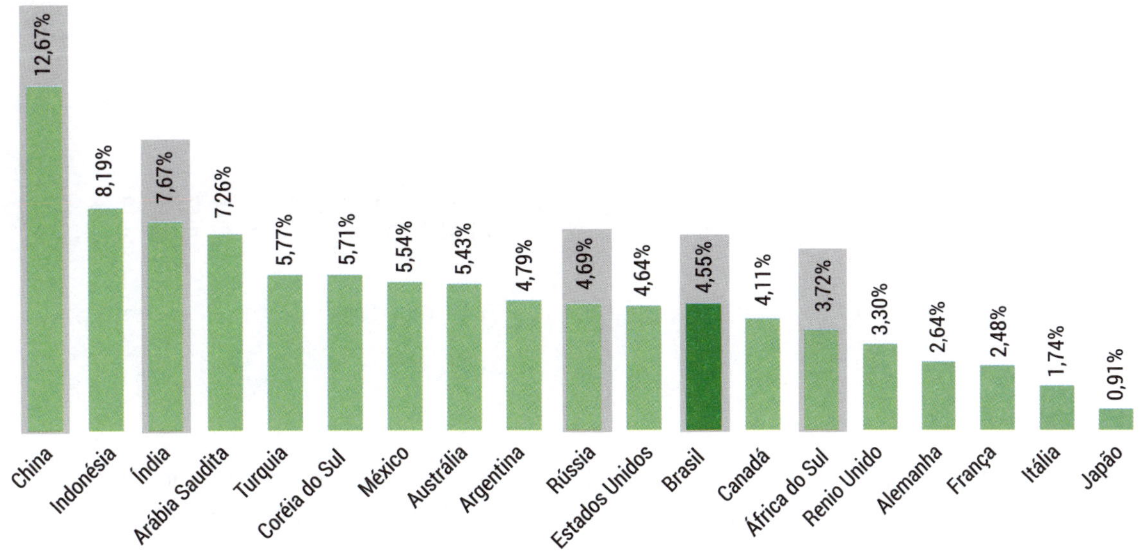

* Em destaque em cinza, os países que compõem o BRICS.

Figura 192: Taxa de crescimento anual composta do PIB dos países do G20 entre 1990 e 2022. Fonte: World Bank, indicador GDP (current US$).

Vemos que, quando comparado ao seu próprio histórico, o Brasil nos últimos 30 anos evoluiu, mas, quando tem seu desempenho comparado com o de outras nações no mesmo período, percebemos que o ritmo de evolução brasileira foi mais baixo que a maioria dos países.

A economia nacional não acompanhou na mesma proporção que outras nações a curva de expansão do PIB mundial após a queda do Muro de Berlim. Com baixos investimentos, o Brasil lida com uma economia menos dinâmica, considerando a realidade média dos países do G-20. Prova disso é a queda da sua participação na composição do PIB mundial, pois chegou a contribuir com 3,5% em 2011, mas, em 2022, sua participação foi de 1,9%.

PERCENTUAL DE PARTICIPAÇÃO DO BRASIL NO PIB MUNDIAL (1990 - 2022)

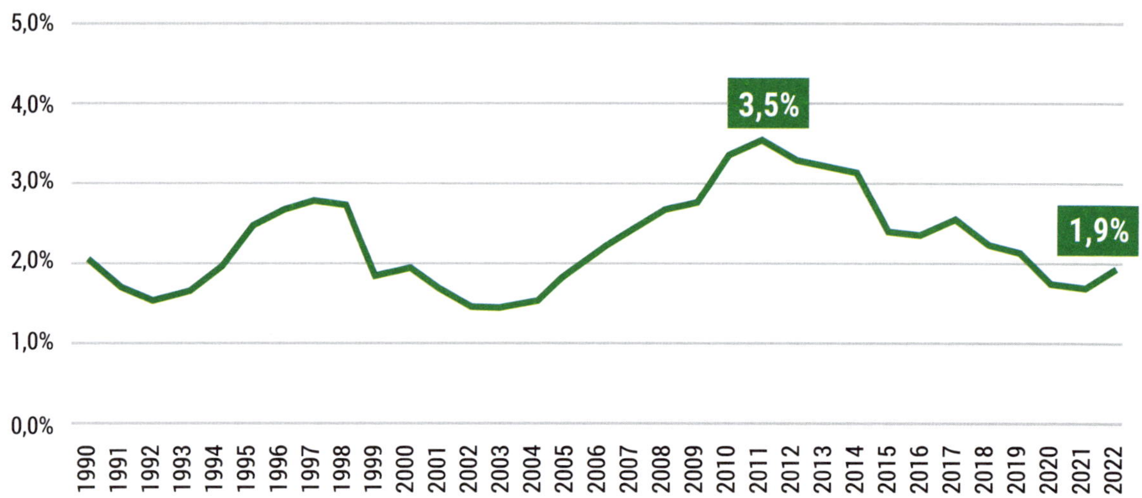

Figura 193: Percentual de Participação do Brasil no PIB Mundial. Fonte: World Bank, indicador GDP (current US$).

O PIB *per capita* do Brasil, ou seja, o PIB do país dividido pelo número de habitantes, oscilou durante os últimos anos, com ritmo de queda intensificado desde 2011, o que o fez chegar à 89ª posição mundial em 2022..

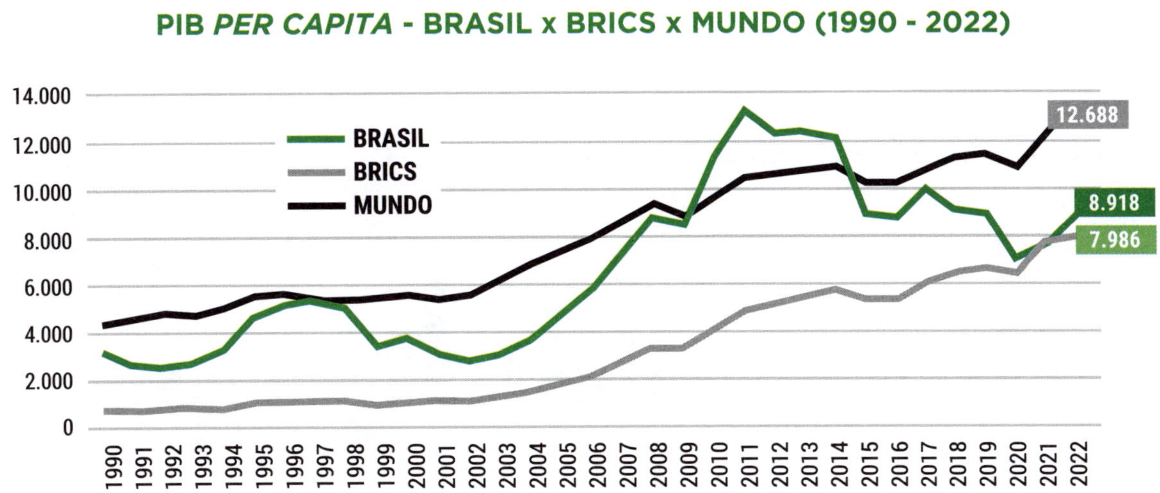

Figura 194: PIB *per capita* do Brasil x BRICS x Mundo (1990 - 2022). Fonte: World Bank, indicador GDP (current US$).

Posição	País/Território	2022 (US$)
1°	Mônaco	240.862
2°	Luxemburgo	125.006
3°	Bermudas	118.775
4°	Noruega	108.729
5°	Irlanda	103.983
6°	Ilhas Cayman	99.625
7°	Suíça	93.260
8°	Catar	87.661
9°	Singapura	82.808
10°	Estados Unidos	76.330
11°	Islândia	73.467
12°	Dinamarca	67.790
13°	Ilhas Faroé	66.979
14°	Austrália	65.100
15°	Países Baixos	57.025
16°	Suécia	56.424
17°	Canadá	55.522
18°	Israel	54.931
19°	Emirados Árabes	53.708
20°	Áustria	52.085
89°	Brasil	8.918

Tabela 25: PIB *per capita* no mundo, 20 maiores e Brasil. Fonte: World Bank, indicador GDP (current US$)

Como vimos na figura 194, a economia brasileira vem perdendo destaque no cenário mundial. Vamos entender melhor o porquê.

VARIAÇÃO DO PIB BRASILEIRO EM RELAÇÃO AO ANO ANTERIOR (1990 - 2022)

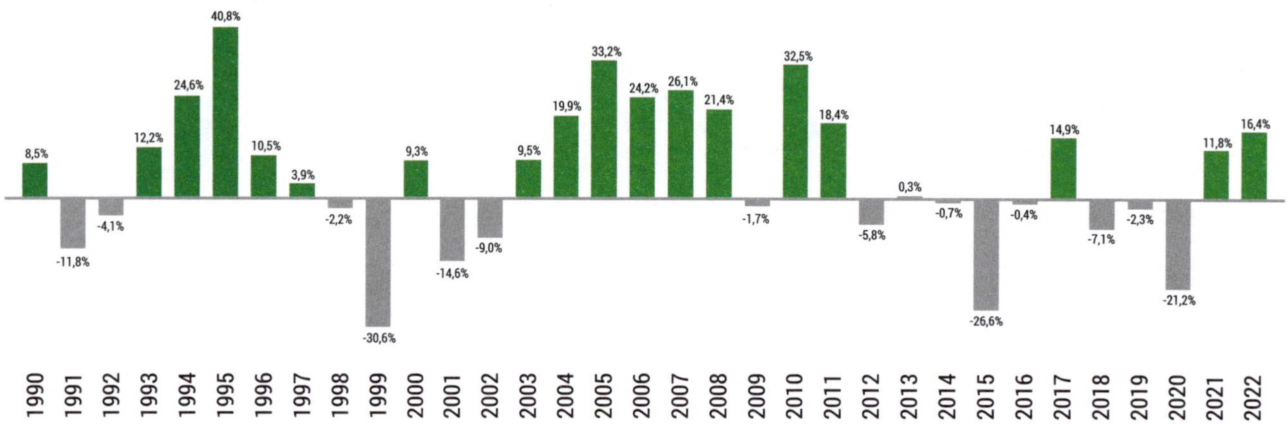

Figura 195: Variação do PIB brasileiro em relação ao ano anterior. Fonte: World Bank, indicador GDP (current US$).

Pensando na conexão do cenário econômico internacional com as cidades brasileiras, analisamos as últimas três décadas e percebemos que a gestão federal vem combatendo a hiperinflação do período com a abertura da economia do país e a busca de investimentos externos.

Um marco desse momento foi o lançamento do Plano Real, que promoveu o controle da inflação e trouxe desenvolvimento econômico e industrial para o Brasil.

De 2003 até 2018, o foco foi direcionado para o estímulo ao crescimento da infraestrutura e ao combate da desigualdade social. Nesse período, houve melhoria do nível de renda dos cidadãos e o país atingiu novos recordes na Balança Comercial do Brasil.

Especificamente, entre os anos de 2011 e 2016, a administração federal enfrentou efeitos da recessão. A partir de então, o país sentiu com mais intensidade o reflexo da economia mundial ao acompanhar o aumento da produtividade e competitividade entre Estados Unidos e China, as duas potências industriais.

Os municípios brasileiros foram diretamente afetados pelo cenário internacional na medida em que as receitas dos impostos que compõem as transferências constitucionais obrigatórias foram impactadas negativamente.

A respeito da cobrança de taxas, de acordo com estudo do Instituto Brasileiro de Planejamento Tributário[23], entre os 30 países que mais arrecadam impostos, o Brasil é o que dá menos retorno para a população. O levantamento considera a carga tributária em relação ao PIB e ao IDH. Então, para o bem das cidades e para a melhoria da qualidade de vida dos cidadãos que contribuem tributariamente, o país precisa aplicar melhor o que arrecada por meio de seus impostos.

Em 2022, o Brasil ficou na 54ª posição do Índice Global de Inovação, conforme Organização Mundial da Propriedade Intelectual (OMPI), o que demonstra ser fundamental o investimento em tecnologia, a fim de melhorar a produtividade em diversos setores econômicos. Sobre esse tema, uma sondagem da Confederação Nacional da Indústria (CNI) de 2020 apontou que 90% das médias e grandes empresas custeavam iniciativas em inovação tecnológica e 10% utilizaram linhas de financiamento público.

Dessa forma, nos últimos 30 anos, comparado com os países do G-20, o Brasil perdeu competitividade e crescimento econômico. Uma das consequências desse cenário é a redução da velocidade da melhoria da qualidade de vida do cidadão brasileiro.

Por isso, consideramos pertinente abordar a relevância do papel político dos representantes da população brasileira, a fim de promoverem o desenvolvimento e a autonomia econômica dos municípios. A seguir, vamos conhecer a importância do Parlamento, esfera que tem papel estratégico para o Brasil e consequentemente na evolução das cidades excelentes.

[23] Fonte: https://ibpt.com.br/estudo-sobre-carga-tributaria-pib-x-idh-2023/

2 Ciclo do Parlamentar Excelente

Como forma de contribuir para o desenvolvimento do país, integrando a federação, estados e municípios, o Parlamento tem o papel de ser o grande orquestrador das estratégias de desenvolvimento do Brasil por meio de sua prerrogativa constitucional de legislar, fiscalizar, representar o povo e aprovar o orçamento.

O termo *parlamento* deriva do latim "*parlar*" ou "*parlare*", que significa "conversa" ou "fala". Nesse contexto, os parlamentares brasileiros podem ser representados tanto por Senadores e Deputados Federais quanto por Deputados Estaduais e Vereadores.

O parlamentar excelente é aquele que consegue aliar o esforço do seu trabalho às reais necessidades da sociedade. Isso acontece ao legislar sobre temas de interesse social e direcionar recursos financeiros, por meio de emendas, de forma eficaz de acordo com as Leis Orçamentárias Anuais. Sempre de forma ética e transparente, ele também deve fiscalizar o trabalho do Poder Executivo.

Para que esse papel seja executado de forma efetiva, é necessária uma metodologia que conjugue o planejamento do mandato à sua execução, possibilitando a avaliação do trabalho do parlamentar de forma objetiva, com dados oficiais e públicos, capazes de serem mensurados e comparados.

Pensando nisso, o Aquila desenvolveu o Ciclo do Parlamentar Excelente, um método que permite, em cinco pilares, avaliar os mandatos parlamentares, sejam eles federal, estadual ou municipal. Assim como no Ciclo

Virtuoso do Desenvolvimento Humano, o parlamentar precisa atuar sistemicamente para garantir a eficiência do seu trabalho.

Ele inicia entendendo exatamente quem representa, para que possa atuar em prol das aspirações desses cidadãos, sempre prezando pela ética e transparência, direcionando recursos com eficácia e aumentando, assim, o retorno para as cidades.

Dessa forma, o parlamentar contribui para a excelência das cidades que representa ao levar melhoria de qualidade de vida da população por meio das leis que são aprovadas no parlamento.

CICLO DO PARLAMENTAR EXCELENTE

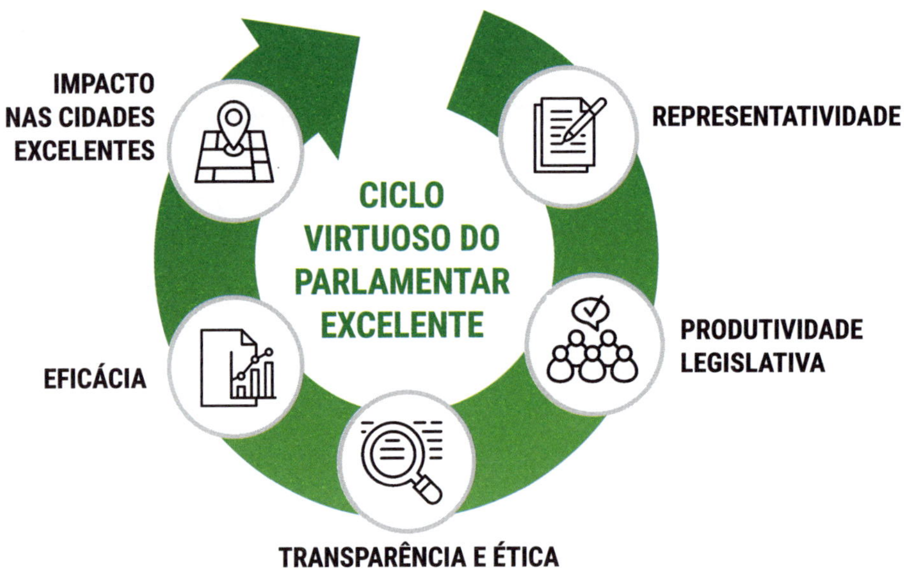

Figura 196 – Ciclo do Parlamentar Excelente – Instituto Aquila

A seguir, detalhamos cada um dos pilares com os indicadores sugeridos para possibilitar a mensuração da atividade parlamentar.

Pilares do Ciclo do Parlamentar Excelente

1) REPRESENTATIVIDADE

O parlamentar representa os cidadãos de municípios e regiões de seu estado e a eles deve prestar contas do seu mandato. É natural que, com a diversidade de temas, um parlamentar se diferencie por sua posição em relação a algumas pautas específicas, categorias profissionais ou a uma região geográfica. Isso contribui para o exercício do mandato, visto que ele pode focar em temas que fizeram parte de sua campanha e nas demandas das cidades onde ele foi majoritariamente votado. Mas, como um representante popular eleito no seu Estado, ele deve representar os interesses de todos os cidadãos.

Por lidar com um contexto no qual os recursos tendem a ser escassos, seja em relação às verbas a que o parlamentar tem direito ou outra forma de direcionamento de recursos financeiros, e ao mesmo tempo comprovar produtividade legislativa na forma de leis aprovadas, é preciso que o parlamentar adote uma uma lógica que vise a alocação eficaz desses esforços.

Como apresentado nos capítulos anteriores, o IGMA é uma plataforma que pode auxiliar tanto os parlamentares, como os governadores e prefeitos, na priorização da aplicação dos recursos públicos..

No caso do parlamentar, o ideal seria, já no início do mandato, realizar um planejamento estratégico, definindo as pautas, metas e projetos a implementar nos anos seguintes. Para isso, é importante responder à pergunta-chave: *os municípios e as pautas são priorizados considerando algum critério técnico baseado em evidências?*

Essa reflexão é um bom começo para a prática de uma representatividade efetiva.

2) PRODUTIVIDADE LEGISLATIVA

Como vimos, uma das principais prerrogativas do parlamentar é legislar. Ele tem o poder de propor, debater e votar leis que afetam diretamente os interesses dos cidadãos. Assim, ele pode introduzir projetos de lei que abordam questões específicas de sua região e trabalhar para garantir que os interesses dos cidadãos locais sejam considerados nas políticas nacionais.

Na prática, seu grau de produtividade pode variar muito, dependendo principalmente da sua atuação e das ideias que propõe. Ou seja, o que importa não é quantidade, mas a qualidade do seu desempenho no parlamento.

Segundo dados do Portal da Transparência da Câmara dos Deputados[24], cada parlamentar leva, em média, cinco anos para aprovar uma lei. Prazo superior à duração de um mandato. Além disso, a produtividade legislativa (contabilizada pelo número de emendas, iniciativas e requerimentos propostos) é muito baixa, com menos de uma proposição por mês por deputado federal, por exemplo.

Outra prerrogativa a ser mensurada na qualidade da sua atuação é a fiscalização das ações do Poder Executivo. Assim, por meio da sua participação em frentes parlamentares e comissões, ele pode garantir

---

[24] Fonte: Portal da Transparência da Câmara dos Deputados, 2022

que os recursos sejam utilizados de forma eficiente e transparente. O representante ainda pode e deve questionar políticas, programas e gastos que afetam suas bases eleitorais, assegurando que a verba pública seja aplicada de acordo com as reais necessidades dos cidadãos

Além disso, os parlamentares precisam articular alianças e negociar com outros representantes para aprovar medidas que beneficiem suas pautas e regiões. Um deputado atuante e comprometido pode, por exemplo, influenciar decisivamente nas políticas e programas que impactam diretamente os municípios que o elegeram.

3) EFICÁCIA

O parlamentar excelente luta por acesso aos recursos financeiros, direcionando emendas individuais a que tem direito e pleiteia verba para projetos de infraestrutura, saúde, educação, dentre outras áreas, proveniente de outras fontes que beneficiem diretamente as comunidades e pautas que representa.

Como vimos, há um grande volume de recursos financeiros que podem ser direcionados de acordo com as demandas sociais. Mas, para que isso seja efetivo, sua atuação proativa é fundamental. Afinal, outros parlamentares também têm interesse nos recursos e, de acordo com o trabalho de cada um, as verbas podem ser encaminhadas para pautas relevantes, atendendo as principais necessidades da população.

Mesmo que estejamos tratando de leis de iniciativa do Poder Executivo, é importante a atuação do parlamentar em relação ao Plano Plurianual, à Lei de Diretrizes Orçamentárias e à Lei Orçamentária Anual. Ele deve conhecer profundamente os projetos de lei recebidos, avaliar a sua eficácia, os programas e ações previstas, trabalhar pelas suas relatorias e incluir emendas, dentre outras iniciativas. Isso tudo diz respeito à sua capacidade de alinhar as entregas do mandato às reais demandas sociais, contribuindo para uma gestão fiscal responsável e eficiente.

Além de garantir o destino coerente de recursos para atender as necessidades dos municípios que representa, o parlamentar deve realizar um acompanhamento intensivo de toda a tramitação das suas propostas. Historicamente, uma parte significativa das emendas acaba não sendo implementada e, por consequência, não surte resultados para a população. Assim, quanto mais proativa a sua fiscalização dos atos do Executivo no cumprimento das emendas parlamentares, maiores serão as chances de os recursos serem liberados como planejados.

4) TRANSPARÊNCIA E ÉTICA

A transparência e a ética são questões fundamentais para o bom funcionamento da democracia e para a construção de uma sociedade justa e confiável. No caso dos parlamentares, que representam o povo e tomam decisões que impactam a vida de todos, esses princípios assumem uma importância singular.

Dentre eles, podemos destacar a honestidade e a integridade, os quais significam que o parlamentar deve atuar com probidade e retidão, evitando qualquer tipo de conduta que possa ser interpretada como antiética. A impessoalidade o guiará para que aja sempre de forma imparcial e justa, sem favorecer interesses particulares ou grupos específicos. Outra premissa importante é a de que o parlamentar deva responder pelos seus atos e decisões, assumindo as consequências de suas ações. Por fim, ele deve zelar pelo decoro parlamentar, mantendo comportamento digno e respeitoso e evitando ofensas e agressões verbais ou físicas.

Outra qualidade essencial para o mandato de um parlamentar excelente é a transparência. Ele deve saber se comunicar com o seu eleitorado, estabelecendo um canal aberto para debater sobre suas atividades parlamentares e prestação de contas, além de receber sugestões de atuação.

Com a universalização das redes sociais, essa comunicação ganha importância, visto que possibilita, de maneira quase instantânea, mensurar os impactos da atividade legislativa – inclusive os negativos, que podem ser corrigidos de forma célere, garantido que os objetivos do mandato sejam alcançados com sucesso.

5) IMPACTO NAS CIDADES EXCELENTES

Para aferir o resultado dos trabalhos executados durante um mandato, principalmente em relação à atuação legislativa e à alocação de recursos financeiros, o IGMA se coloca como uma plataforma para a avaliação dos impactos da atuação parlamentar, medindo a efetividade das ações nas cidades em que o representante foi eleito majoritariamente e nas pautas priorizadas no mandato.

Tal avaliação é importante, porque, ao priorizar municípios, áreas e pautas que possuem mais necessidades, espera-se que, ao longo do seu mandato, o parlamentar contribua com a melhoria dos resultados dos indicadores de todos os seus pilares IGMA e, consequentemente, com a classificação geral dessas cidades no IGMA.

Esse resultado pode ser mensurado, por exemplo, pela nota média do IGMA dos municípios que elegeram o parlamentar.

Ao compreendermos a importância do Parlamento para o desenvolvimento das cidades e para a melhoria da qualidade de vida dos cidadãos, aprofundamos nosso conhecimento entendendo como a relação dos entes federativos brasileiros impacta na promoção das cidades excelentes.

3 A importância da relação da União e dos Estados com as Cidades Excelentes

Como vimos até aqui, as Cidades Excelentes são aquelas que promovem a melhoria contínua da qualidade de vida da população . *Mas será que, sem contar com os demais entes federativos e, apenas por si só, as gestões municipais conseguem entregar excelentes resultados para os cidadãos?*

Todos os entes federativos possuem responsabilidades, recursos humanos e financeiros e estratégias que podem impactar diretamente na gestão municipal.

Precisamos entender que todo município está inserido em um Estado que, por sua vez, faz parte da União.

Os municípios são autônomos, ocupando o seu patamar hierárquico e dispondo das suas próprias competências e estruturas de governo.

Portanto, para alcançar a excelência das nossas cidades, é fundamental compreender as relações entre os entes federativos, a fim de torná-las mais eficientes. Tais conexões devem funcionar de maneira harmônica, sinérgica, complementar e propositiva, sempre em prol do desenvolvimento humano.

Resultado de decisões do Poder Executivo[25] e de definições aprovadas no Congresso Nacional[26], o cenário econômico impacta as gestões municipais. Dessa forma, apesar de serem de responsabilidade da União, inflação, taxa de juros, liberação de créditos, renegociação de dívidas, barreiras comerciais e outras questões macroeconômicas influenciam as decisões municipais e, por consequência, a vida do cidadão.

Conforme dados do Tesouro Nacional , em 2023, o valor total de transferências constitucionais obrigatórias da União aos municípios foi de R$ 268 bilhões, o que significa que, no Brasil, um bom número de políticas públicas e de repasses de recursos financeiros vêm da União para os municípios, a fim de que garantam uma boa prestação de serviços à sociedade. Além disso, a Associação Brasileira de Municípios (ABM) atesta que de 30% a 40% dos projetos apresentados ao governo federal, por meio de transferências voluntárias, acaba não sendo realizado por falta de qualidade técnica.

A partir desse contexto, iremos apresentar a seguir o ciclo do Estado Excelente.

25 Juntamente com o Legislativo e o Judiciário, o Poder Executivo compõe os Três Poderes do Brasil. Ele é representado pelo presidente da república, governadores e prefeitos, os quais são escolhidos pela população em eleições e são responsáveis por executar as ações de governo e da legislação brasileira.

26 É a sede do Poder Legislativo brasileiro, abrigando a Câmara dos Deputados e o Senado Federal – casas onde acontecem as decisões sobre as leis do país.

4 Ciclo do Estado Excelente

Uma das formas de definir o Brasil é a de que ele é a soma dos seus 5.570 municípios. Como já vimos, todas essas cidades são impactadas pelas decisões dos demais entes federativos. Afinal, todo tipo de investimento passa pelo território de um município, toda política pública é destinada à população de um município, todo programa só é desenvolvido com a participação dos municípios. Portanto, há uma complementaridade direta entre os Estados e as suas respectivas cidades e é, por isso, que, neste momento, vamos nos referir aos governos estaduais.

O Estado assume um papel fundamental no desenvolvimento dos seus municípios por meio de três vertentes. A primeira é estratégica, pois compete a esse ente federativo compreender e potencializar a dinâmica econômica, populacional, social e estrutural entre os seus municípios. A segunda, econômica, diz respeito à forma como a receita estadual é aplicada nas cidades e gera desenvolvimento local. Por fim, a terceira vertente reúne a prestação de serviços complementares àqueles que são responsabilidades das cidades.

Expandindo o conceito do Ciclo Virtuoso do Desenvolvimento Humano, vamos imaginar como os Estados brasileiros podem impactar o desenvolvimento da qualidade de vida populacional nos municípios.

A seguir, veremos qual é o papel do estado, como ele complementa a atuação dos municípios e quais são os riscos de falhas nessa conexão para o desenvolvimento humano dos seus cidadãos.

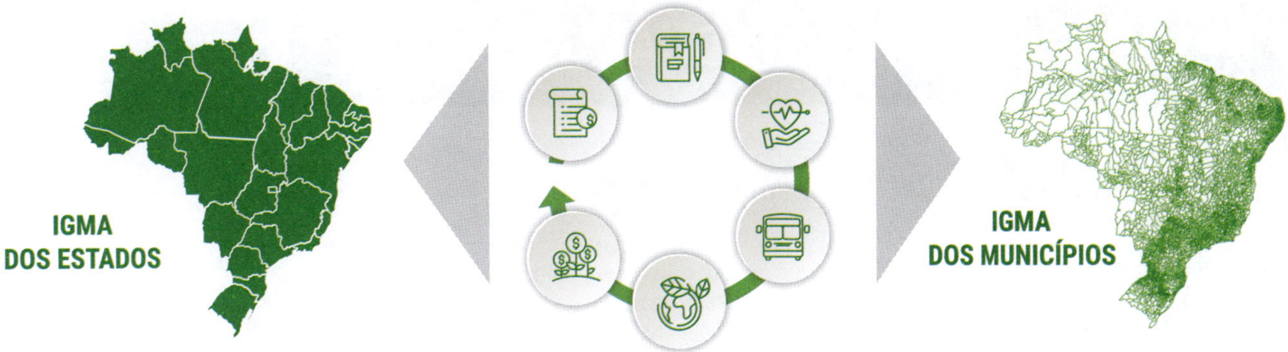

Figura 197 – Relação do IGMA dos ESTADOS e IGMA dos MUNICÍPIOS

Os Estados Excelentes

Em função da sua visão sistêmica, o estado assume um papel de acelerador do desenvolvimento municipal, sempre atento e pronto para solucionar as demandas populacionais de cada cidade.

A fim de ampliar e complementar a visão do IGMA sobre as cidades, utilizamos os mesmos princípios da tecnologia IGMA municipal para aplicar uma visão da gestão pública no âmbito estadual. Assim, passamos a conhecer o desempenho e a conexão dos estados brasileiros com as suas respectivas cidades.

Como consequência dessa análise, o estudo resultou no mapeamento de 67 indicadores estaduais distribuídos nos mesmos seis pilares do Ciclo Virtuoso do Desenvolvimento Humano. Chegamos, então, ao IGMA Estadual. Apresentamos a seguir os indicadores importantes para a construção de Estados Excelentes:

ESTADOS EXCELENTES

IGMA ESTADUAL

67 indicadores

- INDICADORES SIMILARES
- INDICADORES COMUNS
- INDICADORES EXCLUSIVOS

Pilar Governança e Eficiência Fiscal

- RESULTADO FISCAL
- CAPACIDADE DE INVESTIR
- INVESTIMENTO PER CAPITA
- ENDIVIDAMENTO LÍQUIDO
- AUTONOMIA FISCAL
- DÍVIDA ATIVA EM RELAÇÃO À RECEITA
- ÍNDICE DE TRANSPARÊNCIA
- ADERÊNCIA AO PLANO DE CONTAS
- RELAÇÃO DE SERVIDORES POR 100 HABITANTES
- PROPORÇÃO DE COMISSIONADOS SOBRE O QUADRO DE SERVIDORES
- CLASSIFICAÇÃO DA CAPACIDADE DE PAGAMENTO - CAPAG
- DESPESAS COM PESSOAL EXECUTIVO SOBRE A RECEITA
- DESPESA COM LEGISLATIVO POR HABITANTE

Pilar Infraestrutura e Mobilidade Urbana

- ABASTECIMENTO DE ÁGUA
- ACESSO A REDE DE ESGOTO
- TRATAMENTO DO ESGOTO
- GERAÇÃO DE ELETRICIDADE
- ACESSOS A BANDA LARGA FIXA POR 100 HABITANTES
- DÉFICIT HABITACIONAL
- QUALIDADE RODOVIAS ESTADUAIS
- PREÇO DO COMBUSTÍVEL
- ACIDENTES DE TRÂNSITO POR 100 MIL HABITANTES
- PASSAGEIROS AÉREOS POR 100 HABITANTES

Pilar Educação

- ANALFABETISMO 15 ANOS OU MAIS
- GASTO COM EDUCAÇÃO POR ALUNO POR IDEB
- RESULTADO IDEB ENSINO MÉDIO
- TAXA DE ABANDONO ENSINO MÉDIO
- CUSTO DA INEFICIÊNCIA POR ALUNO
- TAXA DE FREQUÊNCIA ENSINO MÉDIO
- DISTORÇÃO IDADE-SÉRIE ENSINO MÉDIO
- RESULTADO ENEM
- ESCOLARIDADE MÉDIA
- ADEQUAÇÃO DA FORMAÇÃO DOCENTE

Pilar Sustentabilidade

- RECUPERAÇÃO DE MATERIAIS RECICLÁVEIS
- PERDAS NA DISTRIBUIÇÃO DE ÁGUA
- MUNICÍPIOS COM ALTA SEGURANÇA HÍDRICA
- FONTES RENOVÁVEIS NA MATRIZ ELÉTRICA
- EMISSÃO DE GASES DE EFEITO ESTUFA POR HABITANTE
- MUNICÍPIOS COM GESTÃO DE RISCOS E DESASTRES
- INDICE ESG – IMPACTOS AMBIENTAL, MATERIAL E HUMANO
- PROPORÇÃO DE VENDA DE ETANOL EM RELAÇÃO À GASOLINA
- ADESÃO AO PROGRAMA DE REGULARIZAÇÃO AMBIENTAL
- DESMATAMENTO
- DESMATAMENTO PROPORCIONAL À ÁREA

Pilar Saúde

- ESPERANÇA DE VIDA AO NASCER
- COBERTURA VACINAL
- LEITOS HOSPITALARES (SUS) POR MIL HABITANTES
- PROFISSIONAIS DA SAÚDE (SUS) POR MIL HABITANTES
- TAXA DE MORTALIDADE INFANTIL
- ÓBITOS POR DOENÇAS INFECCIOSAS EVITÁVEIS
- ÓBITOS POR DOENÇAS NÃO TRANSMISSÍVEIS EVITÁVEIS
- INÍCIO DO TRATAMENTO DE CÂNCER ATÉ 60 DIAS
- GASTO POR HABITANTE EM SAÚDE POR EXPECTATIVA DE VIDA

Pilar Desenvolvimento Socioeconômico

- PIB PER CAPITA
- ÍNDICE DE GINI DA RENDA DOMICILIAR *PER CAPITA*
- TAXA DE DESEMPREGO
- JOVENS QUE NÃO ESTUDAM E NEM TRABALHAM
- POPULAÇÃO EM EXTREMA POBREZA
- RENDIMENTO MÉDIO REAL MENSAL
- DIFERENÇA SALARIAL ENTRE GÊNEROS
- TEMPO DO PROCESSO DE ABERTURA DE EMPRESAS
- QUANTIDADE DE PATENTES POR 100 MIL HABITANTES
- TAXA DE HOMICÍDIOS
- ROUBOS E FURTOS DE VEÍCULOS
- ÍNDICE DE ATENDIMENTO À DEMANDA DA JUSTIÇA
- PRESOS SEM CONDENAÇÃO
- SALDO CARCERÁRIO

Figura 198 – Indicadores do IGMA ESTADUAL

O IGMA das Cidades possui 72 indicadores e o IGMA dos estados possui 67 indicadores, distribuídos conforme figura abaixo:

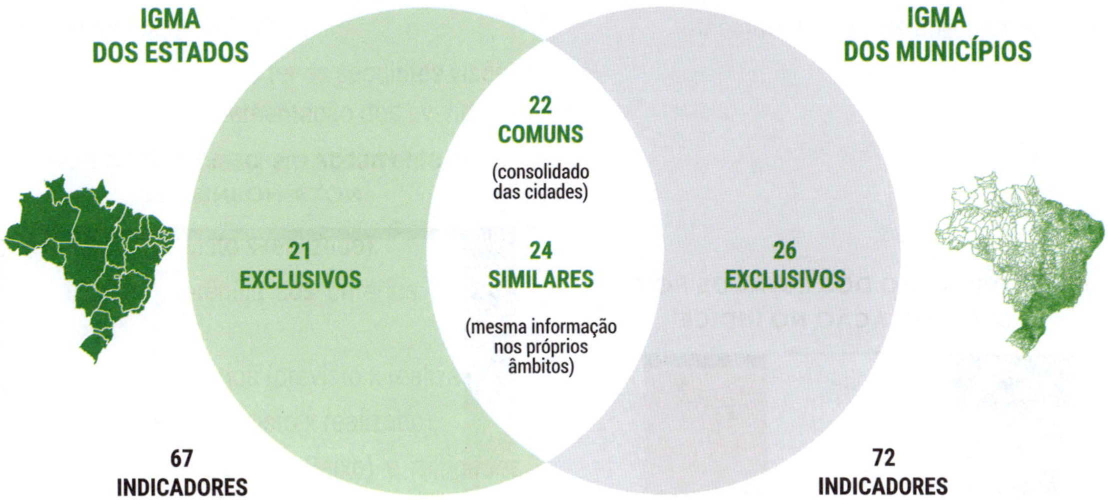

Figura 199 – Relação dos indicadores do IGMA dos ESTADOS e IGMA dos MUNICÍPIOS

Um exemplo de indicador comum é a Taxa de Homicídios, integrante do IGMA municipal. No IGMA Estadual, esse indicador é calculado pela soma dos homicídios em todas as cidades de um estado dividida pela população estadual total. Já um indicador similar é o Resultado Fiscal, o qual é acompanhado no IGMA municipal no âmbito das contas municipais e, no IGMA Estadual, no contexto das contas estaduais. Como indicador exclusivo do IGMA Estadual, temos o de Qualidade das Rodovias Estaduais, disponível apenas para o estado.

Encontramos diferenças quando comparamos os resultados dos municípios de um estado e o do mesmo estado para determinado indicador. A fim de evidenciar os desafios e desconexões entre esses dois âmbitos administrativos, apresentaremos essas análises comparativas sem identificar os estados, pois não é objetivo da obra destacar gestões específicas.

Ao avaliar a gestão estadual adotando a mesma escala de classificação do IGMA municipal, vemos que 4 estados estão classificados como desenvolvidos. Porém, ao analisar a média dos valores dos seus índices municipais, apenas um estado tem, em média, os seus municípios considerados desenvolvidos (Exemplo 1 na figura abaixo).

O Exemplo 2 da mesma figura é de um estado que possui o maior valor entre os demais nesta escala, sendo considerado desenvolvido em um patamar próximo da excelência, mas com seus respectivos municípios classificados como ainda em desenvolvimento.

De forma geral, os estados apresentam resultado superior aos de seus municípios. Isso é evidenciado pelo gráfico de dispersão abaixo e pela quantidade de Estados com seus municípios críticos (15), número superior à quantidade de Estados com gestão estadual crítica (12).

DISTRIBUIÇÃO DOS ESTADOS POR CLASSIFICAÇÃO NO ÍNDICE

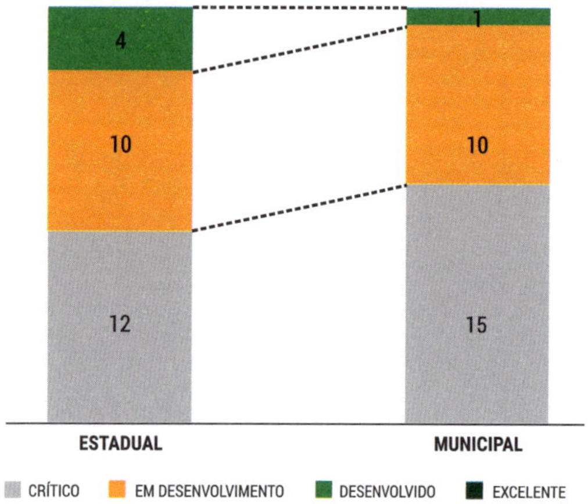

DISTRIBUIÇÃO DOS ESTADOS POR NOTA NO ÍNDICE

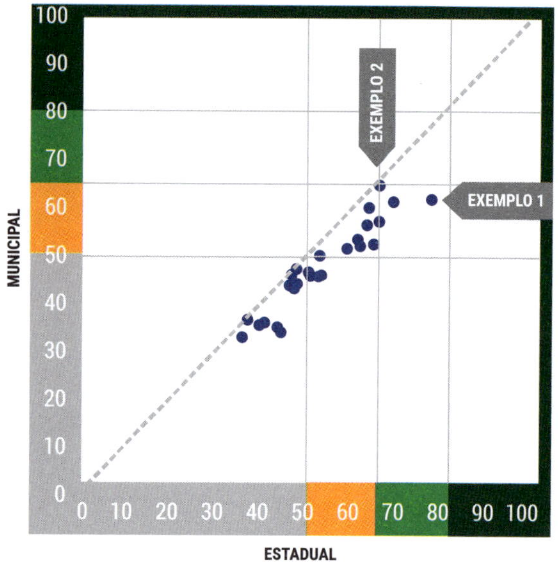

Figura 200 – Comparativo da distribuição dos estados e seus municípios (média índice municipal) por classificação e nota nos índices. Fonte: Plataforma IGMA, dados municipais e estaduais extraídos em dezembro/2023.

A partir de agora, analisaremos as gestões estaduais pelos seis pilares do IGMA e será possível perceber as diferenças de resultados em cada um deles.

Pilar Governança, Eficiência Fiscal e Transparência

Sabemos que o primeiro passo para a boa prestação de serviços públicos básicos é o cuidado com o equilíbrio entre receitas e despesas, incluindo o pagamento de dívidas. Dessa forma, o Estado Excelente deve ser eficiente tanto na arrecadação de impostos quanto nos gastos públicos.

Assim como nos municípios, a eficiência fiscal do estado, no contexto do Ciclo Virtuoso do Desenvolvimento Humano, garante os recursos para impulsionar investimentos em educação, saúde, infraestrutura e sustentabilidade. Portanto, ser catalisador do desenvolvimento local é uma qualidade do Estado Excelente.

Quando analisamos os Estados Excelentes neste pilar, a única novidade é o indicador que relaciona a dívida ativa e a receita. Em um estado com contas em equilíbrio, sobram recursos financeiros para investir nos municípios. Se uma região municipal apresenta maior índice de pobreza, por exemplo, ela poderá receber mais estímulos fiscais para implantação de empresas e, consequentemente, gerar empregos. A concessão para tal investimento só é viabilizada se houver eficiência na gestão do Tesouro Estadual.

Algumas receitas estaduais e federais são repassadas automaticamente às prefeituras. Da arrecadação do Estado, 25% do Imposto sobre Circulação de Mercadorias e Serviços (ICMS) e 50% do Imposto sobre Propriedade de Veículos Automotores (IPVA) são direcionados para os cofres dos municípios. As cidades também recebem diretamente da União 25% do Imposto sobre Propriedade Industrial (IPI).

No IGMA Estadual, o pilar Governança, Eficiência Fiscal e Transparência possui a sua maioria de indicadores similares aos dos municípios. Assim, seus cálculos são aplicados com informações referentes a cada dimensão, pois as finanças estaduais e municipais são diferentes.

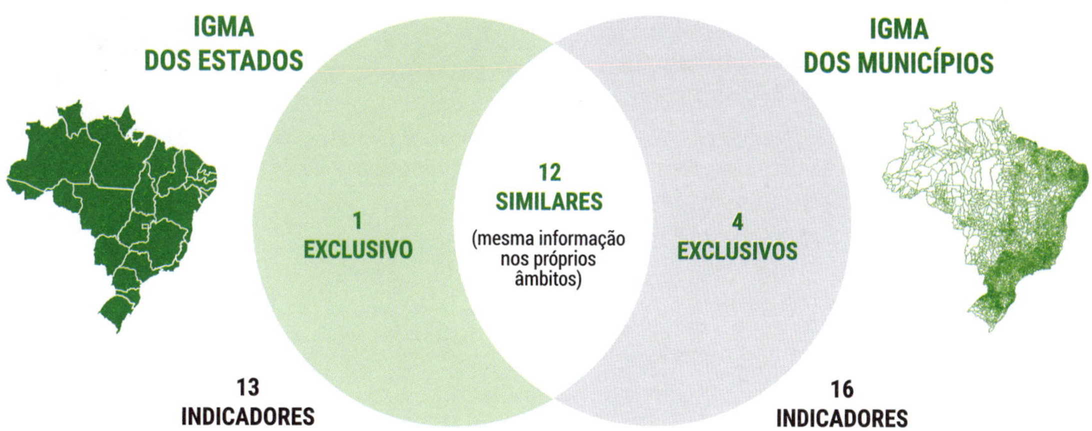

Figura 201 – Relação dos indicadores do Pilar Governança, Eficiência Fiscal e Transparência do IGMA dos ESTADOS e IGMA dos MUNICÍPIOS

Avaliando o perfil do pilar, os Estados apresentam resultados melhores quando comparados às médias de seus municípios. No IGMA Estadual, 5 Estados estão críticos neste pilar. No âmbito municipal, 16 Estados têm a média de suas cidades nessa mesma situação.

No Exemplo 1 do gráfico de dispersão abaixo, é possível verificar Estados classificados como desenvolvidos no pilar, enquanto seus municípios estão, em média, críticos . O inverso também acontece: municípios de um Estado estão, em média, classificados como em desenvolvimento, enquanto as finanças estatais estão críticas (Exemplo 2). Apenas um Estado apresenta as finanças estaduais e municipais desenvolvidas (Exemplo 3).

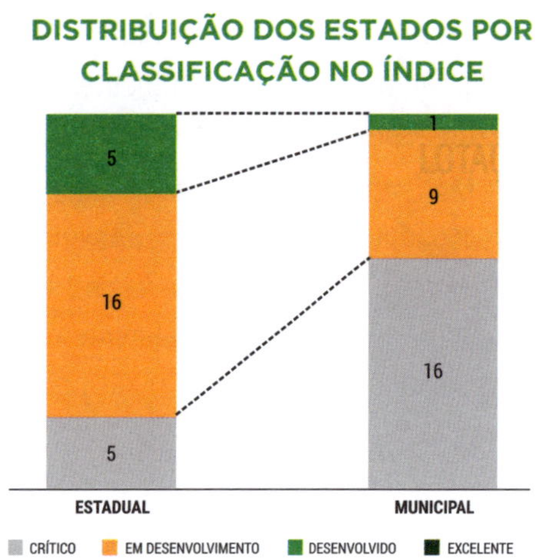

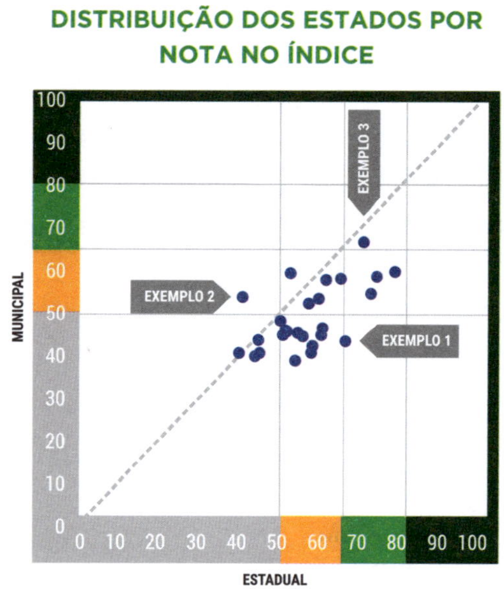

Figura 202 – Comparativo da distribuição dos estados e seus municípios (média índice municipal) por classificação e nota nos índices.
Fonte: Plataforma IGMA, dados municipais e estaduais extraídos em dezembro/2023.

Pilar Educação

No setor educacional, a parceria entre estado e municípios é intrínseca. Dela depende a formação escolar e humana do cidadão que se prepara para atender as demandas sociais do futuro. Se não funciona adequadamente, pode resultar em consequências indesejadas, como reprovação e evasão escolar.

A própria Constituição Federal divide[27], de forma geral, a responsabilidade educacional entre os entes federativos: enquanto o município oferece o ensino infantil e o Fundamental 1 e 2, o estado atende as demandas do ensino médio.

Estudantes com bom desempenho nos anos iniciais têm mais chances de ingressar no ensino médio com melhores perspectivas de rendimento escolar, assim como apresentar mais êxito no ENEM.

Mas os Estados Excelentes também têm a chance de corrigir deficiências no ensino fundamental e preparar melhor os seus alunos. Disso depende o investimento na remuneração e formação de professores, em metodologias de ensino e aprendizagem e até mesmo na estrutura física das escolas. Se o estado não investe no setor, o desempenho educacional dos alunos sob responsabilidade dos municípios pode ser impactado negativamente.

A evasão escolar e as notas da prova SAEB, cujos resultados compõem a nota do IDEB, são mais críticas no ensino médio, o que gera mais desafio para os estados brasileiros ao promover a continuidade do ciclo de aprendizagem dos alunos e sua consequente formação.

No pilar Educação, os Estados possuem um indicador comum, a taxa de analfabetismo, e sete indicadores similares com os municípios. Como exemplo desses últimos, podemos citar o IDEB. Para os estados, é acompanhado o IDEB do ensino médio e, para os municípios, é considerado o IDEB dos Ensinos Fundamentais. Os dois indicadores exclusivos do IGMA Estadual são: Nota do ENEM e Taxa de Frequência do Ensino Médio.

---

[27] Mesmo com esta pauta constitucional, na prática, para que a educação não deixe de ser viabilizada, alguns Estados chegam a ofertar ensino fundamental.

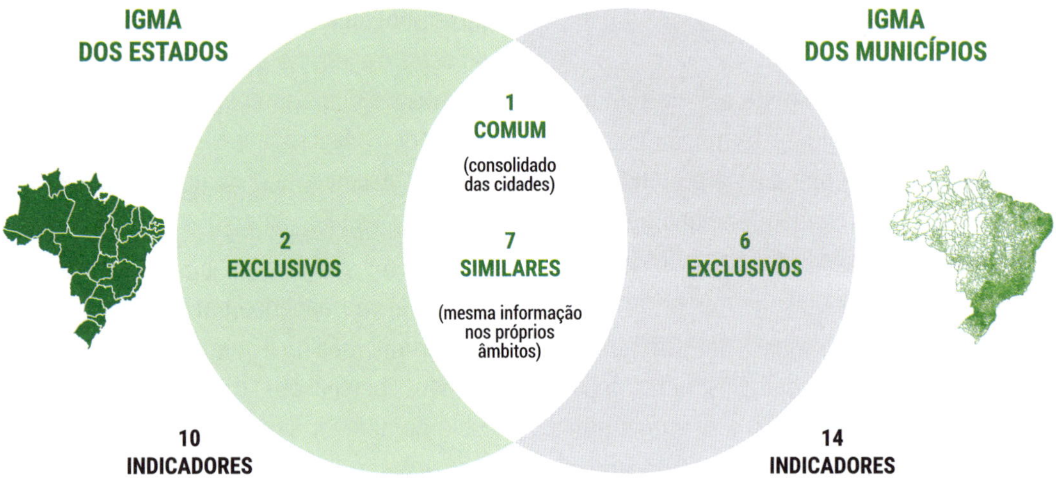

Figura 203 – Relação dos indicadores do Pilar Educação do IGMA dos ESTADOS e IGMA dos MUNICÍPIOS

Analisando o desempenho da gestão educacional dos estados e seus municípios, observamos que um estado está excelente neste pilar. Porém, as suas cidades encontram-se em nível de desenvolvimento, conforme o exemplo 1 do gráfico de dispersão abaixo:

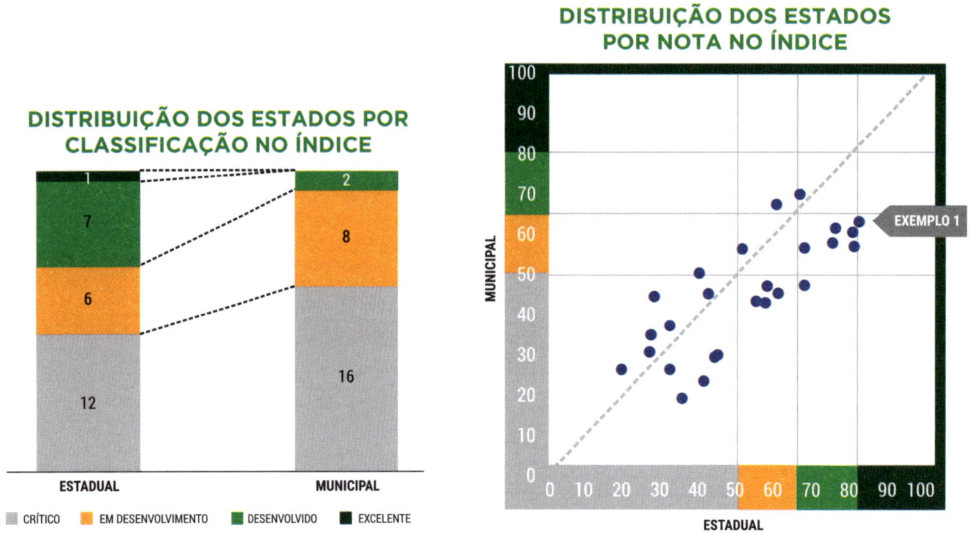

Figura 204 – Comparativo da distribuição dos estados e seus municípios (média índice municipal) por classificação e nota nos índices.
Fonte: Plataforma IGMA, dados municipais e estaduais extraídos em dezembro/2023.

Pilar Saúde e Bem-Estar

Sobre este tema, lembramos que cabe às prefeituras cuidar da atenção básica à saúde. Isso significa que as gestões municipais são responsáveis por manter postos de saúde e garantir a atenção primária, ou seja, o primeiro atendimento ao paciente. Em contrapartida, cabe aos estados a responsabilidade pelos atendimentos de média e alta complexidade, como, por exemplo, consultas e tratamentos com especialistas, clínicas e hospitais para pronto-atendimento, internações e cirurgias.

Os Estados Excelentes criam políticas de cobertura em saúde para regiões municipais, investindo em pontos de atendimento e hospitais nas cidades-polo, evitando que pacientes sejam transferidos até às capitais para o devido acompanhamento. Assim, os cidadãos das microrregiões se beneficiam de um sistema organizado e a estrutura de saúde das capitais não é sobrecarregada.

As cidades são prejudicadas quando o estado não cumpre com as suas responsabilidades com a saúde. O inverso também acontece, especialmente quando os municípios não prestam a devida atenção básica à sua população e a rede de atendimento estadual é obrigada a suprir os atendimentos primários de baixa complexidade. Essa é uma dinâmica que pode comprometer as finalidades em saúde de cada ente federativo.

No pilar Saúde e Bem-estar, há seis indicadores comuns entre Estados e municípios, como o de Leitos Hospitalares SUS, por exemplo, dois indicadores similares e um indicador exclusivo do estado, que é o Percentual de Tratamento de Câncer com início em até 60 dias.

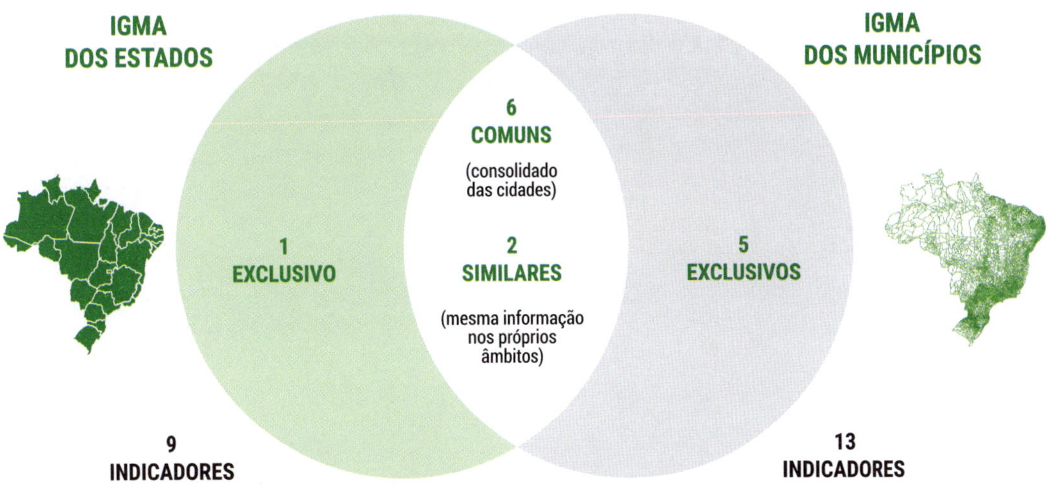

Figura 205 – Relação dos indicadores do Pilar Saúde e Bem-Estar do IGMA dos ESTADOS e IGMA dos MUNICÍPIOS

Comparando as notas gerais dos Estados e municípios neste pilar, nos indicadores estaduais e municipais, observamos que quatro estados são desenvolvidos no âmbito estadual, porém estão "em desenvolvimento" ao avaliar a média de suas cidades. Além disso, nove estados estão críticos nas dimensões estaduais e municipais em relação a este pilar.

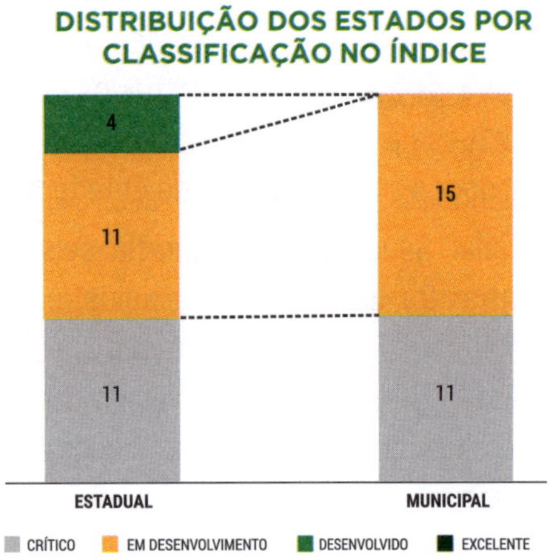

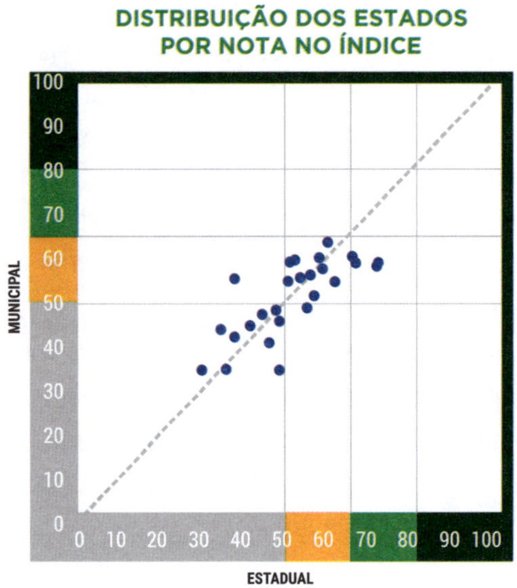

Figura 206 – Comparativo da distribuição dos estados e seus municípios (média índice municipal) por classificação e nota nos índices. Fonte: Plataforma IGMA, dados municipais e estaduais extraídos em dezembro/2023.

Pilar Infraestrutura e Mobilidade

Quando analisamos o que as Cidades Excelentes esperam dos estados para se desenvolverem e proporcionarem melhor qualidade de vida para a população, não podemos deixar de lado as rodovias que as interligam. É fundamental que os estados proporcionem uma boa conexão viária entre municípios vizinhos, cidades-polo, capitais e até outros estados.

Assim, os Estados Excelentes têm como prioridade cuidar da manutenção das estradas e abrir novas vias de acesso para locais não atendidos pelo asfalto. A infraestrutura viária atrai negócios, turismo e facilita a conexão com cidades para onde a população precisa se deslocar em busca de serviços não ofertados no município em que vive.

Outro exemplo de como os Estados Excelentes interferem no desempenho das cidades é a exclusividade para a oferta de serviços como a geração e a distribuição de energia elétrica. De forma geral, mas não exclusiva, os estados também fornecem esgoto e água potável para as cidades.

Quando um estado falha neste pilar, os municípios são diretamente impactados. Se há desconexão entre as necessidades de desenvolvimento das cidades e o que o governo estadual aplica de recursos financeiros e humanos em mobilidade e infraestrutura, as localidades deixam de receber investimentos de novas empresas, atração de turistas e riquezas imprescindíveis para fazer girar o Ciclo Virtuoso do Desenvolvimento Humano.

Dos 10 indicadores estaduais do pilar Infraestrutura e Mobilidade Urbana, quatro são comuns entre a gestão estadual e municipal e seis são exclusivos do IGMA Estadual.

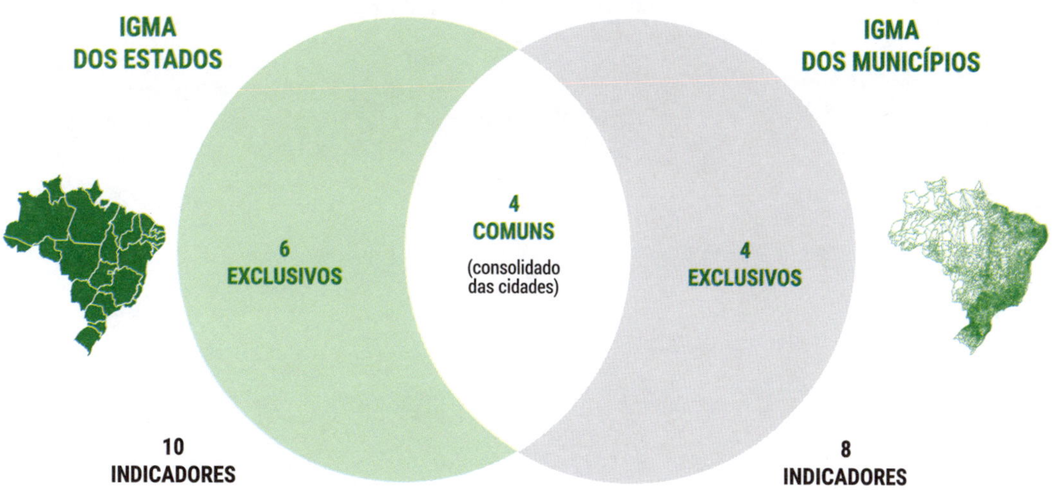

Figura 207 – Relação dos indicadores do Pilar Infraestrutura e Mobilidade Urbana do IGMA dos ESTADOS e IGMA dos MUNICÍPIOS.

O pilar Infraestrutura e Mobilidade Urbana destaca-se por ter a maior quantidade de Estados classificados como excelentes, sendo três no total.

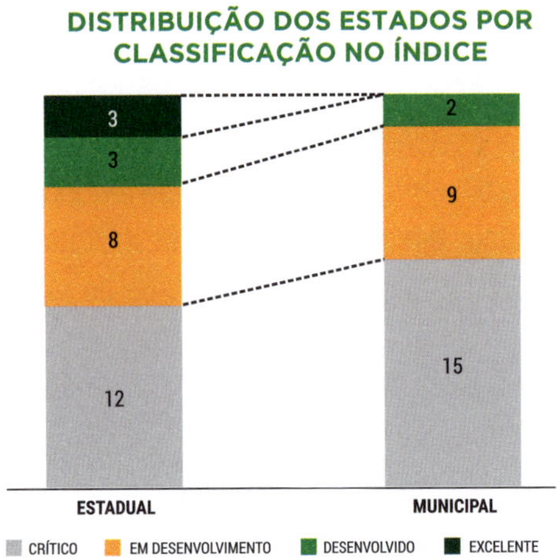

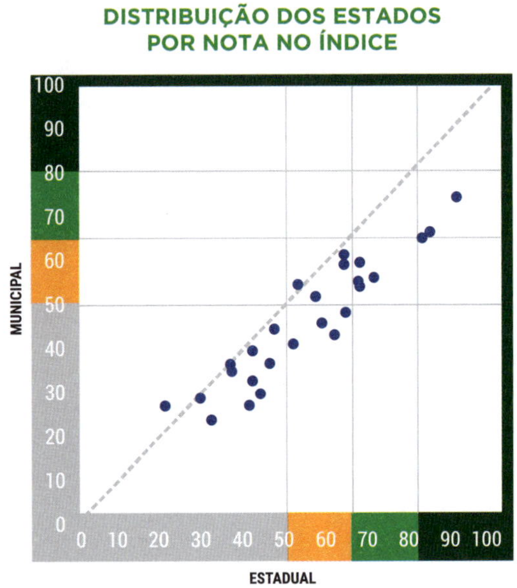

Figura 208 – Comparativo da distribuição dos estados e seus municípios (média índice municipal) por classificação e nota nos índices. Fonte: Plataforma IGMA, dados municipais e estaduais extraídos em dezembro/2023.

Pilar Sustentabilidade

A Constituição Federal garante o meio ambiente sustentável como direito das gerações presentes e futuras. Assim, cabe aos Três Poderes, por meio de seus respectivos representantes nas dimensões federal, estadual e municipal, cuidar da preservação ambiental.

Os Estados Excelentes o fazem por diversas políticas e uma delas é a manutenção de unidades de conservação estaduais , com manejo da fauna e da flora. Essas unidades podem abranger extensões de mais de uma cidade, sendo esta, portanto, uma prática sustentável que beneficia municípios e os seus cidadãos. Os estados também recuperaram áreas degradadas e combatem o desmatamento.

O Brasil possui 1.230 unidades de conservação estaduais. Destas, 336 abrangem mais de uma cidade. Abaixo, apresentamos o exemplo de uma Área de Proteção Ambiental estadual, a APA Piquiri-Una. Devido ao potencial hídrico desta localidade potiguar, ela foi criada em 1990 com o intuito de conservar estes recursos e outros da sua natureza como os biomas Mata Atlântica e Caatinga. Além disso, também protege a diversidade biológica e disciplina o processo de ocupação. A APA Piquiri-Una abrange os municípios de Goianinha, Canguaretama, Espírito Santo, Pedro Velho e Várzea .

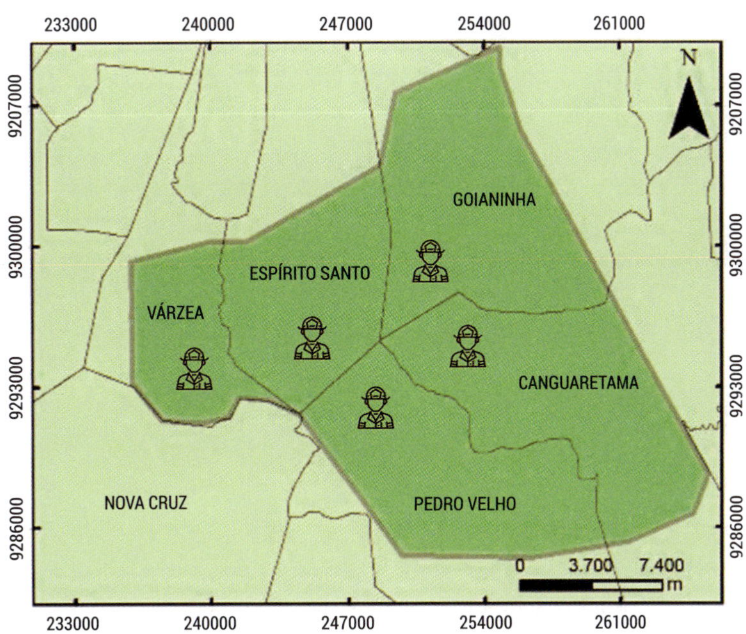

Figura 209: Mapa de localização da Área de Proteção Ambiental Piquiri-Una.

Cabe ainda aos estados a manutenção de um Corpo de Bombeiros em seu quadro organizacional para inibir focos de incêndio e demais necessidades dos cidadãos. Quanto ao combate à poluição, os Estados Excelentes incentivam o uso de veículos com baixo índice poluente, por meio da redução do IPVA. São políticas que favorecem o bem-estar da população e contribuem para a sustentabilidade das cidades.

Se o Estado falha na sustentabilidade, o reflexo nos municípios é direto, pois é neles que estão os bens naturais. Assim, sem a preservação do meio ambiente, há prejuízo para o solo e a umidade relativa do ar, aumento do aquecimento global e da poluição, com consequente redução da qualidade de vida nas cidades.

O pilar Sustentabilidade possui 11 indicadores tanto no IGMA Estadual como no IGMA Municipal e eles são divididos da seguinte forma: 7 são comuns, 1 similar e 3 exclusivos.

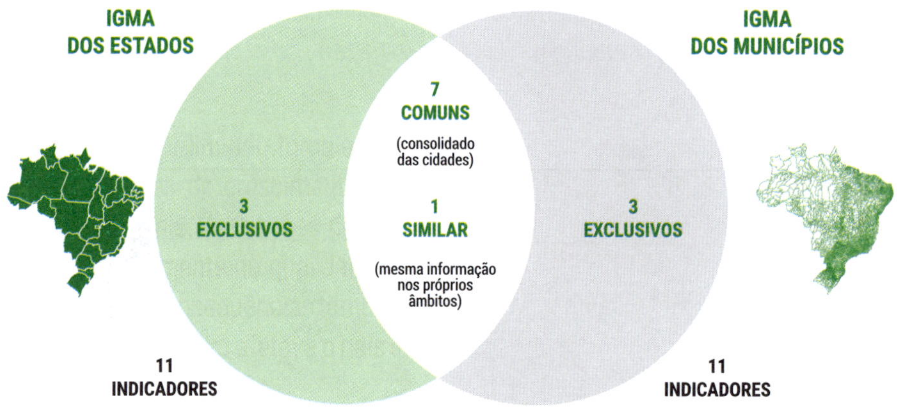

Figura 210 – Relação dos indicadores do Pilar Sustentabilidade do IGMA dos ESTADOS e IGMA dos MUNICÍPIOS.

De forma geral, o desempenho dos estados e seus municípios seguem uma correlação, com exceção de um estado (ver exemplo), o qual está como "em desenvolvimento" e seus municípios como "críticos".

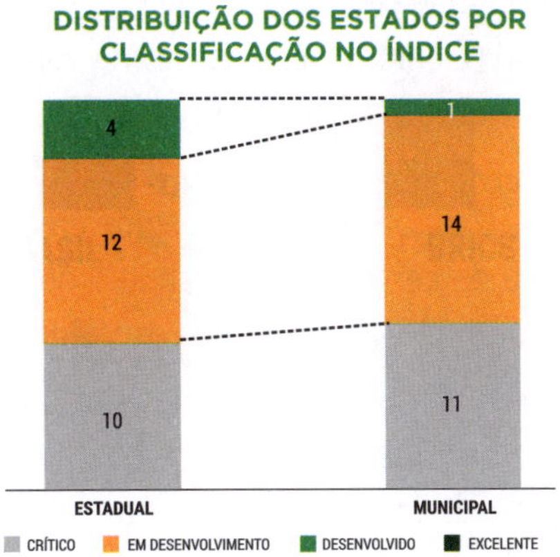

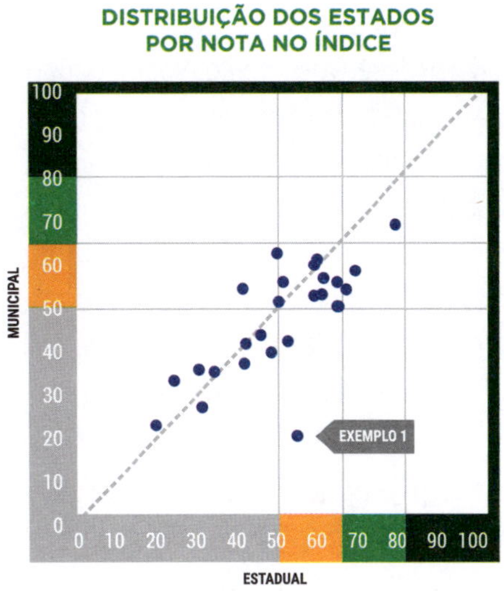

Figura 211 – Comparativo da distribuição dos estados e seus municípios (média índice municipal) por classificação e nota nos índices. Fonte: Plataforma IGMA, dados municipais e estaduais extraídos em dezembro/2023.

Pilar Desenvolvimento Socioeconômico e Ordem Pública

Para contribuir com o desenvolvimento socioeconômico das Cidades Excelentes, o estado tem o desafio de buscar, no mercado nacional e internacional, a atração de empresas. Para isso, institutos ou órgãos estaduais estudam as necessidades locais e identificam os setores mais favoráveis para a geração de emprego e renda, juntamente com outros fatores. Essa conexão facilita o crescimento das cidades, gerando mais riqueza e bem-estar para a população local.

Ao analisamos a ordem pública, temos que o aparato de segurança pública, seja da Polícia Civil ou Militar, está a cargo dos Estados. As cidades oferecem convênios para alocar as corporações, mas a responsabilidade final é do poder público estadual. As Guardas Municipais, por sua vez, cuidam do patrimônio e, em algumas cidades, também do trânsito. Da mesma forma, o sistema penitenciário fica a cargo do estado – exceto as estruturas consideradas de segurança máxima, que estão sob a responsabilidade da União.

Dessa forma, assim como nas Cidades Excelentes, o Ciclo Virtuoso do Desenvolvimento Humano é retroalimentado pela geração de riqueza local, que gera mais renda e contribuição para a máquina pública. Estados e municípios em sincronia promovem a melhoria contínua da qualidade de vida do cidadão. Cada um assumindo suas responsabilidades, complementando a oferta básica de serviços e buscando o desenvolvimento local. E, portanto, alcançando a excelência.

Nesse sentido, o pilar Desenvolvimento Socioeconômico e Ordem Pública é o que possui a maior quantidade de indicadores estaduais (14) e de indicadores exclusivos (8). Nesse caso, destacam-se indicadores voltados à ordem pública, como exemplo o de Roubos e Furtos de Veículos, e os voltados à inovação, como a Quantidade de Patentes por habitante.

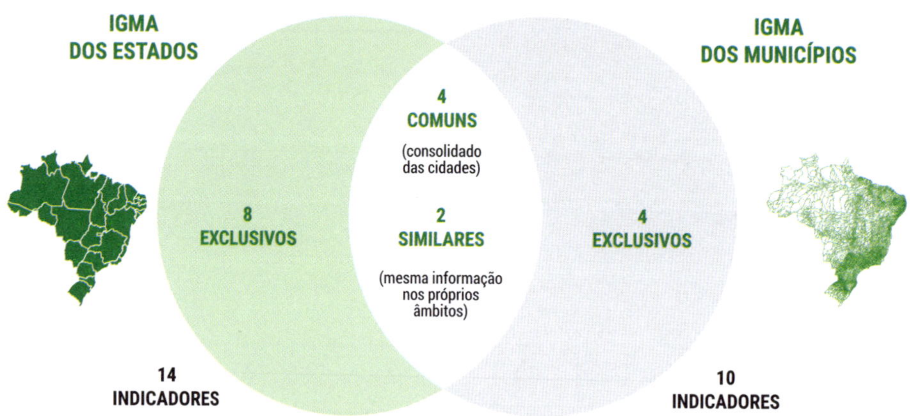

Figura 212 – Relação dos indicadores do Pilar Desenvolvimento Socioeconômico e Ordem Pública do IGMA dos ESTADOS e IGMA dos MUNICÍPIOS.

Analisando o desempenho dos Estados e seus municípios, apesar da diferença de indicadores, o resultado é correlacionado (correlação de 0,83, considerada alta estatisticamente).

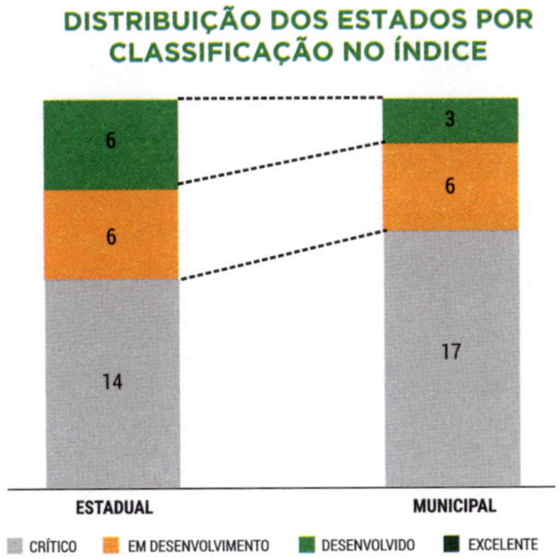

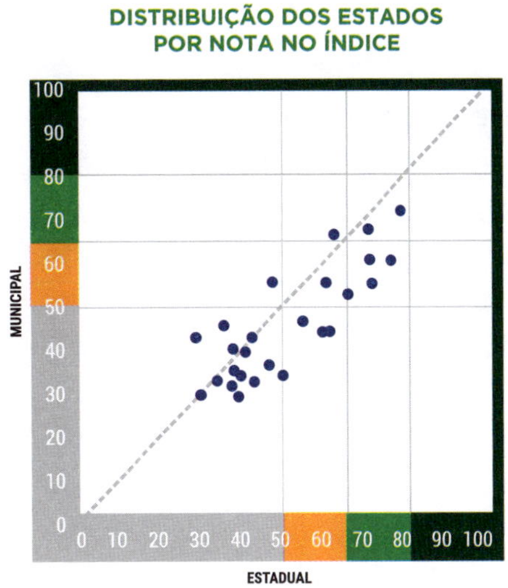

Figura 213 – Comparativo da distribuição dos estados e seus municípios (média índice municipal) por classificação e nota nos índices.
Fonte: Plataforma IGMA, dados municipais e estaduais extraídos em dezembro/2023.

Conclusão

A partir dessas análises baseadas em dados, vimos que, se Estados e municípios trabalham de forma coordenada, eles auxiliam mutuamente as suas próprias iniciativas, melhorando a qualidade dos investimentos e dos retornos. Se isso não ocorre, há ruptura de estratégias e desequilíbrio no desenvolvimento dos pilares do Ciclo Virtuoso de Desenvolvimento Humano, prejudicando o bem-estar da população.

5 Como desenvolver a Excelência na Gestão Pública?

Como vimos até aqui, uma gestão pública eficiente desempenha um papel importante para o desenvolvimento socioeconômico das cidades brasileiras e para a melhoria contínua da qualidade de vida dos cidadãos. Isso porque ela influencia diretamente a efetividade das políticas de promoção do desenvolvimento e o nível dos serviços oferecidos à população.

Para atestarmos os resultados práticos do Ciclo Virtuoso do Desenvolvimento Humano, é fundamental que haja uma conexão harmônica e colaborativa entre os entes federativos, bem como entre os Poderes Legislativo e Judiciário. *Sabemos que as relações entre todas essas dimensões acontecem diariamente, mas como podemos potencializá-las?*

A busca pela excelência na gestão pública implica encontrar um equilíbrio dinâmico entre os diferentes entes administrativos, cada um com suas responsabilidades específicas na prestação de serviços públicos e na promoção do desenvolvimento social. Isso requer a garantia da continuidade de programas e projetos a longo prazo, independentemente dos ciclos políticos, assegurando uma gestão estável e consistente em cada localidade.

É preciso aplicar bem os recursos financeiros e humanos, alinhando-os com os princípios e diretrizes das cidades excelentes, a fim de maximizar os impactos positivos na qualidade de vida da população.

Ao investir na melhoria da gestão pública, as cidades brasileiras podem fortalecer suas bases para o desenvolvimento socioeconômico sustentável, promovendo mais igualdade de oportunidades, o bem-estar da população e a construção de um futuro mais próspero e inclusivo para todos os cidadãos.

Por isso, devemos nos perguntar diariamente qual é o nosso papel e o que devemos fazer para que o Brasil possa se tornar um país de excelência. Nós acreditamos que a união entre as cidades excelentes, os Estados excelentes e o Parlamento excelente é o único caminho!

RECONHECIMENTOS

Prêmio Band Cidades Excelentes

Considerado o Oscar da Gestão Pública, o Prêmio Band Cidades Excelentes, por meio da premiação de boas práticas da gestão pública, sela o reconhecimento da relevância do IGMA e incentiva a melhoria da realidade dos municípios brasileiros.

Fruto de uma parceria do Grupo Bandeirantes com o Aquila, sua concepção e realização se tornaram realidade três anos após o lançamento da plataforma IGMA em 2018.

Durante o período de preparação da premiação, cuja primeira edição aconteceu em 2021, foram realizadas várias validações e simulações do modelo a ser adotado. Assim, a conceituação do Prêmio resultou em quatro premissas:

- Reconhecer iniciativas pioneiras de gestão pública municipal;
- Incentivar a implementação de projetos de melhoria na esfera pública;
- Compartilhar referências e soluções de gestão para inspirar outros municípios;
- Valorizar servidores públicos que atuam de forma proativa em benefício da população.

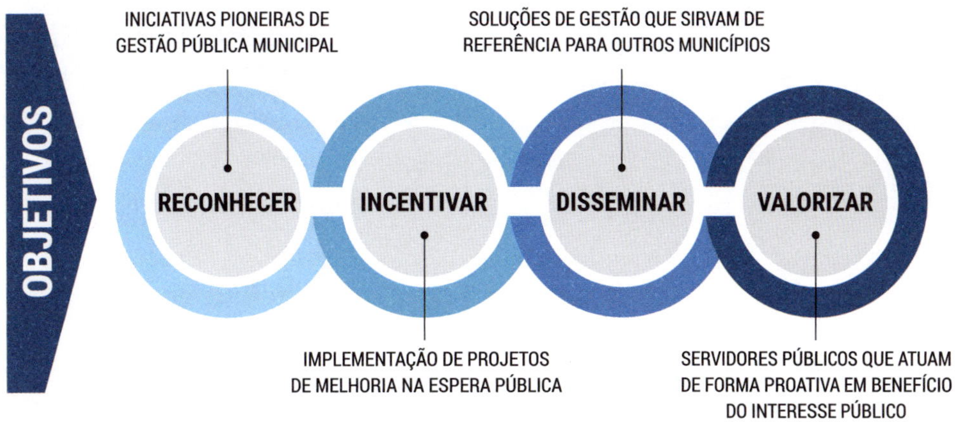

Figura 214: Objetivos do Prêmio Band Cidades Excelentes.

O Prêmio Band Cidades Excelentes é direcionado a todos os municípios brasileiros, os quais já participam da premiação de maneira automática. Os reconhecimentos passam, inicialmente, por uma etapa estadual, a qual abrange todos os municípios de todos os Estados do país e, na sequência, é realizada uma avaliação em etapa nacional, na qual os vencedores das etapas estaduais concorrem entre si.

Cidades Excelentes é a metodologia utilizada na premiação. A nota do município no IGMA e as notas dos seus pilares são considerados os índices oficiais para a determinação dos finalistas e vencedores em cada uma das etapas estaduais e na etapa nacional.

E os indicadores estão distribuídos nos 6 pilares da plataforma: Governança, Eficiência fiscal e Transparência; Educação; Saúde e Bem-Estar; Infraestrutura e Mobilidade Urbana; Sustentabilidade e Desenvolvimento Socioeconômico e Ordem Pública.

Na premiação estadual, para cada pilar, os municípios são separados em 3 categorias de avaliação, de acordo com o tamanho da população local:

- Menor ou igual a 30 mil habitantes
- Entre 30 e 100 mil habitantes
- Acima de 100 mil habitantes

Além da premiação por pilar, na etapa estadual, há a premiação para os melhores municípios em cada uma das 3 categorias na nota geral do IGMA.

Na etapa nacional, por sua vez, além da premiação por pilar com os vencedores das etapas estaduais, há o acréscimo de 3 novas categorias apenas para a premiação na nota geral do IGMA. Confira abaixo:

PREMIAÇÃO POR PILAR	PREMIAÇÃO NOTA GERAL IGMA
Menor ou igual a 30 mil habitantes	Menor ou igual a 30 mil habitantes
Entre 30 e 100 mil habitantes	Entre 30 e 100 mil habitantes
Acima de 100 mil habitantes	Entre 100 mil habitantes e 500 mil habitantes
	Acima de 500 mil habitantes
	Capitais

Dessa forma, se considerarmos todas as edições do Prêmio, suas etapas estaduais com 3 finalistas em cada pilar e em cada categoria de avaliação, temos um total de 1.638 premiações por todo o país. Esse marco torna o Prêmio Band Cidades Excelentes um ato de reconhecimento de alta abrangência e inclusão, pois premia municípios nos quatro cantos do Brasil.

A seguir, os gráficos exibem como é possível avaliar a evolução das regiões brasileiras que contemplam municípios finalistas na etapa nacional do Prêmio:

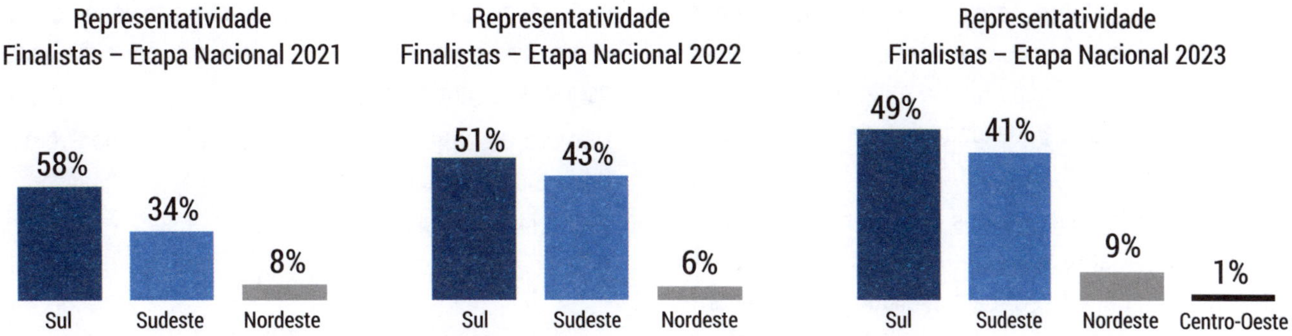

Figura 215: Representatividade das regiões do Brasil na etapa nacional do Prêmio Band Cidades Excelentes.

Assim como o caráter inclusivo concebido desde a sua criação, outro ponto que reforça a representatividade do Prêmio é a taxa de renovação, de uma ano para outro, das cidades finalistas na etapa nacional. Essa taxa avalia o percentual de novos municípios finalistas com relação à edição do ano anterior da premiação.

Período de Comparação	Pilar	% Renovação
2022-2023	IGMA	67%
	Eficiência Fiscal e Transparência	89%
	Educação	78%
	Saúde e Bem Estar	78%
	Infraestrutura e Mobilidade Urbana	89%
	Desenvolvimento Socioeconômico e Ordem Pública	100%
	Sustentabilidade	89%
2021-2022	IGMA	40%
	Eficiência Fiscal e Transparência	89%
	Educação	56%
	Saúde e Bem Estar	40%
	Infraestrutura e Mobilidade Urbana	89%
	Desenvolvimento Socioeconômico e Ordem Pública	78%

Tabela 26: Percentual de novos municípios finalistas em relação à edição anterior da premiação.

Uma parte importante na avaliação do Prêmio Band Cidades Excelentes são os projetos com impacto para a sociedade, os quais, ao cumprir o objetivo de melhorar a gestão municipal e a qualidade de vida da população, podem aumentar a nota do município.

Nas três edições do Prêmio, as cidades tiveram a oportunidade de enviar projetos que deveriam apresentar alguns critérios para serem bem avaliados, quais sejam: a melhoria histórica do indicador do IGMA escolhido e a comprovação de implementação por parte de terceiros, como, por exemplo, matérias veiculadas na mídia e até depoimento dos munícipes.

Número de projetos recebidos nas edições do Prêmio Band Cidades Excelentes:

- 1ª Edição (2021): mais de 200
- 2ª Edição (2022): mais de 500
- 3ª Edição (2023): mais de 1300

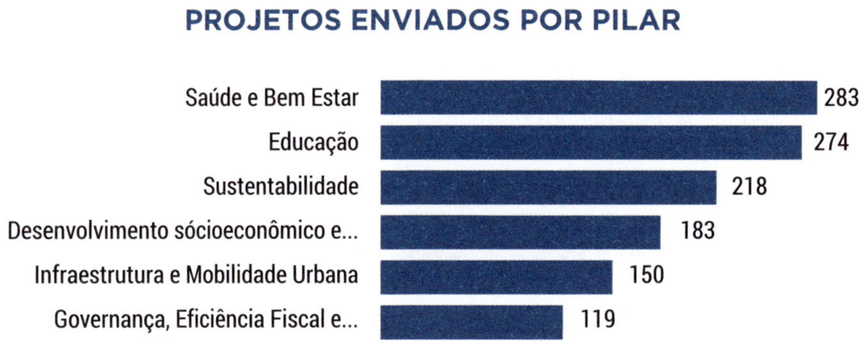

Figura 216: Projetos recebidos em 2023 conforme pilar.

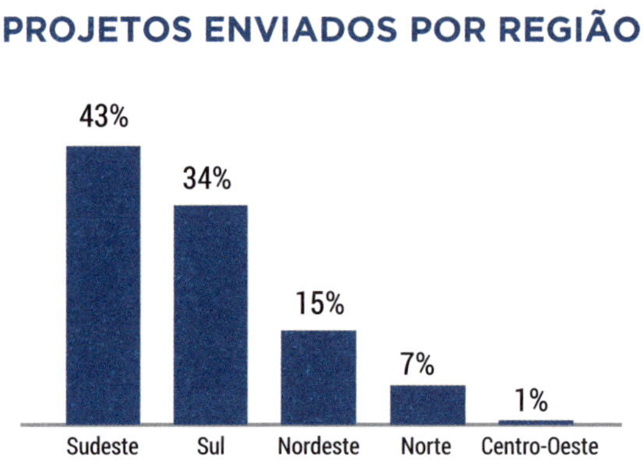

Figura 217: Distribuição dos Projetos recebidos em 2023 pelas regiões do país.

PROJETOS EM DESTAQUE

Um dos objetivos do Prêmio Band Cidades Excelentes é incentivar a prática da gestão pública para melhorar a realidade dos municípios brasileiros. Por isso, os projetos com impacto para a sociedade enviados para compor a nota final do município na premiação são avaliados por uma comissão independente e especializada.

Apresentamos dois exemplos de projetos que se destacaram entre as edições do Prêmio:

Projeto:

A EDUCAÇÃO PERMANENTE COMO FERRAMENTA DE GESTÃO E QUALIDADE NA SAÚDE

Município:

Cabedelo - PB

Resultado:

Entre 2020 e 2022, a cobertura de atenção primária passou de 70,98 para 97,07 no município.

PROFISSIONAIS DA SAÚDE (SUS) POR MIL HABITANTES

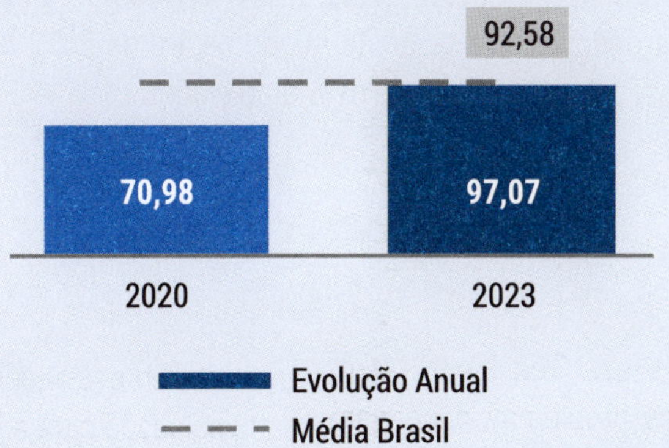

Das 9 experiências municipais que a Paraíba poderia selecionar para a etapa nacional, 3 foram do município de Cabedelo.

"Esse resultado da Mostra só aponta que estamos no caminho certo. Nesse período da pandemia fomos desafiados constantemente para mantermos as nossas atividades na prestação de serviço no nosso município, desde o planejamento de um futuro incerto, algo que nunca tínhamos enfrentado, até a oferta de serviços de saúde; e desse nosso trabalho saíram várias experiências exitosas, tanto que foram reconhecidas por essa premiação", destacou o secretário de saúde, Murilo Suassuna.

TRABALHOS PREMIADOS:

A educação permanente como ferramenta de gestão e qualidade na saúde.

Autora:

Klenia Félix de Oliveira Bezerra – Atenção Básica

Projeto:

PLANO DE AÇÃO MUNICIPAL PARA O ALCANCE DE RESULTADOS NOS INDICADORES DO PROGRAMA PREVINE BRASIL E ELEVAÇÃO DO ISF DE SOBRAL- CE

Município:

Sobral - CE

Resultado:

Entre 2020 e 2022, o Índice Sintético Final Previne Brasil passou de 5,21 para 9,45 no município.

ÍNDICE SINTÉTICO FINAL PREVINE BRASIL

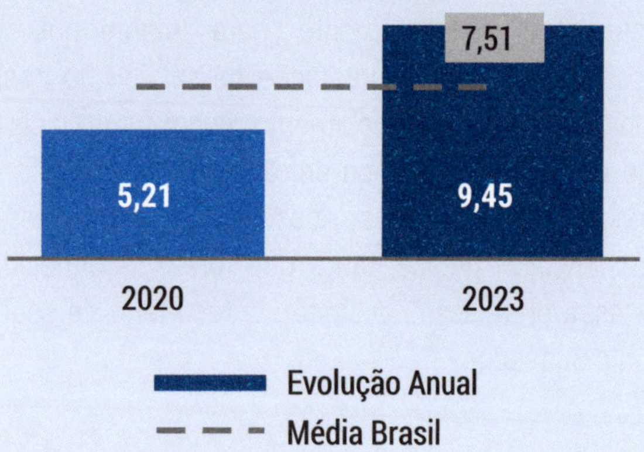

O município de Sobral obteve o primeiro lugar nos indicadores do Índice Sintético Final (ISF) do Previne Brasil do Norte e Nordeste e o terceiro lugar no ranking entre as cidades de 100 a 500 mil habitante. O programa do Ministério da Saúde serve como parâmetro para o financiamento das ações na área de Atenção Básica a partir de sete indicadores estabelecidos.

Diante do resultado, a Secretaria de Saúde recebeu, nesta quarta-feira (24/08), uma comitiva do Ministério da Saúde, liderada pelo Secretário Nacional da Atenção Primária à Saúde, Raphael Câmara, para conhecer de perto as estratégias de trabalho das cidades que atingiram os melhores índices.

"Viemos aqui para parabenizar todos os profissionais da saúde e gestores da região, mas também para entendermos as estratégias que levam Sobral a esse lugar e com isso capitalizar essas estratégias para todo o Brasil", disse o secretário.

Acompanhados pela gerente da Atenção Primária À Saúde (APS) de Sobral, Rogeriany Lopes, os visitantes conheceram as estratégias utilizadas no município para atingir os bons resultados. O período de análise dos dados refere-se ao 1º quadrimestre de 2022, nos meses de janeiro, fevereiro, março e abril.

Ao longo dos anos, o Prêmio Band Cidades Excelentes tem se mostrado como uma iniciativa cada vez mais atrativa para a população em geral. Em 2023, somente na TV, a transmissão ao vivo da premiação atingiu milhares de telespectadores em diversas praças:

São Paulo	**463 mil**
Rio de Janeiro	**155 mil**
Belo Horizonte	**164 mil**
Salvador	**84 mil**
Porto Alegre	**178 mil**
Campinas	**172 mil**
Belém	**163 mil**
Curitiba	**105 mil**
Fortaleza	**98 mil**
Manaus	**76 mil**

Tabela 27: Telespectadores nas principais praças de transmissão do prêmio. Fonte: Grupo Bandeirantes de Telecomunicação.

Para a sua quarta edição, o escopo da Premiação será baseado na evolução dos indicadores ao longo de todo o mandato do prefeito, já que, em 2024, o ciclo do gestor municipal se encerra. O objetivo é avaliar se a gestão do município atingiu seu principal objetivo: entregar para a gestão seguinte uma cidade infinitamente melhor do que recebeu.

Dessa forma, o Prêmio define o seguinte modelo como padrão de avaliação:

- 1º ao 3º ano - Avaliação dos resultados referentes a cada um dos anos do mandato, com a possibilidade de envios de projetos;
- 4º ano – Avaliação dos resultados referentes à evolução ao longo do mandato.

Premiação BID CoPLAC GpRD

Os projetos inovadores do Aquila voltados especialmente para a gestão pública foram, por três vezes, eleitos entre as melhores iniciativas internacionais do Prêmio Gestão para Resultado e Desenvolvimento. A seguir, contextualizamos melhor o que trata essa premiação promovida pelo Banco Interamericano de Desenvolvimento (BID).

O que é o BID e a CoPLAC GpRD?

O Banco Interamericano de Desenvolvimento é uma instituição financeira internacional que nasceu em 1959 com o objetivo de apoiar o desenvolvimento sustentável latino-americano, bem como incentivar a sua integração regional por meio de empréstimos a iniciativas governamentais e afins. Dos 48 países membros do BID, 26 são países mutuários, todos localizados na América Latina e no Caribe.

Anualmente, o BID organiza o Seminário Internacional da Rede de Gestão de Resultados em Governos Subnacionais da América Latina e Caribe, para o qual são convidados gestores públicos e representantes de governos de estados e municípios de toda a região.

A Rede atua por meio da Comunidade de Profissionais e Especialistas da América Latina e Caribe em Gestão para Resultados de Desenvolvimento (CoPLAC-GpRD).

Funciona assim: seus representantes promovem a troca de experiências com a exposição de estudos e das melhores práticas de gestão para resultados implementadas nos diversos governos subnacionais dos países presentes, captadas principalmente no Prêmio de Gestão para Resultados e Desenvolvimento.

CoPLAC GpRD

A CoPLAC-GpRD é composta por grupos de atores em oito redes:

1. Orçamento para Resultados, integrado por diretores de orçamento ou os responsáveis pelo desenho e execução do orçamento nacional;
2. Monitoramento e Avaliação, que reúne acadêmicos e especialistas do setor público e privado em torno de questões de monitoramento e avaliação na região;
3. Fórum Parlamentar sobre GpRD, com congressistas trabalhando na comissão de orçamento dos parlamentos;
4. Governos Subnacionais, que incluem os responsáveis pelo desenho e execução do orçamento e/ou planejamento em nível estadual ou municipal;
5. Planejamento, integrada por ministros, vice-ministros, secretários e diretores de planejamento nos países da América Latina e Caribe;
6. Setor Privado, composta por empresas multinacionais privadas, pequenas e médias empresas, think-tanks[28] e centros de conhecimento do setor privado e associações do setor privado;
7. Sistemas Nacionais de Investimento Público, compreendendo os chefes dos sistemas nacionais de investimento público;
8. Empresas Estatais, integradas por instituições que coordenam e supervisionam a operação de empresas públicas.

O que é o PRÊMIO GESTÃO PARA RESULTADOS E DESENVOLVIMENTO?

Desde 2015, o BID promove, anualmente, o Prêmio Gestão para Resultado e Desenvolvimento, evento que já apresentou mais de 440 casos provenientes de 19 países da América Latina e do Caribe, divulgando os avanços e desafios na implementação da GpRD.

O concurso reconhece os esforços dos líderes da região para a execução da gestão pública, por meio da avaliação de um júri internacional que seleciona os melhores *cases* com base nos seguintes critérios:

- Objetivos da experiência
- Atividades e metodologia
- Resultados propostos e alcançados
- Desafios pendentes e sustentabilidade da iniciativa.

Como forma de consulta das boas práticas, todos os projetos premiados estão disponíveis no site do Prêmio para acesso público aos gestores.

[28] Think tank é uma instituição que se dedica a produzir conhecimento sobre temas políticos, econômicos ou científicos.

Como o Aquila foi premiado?

Os projetos do Aquila foram reconhecidos como melhores práticas de gestão em dois anos:

1) Na sexta edição do Prêmio, em 2020, o IGMA foi premiado em duas categorias.

- Categoria Monitoramento e Avaliação dos Municípios: apresentando o projeto "Índice de Gestão Municipal Aquila: uma bússola para o desenvolvimento do Brasil" e os resultados obtidos nas cidades de Catas Altas, Governador Valadares e Rubim;
- Categoria Governos Municipais: o Índice foi contemplado pela apresentação do projeto desenvolvido na Prefeitura de Santa Bárbara.

Sobre o projeto desenvolvido em Santa Bárbara, você pode acompanhar uma das edições do Programa Gestão com Identidade, disponível no Youtube.

Gestão com Identidade – Case Prêmio BID Santa Bárbara
Youtube - Aquila - 3 de julho de 2021.

2) No VIII Prêmio Gestão para Resultado e Desenvolvimento, realizado em 2022, o Aquila foi premiado pelo Ciclo Virtuoso da Aprendizagem, em projeto aplicado no município de Coari/AM. Nesse mesmo ano, o Aquila foi a inspiração para o projeto premiado de Implementação da metodologia Orçamento Base-zero no governo do Estado de Minas Gerais.

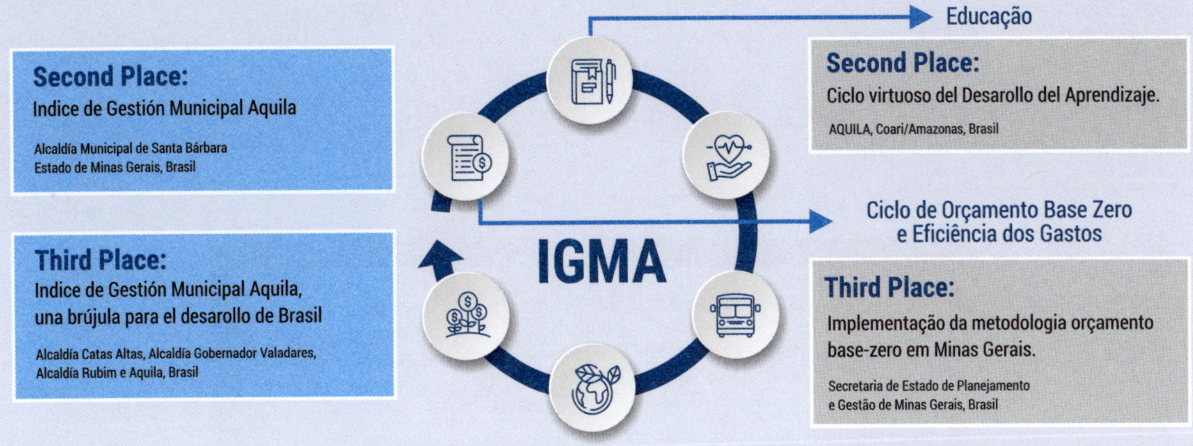

Fonte: https://www.coplac-gprd.org/images/2023/pdf/premios2022/VIII_Premio_Anual_EN.pdf and https://www.coplac-gprd.org/images/2020/PREMIO_SUBNACIONAL_2020.pdf

Dr. Dimas Ramalho

Presidente do Tribunal de Contas do Estado de São Paulo (2016 e 2022)

A missão do Tribunal de Contas do Estado de São Paulo (TCESP) é fiscalizar e orientar os seus jurisdicionados para que os recursos públicos sejam utilizados de maneira adequada, transparente e em benefício da sociedade.

Esta obra, por sua vez, evidencia o esforço do Instituto Aquila para arquitetar um sistema métrico capaz de avaliar a boa gestão pública, no intuito de transformar a realidade dos municípios brasileiros.

Os objetivos, ao fim, são coincidentes e fundamentam a parceria firmada por ambos em 2022 para que o trabalho dos bons gestores seja reconhecido e incentivado por meio do prêmio "BAND Cidades Excelentes".

A contribuição do TCESP, que é responsável pelo controle externo da administração pública do Estado de São Paulo e dos 644 municípios paulistas (todos, exceto a capital), consiste justamente em possibilitar um diagnóstico mais preciso.

Assim, mediante Termo de Cooperação, foi possível compartilhar conhecimento e dados públicos, para que informações apuradas na atividade de fiscalização fossem incorporadas ao IGMA (Índice de Gestão Municipal Aquila), uma bússola que agrega 72 indicadores e que, em síntese, mede o nível de excelência de uma cidade.

O resultado imediato desse trabalho conjunto é que o índice será diretamente influenciado pela gestão sustentável dos recursos públicos e pelo cumprimento ou não de exigências da Constituição da República e da Lei de Responsabilidade Fiscal.

Pesarão a favor do desempenho do prefeito, por exemplo, a adequação com os percentuais mínimos de aplicação em saúde e educação. Por outro lado, o *ranking* puxará para baixo aqueles que receberem alertas do respectivo Tribunal de Contas em razão do desequilíbrio entre receitas e despesas apurado durante o exercício fiscal.

Trata-se de uma inteligente conjugação de dados, que permite a melhor aferição da qualidade da gestão, a partir de oito novos indicadores e três motivos deflatores incorporados à plataforma, graças à parceria entre TCESP, BAND e Instituto Aquila.

Além dessas novidades, este livro apresenta os pilares do ciclo virtuoso de desenvolvimento humano, que impulsiona a metodologia e, consequentemente, ampara o índice que identifica as cidades excelentes do país. A presente obra também traça um caminho prático e objetivo, sintetizado em oito passos, para que um município consiga entregar resultados relevantes à sua população ao menor custo possível e com os recursos disponíveis.

Por fim, ressalto que se trata de um trabalho com o qual o TCESP tem orgulho de contribuir, pelo caráter pedagógico, preventivo e de base, cujo principal beneficiário será o cidadão do município que adotar as boas práticas aqui sugeridas.

Conselheiro Paulo Curi

Presidente Tribunal de Contas do Estado de Rondônia (2022/2023)

Foi com satisfação que o Tribunal de Contas do Estado de Rondônia (TCE-RO) recebeu a visita do Instituto Aquila, em meados de 2022, bem como a proposta de celebração de um acordo de cooperação técnica, concretizado em fevereiro do corrente ano de 2023, e destinado a viabilizar a contribuição deste órgão de controle externo para a atualização e o aprimoramento da avaliação das gestões municipais conduzidas em solo rondoniense.

Semelhante contribuição vem integrar a abrangente iniciativa do instituto proponente de reunir e sistematizar, com uma metodologia inovadora, diversos indicadores oficiais de todos os municípios brasileiros na elaboração de um índice geral, o Índice de Gestão Municipal Aquila (IGMA), apto a subsidiar a avaliação desses entes subnacionais.

Trata-se de atividade de grande relevância que já vem sendo desenvolvida com singular profissionalismo há anos pelo Instituto Aquila, o qual tem se encarregado de compartilhar com os cidadãos, com os gestores públicos e com a comunidade das instituições de controle brasileiras, mediante publicação amplamente distribuída, uma radiografia sobre a realidade dos municípios brasileiros no desempenho da implementação das políticas públicas.

Nesta nova edição da obra, são disponibilizados sessenta e sete (67) indicadores alusivos à totalidade dos municípios brasileiros, articulados em torno de seis dimensões, tidas como pilares para o ciclo virtuoso de desenvolvimento humano: governança, eficiência fiscal e transparência; educação; saúde e bem-estar; infraestrutura e mobilidade urbana; sustentabilidade; e desenvolvimento socioeconômico e ordem pública.

Ademais, nesta oportunidade, o TCE-RO auxiliou na concepção de deflatores que interferem na pontuação do IGMA, em decorrência da existência de pronunciamentos restritivos proferidos por este órgão de controle externo nas contas de governo e de gestão dos municípios de Rondônia nos últimos cinco (5) anos, ressaltando a importância que se deve atribuir, no ranqueamento municipal, ao adequado cumprimento da legislação e à regular aplicação dos recursos públicos.

Da leitura da obra se depreende que a gestão pública de excelência no Brasil ainda corresponde, lamentavelmente, a um sonho distante, dado o número ínfimo de cidades que mereceram a designação de "excelentes". Do total de 5.570 municípios, apenas 3 atingiram a pontuação exigida, e nenhuma cidade da região Norte chegou sequer próximo da pontuação necessária para receber essa distinção.

No entanto, se muito há de ser feito, cumpre reconhecer que, na longa caminhada para uma gestão de excelência, parafraseando Lao Tsé, passos iniciais e importantes foram dados. Para que sobrevenham os avanços, é imperativo que se faça o mais preciso diagnóstico dos problemas enfrentados, e os indicadores ora apresentados descortinam essa realidade com sucesso.

Mais do que isso, o livro ilumina o percurso a ser palmilhado pelo gestor para que concretize o fim constitucional de entregar aos cidadãos serviços públicos de qualidade, o que pressupõe o uso racional dos recursos públicos disponíveis. São definidos oitos passos imprescindíveis para uma "cidade excelente", a saber: a ambição, a governança, o levantamento de evidências, a produtividade, a qualidade técnica, a disciplina, o retorno e a transparência.

É possível notar a elevada aderência dessas diretrizes àquelas formuladas pelos Tribunais de Contas em suas auditorias operacionais e consubstanciadas nos documentos produzidos e nas proposições elaboradas por essas instituições aos gestores municipais, no exercício de suas funções dialógica, articuladora, indutora e colaborativa, o que demonstra a sintonia deste trabalho com o que vem sendo feito pelo controle externo brasileiro. No ensejo, cumpre registrar que as Escolas de Contas, enquanto escolas de governo vinculadas aos Tribunais, igualmente têm atuado com energia nesse esforço em direção à boa gestão, formando gestores e técnicos posicionados "no chão de fábrica" das políticas públicas.

Destarte, a posse desse rico manancial de informações traz a expectativa de que os gestores identifiquem e hierarquizem as causas dos problemas e definam um plano de mudança que, uma vez executado, poderá assegurar os progressos preconizados pela Constituição Federal. Quem sabe seja possível observar, a médio prazo, a massa de municípios evoluindo em seus indicadores a partir da contínua realização de uma agenda de boas práticas.

Os dados disponíveis nesta obra podem, outrossim, auxiliar a colmatar uma lacuna ainda parcialmente presente no exame efetuado pelos Tribunais especializados das contas de governo dos municípios, qual seja, a carência de indicadores mais extensivos a permitir uma análise profunda, segura e conclusiva sobre o desempenho histórico das gestões municipais no tocante às políticas públicas consideradas prioritárias pela Carta Política.

Nesse diapasão, há um forte movimento nacional entre os órgãos de controle externo no sentido de enriquecer a apreciação das contas de governo com o pronunciamento conclusivo sobre o desempenho dos gestores na consecução das políticas públicas. Portanto, a riqueza e a abrangência dos elementos constantes deste trabalho podem fortalecer e catalisar o processo evolutivo já em curso.

Nesse sentido, é digna de destaque a dimensão "sustentabilidade", por abordar tema inquietantemente atual, constante dos Objetivos de Desenvolvimento Sustentável da ONU, e considerado prioritário pelo TCE-RO, consoante o seu vigente planejamento estratégico.

De igual sorte, em boa hora a dimensão "saúde e bem-estar", nesta edição, foi enriquecida com indicadores de cobertura vacinal. A superação da pandemia é a suficiente e eloquente afirmação da importância da vacinação para a prevenção de doenças.

Paradoxalmente, entretanto, os dados mais recentes mostram uma involução da cobertura vacinal no país. Nesse contexto, especial atenção se deve dispensar a esses indicadores nas contas de governo e na indução dos gestores municipais pelos Tribunais de Contas, para que esses agentes públicos definam ações aptas a reverter esse quadro, dentre as quais se podem mencionar a adesão e implementação da estratégia de Busca Ativa Vacinal, idealizada pelo UNICEF.

Relativamente à política educacional, a seu turno, faz-se o monitoramento cotejando-se o desempenho dos municípios com as metas do Plano Nacional de Educação. No âmbito do Estado de Rondônia, espera-se que seja possível em breve compartilhar com o Instituto Aquila todo um plexo de dados referentes ao desempenho das redes de ensino dos cinquenta e dois (52) municípios na aprendizagem, no ciclo de alfabetização, os quais foram recolhidos pelo Tribunal de Contas por meio de sistema próprio, a fim de que sejam concebidos indicadores específicos para sua análise e monitoramento.

Essas informações já compõem o relatório técnico inicial aviado nos processos de contas de governo municipal relativos ao exercício de 2022 e, eventualmente, poderão robustecer ainda mais as compilações periodicamente divulgadas pelo Instituto Aquila.

Em todo caso, a presente edição exorbita o aspecto local, incluindo um novel capítulo dedicado à análise histórica do Brasil, comparativamente aos países que integram o grupo das vinte (20) maiores economias mundiais, possibilitando que se tenha a percepção do nosso país no contexto internacional.

Em arremate, afiança-se o manifesto proveito desta obra a todos aqueles que se entretêm com os serviços públicos, em todas as suas perspectivas: ao beneficiário, ao prestador e àquele que tem o mister de induzir melhorias, em termos de cobertura e de qualidade. Embora as "cidades excelentes" estejam ainda em pequeno número, as existentes constituem inegável evidência de que esse horizonte está ao nosso alcance e de que temos de marchar juntos em sua direção.

Desta feita, o Tribunal de Contas do Estado de Rondônia e todos que dele fazem parte se sentem satisfeitos por contribuir com essa história e esperam apoiar os municípios de Rondônia rumo à excelência.[29]

[29] Texto escrito em julho de 2023. Como a Plataforma IGMA está em constante atualização e revisão, alguns dados específicos mencionados no texto podem ter sido alterados.

CONSIDERAÇÕES FINAIS

João Carlos Saad

O DESAFIO DAS CIDADES

É um desafio do nosso tempo. E dos maiores. Cresce a cada momento. Hoje é maior do que ontem e amanhã terá crescido mais. O drama da vida das populações dessas grandes cidades brasileiras - seja em tempos de pandemia ou antes dela - vem ganhando novos contornos a cada dia. E prova que estamos, nós todos, perdendo essa guerra.

Mas podemos ganhá-la. E esse é o sentido maior do livro que você acabou de ler.

Raimundo Godoy, Leonardo Rischele e Rodrigo Neves nos oferecem aqui, organizado num conjunto harmonioso de experiências, um precioso repertório acumulado ao longo de anos vivenciando no exterior o dia-a-dia de Cidades Excelentes.

As referências são riquíssimas, os modelos empolgam e os exemplos são edificantes. Se quisermos uma primeira síntese do que seria o significado prático de tantos anos de observação enriquecedora, aí está o que pode ser visto como desafio, mas também como estímulo: a excelência vem do setor público.

Nessa frase aparentemente simples - e, à primeira vista, óbvia - correm conteúdos que podem interferir ou mudar a vida de populações inteiras.

E é aqui que está a proposta tentadora: como fazer a preciosa tradução para a prática das nossas cidades de um conjunto de conquistas ao longo da história, que moldaram e aperfeiçoaram modelos exemplares pelo mundo.

Essa é uma missão de todos nós. Os caminhos, os estímulos, as referências e os modelos que podem ser estudados, analisados e adaptados - sempre considerando as diferenças e as diversidades - não faltam neste livro sobre "As Cidades Excelentes".

Isso significa, a partir dessas referências riquíssimas, debruçar sobre a realidade de nossas cidades. Pesquisar, reunir os dados, escavar superfícies, aprofundar análises e buscar soluções, onde, muitas vezes, estão escondidas: sob camadas de burocracia e interesses políticos. Ou simplesmente obscurecidas pela miopia administrativa e social.

Instrumentais eficientes já estão à disposição para dar velocidade e precisão a esse trabalho mais do que empolgante. E há tanto tempo exigido pela realidade dessas populações.

Vejo uma bela história pela frente. Há um horizonte, ao mesmo tempo, desafiador e fascinante. Senti claramente - na verdade confirmei o que já sentia - este mundo de possibilidades, há cerca de dez anos, num almoço informal, na minha casa em São Paulo, com prefeitos das capitais brasileiras. Tomava forma ali de maneira organizada - fortalecendo, certamente, sementes já lançadas - uma espécie de propósito, no sentido da melhor política, de enfrentar uma das grandes tarefas do nosso tempo.

É a clareza de que uma nova consciência diante dos problemas e da busca de soluções para as nossas cidades - empolgando governantes e governados - nunca foi tão necessária.

O desafio está lançado. E escancarado nestes tempos difíceis que vivemos.

Isso inclui vontade, coragem, mas também sonho. E por que não?

Se o homem não tivesse sonhado com o impossível (concordo com essa frase do grande pensador), não teria conseguido o possível.

E, assim, espero que uma nova realidade ainda me permita reescrever, ao contrário do que você leu, que estamos ganhando essa guerra.

João Carlos Saad

(conhecido pelos amigos como Johnny Saad)

CARTAS
DO EXTERIOR

Um mundo integrado

Londres, Inglaterra. 21 de março de 2024.

Já tive a oportunidade de trabalhar em diversos países pela consultoria, e toda vez que chego a um novo lugar fico mais convencida de que a excelência vem do setor público.

Tive boas experiências no Brasil. Vivi em São Bernardo do Campo (SP) e me lembro bem do projeto "Poupatempo", realizado pelo Estado de São Paulo na década de 90. Aquela inauguração de estruturas que centralizavam a prestação de diversos serviços públicos, tanto do Estado quanto da prefeitura, foi um avanço no atendimento ao cidadão. Serviços de emissão de documentos pessoais, de veículos, questões de trabalho, moradia e diversos serviços municipais passaram a ser oferecidos em um mesmo lugar, de maneira organizada e transparente.

Quando me mudei de lá para a capital paulista, fiquei positivamente surpresa ao ser convidada pela prefeitura a participar da pesquisa que embasaria o plano do governo para o próximo período.

Por meio da "Rede Nossa São Paulo", fundada em 2007, a cidade interage com os cidadãos, tanto para ouvi-los, quanto para informá-los. Hoje sei o quanto essa realidade é comum em cidades do exterior.

A infraestrutura de transporte da grande São Paulo e as estradas do Estado sempre foram, para mim, um ponto destoado do Brasil como um todo, pelo menos entre as cidades que tive oportunidade de conhecer.

Em um país como o nosso, formado por uma diversidade de pequenos municípios, São Paulo pode não ser o melhor exemplo, então cito aqui também Lagoa da Prata, uma cidade do interior de Minas Gerais, onde estive por motivos de férias e visitas à família. Lá, a educação e o transporte sempre me pareceram acima da média. Com avenidas largas, o uso de transporte público e de bicicletas é bem comum. Na área da saúde, a cidade atende a todas as especialidades, mas descobri práticas preventivas interessantes na região. Uma delas é proporcionada pelo Instituto Regional de Saúde da

Mulher de Santo Antônio. O atendimento é completo, além de fazer os exames de rotina, a cidadã recebe aconselhamentos de ortopedistas e psicólogos e participa de palestra com nutricionistas. Tudo isso pelo sistema público de saúde, de forma ágil e acessível.

No entanto, foi no exterior que tive as experiências mais marcantes quando falamos de cidades excelentes. Em 2011, durante a abertura da filial Aquila em Zurique, na Suíça, fomos solicitados pela entidade municipal correspondente à Secretaria de Finanças a apresentar um plano de negócios. Essa solicitação demonstrou a preocupação da cidade em garantir um ecossistema competitivo, como se investigasse a possibilidade de fazer investimentos a partir das licenças concedidas. Essa prática de gestão municipal demonstrou o olhar de excelência do gestor público que desafiava a iniciativa privada a estar preparada e alinhada às necessidades da região, oferecendo sempre o suporte necessário para isso.

Esse apoio também senti no acolhimento como nova residente. Ao me registrar como nova moradora, foi oferecida a oportunidade de participar do curso de integração para aprender aspectos legais, estruturais e até culturais do país, incluindo regras básicas de coleta de lixo, educação, sistema de transporte, pagamento de taxas, entre outros. É uma forma de garantir a integração e o compromisso das pessoas com a cidade.

Atualmente, moro em Londres, na Inglaterra. No Reino Unido, ao solicitar visto de residente permanente é preciso estudar e comprovar os conhecimentos gerais sobre o país, o chamado teste "Life in the UK". Um dos valores importantíssimos destacados não só no teste, mas também na vida prática, é o valor que cada cidadão tem perante a comunidade, seja para fiscalizar ou participar ativamente de iniciativas para o bem comum.

O sistema legislativo é desenhado de maneira a promover a máxima crítica e a melhoria contínua. O legislativo é composto por duas entidades: A Câmara dos Lordes e a Câmara dos Comuns.

A Câmara dos Comuns é a casa principal composta por membros eleitos na qual governo e oposição desempenham papeis complementares. O líder do partido que ganha o maior número de assentos torna-se o primeiro-ministro e nomeia os ministros para ocupar os cargos do governo. Os partidos que não estão no poder se tornam oposição e criam os Gabinetes de Sombra. Cada "ministro sombra" é encarregado de criticar e fiscalizar o trabalho do ministro correspondente no governo, apesentando alternativas ou propostas próprias aos temas levantados. Esses debates são transmitidos ao vivo à população em canal aberto.

O sistema de gabinetes de sombra desempenha um papel fundamental no sistema parlamentar do Reino Unido, garantindo que o governo seja responsabilizado por suas ações e políticas, e fornecendo uma voz organizada para as alternativas propostas pela oposição. Isso ajuda a manter o governo sob controle e contribui para a melhoria de todo o sistema.

A Câmara dos Lordes, por sua vez, é uma casa revisora não eleita formado por membros da nobreza britânica com experiência e conhecimentos vastos. Muitos dos membros são pessoas de destaque em suas carreiras, que continuam ativas e trazem conhecimento para examinar problemas de interesse público. Eles desempenham um papel crucial de análise de projetos de lei, de questionamento da ação governamental e, também, de avaliação dos resultados das políticas públicas.

Para um estado excelente, todo o sistema público deve ser organizado para buscar excelência.

Para o cidadão fica a impressão de coerência, bom planejamento, disciplina na execução e no acompanhamento.

Testemunhei a aquisição de um imóvel a nordeste de Londres e fiquei impressionada com a quantidade de documentos trocados antes da confirmação da compra. Com objetivo de deixar claro qual era o futuro da região ao provável morador, todo o plano de governo da região foi apesentado: % de transporte por modal, prédios tombados como patrimônio histórico, plano de desenvolvimento comercial, plano desenvolvimento cultural.... Essa experiência me fez ver como a região se desenvolvia de forma sincronizada em uma parceria de entidades públicas e privadas, puxada sempre pela área pública, que promovia investimentos na iniciativa privada e, ao mesmo tempo, trabalhava para garantir a infraestrutura de transporte, educação e saúde necessária para o desenvolvimento da região.

Reforçando a ideia de um planeamento consistente pela área pública, o sistema educacional na Suíça incentiva não apenas graduações em bacharelado, mas, também, outros cursos profissionalizantes, os quais duram de dois a quatro anos. São formações para mais de 250 profissões de base (eletricista, pintor, cabeleireiro, padeiro e pedreiro, entre outros), que são reconhecidas e financeiramente valorizadas. Todas as profissões são igualmente importantes e incentivadas pelo estado.

A busca pela excelência traz a aplicação de tecnologias para o uso mais eficiente dos recursos. A digitalização alcançada em alguns países da Europa em que morei fizeram com que a minha experiência como residente e empresária fosse muito menos burocrática.

O Município de Fundão em Portugal, por exemplo, criou uma área dedicada a inovação e um espaço empresa, que conseguiu construir um novo modelo de atendimento empresarial no distrito, concentrando as respostas às empresas num ponto único de contato. Isso minimizou o tempo necessário para acesso à informação e tornou mais eficiente a interação do empresário com a administração pública central e local. Iniciativas como essa conquistaram investimentos e prêmios à cidade.

Em Londres, na Inglaterra, o NHS (Serviço Nacional de Saúde) é responsável pelos atendimentos e opera com médicos de família. O modelo inglês usa a tecnologia para otimização dos recursos. É possível fazer consultas *online* e solicitação de receitas médicas recorrentes via aplicativo.

Na Suíça não existe sistema público de saúde, pois é dever do cidadão fazer um plano de saúde privado. Aqueles que não possuem condições recebem ajuda do governo para isso. O sistema de saúde funciona com médicos de família e o histórico de saúde do cidadão centralizado, o que permite seu compartilhamento com profissionais da saúde quando autorizado pelo paciente. Por exemplo, se você sofrer um acidente em qualquer lugar da Suíça, não importa onde for atendido, o profissional pedirá acesso a todo o seu histórico para garantir o melhor atendimento e, provavelmente, ligará para o seu médico de família, em caso de necessidade de cirurgia.

Há mais de 10 anos não tenho carro. Várias cidades na Europa contam com infraestrutura de transporte altamente eficiente e pontual, facilitando os deslocamentos dos cidadãos e reduzindo o impacto no ambiente. Em Portugal, por exemplo, é bem mais barato ir de comboio (trem) de Porto para Lisboa do que ir de carro. Na Suíça, o sistema de trens, metrô, bondes e teleféricos se integra de forma fluida. A limpeza dos trens é impecável e a facilidade de mobilidade - mesmo quando é preciso cruzar montanhas - é impressionante. A partir de Paris visitei muitas cidades dentro e fora da França. Os TGVs (Trens de Grande Velocidade) têm uma capilaridade imensa e encurtam muitas viagens. Lembro de, em 2007, estar em algum trem para o sul do país que bateu recorde de velocidade acima dos 250 km/h. A internet é constante durante toda a rota, sendo possível viajar por duas ou três horas conversando por chamada de vídeo. O metrô de Paris é conhecido por sua eficiência, amigos arquitetos falavam que a engenharia garantia você chegar de qualquer ponto A até um ponto B da grande Paris com, no máximo, uma mudança (baldeação).

Mas, ao falarmos de mobilidade urbana, é impossível não citar Londres, considerada pioneira nesse quesito. Por ser uma cidade grande e bastante interligada, eu destacaria a quantidade de modais conectados: ônibus (muitos de dois andares), ônibus expresso, trem, trem expresso, trem leve, trem metropolitano, metrô, metrô de superfície (*overground*), bonde (*tram*), teleférico e barco. A inovação tecnológica é fortemente abraçada em Londres, inclusive as tarifas são pagas por *contactless* há mais de dez anos, beneficiando o cidadão com a tarifa integrada e o valor máximo cobrado por dia. Acho que foi um dos aspectos, além da segurança, em que mais senti diferença quando me mudei.

A respeito da ordem pública, existem iniciativas que considero favoráveis para tornar as cidades mais seguras, como no caso de Zurique, onde mendigar é crime. Nessa cidade, a pessoa deve pedir ajuda para as entidades corretas, as quais funcionam bem. Na Inglaterra, existe controle sobre venda e porte de facas de qualquer tipo (até mesmo de uma simples faca de mesa). No entanto, o que mais me impressiona até hoje é a preparação dos policiais e o como são capazes de interagir, mesmo em situações críticas, com empatia e respeito.

É um universo todo integrado trabalhando com o bem comum à frente do bem individual.

O governo trabalha para a sociedade e a sociedade, por sua vez, trabalha em conjunto com o governo, para fiscalizar e manter bons costumes.

Cláudia Bessas
Consultora Sócia do Aquila

Cidadania e senso de justiça

Mascate, Omã. 28 de agosto de 2023.

Já se passaram 3 anos desde minha última carta. Desde então tenho acumulado novas experiências vivendo em diferentes cidades ao redor do mundo com culturas completamente distintas. Assim como nas outras experiências, pude constatar diversos exemplos de como cuidar do cidadão de forma justa, fazendo com que ele seja integrado à sociedade local. E todo esse cuidado despertou em mim o interesse em dar minha contribuição.

Recapitulando, em minha carta anterior citei minhas experiências na Europa, vivendo em cidades de pequeno porte, tal como Bissen, em Luxemburgo, de médio porte, tal como Hasselt na Bélgica, de grande porte, tal como Zurique, na Suíça, e uma megalópole, tal como Paris. Em todas elas pude perceber cuidados com o cidadão que fazem a diferença na vida de um indivíduo e, consequentemente, na sua participação na sociedade local. Um ciclo virtuoso que envolve todos em um bem comum.

Em Bissen, mesmo sendo um estrangeiro, pude desfrutar de uma estrutura social de esportes de altíssimo nível, disponibilizada para a população pagando um valor simbólico. Além de viver em um local onde a ordem pública é exemplar. A polícia funciona muito mais como um apoio administrativo do que como uma força repressiva, pois não há essa necessidade.

Em Hasselt, o que me impressionou foi a limpeza pública e o capricho com os jardins das casas, dos quais eles se orgulham muito. Eles seguem o padrão de simetria da Holanda. Todas as ruas devem estar muito bem pavimentadas, perfeitas. O povo se preocupa em ser agradável com o próximo. Apesar de serem mais introspectivos, eles respeitam muito a cultura do outro.

Em Zurique, pude ver como uma cidade com excelentes serviços de transporte e limpeza eleva o nível de civilização e maturidade dos seus habitantes. O transporte público é feito por um sistema eficiente de trens, ônibus e trams, nos quais qualquer pessoa pode entrar sendo responsável por estar correta com o pagamento do bilhete. Existe uma confiança social, pois o bilhete não é cobrado, embora exista um sistema aleatório de fiscais a paisana que podem solicitá-lo a qualquer momento.

Existe uma regra e, ainda assim, é tudo tranquilo.

Sobre o comportamento das pessoas em Zurique, me impressionou a consciência de todos com condições sanitárias e com a importância de ensinar sobre civilidade desde criança. No caso da limpeza pública, Zurique supera qualquer outro lugar em que estive em relação à frequência e ao rigor na coleta de lixo. Os suíços são muito organizados e ficam profundamente ofendidos com quem não é ou com quem é desatento. No caso da educação das crianças, não me esqueço de uma cena que presenciei em um trem: umas 10 crianças, entre 3 a 4 anos, em fila indiana, com coletes sinalizadores, indicando que estavam no passeio escolar, junto com a professora, tendo uma experiência de independência e responsabilidade desde cedo. Logo, essa civilidade que vemos é fruto da forma que aprenderam sobre os espaços públicos e de como foram ensinados a respeitar o outro.

Ainda em Zurique, no caso do serviço de saúde, fiquei admirado com o cuidado e senso de justiça. Certa vez, uma amiga precisou utilizar o sistema de pronto atendimento em consequência de um acidente de trânsito que sofreu. Ficamos surpresos com a preocupação da equipe médica, desde o acompanhamento psicológico ao físico, havia ali um cuidado integral com o cidadão. Eles se prontificaram até a disponibilizar um profissional que falasse em inglês com ela. Percebi que, como tudo está bem controlado, é difícil haver alto volume de pacientes numa emergência lá. Por outro lado, a gestão municipal se organizou para provar que a culpa não era do motorista do transporte público. Enquanto estávamos sendo atendidos no hospital, eles coletaram depoimentos de testemunhas que atestaram que a vítima estava num lugar que não poderia ficar no momento do acidente. Para mim, isso também é excelência: uma cidade que busca ser justa com os seus cidadãos!

Em Paris, com toda sua história, charme e vanguarda, pude ver como é possível ter uma megalópole com níveis de excelência em serviços púbicos. Em especial nos serviços de transporte urbano, com uma cobertura e integração de modais muito ampla e completa, além de facilidades que estavam apenas iniciando na época em que eu vivi lá, entre os anos 2006 e 2007, tal como bicicletas compartilhadas e sem custo, para serem utilizadas dentro da cidade com pontos de retirada e devolução muito convenientes. E, para uma cidade desse porte, o sistema de coleta de lixo impressiona, pois, as ruas, parques e demais locais públicos estão sempre limpos. Assim como a segurança, que é bem controlada.

Em minha experiência mais recente, no Oriente Médio, onde existem diferenças sociais e culturais ainda maiores quando comparados com o mundo ocidental, me admirei ao ver cidades bastante organizadas e com serviços muito bem adaptados para diferentes culturas, o que demonstra um evidente respeito às particularidades dos cidadãos de diferentes origens.

Vivi alguns meses em Omã, um dos dois sultanatos existentes no mundo, e que, por isso mesmo, é um país bastante particular. Estive nas cidades de Mascate e Sohar, onde tive o prazer de conhecer práticas que me mostraram como é possível conviver de maneira pacífica e agradável com pessoas de culturas tão distintas. Como exemplo, a disponibilização de instalações sanitárias devidamente separadas para islâmicos, sem reprimir as outras religiões, e o respeito às práticas de outras religiões com as devidas regras. É um país que sabe das suas limitações geográficas e econômicas e se organiza para receber contribuições de outros povos, aceitando com muita atenção os estrangeiros, para que estes possam trazer suas melhores práticas e, com isso, melhorar ainda mais o país. Um sinal de humildade e inteligência.

Cada vez que conheço mais cidades com práticas excelentes, eu tenho ainda mais certeza de como a gestão pública bem estruturada pode ser eficiente e eficaz na prestação de serviços excelentes aos seus cidadãos.

Fernando Moura
Consultor Sócio do Aquila

Mobilidade urbana em prol do desenvolvimento

Cidade do México, México. 17 de agosto de 2020

Pelo Aquila, nos últimos 15 anos, já tive a oportunidade de viver e conhecer a realidade de cidades de vários países da América Latina: Colômbia, Argentina, Peru e México. Uma das cidades que mais me chamou a atenção, e pela qual eu tenho um carinho especial, é a Cidade do México. Entre idas e vindas, já são mais de 8 anos nessa cidade.

Eu compararia a Cidade do México com São Paulo, no Brasil, pois são grandes metrópoles. O desenvolvimento é nítido, com metrôs alcançando qualquer região, a quantidade de túneis, viadutos... A diferença é que lá o custo da passagem do metrô é bem mais acessível, sendo aproximadamente 4 vezes mais barato que São Paulo.

É também uma cidade muito moderna e o estilo dos prédios não me deixa mentir. A Cidade do México consegue mesclar bem a modernidade com a história, onde edifícios supermodernos e de altíssimo nível convivem harmoniosamente com ruínas dos templos Astecas e igrejas da época da colonização espanhola, muito bem conservados e estudados até hoje. Poderíamos citar, por exemplo, o Templo Mayor, que era o Centro de Tenochtitlán – capital do Império Asteca – que hoje se encontra bem no centro da Cidade do México. Nesse lugar, podemos ver vários sítios arqueológicos a céu aberto, o que nos permite conhecer um pouco mais a cultura dessa civilização.

A educação tem como destaque uma das melhores universidades das Américas, a Universidad Nacional Autónoma de México (UNAM). A qualidade de ensino é de altíssimo nível e há muito investimento estrangeiro. Dessa universidade já saíram 3 prêmios Nobel (um de literatura, um da paz e um de química), enquanto em todo o Brasil ainda não temos nenhum. Esse é um motivo de orgulho muito grande para os habitantes da cidade.

Enquanto o município de São Paulo abriga 132 museus, a Cidade do México conta com 170 museus e 43 galerias que liberam acesso gratuitamente ou a um valor muito baixo. Entre elas, destacam-se o Museu de Antropologia da Cidade do México, Museu Frida Kahlo, Museu Diego Rivera, Museu Soumaya e Palácio de Bellas Artes, entre outros.

A instituição que cuida da segurança social e da saúde pública na Cidade do México se chama Instituto Mexicano del Seguro Social (IMSS). Há muitos hospitais públicos e postos de saúde, os quais atendem bem a população e, por isso, não se ofertam tantos planos de saúde privados, como acontece na realidade brasileira. Aqui, a empresa também precisa pagar a seguridade social do empregado.

Um dos maiores problemas da Cidade do México é a poluição. Com uma frota de aproximadamente 6 milhões de veículos (uma média de 2 carros por habitação), há dias em que simplesmente não se consegue distinguir o céu, pela quantidade de fumaça que toma conta da cidade. Nos últimos anos, os governos municipal e federal têm realizado muitas ações no sentido de combater esse problema, como a medição diária dos níveis de monóxido de carbono e ozônio, e tomada de medidas drásticas quando esses indicadores superam os níveis estimados, incluindo fechamento de fábricas e mudança de horários de funcionamento de empresas e até de escolas.

Em relação à infraestrutura e à mobilidade urbana, é uma cidade que abriga um dos maiores aeroportos do mundo e ele pode ser acessado por meio de metrô e ônibus. Ainda assim, em 2022, inaugurou-se mais um aeroporto muito moderno, para atender uma demanda adicional de 20 milhões de passageiros por ano. De uma forma geral, os mexicanos consideram a Cidade do México ótima para se viver. Ouço muito eles falarem: "Eu amo essa cidade!".

André Soares
Consultor Sócio do Aquila

Gestão pública profissional

Sydney, Austrália. 14 de março de 2024.

Resido na Austrália há mais de 13 anos. Já vivi em outras cidades, como Hobart, capital do estado da Tasmânia, e Melbourne, capital do estado de Victoria, mas este relato será focado em Sydney, capital de Nova Gales do Sul, a cidade onde moro desde 2018 e, sem dúvidas, traz exemplos inspiradores de excelência para qualquer município.

Primeiramente, vale ressaltar que a cidade sempre ocupa as primeiras colocações no ranking das melhores cidades do mundo para se viver, divulgado anualmente pela "The Economist". A pontuação final é resultado de uma metodologia que engloba mais de 30 fatores qualitativos e quantitativos em categorias como estabilidade, sistema de saúde, cultura e meio ambiente, educação e infraestrutura. Em 2023, Sydney ficou na 4ª posição dentre as 173 cidades no mundo consideradas pelo ranking. Abaixo está a tabela extraída do ranking mais recente divulgado pela "The Economist":

Top 10 positions

City	Location	Rank	Index	Stability	Healthcare	Culture & environment	Education	Infrastructure
Vienna	Austria	1	98.4	100.0	100.0	93.5	100.0	100.0
Copenhagen	Denmark	2	98.0	100.0	95.8	95.4	100.0	100.0
Melbourne	Australia	3	97.7	95.0	100.0	95.8	100.0	100.0
Sydney	Australia	4	97.4	95.0	100.0	94.4	100.0	100.0
Vancouver	Canada	5	97.3	95.0	100.0	97.2	100.0	96.4
Zurich	Switzerland	6	97.1	95.0	100.0	96.3	100.0	96.4
Calgary	Canada	7	96.8	100.0	100.0	87.3	100.0	100.0
Geneva	Switzerland	7	96.8	95.0	100.0	94.9	100.0	96.4
Toronto	Canada	9	96.5	100.0	100.0	94.4	100.0	89.3
Osaka	Japan	10	96.0	100.0	100.0	86.8	100.0	96.4
Auckland	New Zealand	10	96.0	95.0	95.8	97.9	100.0	92.9

Source: EIU.

Fonte: "The Global Liveability Index 2023" divulgado pela "The Economist Intelligence Unit Limited"

Na Austrália, os municípios são divididos em "Áreas de Governo Local" (em inglês, *Local Government Area - LGA*). As LGAs são as principais unidades de governo local e podem ser chamadas de cidades, conselhos, regiões, condados, vilas ou outros nomes, e todas funcionam de forma semelhante. Ao todo, existem 566 áreas de governo local cobrindo todo o território australiano. A região conhecida como "Grande Sydney" concentra 33 LGAs, as quais abrangem várias partes da cidade e desempenham um papel crucial na governança e administração local. Cada LGA tem seu próprio conselho responsável por gerenciar serviços e infraestrutura dentro de seus limites, possuindo uma hierarquia e organograma próprios. Na figura abaixo, podemos observar as LGAs contidas na região de Sydney.

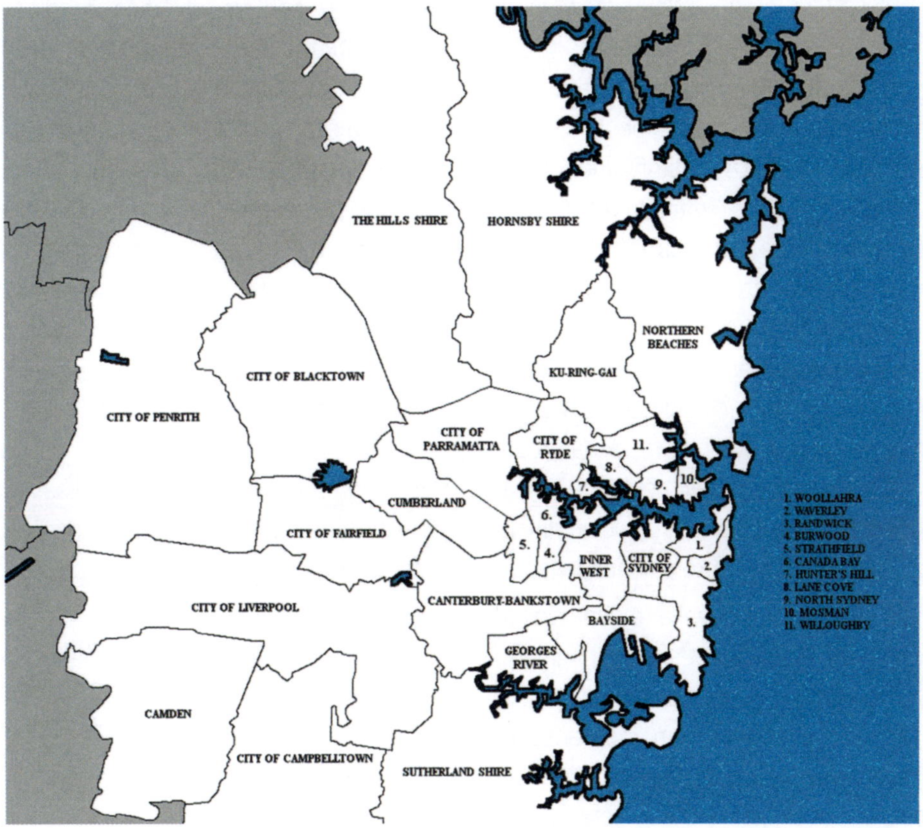

Figura 218: Mapa da Grande Sydney com os limites das "Áreas de Governo Local"

Essa abordagem empresarial adotada pelos governos locais, com cargos executivos responsáveis por áreas geograficamente delimitadas, permite o estabelecimento de objetivos e metas mais claros para a gestão pública. Em outras palavras, ela contribui para desburocratizar o sistema público. Os CEOs[30] de cada governo local trabalham em conjunto com os conselhos locais. Eles são responsáveis pela gestão operacional de suas respectivas áreas de governo local e prestam contas ao conselho local, que é o órgão governante eleito pela comunidade local.

O Premier, por outro lado, é o chefe de governo no nível estadual, equivalente ao Governador no Brasil. Embora o premier possa não ter autoridade direta sobre os CEOs do governo local, muitas vezes eles têm influência sobre questões políticas mais amplas que podem afetar as operações do governo local. Além disso, pode haver casos em que o Premier interage com os CEOs locais em questões de interesse mútuo ou preocupação, como projetos de infraestrutura ou alocações de financiamento. No entanto, a natureza específica da relação entre um CEO do governo local e o Premier pode variar dependendo da dinâmica política e das estruturas de governança dentro de cada estado.

Quanto às questões de eficiência fiscal e transparência das contas públicas, a população australiana considera esses aspectos como intrínsecos e uma obrigação das autoridades políticas. Os cidadãos têm fácil acesso a todas essas informações. O plano operacional de Sydney é um documento exigido por lei, abrangente e publicado anualmente. Ele detalha as estratégias, objetivos e iniciativas da cidade para o próximo ano, abrangendo diversos aspectos, como alocações orçamentárias, projetos específicos, planos de entrega de serviços e previsões de receita. O plano operacional funciona como um roteiro para o governo local gerenciar eficazmente os recursos, entregar serviços e alcançar seus objetivos, garantindo transparência e responsabilidade perante o público.

A educação pública é outro fator excelente na Austrália, e Sydney contém diversas escolas e universidades que figuram entre as primeiras do ranking nacional. Similiar ao modelo brasileiro, o sistema de educação pública na Austrália é estruturado em três níveis principais: educação primária (do Jardim de Infância ao Ano 6), secundária (do Ano 7 ao Ano 12) e a terciária (inclui universidades, instituições de ensino técnico e profissional e outros provedores de educação e treinamento vocacional). Em cada nível, o sistema educacional é supervisionado pelo respectivo governo estadual ou territorial, que estabelece currículos, define padrões educacionais e fornece financiamento para escolas e instituições. Além disso, também existem os setores de escolas independentes e católicas, que operam ao lado do sistema de educação pública e recebem financiamento do governo. Esses setores podem ter suas próprias estruturas de governança e currículos, mas estão sujeitos a regulamentações e padrões semelhantes às escolas públicas.

Com relação aos parques e áreas abertas em Sydney, estes desempenham um papel fundamental no bem-estar da população. Eles oferecem espaços amplos para atividades físicas, promovem o contato com a natureza, facilitam a interação social, oferecem acesso a serviços e recursos e proporcionam benefícios ambientais.

---

30 *Chief Executive Officer*

Esses espaços contribuem significativamente para a qualidade de vida da população, promovendo um estilo de vida saudável e um ambiente urbano mais sustentável e conectado.

O sistema de saúde em Sydney, assim como em toda a Austrália, é composto por uma combinação de serviços públicos e privados, com ênfase no acesso universal e na qualidade dos cuidados de saúde. Os hospitais são ótimos e o cidadão australiano ou residente permanente tem direito a utilizar todos os serviços públicos. Os residentes de Sydney têm acesso a cuidados de saúde primários, que incluem consultas médicas, exames diagnósticos, vacinação, tratamento de doenças comuns e encaminhamentos para especialistas, quando necessário. Além disso, o sistema de saúde oferece gratuitamente serviços de emergência e cuidados hospitalares para casos graves ou urgentes. Os serviços são financiados por meio de uma combinação de financiamento público e privado. O governo federal e os governos estaduais fornecem financiamento para hospitais públicos e subsídios para serviços de saúde comunitários, enquanto os pacientes também contribuem por meio de pagamentos diretos ou de planos de seguro de saúde privados.

A mobilidade urbana em Sydney é uma questão complexa, dada a sua posição como uma das maiores cidades da Austrália, porém tudo, geralmente, funciona muito bem. Sydney possui uma extensa rede de transporte público, incluindo ônibus, trens, metrô, bondes e balsas. A "Transport for NSW" gerencia esses serviços, com o objetivo de fornecer opções de transporte acessíveis e eficientes para os moradores. Como na maioria das cidades grandes, a lotação e a confiabilidade dos serviços públicos às vezes deixam a desejar. O tráfego rodoviário em Sydney pode ser intenso, especialmente durante as horas de pico. A cidade possui várias rodovias importantes que conectam diferentes partes da cidade e região metropolitana, incluindo dezenas de túneis que ajudam a aliviar o congestionamento e melhorar a conectividade entre os subúrbios e o centro da cidade.

Sydney é também um exemplo de cidade competitiva. Durante o processo de abertura do nosso escritório do Aquila na Austrália, em 2016, levamos apenas 2 dias para obtermos nosso ABN (similar ao CNPJ no Brasil). O processo envolve registrar a empresa, escolher uma estrutura legal, obter licenças e permissões, abrir uma conta bancária comercial e registrar-se para impostos. O governo australiano possui um processo simples, com serviços online e informações claras, embora os requisitos possam variar dependendo do tipo de negócio e da localização da empresa.

Em resumo, apesar de Sydney ter, inegavelmente, um alto custo de vida e impostos consideráveis, os residentes desfrutam de um retorno tangível em termos de serviços públicos e infraestrutura moderna e eficiente. Isso se traduz em uma alta qualidade de vida geral na cidade. Sem dúvida, esses fatores contribuem para a felicidade daqueles que optam por viver aqui.

Marco Costa

Consultor Sócio do Aquila

A excelência pode estar em todo lugar

Cali, Colômbia. 10 de outubro de 2020.

Faço parte da equipe internacional do Aquila há mais de 10 anos e tive a oportunidade de conhecer cidades dos Estados Unidos, Canadá, algumas na Europa e também em diferentes países da América Latina.

Sou de Belo Horizonte (MG) e tenho um carinho muito especial pela minha cidade. Seria difícil achar um lugar pelo qual eu trocasse tudo que tenho na capital mineira. Em minha experiência no exterior, as cidades austríacas foram umas das poucas que conheci e que me despertaram essa vontade de morar. Primeiramente, fiquei encantada com a beleza da região. Logo, vieram a qualidade de vida e o investimento do governo no bem-estar da comunidade.

O que me chamou muita atenção foi o incentivo dado às energias renováveis. Nas viagens pela região, era comum ver a sequência de torres de captação de energia eólica e as fazendas com os painéis solares. Mas, diferentemente do que costumamos ver pelo mundo, essas ações não eram apenas iniciativas de uma onda de inovação.

De fato, os austríacos já carregavam um histórico para o uso consciente da energia. Inclusive, em 2015, o governo estabeleceu uma meta para, em 15 anos, reduzir pela metade a demanda de energia fóssil do país e substituí-la por energia renovável, principalmente no abastecimento de setores como transporte, indústria e aquecimento, o qual tem uma forte demanda nos meses de outono-inverno.

Esse tipo de iniciativa envolve tanto gestores públicos como cidadãos no compromisso com uma visão de futuro sustentável para o país. Trabalham fortemente o conceito de emprego verde, que diz respeito à geração de cargos nos setores relacionados com a energia renovável.

Além disso, na Áustria também há um grande incentivo à agricultura familiar e orgânica. Uma boa parte da população possui um espaço dedicado a isso em suas casas ou mesmo em pequenas fazendas, nas quais, por exemplo, praticam a vinicultura. Principalmente na região sul do país, há um calendário de abertura das fazendas de vinhos para sessões de degustação da produção local com acompanhamento de pães e frios. É uma forma de divulgar a bebida, atrair turistas para a região e promover uma experiência familiar, além de participar em concursos locais que contribuem para a melhoria continua da qualidade do vinho e do uso da terra, por exemplo, com diferentes tipos de certificação.

De uma forma geral, promove-se uma cadeia de alimentação saudável. Eles entendem que o cidadão em dia com a saúde reduz a demanda por esse tipo de cuidado no governo. O conceito é compreendido dessa forma sistêmica. Nos supermercados, os produtos possuem marcas com linhas alternativas, indicando que são certificadas em sua cadeia de produção orgânica.

O orgulho dos austríacos é percebido, inclusive, na forma com que cuidam da limpeza e do visual das cidades. Os jardins em casas e praças são bem mantidos ao longo de todo o ano, tanto pela vizinhança como com apoio do governo, enfeitados em épocas especiais como Páscoa, Dia das Mães, Dia das Crianças e, claro, no Natal, além de outras comemorações específicas locais. Essa cultura está presente tanto em cidades grandes, como Viena, Graz e Salzburg, quanto nas tantas cidades menorzinhas, as famosas vilas locais.

Um outro país que me chamou muita atenção foi o Canadá. Em uma das regiões onde ficávamos, no nordeste do Quebec, foi onde vi uma prática efetiva de coleta seletiva residencial. Cada casa possuía dois tonéis de lixo com cores diferentes. Um deles era destinado para o lixo comum e o outro para o lixo reciclável, os quais deveriam ser deixados na frente da casa para coleta, respeitando a programação do dia. Os tonéis eram, então, esvaziados pelos coletores e deixados no lugar, para que os moradores os recolhessem no final do dia quando retornassem do trabalho, por exemplo. Sem danos, sem vandalismo, sem roubo.

Já na parte de transporte público, Zurique para mim merece destaque, com seu conceito de qualidade em transporte sobre trilhos que percorre toda a cidade. Como usuária, vi como tudo aquilo funcionava muito bem, inclusive os eventuais planos de contingência. O autoserviço para a compra de bilhetes e a cultura da confiança social me surpreendeu bastante.

Esse conceito de veículo leve sobre trilhos também existe no Brasil, mais especificamente, no Rio de Janeiro (RJ). Em 2014, no período pré-Olimpíadas, tive a oportunidade de atuar em um projeto na capital carioca, na etapa de implantação, por meio de uma parceria público-privada, do VLT (Veículo Leve sobre Trilhos). Fiquei encantada por fazer parte desse trabalho que buscava integrar trens urbanos, ônibus, teleféricos e barcas com o centro histórico da cidade.

Naquele momento, havia uma incerteza sobre o processo de cobrança dos bilhetes, já que cobradores e catracas eletrônicas não faziam parte do plano original e, segundo modelo europeu, a fiscalização era comumente realizada de forma aleatória e sem um controle individual como ocorre nos diferentes tipos de transporte do Brasil. Para nossa surpresa, durante a fase de testes do VLT Carioca, a taxa de evasão observada ficou em patamares mais baixos do que se havia esperado. Até hoje, o sistema segue como autoserviço – sem catracas eletrônicas nem cobradores mas, sim, com inspetores e fiscais monitorando o processo ao longo da jornada e dos trechos percorridos e tomando as devidas ações corretivas quando necessário.

Falando em América Latina, outra cidade que me chamou bastante a atenção foi Montevidéu, capital uruguaia, onde atuei por alguns meses. É uma cidade onde as pessoas são altamente capacitadas -pelo que nos informaram, mais de 90% dos habitantes haviam cursado o nível superior. Vi na prática os benefícios dessa característica: mão-de-obra qualificada, baixa rotatividade de profissionais de alto nível nas organizações, proteção de talentos, taxa de desemprego mais baixa...

Assim como os europeus em geral, no Uruguai as pessoas prezam bastante a qualidade de vida. Há um bom equilíbrio entre o tempo de trabalho e o de lazer, diferente da rotina das grandes cidades americanas e brasileiras. A infraestrutura da orla e dos muitos parques da cidade favorecem a convivência de qualidade e com segurança entre as diferentes gerações.

Meus olhos brilham com esta oportunidade que tenho pela consultoria: conhecer lugares diferentes, vivenciar novas culturas e aprender sempre. Sou encantada com essa vida!

Ana Elisa Lima dos Santos
Consultora Sócia do Aquila

CÁLCULOS DOS INDICADORES IGMA

CÁLCULOS DOS INDICADORES IGMA

Apresentamos, a seguir, o compilado das fórmulas de todos os 72 indicadores da plataforma IGMA, a fim de esclarecer a compreensão da informação textual e, também, de facilitar a aplicação do cálculo pelas prefeituras municipais do Brasil.

Pilar 1 – Governança, Eficiência Fiscal e Transparência

Indicador Endividamento líquido

Fórmula de cálculo:

$$\frac{\text{(Dívida Consolidada Líquida)}}{\text{(Receita Corrente Líquida)}}$$

Indicador Autonomia fiscal

Fórmula de cálculo:

$$\frac{\text{(Receitas Próprias Brutas Realizadas – Deduções das Receitas Próprias)}}{\text{(Receitas de Transferências Intergovernamentais Brutas Realizadas – Deduções das Receitas de Transferências Intergovernamentais)}}$$

em que,

Receitas Próprias: 1.1.0.0.00.0.0 - Impostos, Taxas e Contribuições de Melhoria, 1.2.4.0.00.0.0 - Contribuição para o Custeio do Serviço de Iluminação Pública e 1.9.1.0.00.0.0 - Multas Administrativas, Contratuais e Judiciais.

Receitas de Transferências Intergovernamentais: 1.7.1.0.00.0.0 - Transferências da União e de suas Entidades, 1.7.2.0.00.0.0 - Transferências dos Estados e do Distrito Federal e de suas Entidades, 1.7.3.0.00.0.0 - Transferências dos Municípios e de suas Entidades e 1.7.5.0.00.0.0 - Transferências de Outras Instituições Públicas.

Deduções: Deduções - FUNDEB, Deduções - Transferências Constitucionais e Outras Deduções da Receita.

Indicador Capacidade de investir

Fórmula de cálculo:

$$\frac{\text{((Receitas Correntes Brutas Realizadas - Deduções das Receitas Correntes) - (Despesas Correntes Liquidadas – Aplicações Diretas entre Órgãos Liquidadas – Amortização da Dívida Liquidada)}}{\text{(Receitas Correntes Brutas Realizadas - Deduções das Receitas Correntes)}}$$

em que,

Receitas Correntes: 1.0.0.0.00.0.0 - Receitas Correntes.

Despesas Correntes: 3.0.00.00.00 - Despesas Correntes.

Aplicações Diretas entre Órgãos: 3.1.91.00.00 - Aplicação Direta Decorrente de Operação entre Órgãos, Fundos e Entidades Integrantes dos Orçamentos Fiscal e da Seguridade Social, 3.3.91.00.00 - Aplicação Direta Decorrente de Operação entre Órgãos, Fundos e Entidades Integrantes dos Orçamentos Fiscal e da Seguridade Social e 4.5.91.00.00 - Aplicação Direta Decorrente de Operação entre Órgãos, Fundos e Entidades Integrantes dos Orçamentos Fiscal e da Seguridade Social.

Amortização da Dívida: 4.6.00.00.00 - Amortização da Dívida.

Deduções: Deduções - FUNDEB, Deduções - Transferências Constitucionais e Outras Deduções da Receita.

Indicador Investimento *per capita*

Fórmula de cálculo:

$$\frac{\text{(Despesa Liquidada em Investimento)}}{\text{(População do município)}}$$

em que,

Investimento = 4.4.00.00.00 – Investimentos.

Indicador Resultado fiscal

Fórmula de cálculo:

$$\frac{\text{(Receitas (Exceto Intra-orçamentárias) Brutas Realizadas – Deduções das Receitas (Exceto Intra-orçamentárias)) - (Total Geral das Despesas Liquidadas – Despesas Intra-orçamentárias Liquidadas)}}{\text{(Receitas (Exceto Intra-orçamentárias) Brutas Realizadas – Deduções das Receitas (Exceto Intra-orçamentárias))}}$$

em que,

Despesas Intra-orçamentárias: 3.1.91.00.00 - Aplicação Direta Decorrente de Operação entre Órgãos, Fundos e Entidades Integrantes dos Orçamentos Fiscal e da Seguridade Social, 3.3.91.00.00 - Aplicação Direta Decorrente de Operação entre Órgãos, Fundos e Entidades Integrantes dos Orçamentos Fiscal e da Seguridade Social e 4.5.91.00.00 - Aplicação Direta Decorrente de Operação entre Órgãos, Fundos e Entidades Integrantes dos Orçamentos Fiscal e da Seguridade Social.

Deduções: Deduções - FUNDEB, Deduções - Transferências Constitucionais e Outras Deduções da Receita.

Indicador Índice de transparência

Fórmula de cálculo:

$$\frac{\text{Total de acertos nas verificações realizadas}}{\text{Total de verificações realizadas}}$$

Indicador Aderência ao plano de contas

Fórmula de cálculo:

O resultado deste indicador é uma variável binária, que indica se o plano de contas do município foi homologado no prazo:

Homologado no prazo = 1

Fora do prazo = 0

Indicador Relação de servidores por 100 habitantes

Fórmula de cálculo:

$$\frac{\text{(Total da composição do quadro de pessoal da administração direta + Total da composição do quadro de pessoal da administração indireta)} \times 100}{\text{(População do município)}}$$

Indicador Proporção de comissionados sobre o quadro de servidores

Fórmula de cálculo:

$$\frac{\text{(Somente comissionados da administração direta + Somente comissionados da administração indireta)}}{\text{(Total da composição do quadro de pessoal da administração direta + Total da composição do quadro de pessoal da administração indireta)}}$$

Indicador Classificação da Capacidade de Pagamento - CAPAG

Fórmula de cálculo:

O resultado deste indicador é um conceito definido em A, B, C ou D, divulgado pela STN – Secretária do Tesouro Nacional, e calculado a partir de três indicadores dos entes: endividamento, poupança corrente e liquidez. No IGMA, classificamos estes conceitos em: A = 4, B = 3, C = 2 e D = 1.

Indicador Mulheres eleitas

Fórmula de cálculo:

$$\frac{\text{Mulheres eleitas (vereadoras, prefeitas e vice-prefeitas)}}{\text{(Total de eleitos na eleição municipal)}}$$

Indicador Despesa com legislativo por habitante

Fórmula de cálculo:

$$\frac{\text{(Despesas Liquidadas com a Conta 01 - Legislativa)}}{\text{(População do município)}}$$

Indicador Score IEG-M e variação da faixa

Fórmula de cálculo:

Score do IEG-M (A=20, B+=18, B= 14, C+=12 e C=10) + variação da faixa

Indicador Despesas com pessoal executivo sobre a receita

Fórmula de cálculo:

$$\frac{\text{(Despesa com Pessoal do poder executivo)}}{\text{Receita Corrente Líquida (RCL)}}$$

Indicador Pagamento RPPS

Fórmula de cálculo:

O indicador pode assumir 3 resultados conforme a seguir:

2 = município sem parcelamento.

1 = município com parcelamento, mas pagamento no prazo.

0 = município com parcelamento, mas pagamento fora do prazo.

Indicador Apuração do pagamento dos precatórios

Fórmula de cálculo:

$$\frac{\text{(Saldo final dos precatórios)}}{\text{(Saldo inicial dos precatórios)}}$$

Pilar 2 – Educação

Indicador Analfabetismo 15 anos ou mais

Fórmula de cálculo:

$$\frac{\text{(População com 15 anos ou mais de idade analfabetas)} \times 100}{\text{(População do município com 15 anos ou mais)}}$$

Indicador Expectativa de anos de estudo

Fórmula de cálculo:

$$\frac{\text{(Somatório dos anos de estudo da população)}}{\text{(População do município)}}$$

Indicador Taxa de abandono Anos Iniciais Ensino Fundamental

Fórmula de cálculo:

$$\frac{\text{(Total de alunos, da rede municipal, que abandonaram os Anos Iniciais do Ensino Fundamental)}}{\text{(Total de alunos, da rede municipal, dos Anos Iniciais do Ensino Fundamental)}}$$

Indicador Taxa de abandono Anos Finais Ensino Fundamental

Fórmula de cálculo:

$$\frac{\text{(Total de alunos, da rede municipal, que abandonaram os Anos Finais do Ensino Fundamental)}}{\text{(Total de alunos, da rede municipal, dos Anos Finais do Ensino Fundamental)}}$$

Indicador Gasto com educação por aluno por ponto do IDEB

Fórmula de cálculo:

$$\frac{\text{(Despesa Liquidada em Educação/Total de alunos matriculados na rede municipal de ensino)}}{\text{(Média das notas do IDEB Anos Iniciais e Anos Finais da rede municipal)}}$$

Indicador Resultado IDEB Anos Iniciais do Ensino Fundamental

Fórmula de cálculo:

Resultado do IDEB Anos Iniciais do Ensino Fundamental da rede municipal.

Indicador Resultado IDEB Anos Finais do Ensino Fundamental

Fórmula de cálculo:

Resultado do IDEB Anos Finais do Ensino Fundamental da rede municipal.

Indicador Distorção idade-série Ensino Fundamental

Fórmula de cálculo:

$$\frac{\text{(Total de alunos do Ensino Fundamental da rede municipal com atraso escolar de 2 anos ou mais)}}{\text{(Total de alunos do Ensino Fundamental da rede municipal)}}$$

Indicador Acesso à educação infantil

Fórmula de cálculo:

$$\frac{\text{(Matrículas na educação infantil)}}{\text{(Estimativa da população do município na faixa de 0 a 5 anos de idade)}}$$

Indicador Adequação da Formação Docente

Fórmula de cálculo:

Percentual de docentes do ensino fundamental com formação superior de licenciatura (ou bacharelado com complementação pedagógica) na mesma área da disciplina que leciona + Percentual de docentes do ensino fundamental com formação superior de bacharelado (sem complementação pedagógica) na mesma área da disciplina que leciona. Rede municipal.

Indicador Custo da ineficiência por aluno

Fórmula de cálculo:

(100% - Taxa de Aprovação da rede municipal Ensino Fundamental) x Investimento médio por aluno do Ensino Fundamental

Indicador Aplicação Educação - Mínimo constitucional

Fórmula de cálculo:

Refere-se ao indicador do SIOPE-Sistema de Informações sobre Orçamentos Públicos em Educação:

Percentual de aplicação das receitas de impostos e transferências vinculadas à educação em MDE (mínimo de 25% para estados, DF e municípios).

Indicador Aplicação FUNDEB

Fórmula de cálculo:

Calcula-se por 1 - o indicador do SIOPE "Percentual das receitas de FUNDEF ou FUNDEB não aplicadas no exercício".

Indicador Aplicação FUNDEB Magistério

Fórmula de cálculo:

Refere-se ao indicador do SIOPE:

Percentual de aplicação do FUNDEF ou FUNDEB na remuneração dos profissionais do magistério.

Pilar 3 - Saúde e Bem-estar

Indicador Cobertura da atenção primária

Fórmula de cálculo:

$$\frac{\text{(População cadastrada pelas equipes da Estratégia de Saúde da Família (eSF) e da Atenção Primária (eAP) financiadas pelo Ministério da Saúde (MS))}}{\text{(População do município)}}$$

Indicador Expectativa de vida ao nascer

Fórmula de cálculo:

$$\frac{\text{(Tempo cumulativo vivido por essa mesma geração (T0))}}{\text{(Geração inicial de nascimentos (I0))}}$$

Indicador Leitos hospitalares (SUS) por mil habitantes

Fórmula de cálculo:

$$\frac{\text{(Número de leitos hospitalares conveniados ou contratados pelo SUS)} \times 1.000}{\text{(População do município)}}$$

Indicador Profissionais da saúde (SUS) por mil habitantes

Fórmula de cálculo:

$$\frac{\text{(Número de profissionais da saúde que atende ao SUS)} \times 1.000}{\text{(População do município)}}$$

Indicador Sintético Final Previne Brasil

Fórmula de cálculo:

O ISF corresponde ao cálculo do desempenho do conjunto de sete indicadores selecionados, por meio da soma dos resultados ponderados desses indicadores, as NPI.

ISF = NPI01 + NPI02 + NPI03 + NPI04 + NPI05 + NPI06 + NPI07

Indicador Taxa de mortalidade infantil

Fórmula de cálculo:

$$\frac{\text{(Número de óbitos de residentes no município com menos de um ano de idade)} \times 1.000}{\text{(Número de nascidos vivos de mães residentes)}}$$

Indicador Cobertura vacinal

Fórmula de cálculo:

Média das coberturas vacinais dos imunobiológicos com dados disponíveis no sistema DATASUS.

Indicador Desnutrição infantil

Fórmula de cálculo:

$$\frac{\text{Número total de crianças menores de 5 anos com o IMC abaixo do percentil 0,1 (magreza acentuada)}}{\text{População de menores que 5 anos acompanhada pelo SISVAN}}$$

Indicador Morbidade hospitalar SUS

Fórmula de cálculo:

$$\frac{\text{Número de internações}}{\text{População} \times 1000}$$

em que,

são desconsideradas as internações dos capítulos CID-10: XV. Gravidez parto e puerpério, XIX. Lesões, envenenamentos e algumas outras consequências de causas externas, XX. Causas externas de morbidade e mortalidade e XXI. Contatos com serviços de saúde e CID 10ª Revisão não disponível ou não preenchido.

Indicador Mortalidade por mil habitantes

Fórmula de cálculo:

$$\frac{\text{Número de óbitos}}{\text{População} \times 1000}$$

Indicador Óbitos por causas evitáveis

Fórmula de cálculo:

$$\frac{\text{Óbitos por causas evitáveis, por residência, da população de 5 a 74 anos}}{\text{Óbitos, por residência, da população de 5 a 74 anos}}$$

em que,

são considerados óbitos por causas evitáveis as seguintes categorias nas seleções disponíveis no DATASUS (TABNET): 1.1. Reduzíveis pelas ações de imunoprevenção, 1.2. Reduz ações prom prev contr atenç doenç infec, 1.3. Reduz ações prom prev contr atenç doe ñ trans, 1.4. Reduz ações prev contr atenção causas matern e 1.5. Reduz ações prom prev atenç causas externas.

Indicador Gasto por habitante em saúde por expectativa de vida

Fórmula de cálculo:

$$\frac{\text{(Despesa Liquidada em Saúde/ População do município)}}{\text{(Anos de expectativa de vida)}}$$

Indicador Aplicação saúde - mínimo constitucional

Fórmula de cálculo:

$$\frac{\text{Despesa aplicada em Saúde com recursos próprios}}{\text{Receita de impostos (próprios ou decorrentes de transferências}}$$

Pilar 4 - Infraestrutura e Mobilidade Urbana

Indicador Condições habitacionais

Fórmula de cálculo:

$$\frac{\text{(Aglomerado subnormal + Densidade domiciliar + Densidade de banheiro + Parede + Espécie do domicílio)}}{5}$$

em que,

Aglomerado subnormal: Proporção de pessoas que não moram em aglomerado subnormal.

Densidade domiciliar: Proporção de pessoas que moram em domicílio com até 2 residentes por dormitório.

Densidade de banheiro: Proporção de pessoas que moram em domicílio com até 4 residentes por banheiro.

Parede: Proporção de pessoas que moram em domicílio com material de parede adequado.

Espécie do domicílio: Proporção de pessoas que moram em domicílio cuja espécie é adequada.

Esses indicadores são padronizados e calculados pelo IBEU-Índice de Bem Estar Urbano.

Indicador Infraestrutura urbana

Fórmula de cálculo:

$$\frac{(\text{Iluminação pública} + \text{Pavimentação} + \text{Calçada} + \text{Meio-fio/Guia} + \text{Bueiros ou boca de lobo} + \text{Rampa para cadeirante} + \text{Logradouros})}{7}$$

em que,

Iluminação pública: Proporção de pessoas que moram em domicílios cujo entorno possui iluminação.

Pavimentação: Proporção de pessoas que moram em domicílios cujo entorno possui pavimentação.

Calçada: Proporção de pessoas que moram em domicílios cujo entorno possui calçada.

Meio-fio/Guia: Proporção de pessoas que moram em domicílios cujo entorno possui meio fio ou guia.

Bueiro ou boca de lobo: Proporção de pessoas que moram em domicílios cujo entorno possui bueiro ou boca de lobo.

Rampa para cadeirante: Proporção de pessoas que moram em domicílios cujo entorno possui rampa para cadeirante.

Logradouros: Proporção de pessoas que moram em domicílios cujo entorno possui logradouros.

Esses indicadores são padronizados e calculados pelo IBEU-Índice de Bem Estar Urbano.

Indicador Acesso a rede de esgoto

Fórmula de cálculo:

Refere-se ao indicador IN056_AE (Índice de atendimento total de esgoto referido aos municípios atendidos com água) do SNIS:

$$\frac{(\text{População total atendida com esgotamento sanitário})}{(\text{População total residente nos municípios de referência com abastecimento de água})}$$

Indicador Abastecimento de água

Fórmula de cálculo:

Refere-se ao indicador IN055 (Índice de atendimento total de água) do SNIS:

$$\frac{\text{(População total atendida com abastecimento de água)}}{\text{(População do município)}}$$

Indicador Tratamento do esgoto

Fórmula de cálculo:

Refere-se ao indicador IN046 (Índice de esgoto tratado referido à água consumida) do SNIS:

$$\frac{\text{(Volume de esgotos tratado + Volume de esgoto bruto exportado tratado*)}}{\text{(Volume de água consumido – Volume de água tratada exportado)}}$$

*Nas instalações do importador.

*No cálculo do índice de tratamento dos esgotos gerados, a estimativa do volume gerado é igual ao de água consumido, excluindo-se o volume de água tratada exportado.

Indicador Acessos à banda larga fixa por 100 habitantes

Fórmula de cálculo:

$$\frac{\text{(Acessos em serviço associados a prestação do Serviço de Comunicação Multimídia – SCM banda larga fixa - representado pelo número de acessos em serviço) x 100}}{\text{(População do município)}}$$

Indicador Deslocamento casa-trabalho em menos de 1 hora

Fórmula de cálculo:

Tempo de deslocamento casa-trabalho

em que,

Tempo de deslocamento casa-trabalho: Proporção de pessoas que trabalham fora do domicílio de residência e retornam do trabalho diariamente no período de até 1 hora.

Esse indicador é padronizado e calculado pelo IBEU-Índice de Bem Estar Urbano.

Indicador Coleta de lixo domiciliar

Fórmula de cálculo:

Refere-se ao indicador IN015_RS (Taxa de cobertura regular do serviço de coleta de rdo em relação à população total do município) do SNIS:

$$\frac{\text{(População total atendida com coleta regular de pelo menos uma vez por semana)}}{\text{(População total do município)}}$$

Pilar 5 – Sustentabilidade

Indicador Arborização urbana

Fórmula de cálculo:

$$\frac{\text{Total de pessoas que moram em domicílios urbanos cujo entorno possui arborização}}{\text{Total de pessoas que moram em domicílios urbanos}}$$

Indicador Atendimento à coleta seletiva urbana

Fórmula de cálculo:

Refere-se ao indicador IN030 (Taxa de cobertura do serviço de coleta seletiva porta-a-porta em relação à população urbana do município) do SNIS:

$$\frac{\text{(População urbana do município atendida com a coleta seletiva do tipo porta-a-porta executada pela Prefeitura (ou SLU))}}{\text{(População urbana do município estimada pelo SNIS)}}$$

Indicador Recuperação de materiais recicláveis

Fórmula de cálculo:

Refere-se ao indicador IN031 (Taxa de recuperação de materiais recicláveis (exceto matéria orgânica e rejeitos) em relação à quantidade total (rdo + rpu) coletada) do SNIS:

$$\frac{\text{(Quantidade total de materiais recicláveis recuperados)}}{\text{(Quantidade de RDO e RPU coletada pelo agente público + Quantidade de RDO e RPU coletada pelos agentes privados + Quantidade de RDO e RPU coletada por outros agentes executores + Quantidade recolhida na coleta seletiva executada por associações ou cooperativas de catadores com parceria/apoio da Prefeitura)}}$$

Indicador Perdas na distribuição de água

Fórmula de cálculo:

Refere-se ao indicador IN049 (Índice de perdas na distribuição) do SNIS:

$$\frac{(\text{Volume de água produzido + Volume de água tratada importado – Volume de água consumido – Volume de serviço})}{(\text{Volume de água produzido + Volume de água tratada importado – Volume de serviço})}$$

Indicador Veículos com baixa emissão de poluentes

Fórmula de cálculo:

$$\frac{(\text{Frota de veículos com baixa emissão de poluentes})}{(\text{Frota total de veículos})}$$

Indicador Concentração de focos de calor

Fórmula de cálculo:

$$\frac{(\text{Total de focos de calor registrados no município no último ano})}{(\text{Total de focos de calor registrados no Brasil no último ano})}$$

Indicador Emissão de gases de efeito estufa por habitante

Fórmula de cálculo:

$$\frac{(\text{Estimativa de emissões de gases de efeito estufa (Emissão Bruta CO2e (t) GWP-AR5)})}{(\text{População do município})}$$

Indicador Consumo médio de água

Fórmula de cálculo:

Refere-se ao indicador IN022_AE (Consumo médio per capita de água) do SNIS:

$$\frac{(\text{Volume de água consumido - Volume de água tratada exportado})}{(\text{População total atendida com abastecimento de água*})} \times \frac{1.000.000}{365}$$

*Utiliza-se a média aritmética dos valores do ano de referência e do ano anterior ao mesmo.

Indicador Segurança hídrica

Fórmula de cálculo:

O resultado deste indicador é um conceito de Segurança Hídrica, definido pela ANA – Agência Nacional de Águas e Saneamento Básico, em 5 categorias: Mínima, Baixa, Média, Alta e Máxima.

No IGMA, classificamos estes conceitos em:

Mínima = 0, Baixa = 1, Média = 2, Alta =3 e Máxima = 4

Indicador Gestão de riscos e desastres

Fórmula de cálculo:

O resultado deste indicador é uma variável binária que avalia a se o município declarou a existência de ao menos um dos seguintes: Unidade do Corpo de Bombeiros, Coordenação Municipal de Proteção e Defesa Civil (COMPDEC) ou órgão similar, Núcleo de Defesa Civil (NUDECs) e/ou Guarda Municipal. Se o município declarou a existência de ao menos uma destas equipes o indicador recebe valor igual a 1, caso contrário valor igual a 0.

Indicador Índice ESG - impactos ambiental, material e humano

Fórmula de cálculo:

$$\frac{\text{Impacto + Frequência}}{2}$$

Sendo:

Impacto: Inicialmente calculado por [Prejuízo Econômico Privado/(Receita Bruta – Prejuízo Econômico Público)], posteriormente é necessário transformar em uma nota de 0 a 100. Para isto, considera-se 0 se o impacto for maior que 20% ou se o Prejuízo Público for maior que a Receita. Considera-se 100 se não houver prejuízo privado. E considera-se a nota de 0,01 a 99,99 proporcional ao impacto, se este for de 0,01% a 19,99%.

Frequência: Nota de 0 a 100, seguindo os critérios conforme a quantidade de meses que a cidade teve algum tipo de registro cadastrado: Nota 100 se não houver ocorrências, nota 80 se tiver 1 mês, nota 60 se tiver 2 meses, nota 40 se tiver 3 meses, nota 20 se tiver 4 meses, e nota 0 (zero) se a cidade tiver 5 ou mais meses com ocorrências.

Pilar 6 – Desenvolvimento Socioeconômico e Ordem Pública

Indicador PIB *per capita*

Fórmula de cálculo:

$$\frac{\text{(Produto Interno Bruto do município em um determinado ano)}}{\text{(População do município no mesmo ano)}}$$

Indicador Índice de Gini da renda domiciliar *per capita*

Fórmula de cálculo:

$$\frac{\sum \text{(Diferença da proporção acumulada da população)}}{\text{(Soma da proporção acumulada da renda)}}$$

Indicador Jovens que completaram o Ensino Médio

Fórmula de cálculo:

$$\frac{\text{(Jovens entre 18 e 20 anos de idade com Ensino Médio completo)}}{\text{(Jovens entre 18 e 20 anos de idade do município)}}$$

Indicador Pessoas que completaram o Ensino Superior

Fórmula de cálculo:

$$\frac{\text{(Pessoas com 25 anos ou mais com Ensino Superior completo)}}{\text{(Pessoas com 25 anos ou mais do município)}}$$

Indicador População de baixa renda

Fórmula de cálculo:

$$\frac{\text{(População com renda domiciliar } \textbf{\textit{per capita}} \text{ menor que R\$ 140,00)}}{\text{(População do município)}}$$

Indicador Salário médio mensal

Fórmula de cálculo:

$$\frac{\text{(Total de salários e outras remunerações pagas no ano pelo pessoal assalariado médio)}}{13}$$

Indicador População Ocupada

Fórmula de cálculo:

$$\frac{\text{(Pessoal ocupado total)}}{\text{(População do município)}}$$

Indicador Taxa de homicídios

Fórmula de cálculo:

$$\frac{\text{(Homicídios)} \times 100.000}{\text{(População do município)}}$$

Indicador Taxa de mortes por arma de fogo

Fórmula de cálculo:

$$\frac{\text{(Mortes por arma de fogo)} \times 100.000}{\text{(População do município)}}$$

Indicador Taxa de mortes no trânsito

Fórmula de cálculo:

$$\frac{\text{(Mortes no trânsito)} \times 100.000}{\text{(População do município)}}$$

REFERÊNCIAS

REFERÊNCIAS

ACCENTURE. Disrupção digital: o potencializador do crescimento: otimizar os investimentos digitais para atingir mais produtividade e crescimento. Disponível em: <https://www.accenture.com/br-pt/insight-digital-disruption-growth-multiplier>. Acesso em: 17 fev. 2021.

ACCENTURE. Visão geral das cinco tendências digitais para serviços públicos. Disponível em: <https://www.accenture.com/t00010101t000000__w__/br-pt/_acnmedia/accenture/conversion-assets/dotcom/documents/local/pt-br/pdf/accenture-pov-public-service-techvision-por.pdf>. Acesso em: 04 dez. 2020.

AGÊNCIA SEBRAE DE NOTÍCIAS. Pequenos negócios já representam 30% do Produto Interno Bruto do país. *Pequenas Empresas Grandes Negócios*. Disponível em: <https://revistapegn.globo.com/Negocios/noticia/2020/04/pequenos-negocios-ja-representam-30-do-produto-interno-bruto-do-pais.html>. Acesso em: 22 dez. 2020.

AGENDA 2030. Conheça o plano de ação global para mudar o mundo até 2030. Disponível em: <http://www.agenda2030.com.br/sobre/>. Acesso em: 17 fev. 2021.

ASSEMBLEIA LEGISLATIVA DO ESTADO DE SÃO PAULO. *Dia Nacional da Vacinação alerta para importância da imunização no combate a doenças graves*. Disponível em: https://www.al.sp.gov.br/noticia/?15/10/2021/dia-nacional-da-vacinacao-alerta-para-importancia-da-imunizacao-no-combate-a-doencas-graves#:~:text=Com%20a%20pandem:ia%20da%20Covid,humano%2C%20podendo%20levar%20%C3%A0%20morte.) . Acesso em: 15 jul. 2022.

ASSOCIAÇÃO COMERCIAL SÃO ROQUE. Empresas familiares são maioria no Brasil. Disponível em: <https://www.aciasaoroque.com.br/noticias:empresas-familiares-sao-maioria-no-brasil#:~:text=De%20acordo%20com%20dados%20levantados,por%20empresas%20comandadas%20por%20fam%C3%ADlias>. Acesso em: 04 dez. 2020.

ATLAS DO DESENVOLVIMENTO HUMANO. Analfabetismo (15 anos ou mais). Disponível em: < http://www.atlasbrasil.org.br/acervo/biblioteca#base-shapes>. Acesso em: 19 fev. 2021.

ATLAS DO DESENVOLVIMENTO HUMANO. Expectativa de vida ao nascer. Disponível em: < http://www.atlasbrasil.org.br/acervo/biblioteca#base-shapes>. Acesso em: 19 fev. 2021.

ATLAS DO DESENVOLVIMENTO HUMANO. Índice de GINI da renda domiciliar *per capita*. Disponível em: <http://www.atlasbrasil.org.br/acervo/biblioteca#base-shapes>. Acesso em: 19 fev. 2021.

ATLAS DO DESENVOLVIMENTO HUMANO. Jovens que completaram o Ensino Médio. Disponível em: < http://www.atlasbrasil.org.br/acervo/biblioteca#base-shapes>. Acesso em: 19 fev. 2021.

ATLAS DO DESENVOLVIMENTO HUMANO. Pessoas que completaram o Ensino Superior. Disponível em: <http://www.atlasbrasil.org.br/acervo/biblioteca#base-shapes>. Acesso em: 19 fev. 2021.

ATLAS DO DESENVOLVIMENTO HUMANO. Porcentagem de pobres na população. Disponível em: <http://www.atlasbrasil.org.br/acer vo/biblioteca#base-shapes>. Acesso em: 19 fev. 2021.

ATLAS DO DESENVOLVIMENTO HUMANO. Taxa de abandono anos finais EF. Disponível em: <http://www.atlasbrasil.org.br/acervo/biblioteca#base-shapes>. Acesso em: 19 fev. 2021.

BANCO MUNDIAL. Modelo de Governança pelo Banco Mundial. Managing Development – The Governance Dimension. Washington D.C.: World Bank, 1991.

BARBOSA, Alexandre F. *Pesquisa sobre o uso das tecnologias de informação e comunicação no setor público brasileiro*: TIC governo eletrônico 2017. São Paulo: Comitê Gestor da Internet no Brasil, 2018. Disponível em: <https://www.cetic.br/media/docs/publicacoes/2/TIC_eGOV_2017_livro_eletronico.pdf>. Acesso em: 22 dez. 2020.

BARROS, Erico Costa; DREON, FERNANDA RIGHI. *Análise financeira*: enfoque empresarial: uma abordagem prática para executivos não financeiros. Belo Horizonte: Aquila Escola de Gestão, 2016.

BRASIL. Casa Civil. Lei Complementar nº 101, de 4 de maio de 2000. Disponível em: <http://www.planalto.gov.br/ccivil_03/leis/LCP/Lcp 101.htm>. Acesso em 03 dez. 2020.

BRASIL. Casa Civil. Lei nº 9.394, de 20 de dezembro de 1996. Lei de Diretrizes e Bases da Educação Nacional. Disponível em: <http://www.planalto.gov.br/ccivil_03/leis/l9394.htm>. Acesso em: 03 dez. 2020.

BRASIL. Constituição (1988). Constituição da República Federativa do Brasil. Brasília, DF: Centro Gráfico, 1988. art 196.

BRASIL. Imprensa Nacional. *Proporção de comissionados sobre o quadro de servidores*. Disponível em**:** https://www.in.gov.br/en/web/dou/-/lei-n-14.204-de-16-de-setembro-de-2021-345458205. Acesso em: 30 set. 2022.

BRASIL. *Índice de Desenvolvimento Humano Municipal Brasileiro*. Brasília: PNUD; Ipea; FJP, 2013. 96 p. (Série Atlas do Desenvolvimento Humano no Brasil). Disponível em: <https://onedrive.live.com/?authkey=%21AGvg%2D0FawRuMMj4&cid=124653557C0404EC&id=124653557C0404EC%2123008&parId=124653557C0404EC%2122848&o=OneUp>. Acesso em: 03 dez. 2020.

BRASIL. *Lei n.º 12.305, de 2 de agosto de 2010***.** Institui a Política Nacional de Resíduos Sólidos; altera a Lei n.º 9.605, de 12 de fevereiro de 1998; e dá outras providências. Atendimento à coleta seletiva urbana. Brasília: Casa Civil, [2010]. Disponível em: http://www.planalto.gov.br/ccivil_03/_ato2007-2010/2010/lei/l12305.htm. Acesso em: 30 set. 2022.

BRASIL. MEC. INEP. *Relatório Brasil no PISA 2018*: versão preliminar. Brasília, DF: MEC/INEP, 2018. Disponível em: <https://download.inep.gov.br/acoes_internacionais/pisa/documentos/2019/relatorio_PISA_2018_preliminar.pdf>. Acesso em: 26 fev. 2021.

BRASIL. MINISTÉRIO DO DESENVOLVIMENTO REGIONAL. *Gestão Integrada de Riscos e Desastres***.** Disponível em: https://www.gov.br/mdr/pt-br/assuntos/protecao-e-defesa-civil/gestao-integrada-de-riscos-e-desastres. Acesso em: 30 set. 2022.

BRASIL. MINISTÉRIO DO DESENVOLVIMENTO REGIONAL. GIRD10 *Caderno Técnico de gestão integrada de riscos e desastres*. Disponível em: https://www.gov.br/mdr/pt-br/assuntos/protecao-e-defesa-civil/Caderno_GIRD10__.pdf. Acesso em: 30 set. 2022.

BRASIL. Ministério do Desenvolvimento Regional. Secretaria Nacional de Saneamento Sistema Nacional de Informações sobre Saneamento – SNIS. Do SNIS ao SINISA. *Informações para planejar o abastecimento de água*. Disponível em: http://www.snis.gov.br/downloads/cadernos/2019/DO_SNIS_AO_SINISA_AGUA_SNIS_2019.pdf. Acesso em: 30 jun. 2022.

BRASIL. Ministério do Desenvolvimento Regional Secretaria Nacional de Saneamento Sistema Nacional de Informações sobre Saneamento – SNIS. *Perdas na distribuição de água*. Disponível em: http://www.snis.gov.br/downloads/diagnosticos/ae/2019/Diagnostico-SNIS-AE-2019-Capitulo-08.pdf. Acesso em: 30 jun. 2022.

BRASIL. Ministério do Desenvolvimento Regional Secretaria Nacional de Saneamento Sistema Nacional de Informações sobre Saneamento – SNIS. *Tratamento adequado de esgoto*. Disponível em: http://www.snis.gov.br/downloads/diagnosticos/ae/2020/DIAGNOSTICO_TEMATICO_VISAO_GERAL_AE_SNIS_2021.pdf. Acesso em: 30 jun. 2022.

BRASIL. Ministério da Infraestrutura. *Estatísticas - Frota de Veículos* – SENATRAN. Disponível em: https://www.gov.br/infraestrutura/pt-br/assuntos/transito/conteudo-Senatran/estatisticas-frota-de-veiculos-senatran. Acesso em: 30 jun. 2022.

BRASIL. Secretaria de Saúde do Distrito Federal. *Ciclo de vacinação completo é a melhor defesa contra a covid-19*. Disponível em: https://www.saude.df.gov.br/web/guest/w/ciclo-de-vacina%C3%A7%C3%A3o-completo-%C3%A9-a-melhor-defesa-contra-a-covid-19. Acesso em: 14 jul. 2022.

BRASIL. Ministério da Saúde. Secretaria de Vigilância em Saúde. *Mortalidade infantil no Brasil*. Disponível em: https://www.gov.br/saude/pt-br/centrais-de-conteudo/publicacoes/boletins/epidem:iologicos/edicoes/2021/boletim_epidem:iologico_svs_37_v2.pdf Acesso em: 11 ago. 2022.

BRASIL. Presidência da República. Decreto nº 10.332, de 28 de abril de 2020. Disponível em: <http://www.planalto.gov.br/ccivil_03/_Ato2019-2022/2020/Decreto/D10332.htm>. Acesso em: 17 fev. 2021.

BRASIL: um país com DNA empreendedor. *Academia Assaí de Bons Negócios*. Disponível em: <https://www.academiaassai.com.br/noticia/brasil-um-pais-com-dna-empreendedor>. Acesso em: 04 dez. 2020.

BRAZIL LAB. Revista Exame: pauta do Governo 4.0 cresce cada vez mais no Brasil e no mundo. 24/05/2019. Disponível em: <https://brazillab.org.br/noticias/revista-exame-pauta-do-governo-40-cresce-cada-vez-mais-no-brasil-e-no-mundo>. Acesso em: 03 dez. 2020.

BRAZILLAB. Revista Exame: pauta do Governo 4.0 cresce cada vez mais no Brasil e no mundo. Disponível em: <https://brazillab.org.br/noticias/revista-exame-pauta-do-governo-40-cresce-cada-vez-mais-no-brasil-e-no-mundo#>. Acesso em: 17 fev. 2021.

BRASIL. E-Gestor. *Atenção básica, histórico de cobertura APS*. Disponível em: https://egestorab.saude.gov.br/paginas/acessoPublico/relatorios/relCoberturaAPSCadastro.xhtml . Acesso em: 01 jul. 2022.

BRASIL. Ministério da Ciência, Tecnologia e Inovações. *INPE*; Programa Queimadas. BDQUEIMADAS. Disponível em: https://queimadas.dgi.inpe.br/queimadas/bdqueimadas/# .Acesso em: 26 jan. 2022.

BRASIL. Ministério das Comunicações. *Agência Nacional de Telecomunicações*. Disponível em: https://informacoes.anatel.gov.br/paineis/meu-municipio. Acesso em: 04 ago. 2022.

BRASIL. Ministério do Desenvolvimento Regional. SNI. *Abastecimento de água 2020*. Disponível em: http://snis.gov.br/painel-informacoes-saneamento-brasil/web/painel-abastecimento-agua. Acesso em: 29 jun. 2022.

BRASIL. Ministério do Desenvolvimento Regional. SNI. *Diagnósticos SNIS 2021/2022*; ano de referência 2020. Disponível em: http://www.snis.gov.br/diagnosticos (Relatório Diagnóstico Temático Serviços de Água e Esgoto – Visão Geral). Acesso em: 22/06/2022.

BRASIL. Ministério do Desenvolvimento Regional. SNI. *Esgotamento sanitário 2020*. Disponível em: http://snis.gov.br/painel-informacoes-saneamento-brasil/web/painel-esgotamento-sanitario. Acesso em: 29 jun. 2022.

BRASIL. Ministério do Desenvolvimento Regional. *SNIS*; série histórica. Disponível em: http://app4.mdr.gov.br/serieHistorica/#. Acesso em: 04 jan. 2022.

BRASIL. Ministério da Saúde. *Nota Técnica n.º 418/2021*; CGGAP/DESF/SAPS/MS. Disponível em: https://egestorab.saude.gov.br/image/?file=20211119_O_notacoberturaapspns_4413967205649403244.pdf. Acesso em: 04 jul. 2022.

BRASIL. Ministério da Saúde. SUS. *SIOPS - Sistema de Informações sobre Orçamentos Públicos em Saúde*. Disponível em: http://siops-asp.datasus.gov.br/CGI/deftohtm.exe?SIOPS/serhist/municipio/mIndicadores.def. Acesso em: 07 jul. 2022.

BRASIL. Ministério da Saúde. SUS. *Vacinômetro* COVID-19. Disponível em: https://infoms.saude.gov.br/extensions/DEM:AS_C19_Vacina_v2/DEM:AS_C19_Vacina_v2.html . Acesso em: 11 jul. 2022.

BRASIL. Tesouro Nacional. *Sincofi*. Disponível em: https://siconfi.tesouro.gov.br/siconfi/index.jsf. Acesso em: 17 jun. 2022.

BRASIL. Tesouro Transparente. *Capacidade de Pagamento (CAPAG)*; Estados e Municípios. Disponível em: https://www.tesourotransparente.gov.br/tem:as/estados-e-municipios/capacidade-de-pagamento-capag. Acesso em: 01jul. 2022.

BRASIL. Tesouro Transparente. *Classificação CAPAG*. Disponível em: https://www.tesourotransparente.gov.br/temas/estados-e-municipios/capacidade-de-pagamento-capag. Acesso em: 30 jun. 2022.

BRASIL. Tribunal Superior Eleitoral. *Candidaturas*. Disponível em: https://sig.tse.jus.br/ords/dwapr/seai/r/sig-candidaturas/conjuntos-de-dados?session=16491238376826 – Acesso em: 21 jun. 2022.

BRASIL. Tribunal Superior Eleitoral. *Percentual de Mulheres Eleitas*. Disponível em: https://www.tse.jus.br/comunicacao/noticias/2020/Novembro/mulheres-representam-apenas-12-dos-prefeitos-eleitos-no-1o-turno-das-eleicoes-2020. Acesso em: 10 jun. 2022.

CAMBRIDGE INTERNATIONAL. Cambridge International AS & A Level Information Technology 9626. Disponível em: <https://www.cambridgeinternational.org/Images/285017-data-information-and-knowledge.pdf>. Acesso em: 17 fev. 2021.

CETESB. SP. *Emissão veicular*. Percentual de veículos com baixa emissão de poluentes. Disponível em: https://cetesb.sp.gov.br/veicular/ Acesso em: 07 out. 2022.

CITY OF SIDNEY. *Operational Plan 2020/21*. June. 2020. Disponível em: <https://www.cityofsydney.nsw.gov.au/__data/assets/pdf_file/0017/303281/Operational-Plan-2018-19-post-EUA-Oct-2018.pdf>. Acesso em: 03 dez. 2020.

DEAN, J. *Big Data, Data Mining and Machine Learning*: Value Creation for Business Leaders and Practitioners. Hoboken: Wiley, 2014.

DENATRAN. Frotas de veículos por habitante. Disponível em: <http://www.denatran.gov.br/images/Estatistica/RENAVAM/2016/Outubro/Frota_por_UF_e_Tipo-OUT_16.xls>. Acesso em: 19 fev. 2021.

DENATRAN. Taxa de Mortes no Trânsito. Disponível em: < ftp://ftp.ibge.gov.br/Estimativas_de_Populacao/Estimativas_2014/estimativa_dou_2014_xls.zip >. Acesso em: 19 fev. 2021.

DISTRIBUIÇÃO dos profissionais de saúde: Uma análise multivariada e espacial para os estados brasileiros, 2010. In: Anais do Encontro Nacional de Estudos Populacionais, 19. Disponível em: <http://www.abep.org.br/publicacoes/index.php/anais/article/

download/2266/2221#:~:text=As%20desigualdades%20regionais%20s%C3%A3o%20refletidas,m%C3%A9dico%20para%20cada%20mil%20habitantes/>. Acesso em: 11 set. 2020.

DATA SUS. Coronavírus Brasil. *Painel Coronavírus*. Disponível em: https://covid.saude.gov.br/ . Acesso em: 01 jul. 2022.

DURANT, Will. *A história da filosofia*: as vidas e opiniões dos maiores filósofos do mundo. São Paulo, Nova Cultural, s.d.

EMBAPEL RECICLAGEM. *Recuperação de materiais recicláveis*. Disponível em: https://embapel.com.br/os-5-paises-que-mais-reciclam-no-mundo/#:~:text=Este%20ano%2C%20saiu%20a%20lista,%25)%20e%20B%C3%A9lgica%20(55%25). Acesso em: 28 jun. 2022.

EUROPEAN COMMISSION. Smart cities. Disponível em: <https://ec.europa.eu/info/eu-regional-and-urban-development/topics/cities-and-urban-development/city-initiatives/smart-cities_en>. Acesso em: 17 fev. 2021.

FERREIRA, Aurélio Buarque de Holanda. *Dicionário da língua portuguesa*. 5. ed. Curitiba: Positivo, 2010. 2222 p.

FGV. Brasil tem 424 milhões de dispositivos digitais em uso, revela a 31ª Pesquisa Anual do FGVcia. *Portal FGV*, 08 jun. 2020. Disponível em: <https://portal.fgv.br/noticias/brasil-tem-424-milhoes-dispositivos-digitais-uso-revela-31a-pesquisa-anual-fgvcia>. Acesso em: 03 dez. 2020.

FREIRE, Quintino Gomes. Rio entre as 50 cidades mais inteligentes do mundo. 20 mar. 2019. Disponível em: <https://diariodorio.com/rio-entre-as-50-cidades-mais-inteligentes-do-mundo//>. Acesso em: 04 dez. 2020.

GLOBAL ENTREPRNEURSHIP MONITOR. Reports. Disponível em: <https://www.gemconsortium.org/report>. Acesso em: 19 fev. 2021.

GODOY, Raimundo; BESSAS, Cláudia. *Formação de gestores*: criando as bases da gestão. Belo Horizonte: Aquila Escola de Gestão, 2018.

GODOY, Raimundo; PIRES, Felipe; GODOY, Natália. *8 passos da excelência*: um guia prático de como levar a sua organização a um novo patamar. Belo Horizonte: Aquila Escola de Gestão, 2020.

GODOY, Raimundo; RISCHELE, Leonardo; NEVES, Rodrigo. *O poder da excelência comercial*. Belo Horizonte: Aquila Escola de Gestão, 2020.

IBGE. PNAD. IBEU. Condições ambientais urbanas. Disponível em: <https://ibeu.observatoriodasmetropoles.net.br/dados/>. Acesso em: 19 fev. 2021.

IBGE. PNAD. IBEU. Condições habitacionais. Disponível em: <https://ibeu.observatoriodasmetropoles.net.br/dados/>. Acesso em: 19 fev. 2021.

IBGE. PNAD. IBEU. Deslocamento casa trabalho. Disponível em: <https://ibeu.observatoriodasmetropoles.net.br/dados/>. Acesso em: 19 fev. 2021.

IBGE. PNAD. IBEU. Infraestrutura urbana. Disponível em: <https://ibeu.observatoriodasmetropoles.net.br/dados/>. Acesso em: 19 fev. 2021.

IBGE. PNAD. IBEU. Serviços coletivos urbanos. Disponível em: <https://ibeu.observatoriodasmetropoles.net.br/dados/>. Acesso em: 19 fev. 2021.

IBGE. PIB *per capita*. Disponível em: <https://www.ibge.gov.br/estatisticas/economicas/contas-nacionais/9088-produto-interno-bruto-dos-municipios.html?=&t=resultados>. Acesso em: 19 fev. 2021.

IDBL 2020. *Relatório anual*. Disponível em: https://publications.iadb.org/publications/portuguese/document/Relatorio-anual-do-Indice-de-Desenvolvimento-da-Banda-Larga-IDBL-2020-lacuna-digital-na-America-Latina-e-Caribe.pdf . Acesso em: 04 ago. 2022.

INDEX OF ECONOMIC FREEDOM. 2020. Disponível em: <https://www.heritage.org/index/about>. Acesso em: 19 fev. 2021.

ÍNDICE DE CIDADES EMPREENDEDORAS: BRASIL 2017. Endeavor Brasil. Disponível em: <https://d335luupugsy2.cloudfront.net/cms/files/6588/1512651268AF-REAL-ICE-2017-web.pdf >. Acesso em: 17 fev. 2021.

ÍNDICE DE GESTÃO MUNICIPAL AQUILA. Disponível em: <http://igma.aquila.com.br/>. Acesso em: 07 dez. 2020.

ÍNDICE DE LIBERDADE ECONÔMICA DA HERITAGE FOUNDATION.

ÍNDIO DO BRASIL, Cristina. Firjan: levantamento mapeia saúde financeira de municípios brasileiros. *Agência Brasil*, 31 out. 2019. Disponível em: <https://agenciabrasil.ebc.com.br/economia/noticia/2019-10/firjan-levantamento-mapeia-saude-financeira-de-municipios-brasileiros>. Acesso em 03 dez. 2020.

INEP. DataSus. Acesso à educação infantil: creche. Disponível em: <http://inep.gov.br/web/guest/sinopses-estatisticas-da-educacao-basica>. Acesso em: 19 fev. 2021.

INEP. Distorção Idade-Série EF. Disponível em: <http://portal.inep.gov.br/indicadores-educacionais>. Acesso em: 19 fev. 2021.

INEP. Resultado IDEB Anos Finais EF. Disponível em: <http://portal.inep.gov.br/web/guest/educacao-basica/ideb/resultados>. Acesso em: 19 fev. 2021.

INEP. Resultado IDEB Anos Iniciais EF. Disponível em: <http://portal.inep.gov.br/web/guest/educacao-basica/ideb/resultados>. Acesso em: 19 fev. 2021.

INEP. Taxa de abandono anos finais EF. Disponível em: <http://portal.inep.gov.br/indicadores-educacionais>. Acesso em: 19 fev. 2021.

INEP. Taxa de abandono anos iniciais EF. Disponível em: <http://portal.inep.gov.br/indicadores-educacionais>. Acesso em: 19 fev. 2021.

INEP. Site do Inep passa a integrar o portal único do Governo Federal e pode ser acessado em gov.br/inep. Disponível em: <http://portal.inep.gov.br/artigo/-/asset_publisher/B4AQV9z>. Acesso em: 26 fev. 2021.

INSTITUTO BRASILEIRO E GEOGRAFIA E ESTATÍSTICA. *Cidades*. Disponível em: https://cidades.ibge.gov.br/brasil/mg/belo-horizonte/panorama. Acesso em: 04 jul. 2022.

INSTITUTO BRASILEIRO E GEOGRAFIA E ESTATÍSTICA. *Estatísticas do Cadastro Central de Empresas* – CEMPRE. Disponível em: https://www.ibge.gov.br/estatisticas/economicas/comercio/9016-estatisticas-do-cadastro-central-de-em:presas.html?=&t=resultados . Acesso em: 04 jul. 2022.

INSTITUTO BRASILEIRO E GEOGRAFIA E ESTATÍSTICA *Estatísticas do cadastro central de empresas 2020*. Disponível em: https://bibliotecа.ibge.gov.br/visualizacao/livros/liv101951.pdf. Acesso em: 04 jul. 2022.

INSTITUTO BRASILEIRO DE GEOGRAFIA E ESTATÍSTICA. *Estimativas da população*. Disponível em:: https://www.ibge.gov.br/estatisticas/sociais/populacao/9103-estimativas-de-populacao.html?=&t=downloads – Acesso em: 20 dez. 2021.

INSTITUTO BRASILEIRO E GEOGRAFIA E ESTATÍSTICA. *MUNIC - Pesquisa de Informações Básicas Municipais*. Disponível em: https://www.ibge.gov.br/estatisticas/sociais/saude/10586-pesquisa-de-informacoes-basicas-municipais.html?=&t=downloads. Acesso em: 30 jun. 2022.

INSTITUTO RUI BARBOSA. *Índice de efetividade da gestão municipal*. Disponível em: https://irbcontas.org.br/iegm/ . Acesso em: 17 jun. 2022.

OECD. What is PISA?. Disponível em: <https://www.oecd.org/pisa/>. Acesso em: 26 fev. 2021.

JÁ ouviu falar sobre Sociedade 5.0?: descubra o que é. Disponível em: <https://www.enginebr.com.br/industria-4-0-2/sociedade-5-0-descubra-o-que-e/>. Acesso em: 04 dez. 2020.

JAMA NETWORK. Global Mortality from firearms, 1990 – 2016. Disponível em: <https://jamanetwork.com/journals/jama/fullarticle/2698492>. Acesso em: 04 dez. 2020.

JORNAL DO BRASIL. Pequenos negócios já representam 30% do Produto Interno Bruto do país. Disponível em: <https://www.jb.com.br/economia/2020/04/1023250-pequenos-negocios-ja-representam-30--do-produto-interno-bruto-do-pais.html>. Acesso em: 12 set. 2020.

JOURNAL OF HUMAN GROWTH AND DEVELOPMENT. Disponível em: <http://pepsic.bvsalud.org/scielo.php?script=sci_abstract&pid=S0104-12822016000200012&lng=pt&nrm=iso>. Acesso em: 04 dez. 2020.

KAPLAN, R.; NORTON, D. The Execution Premium: linking strategy to operations for competitive advantage. *Harvard Business Review Press*, 2008.

KAPLAN, Robert S.; NORTON, David P. The Execution Premium: Linking Strategy to Operations for Competitive. Cambridge: *Harvard Business Review Press*, 2008.

MAPA DA VIOLÊNCIA. Mortes por arma de fogo. Disponível em: < >. Acesso em: 19 fev. 2021. LINK QUEBRADO

MAPA DA VIOLÊNCIA. Taxa de homicídios. Disponível em: < >. Acesso em: 19 fev. 2021. LINK QUEBRADO

MAPPING INNOVATION GEOGRAPHIES. *JLL*. Disponível em: <https://www.us.jll.com/en/research/cities-research/innovation-geographies>. Acesso em: 17 fev. 2021.

MASSACHUSETTS INSTITUTE OF TECHNOLOGY – MIT. Cambridge, MA, USA. Disponível em: <https://www.mit.edu/>. Acesso em: 07 dez. 2020.

MINISTÉRIO DA SAÚDE. DataSUS. Taxa de mortalidade infantil. Disponível em: < http://tabnet.datasus.gov.br/cgi/tabcgi.exe?sinasc/cnv/nvbr.def>. Acesso em: 19 fev. 2021.

MINISTÉRIO DA SAÚDE. DATASUS.Renda Média Domiciliar *per Capita*. Renda domiciliar *per capita*. Disponível em: <http://tabnet.datasus.gov.br/cgi/tabcgi.exe?ibge/censo/cnv/rendabr.def>. Acesso em: 19 fev. 2021.

MINISTÉRIO DA SAÚDE. Portal do Departamento de Atenção Básica. Cobertura da atenção primária. Disponível em: <https://

egestorab.saude.gov.br/paginas/acessoPublico/relatorios/relHistoricoCoberturaAB.xhtml>. Acesso em: 19 fev. 2021.

MINISTÉRIO DA SAÚDE. Secretaria de Atenção à Saúde (SAS). Sistema de Informações Hospitalares do SUS – SIH/SUS. Cadastro Nacional de Estabelecimentos de Saúde – CNES. Número de leitos hospitalares (SUS) por mil habitantes. Disponível em: <http://www.ibge.gov.br/home/estatistica/populacao/estimativa2016/estimativa_dou.shtm>. Acesso em: 19 fev. 2021.

MINISTÉRIO DA SAÚDE. Secretaria de Atenção à Saúde (SAS). Sistema de Informações Hospitalares do SUS –SIH/SUS. Cadastro Nacional de Estabelecimentos de Saúde – CNES. Número de profissionais da saúde (SUS) por mil habitantes. Disponível em: <https://www.ibge.gov.br/estatisticas/sociais/populacao/9109-projecao-da-populacao.html?=&t=downloads >. Acesso em: 19 fev. 2021.

MINISTÉRIO DA SAÚDE. Secretaria de Atenção a Saúde. Sistema de Internações Hospitalares do SUS (SIH/SUS). Proporção de internações sensíveis a atenção básica - ISAB. Disponível em: <http://www2.datasus.gov.br/DATASUS/index.php?area=0201&id=30504980&VObj=http://tabnet.datasus.gov.br/cgi/deftohtm.exe?pacto/2015/cnv/coapmunSelecionar:%20Indicadores%20Municipais%20%3e%20Conte%C3%BAdo%202%20%3e%20Ano%20%3e%20Munic%C3%ADpio>. Acesso em: 19 fev. 2021.

MINISTÉRIO PUBLICO FEDERAL. Índice de transparência. Disponível em: < >. Acesso em: 19 fev. 2021. LINK QUEBRADO

MONITOR DE EMPREENDEDORISMO GLOBAL

NAÇÕES UNIDAS BRASIL. UNESCO: 758 milhões de adultos não sabem ler nem escrever frases simples, 16 fev. 2017. Disponível em: <https://nacoesunidas.org/unesco-758-milhoes-de-adultos-nao-sabem-ler-nem-escrever-frases-simples/>. Acesso em 03 dez. 2020.

NAÇÕES UNIDAS BRASIL. UNICEF: 175 milhões de crianças não têm acesso a creches e pré-escola no mundo. 09 abr. 2019. Disponível em: <https://nacoesunidas.org/unicef-175-milhoes-de-criancas-nao-tem-acesso-a-creches-e-pre-escola-no-mundo/>. Acesso em: 27 ago. 2020.

NAÇÕES UNIDAS. A agenda de desenvolvimento sustentável. Disponível em: <https://www.un.org/sustainabledevelopment/development-agenda/>. Acesso em: 17 fev. 2021.

NORONHA. PE. *Carbono Zero NCZ*. Disponível em: https://www.noronha.pe.gov.br/meio-ambiente/noronha-carbono-zero-ncz/. Acesso em: 30 jun. 2022.

NOVUS. *Causas e consequências das perdas em sistemas de abastecimento de água*. Disponível em: https://www.novus.com.br/blog/causas-e-consequencias-das-perdas-em-sistemas-de-abastecimento-de-agua/. Acesso em: 30 set. 2022.

OBSERVATÓRIO DO CLIMA. SISTEMA DE ESTIMATIVAS DE EMISSÕES E REMOÇÕES DE GASES DE EFEITO ESTUFA. *Emissão de gases de efeito estufa por habitante*. Disponível em: https://seeg.eco.br/contexto#:~:text=As%20emiss%C3%B5es%20mundiais%20de%20gases,4%20%25%20das%20emiss%C3%B5es%20globais%20anuais. Acesso em: 10 jun.2022.

OBSERVATÓRIO DO CLIMA. SISTEMA DE ESTIMATIVAS DE EMISSÕES E REMOÇÕES DE GASES DE EFEITO ESTUFA. *Emissões por municípios*. Disponível em: https://plataforma.seeg.eco.br/cities/statistics . Acesso em: 24 jun. 2022.

O CONCEITO de População Economicamente Ativa (PEA). Disponível em: <https://mundoeducacao.uol.com.br/geografia/o-conceito-populacao-economicamente-ativa-pea.htm/>. Acesso em: 11 set. 2020.

O QUE É IED?. *ApexBrasil*. Disponível em: <http://www.apexbrasil.com.br/o-que-e-ied >. Acesso em: 17 fev. 2021.

ODS BRASIL. As Perguntas Mais Frequentes sobre os Objetivos de Desenvolvimento Sustentável. Disponível em: <https://www.br.undp.org/content/brazil/pt/home/library/ods/cartilha-de-perguntas-e-respostas-dos-ods.html>. Acesso em: 03 dez. 2020.

ODS BRASIL. Indicadores Brasileiros para os Objetivos de Desenvolvimento Sustentável. Disponível em: <https://odsbrasil.gov.br/>. Acesso em: 03 dez. 2020.

OLIVEIRA, Marinalva de Jesus; SILVA, Edson Arlindo. Eficiência na Gestão Fiscal Pública e o Desenvolvimento Socioeconômico dos Municípios da Microrregião de Cataguases – MG. In: ENCONTRO NACIONAL DE ADMINISTRAÇÃO PÚBLICA E GOVERNO. Salvador, 18 a 20nov. 2012. Disponível em: <http://www.anpad.org.br/admin/pdf/2012_EnAPG446.pdf>. Acesso em: 03 dez. 2020.

ONU BRASIL. Disponível em: < https://brasil.un.org/>. Acesso em: 07 dez. 2020.

ONU. Declaração Universal dos Direitos Humanos. Disponível em: <https://www.ohchr.org/EN/UDHR/Pages/Language.aspx?LangID=por>. Acesso em 03 dez. 2020.

ONU. Programa das Nações Unidas para o Desenvolvimento Brasil. *Além do rendimento, além das médias, além do presente*: desigualdades no desenvolvimento humano no século XXI. Nova

Iorque: ONU, 2020. Disponível em: <http://hdr.undp.org/sites/default/files/hdr_2019_pt.pdf>. Acesso em: 03 dez. 2020.

ONU. Programa das Nações Unidas para o Desenvolvimento Brasil. *Índice de desenvolvimento Humano (IDH)*. Disponível em: <https://www.br.undp.org/content/brazil/pt/home/idh0.html>. Acesso em: 03 dez. 2020.

ON SAFETY. *Indicadores ambientais, quais são e a importância deles*. Disponível em: https://onsafety.com.br/indicadores-ambientais-quais-sao-e-a-importancia-deles/#:~:text=Qual%20%C3%A9%20o%20objetivo%20do%20indicador%20ambiental%3F&text=Avaliar%20os%20impactos%20financeiros%20causados,legais%20relacionados%20com%20o%20ambiente. Acesso em: 30 jun. 2022.

ORGANIZAÇÃO DAS NAÇÕES UNIDAS. Nações Unidas. estudo sobre Governo Eletrónico da organização das Nações Unidas 2018. Disponível em: <https://publicadministration.un.org/egovkb/Portals/egovkb/Documents/un/2018-Survey/E-Government%20Survey%202018_Portuguese.pdf>. Acesso em: 17 fev. 2021.

PESQUISA Global de Mortalidade por Armas de Fogo (*Global Mortality from firearms*, 1990 - 2016). 28 ago. 2018. Disponível em: <http://www.healthdata.org/research-article/global-mortality-firearms-1990%E2%88%922016/>. Acesso em: 11 set. 2020.

PODER 360. *Reciclagem no brasil atinge apenas 21% de tudo que é coletado*. Disponível em: https://www.poder360.com.br/brasil/reciclagem-no-brasil-atinge-apenas-21-de-tudo-que-e-coletado/#:~:text=A%20ideia%20%C3%A9%20que%20ao,todo%20o%20Brasil%20at%C3%A9%202024. Acesso em: 30 set. 2022.

POLITIZE. *Relação de servidores por 100 habitantes. 2021.* Disponível em: https://www.politize.com.br/setor-publico-no-brasil-e-no-mundo/#:~:text=A%20m%C3%A9dia%20de%20servidores%20p%C3%BAblicos,%2C%20com%2012%2C5%25. Acesso em: 30 jun. 2022.

PORTAL SEBRAE. Disponível em: <https://www.sebrae.com.br/sites/PortalSebrae>. Acesso em: 07 dez. 2020.

PREFEITURA DE JUNDIAÍ. *O que é coronavírus?* Disponível em: https://jundiai.sp.gov.br/coronavirus/faq/o-coronavirus/o-que-e-o-coronavirus/. Acesso em: 15 jul. 2022.

PREFEITURA DE PIRAÍ. *Prefeitura amplia sinal de internet gratuito em Piraí.* Disponível em: https://www.pirai.rj.gov.br/noticias/prefeitura-amplia-sinal-de-internet-gratuito-em:-pirai . Acesso em: 04 ago. 2022.

SANTOS, Y. D. D.; BARBOSA, J. A. A. G. S.; DINIZ, J. A.; LIMA, S. C. Endividamento Público e Desenvolvimento Humano nos Grandes Municípios Brasileiros. *Cadernos Gestão Pública e Cidadania*, v. 23, n. 76, p. 356-375, 2018. Disponível em: <http://www.spell.org.br/documentos/ver/52029/endividamento-publico-e-desenvolvimento-humano-nos-grandes-municipios-brasileiros>. Acesso em 03 dez. 2020.

SANTOS, Yuri Dantas dos; BARBOSA, Jean Alisi Amorim Gomes Silva; DINIZ, Josedilton Alves; LIMA, Severino Cesário de. Endividamento público e desenvolvimento humano nos grandes municípios brasileiros. *Cadernos Gestão Pública e Cidadania*, São Paulo, v. 23, n. 76, p. 356-375, set./dez. 2018.

SICONFI. Aderência ao Plano de Contas. Disponível em: <https://siconfi.tesouro.gov.br/siconfi/pages/public/consulta_qtde_declaracoes/qtde_declaracoes_list.jsf>. Acesso em: 19 fev. 2021.

SICONFI. Autonomia fiscal. Disponível em: <https://siconfi.tesouro.gov.br/siconfi/index.jsf>. Acesso em: 19 fev. 2021.

SICONFI. Capacidade de investir. Disponível em: <https://siconfi.tesouro.gov.br/siconfi/index.jsf>. Acesso em: 19 fev. 2021.

SICONFI. Gasto com educação por aluno por IDEB. Disponível em: < https://siconfi.tesouro.gov.br/siconfi/index.jsf>. Acesso em: 19 fev. 2021.

SICONFI. IBGE. Investimento *per capita*. Disponível em: <https://siconfi.tesouro.gov.br/siconfi/index.jsf>. Acesso em: 19 fev. 2021.

SICONFI. Porcentagem de endividamento. Disponível em: <https://siconfi.tesouro.gov.br/siconfi/index.jsf>. Acesso em: 19 fev. 2021.

SICONFI. Resultado fiscal. Disponível em: <https://siconfi.tesouro.gov.br/siconfi/index.jsf>. Acesso em: 19 fev. 2021.

SILVA, Carlos Roberto Almeida da. Princípio da transparência na Administração Pública. *Jusbrasil*, 2013. Disponível em: <https://ralmeidasgc.jusbrasil.com.br/artigos/113024627/principio-da-transparencia-na-administracao-publica >. Acesso em: 17 fev. 2021.

SNIS. Abastecimento de água. Disponível em: <http://app4.mdr.gov.br/serieHistorica/#>. Acesso em: 19 fev. 2021.

SISTEMA ESTADUAL DE INFORMAÇOES AMBIENTAIS E RECURSOS HÍDRICOS. *Concentração de focos de calor*. Disponível em: http://www.seia.ba.gov.br/monitoramento-ambiental/focos-de-calor. Acesso em: 28 jun. 2022.

TABNET. DataSUS. IBGE. Emprego. Disponível em: <http://tabnet.datasus.gov.br/cgi/tabcgi.exe?ibge/censo/cnv/desemprbr.def>. Acesso em: 19 fev. 2021.

TAURION, Cezar. *Big data*. Rio de Janeiro: Brasport Livros e Multimídia Ltda., 2013.

THE FUTURE Today Institute prepares leaders and their organizations for deep uncertainty and complex futures. Disponível em: <https://futuretodayinstitute.com/>. Acesso em: 04 dez. 2020.

THE GLOBAL LIVEABILITY INDEX. Disponível em: <https://www.eiu.com/topic/liveability>. Acesso em: 03 dez. 2020.

THE WORLD BANK. Disponível em: <https://www.worldbank.org/pt/country/brazil>. Acesso em: 19 fev. 2021.

THE WORLD BANK. Disponível em: <https://www.worldbank.org/pt/country/brazil>. Acesso em: 07 dez. 2020.

TRIBUNAL DE CONTAS –SP. *Conjunto de dados*. Disponível em: https://transparencia.tce.sp.gov.br/conjunto-de-dados . Acesso em: 01 ago. 2022.

TRIBUNAL DE CONTAS–SP. *Índice de efetividade da gestão municipal*. Disponível em:: https://painel.tce.sp.gov.br/pentaho/api/repos/%3Apublic%3Aieg_m%3Aiegm.wcdf/generatedContent?userid=anony&password=zero . Acesso em:: 15 jun. 2022.

TRIBUNAL DE CONTAS –SP. *Índice de efetividade da gestão previdenciária*. Disponível em: https://painel.tce.sp.gov.br/pentaho/api/repos/%3Apublic%3Aieg_prev%3Aiegprev.wcdf/generatedContent?userid=anony&password=zero#anchor-arquivos-download. Acesso em: 11 jun. 2022

UMA VIAGEM PELAS CIDADES MAIS INOVADORAS DO MUNDO. IBERDROLA. Disponível em: <https://www.iberdrola.com/inovacao/cidades-inovadoras >. Acesso em: 17 fev. 2021.

UN E-Government Knowledgebase. Survey 2018. Ranking de Governo digital. Disponível em: <https://publicadministration.un.org/egovkb/en-us/Reports/UN-E-Government-Survey-2018>. Acesso em: 17 fev. 2021.

UN E-GOVERNMENT KNOWLEGEBASE. Disponível em: <https://publicadministration.un.org/egovkb/en-us/>. Acesso em: 07 dez. 2020.

UNIÃO NACIONAL DE BIONERGIA. *Brasil é 4º no mundo em ranking de emissão de gases poluentes desde 1850*. Disponível em: https://www.udop.com.br/noticia/2021/10/28/brasil-e-4-no-mundo-em-ranking-de-emissao-de-gases-poluentes-desde-1850.html#:~:text=Na%20COP%2026%2C%20a%20pr%C3%B3xima,pela%20prote%C3%A7%C3%A3o%20de%20suas%20florestas. Acesso em: 28 jun. 2022.

UNITED NATIONS. E-Government Survey 2020. Digital Government in the decade of action for sustainable development 2020. United Nations. New York, 2020. Disponível em: <https://publicadministration.un.org/egovkb/Portals/egovkb/Documents/un/2020-Survey/2020%20UN%20E-Government%20Survey%20(Full%20Report).pdf>. Acesso em: 17 fev. 2021.

UOL. Com IDH quase estagnado, Brasil fica em 79º lugar em ranking da ONU. *Portal de Notícias UOL*, 09 dez. 2019. Disponível em: <https://noticias.uol.com.br/internacional/ultimas-noticias/2019/12/09/com-idh-quase-estagnado-brasil-fica-em-79-lugar-em-ranking-da-onu.htm>. Acesso em: 03 dez. 2020.

WINZER, Lylla. Relação entre o Índice de Desenvolvimento Humano Municipal e taxas de mortes violentas nas Unidades Federativas Brasileiras. *Journal of Human Growth and Development*, São Paulo, v. 26, n. 2, 2016. Disponível em: <http://pepsic.bvsalud.org/scielo.php?script=sci_arttext&pid=S0104-12822016000200012&lng=pt&nrm=iso&tlng=pt Acesso em 11/09/20>. Acesso em: 03 dez. 2020.

WINZER, Lylla. Relação entre o Índice de Desenvolvimento Humano Municipal e taxas de mortes violentas nas Unidades Federativas Brasileiras. *Journal of Human Growth and Development*, v. 26, n. 2, p. 211-217. Disponível em: <http://pepsic.bvsalud.org/scielo.php?script=sci_abstract&pid=S0104-12822016000200012&lng=pt&nrm=iso>. Acesso em: 07 dez. 2020.

YANO, Célio. Apostando no conceito de sociedade 5.0, Japão quer assumir liderança da transformação mundial. *Gazeta do Povo*, 16 dez. 2019. Disponível em: <https://www.gazetadopovo.com.br/mundo/sociedade-5-0-japao-quer-assumir-lideranca-da-transformacao-mundial/>. Acesso em: 04 dez. 2020.

PUBLICAÇÕES
AQUILA

ANÁLISE FINANCEIRA

ENFOQUE EMPRESARIAL

Com abordagem prática para executivos não financeiros, este livro tem como objetivo trazer a esse público pontos relevantes para a análise, ação e decisão com base nas finanças corporativas.

Somente um controle efetivo dos resultados e uma forte gestão do caixa diminuirão as pressões financeiras a que uma empresa está sujeita.

Conheça e compre.

O PODER DA EXCELÊNCIA COMERCIAL

Solução prática de como Potencializar seus resultados.

Conheça o que tem de melhor na construção de uma cultura comercial de sucesso. Aprenda ferramentas táticas estruturadas para que a sua organização chegue a seu público alvo, maximizando o retorno dessas relações comerciais.

Conheça e compre.

8 PASSOS DA EXCELÊNCIA

Um guia prático de como levar a sua organização para um novo Patamar de resultados.

Conheça os conceitos de gestão dos 8 passos, por meio uma visão prática e baseada em uma trajetória para atingir a excelência, elevando sua organização para um novo patamar de resultados. São eles: ambição, governança, evidências, produtividade, qualidade técnica, disciplina, retorno e transparência.

Conheça e compre.

FORMAÇÃO DE GESTORES

CRIANDO AS BASES DA GESTÃO

Entenda como desenvolver uma gestão focada em resultados.

Conheça os conceitos de gestão com uma narrativa simples, fácil compreensão e exemplos práticos para cada passo do método.

Conheça e compre.

COMO GERENCIAR E ENFRENTAR DESAFIOS

Tendo como pano de fundo a bela história de José do Egito, este livro inspira-nos a estudar e entender o passado, o qual sempre será referência, construir o presente e projetar o nosso futuro. Por meio de uma linguagem simples e envolvente, o leitor é convidado a fazer uma reflexão sobre como enfrentar e superar desafios e a não desistir diante das dificuldades.

Conheça e compre.

OPERAÇÕES EFICIENTES – EMPRESAS RENTÁVEIS

O livro traz uma abordagem precisa, prática e simples para melhorar os resultados financeiros de uma organização. Partindo dos demonstrativos financeiros, o texto orienta o leitor a identificar os indicadores operacionais mais relevantes.

A obra também é enriquecida com vários casos reais, questões e atividades, que mostram a aplicação prática dos conceitos apresentados.

Conheça e compre.

BOX DA DEMANDA

Um modelo de gestão para antecipar e gerar mais valor para seu negócio

O Box da Demanda é um modelo de gestão que tem como objetivo antecipar o futuro e gerar mais valor para o seu negócio.

A metodologia tem como princípio uma caixa "BOX" que representa a empresa e a "DEMANDA" que é a capacidade de atração de clientes para o negócio.

Conheça e compre.

AQUILA

O Aquila é uma empresa internacional de origem brasileira, especializada em gestão por resultados, com atuação em consultoria, treinamento e tecnologia.

A gestão é fundamental para o sucesso e, por isso, acreditamos que todos os ativos das organizações precisam ser extremamente produtivos, em especial, os recursos humanos. Quando treinados, capacitados e focados, produzem resultados extraordinários.

Nosso espírito de servir coloca os interesses das organizações que nos confiam seus recursos à frente dos nossos e, por isso, somos formados por um time de sócios e consultores que gostam do que fazem e se dedicam, integralmente, à busca pela excelência.

Nosso conceito de qualidade: lutar continuamente para entregar o melhor produto e prestar o melhor serviço ao menor custo.

www.aquila.com.br

Esta obra foi composta em fonte Roboto e Gotham, corpo 11
e impressa em papel offset 90g (miolo) e Supremo 250g (capa).